本教材获2017年浙江工业大学专著与研究生教材
出版基金全额资助

撰稿人

张兆松：第三章、第四章、第七章

张　曙：第一章、第二章

余光升：第五章、第六章、第十章

杨杰辉：第八章、第九章

浙江工业大学法学院研究生教材

刑事诉讼法专题研究

RESEARCH ON CRIMINAL PROCEDURE LAW

张兆松　张　曙 / 主编

图书在版编目（CIP）数据

刑事诉讼法专题研究 / 张兆松，张曙主编. —杭州：浙江大学出版社，2019.9

ISBN 978-7-308-19241-5

Ⅰ.①刑… Ⅱ.①张… ②张… Ⅲ.①刑事诉讼法—研究—中国 Ⅳ.①D925.204

中国版本图书馆 CIP 数据核字(2019)第 125196 号

刑事诉讼法专题研究

张兆松　张　曙　主编

责任编辑　葛　娟
责任校对　汪　潇　杨利军
封面设计　春天书装
出版发行　浙江大学出版社
（杭州市天目山路 148 号　邮政编码 310007）
（网址：http://www.zjupress.com）
排　　版　杭州中大图文设计有限公司
印　　刷　浙江省良渚印刷厂
开　　本　787mm×1092mm　1/16
印　　张　15
字　　数　393 千
版 印 次　2019 年 9 月第 1 版　2019 年 9 月第 1 次印刷
书　　号　ISBN 978-7-308-19241-5
定　　价　45.00 元

浙江大学出版社市场运营中心联系方式：0571－88925591；http://zjdxcbs.tmall.com

目　录

第一章　刑事诉讼管辖制度研究

第一节　管辖制度的立法模式

纵观世界法治发达国家的刑事诉讼法典，管辖制度的立法有审判管辖中心模式、侦查管辖与审判管辖并行模式两种主要类型。从比较法的角度研究管辖制度的立法体例，可以为我国刑事诉讼管辖制度的立法模式提供有益的借鉴。

一、审判管辖中心模式

受到审判中心主义理论之影响，刑事诉讼管辖制度的一个重要立法例是审判管辖中心主义。在该种立法模式的框架下，一审法院的地域管辖、级别管辖、牵连管辖和变更管辖是管辖制度的核心内容。相对地，侦查机关的管辖内容多比照审判管辖的规定执行。世界范围内，审判管辖中心模式以德国、日本为典型代表。

（一）立法表述及特征

1. 地区管辖

地区管辖指的是同级人民法院之间在审判第一审刑事案件上的权限分工。在德国，土地管辖是指不同地域的同级法院之间的案件任务分配。[①] 在划分地域管辖时，德国遵循了以犯罪地、被追诉人居住地、被指控人抓获地作为连接点的指导思路，而且也根据司法实践的复杂性设定了特殊案件的管辖法院，由此构建了一套较为严密的地区管辖体系。

在日本，法律对高等法院以下的所有法院的管辖区域做了规定。根据法律的规定，当"犯罪地"或者被告人的"住所、居所、现在地"处于某管辖区域内时，该管辖区域的法院对本案具有管辖权。所谓"犯罪地"就是指犯罪事实的一部或者全部发生的场所。在行为地和结果发生地不一致的情况下，两者都是犯罪地（所谓的隔离犯）。所谓"住所"就是指生活的据点，所谓"居所"就是住所以外的连续停留的场所。所谓"现在地"——尽管在文理上是没有限制的——就是被告人任意或者使用合法的强制手段使其停留的当时场所。

2. 级别管辖

德国法在级别管辖方面规定得较为特殊。首先是形式问题。德国级别管辖统一规定于《德国法院组织法》中，在级别的划分上坚持罪名与量刑的双重划分标准。其次，检察机关在提起公诉启动审判的时候，对选择管辖法院有一定的裁量权。根据《德国法院组织法》的规定，法院管辖权落实在具体个案中依据的一个标准就是案件可能判处的最高刑。而这种对案件可能判处的最高刑的预测乃由检察官的求刑权为之。即检察机关对特定的案件可以向

① 克劳思·罗科信：《刑事诉讼法》，吴丽琪译，法律出版社 2003 年版，第 48 页。

区法院或地方法院起诉。对本来应向区法院提起公诉的轻罪或重罪案件，如果检察机关因为该案的特别意义而向地方法院提起公诉，则其将由地方法院的大刑事庭审理。再次，法院在级别管辖变更中拥有相当的职权。也就是说，如果检察官选择的法院可能对所审理之案件并无管辖权，如果需拒绝进行审判程序，则该法院可以对该犯罪所处之最高刑度为预测。

在日本，级别管辖在地方法院和简易法院管辖范围之间存在着相当大的竞合。因此，检察官要考虑案件的难易程度、关系人的多少、社会关心程度等，特别是要考虑求刑的程度，来决定应该起诉到何种法院。对一审裁判有管辖权的，仅限于所谓的下级法院。现行法中没有规定最高法院行使刑事第一审裁判权的情况。高等法院以下的四种法院，以罪名或者刑名为基准规定管辖问题。

3.牵连管辖

《德国刑事诉讼法》第 2 条规定了牵连案件的管辖。其规定，对单独时分别系属不同级别的法院管辖的刑事案件，互有关联时可以予以合并向拥有更高管辖权力的法院提起诉讼。对其中的个别案件，依照《德国法院组织法》的规定系属特别刑事法庭所管辖的互有关联的刑事案件，可以合并后向拥有法定优先管辖权的刑事庭提起诉讼。出于更为适宜审判的理由，该法院可以裁定将已经合并的案件分离。关于关联的含义，德国法认为：某人被指控犯有数个犯罪行为，或者在某一犯罪行为中数人被指控是主犯、共犯，或者犯有庇护、藏匿犯人或者赃物罪时，为互有关联。

在德国，对级别管辖权的严格划分，在数相牵连的案件中将因诉讼经济的理由而无法适用（地域管辖亦如此）。也就是，当一被告因数犯罪行为而被追诉（此称为人的牵连性），或当数人共同为行为人或从犯（此称为事物的牵连性）时，亦可能有相互组合的情形。这类案件可经由检察官自始即合并处理，其可合并向上级法院提起公诉。但是如果检察官对个别案件加以起诉，这些案件仍得经由上级法院裁定合并审理。该上级法院在考量后，可以随时将合并的诉讼程序加以分别审理。如果连接二案使成立牵连关系的犯罪行为，虽其最后并未能被定罪，也并不妨碍因其所成立之牵连关系。

在日本，牵连管辖也即相关案件中的管辖扩张。对于牵连案件的范围，日本法持与德国法相近的理解。《日本刑事诉讼法》第 5 条规定，数个牵连案件分别系属于上级法院和下级法院时，上级法院可以不受级别管辖的限制，以裁定将属于下级法院管辖的案件合并审判。第 6 条规定，地区管辖不同的数个案件相牵连时，对其中一个案件有管辖权的法院，可以合并管辖其他案件。第 4 条和第 7 条则规定了法院对牵连案件较为宽泛的分离审判权。也就是说，就事物管辖来讲，由对牵连案件中一案享有管辖权的上级法院享有对其他案件的合并管辖权和分离管辖决定权；就地域管辖来讲，允许对其中一个牵连案件有管辖权的法院对其他牵连案件行使管辖权以及分离管辖决定权。相关案件是否利用管辖的扩张，取决于检察官的判断。

4.指定管辖与移转管辖

根据《德国刑事诉讼法》第 14 条、第 15 条和第 354 条之规定，管辖变更的情形主要发生在：(1)本应具有地区管辖权的法院有法律上或事实上的障碍时；(2)本应具有地区管辖权之法院审理该案件，恐将危害公共安全时；(3)上诉法院撤销原判决时，在特定情形下可以发回原审法院之外的同一州其他同级法院；(4)当有管辖权之争议或其权限冲突时，由共同的上级法院指定管辖。

在日本，根据《刑事诉讼法》第15条、第16条、第17条、第18条之规定，管辖变更的情形主要发生在：(1)因为法院的管辖区域不明确无法确定管辖法院的时候，或者管辖错误的裁定以及确定，而其他法院没有管辖权的情况下，检察官可以向相关法院的上一级法院申请，请求指定管辖；(2)在没有管辖法院，或者无法知晓管辖法院的时候，应当由检察总长向最高法院提出申请指定管辖；(3)因为法律上的原因或者特殊情况，或者由于当地民意、诉讼的状况以及其他情况可能无法保证公平裁判的时候，检察官必须向上一级法院申请管辖转移；(4)由于犯罪的性质、当地民意以及其他情况，导致管辖法院进行审理可能危害公共安全的时候，检事总长要向最高法院申请管辖转移。

(二)该模式下侦查管辖与审判管辖的关系

首先，在审判管辖中心模式下，并不意味着不存在侦查管辖。只不过有关侦查管辖的内容并不由《刑事诉讼法》具体规定，而是主要体现在《警察法》以及相应的行政法规中。如在侦查管辖的对象方面，日本《警察法》规定，一般司法警察职员对各类犯罪均拥有侦查管辖权，因此不受事物管辖的限制。而特别司法警察职员所侦查的犯罪类型，则由《特别司法警案职员指定应急措施法》《指定司法警察职员等应急措施法》《狩猎法》《劳动基准法》《渔业法》等法律加以规定。由于特别司法警察职员仅就特定的犯罪拥有侦查权，因此其侦查权受事物管辖的限制。根据日本《检察厅法》的规定，检察官"对任何犯罪"都有侦查权。因此，不存在事物管辖限制。对于侦查地域管辖，日本《警察法》规定，原则上，都道府县警察得在其都道府县区域内执行职务。虽然一般司法警察(官)的侦查权没有事物管辖的限制，但在场所上行使职权的区域是受到严格限制的。各特别司法警察(官)，原则上只能在各组织法规定的其职务上的管辖区域内行使权限。对于检察官而言，检察官在侦查事务方面，应当在其隶属的检察厅相对应的法官管辖区域内执行职务。虽然检察官侦查事物与一般司法警察(官)相同，不受事物管辖限制，但受土地管辖限制。检察事务官也是如此。对于区域外的管辖，日本《警察法》允许警察在"镇压和侦查本管辖区域内的犯罪，以及拘留犯罪嫌疑人"所必要的限度内，在管辖区域外行使职权。德国《联邦警察法》第17条也规定，在追究刑事犯罪过程中，联邦刑事警察局可以委派专门侦查力量对各联邦州的刑事犯罪侦查工作措施进行支援。在进行支援的过程中，各相关州警察部门的管辖范围并不会因此受到影响。

其次，审判级别管辖对侦查级别管辖的约束力有限。在审判管辖中心模式下，虽然有级别管辖对各层级法院审理的案件进行划分，但这种级别管辖对审前程序的约束力主要体现在检察机关的起诉管辖上，而不是侦查机关的侦查管辖上。在日本，对于实行公诉权等检察事务，限于与其所隶属的检察厅相对应的法院所管辖的事项为范围，而受事物管辖的限制。[①]譬如，区检察厅的检察官只就属于简易法院管辖的案件(相当于处以罚金以下刑罚的犯罪、罚金为选择刑的犯罪及其他一定的犯罪)，地方检察厅的检察官只就简易法院的专属管辖案件(相当处以于罚金以下刑罚的犯罪)及高等法院的专属管辖案件(内乱罪)之外的案件，有权提起、维持公诉。从这点看，其侦查权是有限制的。不过，由于在侦查终结之前究竟是何种犯罪许多情况下并不明确，将上述关于实行公诉权的事物管辖限制适用于行使侦查权，不

---

① 土本武司：《日本刑事诉讼法要义》，董璠舆、宋英辉译，台湾五南图书出版公司1997年版，第100—102页。

仅会使侦查不便和处于困境，而且也缺乏必须对检察官的侦查设置这种事物上管辖的合理理由。因此，对于侦查，立法特别在关于受事物管辖限制的检察事务的规定之外，另以条文加以规定，不受事物管辖条文约束的旨意是明朗的。虽然日本(《刑事诉讼法》，以下简称“刑诉法”)第 258 条规定，当不属于本厅相对应的法院管辖时，应将案件移送管辖法院对应的检察厅的检察官，但这只是在于指明，根据侦查结果，当该案件内容清楚时，没有处分权的检察官负有向对该案件有处分权(起诉、不起诉)的检察官移送案件的义务，并没有否定其侦查权的旨趣。原检察厅(移送厅)的检察官侦查终结后，实际上在该处分阶段也是移送管辖检察厅(被移送厅)的检察官的。

二、侦查管辖与审判管辖并行模式

管辖制度的另一个立法例是侦查管辖与审判管辖并行模式。在该种模式下，侦查管辖与审判管辖同时规定，共同为诉讼管辖问题提供解决方案。世界范围内，侦查管辖与审判管辖并行模式以法国、俄罗斯为代表。

(一)立法表述及特征

1. 侦查管辖规定在先，审判管辖紧随其后

法国刑诉法先规定了侦查管辖，再规定了审判管辖。在侦查管辖方面，法国刑诉法第 15—1 条规定，本章第二、三节所指的司法警察警官与警员履行日常职务的部门或单位，设立此种部门、单位的方式以及它们各自的地域管辖权限的划分标准，依司法部长及有关部长提出的报告，由最高行政法院提出资政意见后颁布法令做出具体规定。司法警察履行日常职务的这些部门或单位的地域管辖权限，依照该法令所做的区分，或者对全国领土行使，或者对一个或数个警务防区或其中的某一个地域行使，或者对一个省全省行使之。

法国刑诉法第 18 条规定了司法警官侦查案件的地域管辖权限：司法警察警官在其履行日常职务的地域范围内有管辖权限。在发生现行重罪与现行轻罪的情况下，司法警察警官可以到其隶属的执行职务的大审法院或与初审法院相邻的大审法院管辖区内进行踏勘、侦查、听取陈述、实施搜查与扣押。

法国刑诉法第 43 条第 1 款规定了共和国检察官的侦查地域管辖权限：犯罪实施地的共和国检察官，涉嫌参与犯罪的人之一居住地或者被逮捕地的共和国检察官有管辖权，即使对该人执行逮捕是由于其他原因，亦同；前述犯罪行为人之一受拘押地的共和国检察官，即使此种拘押是由于其他原因引起，亦有管辖权。

法国刑诉法第 52 条规定了预审法官的侦查地域管辖权限：犯罪地的预审法官，涉嫌参与犯罪的人之一居住地的预审法官，这些人之一受逮捕地的预审法官有管辖权，即使是由于其他原因对该人执行逮捕。“实际上，预审法官在进行任何侦查活动之前，首要责任就是审查其对案件是否有管辖权。因为，预审法官仅在有管辖权情况下，始有义务进行侦查。”①

在审判管辖方面，法国刑诉法第 382 条规定了轻罪法庭的地域管辖权：轻罪案件由犯罪地、轻罪被告人居所地或被告人逮捕地或拘押地的轻罪法院管辖，即使对其执行逮捕或拘押是由于其他原因。第 522 条规定了违警罪法庭的地域管辖权：违警罪犯罪地或查证地的违

---

① 卡斯东·斯特法尼等:《法国刑事诉讼法精义》(上)，中国政法大学出版社 1998 年版，第 456 页。

警罪法庭，或者被告人居所地的违警罪法庭，有管辖权。违反有关车辆装载或装备之规则，或者违反有关陆路运输规章，构成违警罪之情形，持有该车辆的企业之总机构住所地的违警罪法院，亦有管辖权。此外，法国刑诉法在“特别诉讼程序”中规定指定管辖和移转管辖。法国刑诉法第 658 条规定，在属于同一上诉法院管辖区内的两个轻罪法院、两名预审法官或两个违警罪法院同时受理同一犯罪案件时，由上诉法院预审法庭依检察院或各当事人提出的申请，指定管辖。对此项裁定，得向最高司法法院提出上诉。第 662 条规定，重罪、轻罪或违警罪案件，最高司法法院均可因合理怀疑，指定任何预审法庭或审判法院放弃管辖，并将案件移转另一同类法院管辖。为移转管辖之目的提出的申请，得向驻最高司法法院总检察长提出，或者由受理案件的法院设置的检察机关或当事人提出。

2. 在“通则”部分先行对法院的审判管辖做出规定，再在审前程序中对侦查管辖做出专门规定

俄罗斯刑诉法先规定审判管辖，再规定侦查管辖。该法在第五章“法院”中详细规定了有关审判管辖的内容。第 31 条规定了法院的级别管辖、普通法院与专门法院的分工。第 32 条规定了审判地域管辖：刑事案件应在犯罪实施地的法院审理；如果犯罪在一法院管辖地开始，而在另一法院管辖地结束，则该刑事案件归犯罪行为结束地的法院管辖。如果犯罪在不同地方实施，则刑事案件归该案中大多数犯罪实施地或最严重犯罪实施地的法院管辖。

俄罗斯刑诉法第 35 条对审判地域管辖的变更作了规定：出现法庭全体组成人员有法定的回避情形，根据一方的请求，可以在案件开始法庭审理前变更地域管辖。该项变更地域管辖的问题由上级法院院长或副院长通过庭前听证程序解决，对此应做出裁决。俄罗斯刑诉法第 36 条规定，法院之间不允许管辖争议。任何依照法定规定的程序从一法院移送至另一法院的刑事案件，该另一法院应无条件受理。

在“通则”部分对审判管辖做出规定之后，俄罗斯法在“审前程序”部分对侦查管辖做出了专门规定。该法第 151 条规定了不同侦查机关职能分工的侦查职能管辖。第 152 条规定了进行审前调查的地点。该条规定，审前调查在含有犯罪要件的行为的实施地进行。如果犯罪在一地开始，而在另一地结束，则刑事案件在犯罪结束地进行调查。如果犯罪在不同地点实施，则根据检察长的决定在大多数犯罪实施地或最严重犯罪实施地进行调查。审前调查可以在刑事被告人或大多数证人所在地进行，以保证调查的全面、客观和遵守诉讼期限。侦查员、调查人员在确定刑事案件不属于他管辖之后，应进行紧急侦查行为，然后将刑事案件送交检察长以便按管辖移送侦查。

（二）并行模式中侦查管辖与审判管辖的关系

在侦查管辖与审判管辖并行模式中，侦查管辖与审判管辖的关系呈现出以下特点：

第一，在管辖的地域方面，侦查管辖与审判管辖基本上具有重叠关系。法国刑诉法第 43 条第 1 款、第 52 条侦查地域管辖之规定与第 382 条、522 条审判地域管辖之规定基本上相一致；俄罗斯刑诉法第 152 条审前调查的地点之规定，基本上是对第 32 条审判地域管辖的重申。

第二，侦查管辖具有提前变更审判管辖的作用。法国刑诉法第 43 条第 2 款规定：如在共和国检察官受理的案件中作为犯罪行为人或受害人，牵涉到掌握公权力的人或者负责履行公共服务职责的人，因其职务或职责，经常与司法官或法院的公务员有关系时，检察长可

以依职权或应共和国检察官的建议，或者应有关当事人的请求，将诉讼案卷转移距本上诉法院最近的大审法院共和国检察官。于此情形，尽管有第52条、第382条与第522条之规定，该法院在地域上有权管辖该案件。检察长的这项决定属于司法行政措施，不准对其提出任何不服申请。此乃因变更侦查地区管辖，从而引起审判管辖的变更。又如，俄罗斯刑诉法在“审前调查”部分规定了刑事案件的合并，这必然也涉及侦查地域管辖权的合并，最终引起审判地域管辖权的变更。如该法第153条规定：(1)在以下情况下刑事案件可以合并进行：几人共同实施同一犯罪或几个犯罪；一人实施几个犯罪；一人被指控实施事先未经通谋的包庇犯罪，而这些犯罪正在进行调查。(2)如果一个人应该作为刑事被告人被追究，虽未确定，但有足够的理由认为几次犯罪均为一人或一个团伙所实施，也允许几个刑事案件合并进行。

第三，审判机关对管辖问题有独立的确认权。在并行模式下，除了法定的侦查管辖变更审判管辖的情形之外，法院依职权独立审查管辖问题。如果发现案件不属于该法院管辖，即需要纠正该种管辖错误而进行移送。如俄罗斯刑诉法第34条第1、2款对地域管辖错误的处理做出了规定：法院在解决开庭审判的问题时如果确认所受理的案件不属于该法院管辖，则应做出按审判管辖移送刑事案件的裁决。法院确认所受理的刑事案件属于同级的另一法院管辖，如果已经开始法庭审理，则有权经受审人同意后继续审理该案。第3款则对按照级别管辖移送案件作了规定：如果刑事案件属于上级法院或军事法院管辖，则在任何情况下均应按照管辖移送案件。法国刑诉法则规定得更为严格。该法第385条规定，轻罪法庭有资格确认提请其审查的诉讼程序无效，但法院经预审法官或上诉法院预审法庭裁定移送而受理案件的情形除外。由于在法国，刑事案件的管辖权具有“公共秩序之性质”，这些规则的设立都是为了公共利益，也就是为了正确司法之利益，因此违反这些规则，将引起诉讼程序以及所做裁判决定无效，因此所有的刑事法院都应当审查其对案件是否有管辖权，即使在任何诉讼当事人均未提出无管辖权抗辩的情况下，法院也应当依职权提出并宣告自己对本案无管辖权。

三、对两大立法模式的评析

(一)两大立法模式的共性与差异

1.共性方面

第一，两大立法模式均没有采用“侦查管辖中心”的形式。管辖制度如果以侦查管辖为中心，那么成文法上的表现形式将会呈现：或者独立规定侦查管辖，不规定审判管辖；或者主要规定侦查管辖，审判程序中即使有管辖规定，也是围绕着侦查管辖作相应规定。在两者关系上，侦查管辖为主，审判管辖为辅，侦查管辖具有决定审判管辖的功能，审判管辖不具有审查侦查管辖的作用。但是，上述两大立法模式均没有采用“侦查管辖中心”的形式。其中的原因可能在于：一是侦查管辖与审判管辖对案件级别划分的分流处理指向不同。侦查管辖内部即使有级别划分的标准，但这也是为了提高侦查的效率，以及体现上下级侦查机关的领导关系。而审判管辖内部的级别划分，则更多考虑到性质和严重程度不同的刑事案件的审判质量。如果仅(或者主要)规定侦查管辖，审判的级别管辖不作规定，那么可能出现严重程度不同的案件在侦查完毕之后均进入同一层级的法院进行审判，这样审判的质量难以通过管辖制度得到有效保证。二是完全由侦查管辖决定审判管辖，容易导致审判机关丧失对管辖问题的程序裁决权。在刑事诉讼中，法院是案件事实和法律适用的最终裁决机关，法律适用自然包括程序法中的管辖法律问题。如果审判管辖完全由侦查管辖所决定，那么一旦出现侦查管辖错误，审判机关则不能予以纠正。此时，由于缺乏一种处理侦查管辖错误的机制，相对人也无法在管辖错误问题上得到司法程序救济，管辖方面的这种程序违法性问题难以得到制裁，司法的权威与信任也会遭受侵害。

第二，两大立法模式均没有以“起诉管辖”为基点做出专门性规定。从比较法的角度看，上述立法文本在管辖问题上均摒弃了“起诉管辖”这个基点。由于审查起诉处于公诉案件的中间阶段，前有侦查程序，后有审判程序，案件在侦查阶段即根据管辖的规定进行了分配，侦查结束后移送与侦查机关对应的检察机关即可。而起诉阶段虽然检察机关对案件管辖问题要进行审查和确认，但这种事后的审查和确认之根据，完全可以依照审判管辖来进行，无须有一个独立的起诉阶段的管辖标准。因为，起诉的目的是交付审判，由审判机关对被告人进行定罪量刑。在此过程中，无论是起诉的实体根据（证明标准），还是程序根据（管辖标准），均需要参照审判阶段的有关标准。因此，对于侦查机关而言，其只需按照侦查管辖或审判管辖的规定即可进行侦查；对于起诉机关而言，由于其对案件的实体和程序问题均应审查，审判管辖的规定自然对其有重要的指引意义。显然，两种情形下对起诉管辖另作专门的规定均无多大意义。

第三，两大立法模式均肯定审判机关对管辖问题的独立确认权。在审判管辖中心模式下，审判管辖作为管辖问题的终局标准自然没有异议。在侦查管辖与审判管辖并行模式下，立法仍然坚持审判管辖对管辖问题的确认作用。虽然侦查管辖有权变更审判管辖，但应当看到，法国、俄罗斯的有关立法规定仅是在小范围内赋予了侦查机关完全的变更管辖权。因此，从案件范围看，这种变更并没有从根本上改变审判管辖对案件管辖的最终审查作用。这里的理由可能在于：由于审判机关对案件有最终的裁决权，而管辖又是至关重要的程序性问题，为了保障裁判的权威性与准确性，立法不会放弃审判机关对管辖问题的确认权。而从这两个国家的立法文本看，审判管辖在审判程序中确实得到了不同程度的强调。在俄罗斯，管辖问题是移送到法院首先应当查明的问题。在法国，管辖权规则由于被视为公共秩序规则，法院对管辖问题的审查是依照职权进行的强制性程序审查，无须当事人提出抗辩就可进行。

2.差异方面

第一，管辖立法的表现形式不同。从成文法的表现形式看，两大立法模式存在较大区别。审判管辖中心模式是刑事诉讼法以审判管辖为基点对法院的管辖进行重点规范，其路径是在总则中通过规定法院的地域管辖、牵连管辖、指定管辖、移送管辖等来为法院的管辖建章立制。在这种模式下，侦查管辖的内容并不在刑事诉讼法中表现出来，而是纳入警察法等行政法规中。而侦查管辖与审判管辖并行模式则是刑事诉讼法同时以侦查管辖、审判管辖为基点，其路径是在审前程序中规定侦查机关的地域管辖、合并管辖、移送管辖等，在总则或审判程序中规定审判机关的地域管辖、合并管辖、指定管辖、移送管辖等，对侦查机关和审判机关的管辖活动同时进行规范。

第二，审判管辖的实际地位不同。从立法的表述看，两大立法模式中审判管辖的地位和作用有较大区别。在审判管辖中心模式中，公权力机关的管辖均是以审判管辖为中心点来展开的，侦查机关对管辖权的审查和确定，主要以法院的审判管辖为依据。在侦查管辖和审判管辖并行模式中，审判管辖的重要性有所降低，这不仅是因为侦查管辖占据了独立的立法地位，更是由于侦查管辖可以依法直接变更审判管辖的内容。当然，这种变更并没有使审判管辖在整体上丧失其独立的地位，因为审判机关在绝大多数情况下还拥有对管辖问题的裁决权，有权在审判阶段判断管辖是否错误，决定是否移送管辖。

（二）影响立法模式的主要因素

1.刑事诉讼基本理论认识的差异。德、日在刑事诉讼程序结构上采取审判中心论。如德国刑事诉讼法学理一般认为，第一审程序分为准备程序、中间程序及（主要）审判程序。准备程序又称侦查程序，由检察官主持之。中间程序则由法院决定之，审判程序又分为审判程序之准备以及审判程序本身。日本学者也认为，以往刑事诉讼法学的重心一直在审判程序，将所谓“法庭刑事诉讼”作为刑事诉讼，而侦查被单纯当作审判的准备阶段，裁判的执行被视为审判的事后处理。总之，一切活动都作为从属于审判的活动。[①] 在这种程序理论的影响下，德、日两国的刑事诉讼法典均是以第一审程序为中心，对相关的程序做出规定。因此，在管辖立法问题上就呈现出审判管辖中心论的特点：在名称上，管辖被称为“法院的管辖”；在法典中的位置方面，管辖被置于“总则”中；在内容上，管辖均是审判管辖的相关规范。

但是，法国和俄罗斯对于刑事诉讼程序结构的理论认识有所不同。在法国，理论上历来强调提起公诉和预审的作用，法典中“提起公诉与预审”被单列一卷，与“审判法庭”并列。法国学者认为，法国刑事诉讼法典第一卷“进行公诉与预审”下的三“编”，包括“负责进行公诉的机关”“调查与身份检查”“预审法庭”，这些规定的目的在于，避免当时人们所指责的警察的过火行为。[②] 而在俄罗斯，学理上通说认为，刑事诉讼与审判之间有着重大区别。刑事诉讼是一个含义广泛得多的概念。这一概念不仅包括法院在进行刑事案件审判时所做的一切，而且包括调查机关、侦查机关、检察院进行审前调查和保障指控的活动，也包括法院在行使与案件实体审理无关的职能时所进行的活动。[③] 与该种理论认识一致的是，俄罗斯刑事诉讼法典中审前程序与审判程序（法院诉讼程序）占据着同样重要的位置，有着各自独立的作用。因此，管辖制度的立法也受到相应影响，在法典中就呈现出侦查管辖与审判管辖并行的特点：既在总则中“刑事诉讼的参加人”部分规定法院的审判管辖，也在审前程序中“审前调查的一般条件”部分规定侦查管辖的有关内容。

2.刑事诉讼制度传统不同。在德国，检察官制度设立的主要目的就是防止警察滥权和法官恣意妄为，因此检察官在审前程序中就成为实际的主导者，其在法律上有权侦查警察可以侦查的所有犯罪类型。在这种情况下，检察官侦查和警察侦查并没有实际的案件类型划分，立法上也无须对侦查职能管辖作进一步区分。在日本，司法警察与检察官均是侦查的主体，但是，根据日本法的传统，检察官在管辖区域内对司法警察具有一般指示权、一般指挥权和具体指挥权。司法警察应当服从检察官的指示或指挥。在这种侦查制度的框架下，立法对侦查职能管辖也无须作过多的区分。但是在俄罗斯，侦查和调查长期以来是审前调查不同的组成部分。虽然它们的主要任务和目的具有相似性，但是两者也有重要的区别：第一，

---

① 土本武司：《日本刑事诉讼法要义》，董璠舆、宋英辉译，台湾五南图书出版公司1997年版，第1页。

② 卡斯东·斯特法尼等：《法国刑事诉讼法精义》（上），中国政法大学出版社1998年版，第98—99页。

③ K.古岑科：《俄罗斯刑事诉讼教程》，黄道秀等译，中国人民公安大学出版社2007年版，第32页。

调查主体和侦查主体在法律范围上并不一致。第二,调查作为审前调查的形式之一,在侦破有限范围内的犯罪时可以进行。通常这些犯罪大多数是不负责的轻罪案件和中等严重犯罪案件。对于严重犯罪和特别严重犯罪案件即便根据检察长指示也不允许进行调查。第三,调查程序和侦查程序相比有某些简化。① 在这种情况下,侦查主体和调查主体所处理的案件范围并不一样,立法就有必要对这两种侦查职能管辖进行区分。

四、我国管辖制度立法的应有基点

(一)现行管辖制度的立法模式

按照我国现行刑事诉讼法典第二章的规定,管辖被分为职能管辖和审判管辖两大部分。结合《刑事诉讼法》第20条至28条的规定,以及第176条"人民检察院按照审判管辖的规定,向人民法院提起公诉"之规定,可以看出我国刑事诉讼管辖制度立法的基点在于审判管辖。即立法并没有明确规定侦查管辖,侦查活动的管辖是以审判管辖作为约束的标准或参照。学理上也基本认为,刑事诉讼法关于划分人民法院的地区管辖、级别管辖等原则或标准,应当同样适用于公安机关和检察机关的侦查活动。

受到"宜粗不宜细"的立法思路的影响,我国以审判管辖为基点构建的管辖立法规范总体上呈现出高度的原则性、概括性。但这也带来了不少问题:一是"审判管辖中心主义"的立法模式,并不适应我国刑事诉讼的实际构造和运行规律。众所周知,我国实行三机关分工负责、互相配合、互相制约原则,侦、诉、审各管"一段",以审判管辖为中心的管辖制度,无法为解决审前程序中的管辖问题提供明确指引。二是极其简化的审判管辖立法规范,不能适应刑事司法实践的需要。实践中频繁出现的地区管辖不明确、指定管辖衔接不顺畅等问题,无法在审判管辖的立法文本中寻求确定性答案,只能依赖刑事司法机关个案确定,导致出现管辖适用中的混乱乃至错误现象。三是许多本应由立法加以规范的侦查管辖的内容,却由司法解释加以规定,容易导致司法机关在管辖问题上自我授权。如前所述,我国公安部《规定》、最高人民检察院《规则》等司法解释在侦查管辖问题上规定了大量合并管辖、指定管辖、级别管辖的内容,不仅在形式上已经呈现司法解释代行立法的特征,而且在内容上也已经出现司法解释超越法律边界的实质性危险。

(二)相关改革建议及理由

笔者认为,我国刑事诉讼管辖制度的立法宜采取侦查管辖与审判管辖并行模式。具体理由在于:

第一,我国刑事诉讼的实际运行状况要求管辖制度的立法基点不能忽视侦查管辖。纵观主要国家的管辖立法例,无论是采取审判管辖中心模式,还是采取侦查管辖与审判管辖并行模式,均承认审判机关对管辖问题有最终的裁决权。这一点也在我国的相关立法条文中得到了体现。但是,我国与审判管辖中心模式的国家一样,立法并不直接规定侦查管辖,而是以审判管辖为基准对侦查活动中的管辖问题进行规范。但是,在审判活动尚未开始时,就以审判管辖的标准来明确侦查管辖,很难说是一个逻辑完美的立法方案。有学者认为,侦查是刑事诉讼的起点,一旦有犯罪信息出现就存在由谁侦查的问题,侦查管辖是刑事诉讼首先

① K.古岑科:《俄罗斯刑事诉讼教程》,黄道秀等译,中国人民公安大学出版社2007年版,第295—296页。

要解决的问题。因此，没有侦查就没有审判，没有侦查管辖，审判管辖就是无水之源。[①] 在逻辑上，确实存在侦查管辖先于审判管辖的问题。当然，对于地区管辖而言，以审判地区管辖为侦查管辖的标准，实际上并不会产生太多操作难题。但是，明定审判级别管辖，并不意味着侦查级别管辖也随之确定。如在实践中，大量可能判处无期徒刑以上刑罚的刑事案件，都是由区县级公安机关进行侦查的，而不由地市级公安机关侦查。另外，还有不少刑事案件，为了排除干扰和提高案件查处的效率，起初就由上级侦查机关指定异地管辖。指定异地侦查的一个经常性需要，是异地起诉和异地审判。如果一律以后续阶段的管辖标准来约束前面阶段的诉讼活动，有时就会产生实际的操作障碍。鉴于上述因素，立法宜明确赋予侦查管辖独立的法律地位，对侦查机关的相关管辖活动进行规范。

第二，采纳侦查管辖与审判管辖并行模式，可以解决侦查阶段指定管辖、合并管辖于法无据的问题。我国刑事侦查实践中，存在大量的指定管辖、合并管辖的情形。虽然我国刑事诉讼司法解释对侦查机关的管辖有所规范，但由于我国刑事诉讼立法并未规定侦查管辖，这些侦查机关改变管辖的活动仍然被批评为相关机关自我授权、于法无据。在立法上采行侦查管辖与审判管辖并行模式，可以完成管辖制度在审判、审前程序中的对接，明确侦查管辖的立法地位。否则，严格按照审判中心主义的观点，管辖仅被视为审判程序中的问题，侦查管辖必然饱受诟病。民国学者夏勤曾言："依纯粹理论言，刑事案件在起诉前，应不发生管辖问题。因起诉以前，案件尚属于检察方面；而检察一体或检察事务不可分，为检察制度之根本原则，故案件在起诉前，即无所谓管辖问题。如此，则管辖权之有无，应专属于审判方面，故管辖问题，应发生于起诉以后。惟就事实言，现在各法院之检察处，亦不乏有指定管辖之实例，司法院且有院字第六十三号解释赞成之，衡诸理论，殊有未合。"[②]这是审判管辖中心主义下侦查管辖的典型处境。由于在理论上审判管辖被视为管辖的中心乃至全部内容，侦查阶段的管辖就容易被忽视，对实践中出现的侦查管辖问题也容易持一种简单的批判态度。如果立法采取侦查管辖与审判管辖并行模式，即可明确侦查指定管辖、合并管辖等在管辖制度体系中的法律地位，避免出现于法无据的情形。

第三，采纳侦查管辖与审判管辖并行模式，可以在相当程度上解决管辖衔接不畅的问题，提高诉讼效率。由于立法文本强调以审判管辖为中心，侦查机关虽因案件查处的需要事先变更管辖，但在后续的诉讼环节中这种侦查变更管辖却时常得不到确认。如在指定管辖中，时常出现侦查、公诉机关与法院之间的冲突。侦查、公诉机关先期指定，但法院依据《刑事诉讼法》第27条强调法院的指定管辖权，根据法院情况有时会对侦查、公诉机关的指定管辖提出异议。[③] 由于管辖是刑事司法机关在办案中首先要解决的问题，管辖衔接不畅，必然影响诉讼效率。与其固守审判管辖中心主义，还不如在立法中采取侦查管辖与审判管辖并行模式，赋予侦查变更管辖对审判管辖一定的约束力，以提高诉讼效率。

第四，从其他部门法律有限的规制范围看，我国在刑事诉讼立法上宜采纳侦查管辖与审判管辖并行模式，有利于弥补部门规制范围的不足。在审判管辖中心模式下，其他部门法律

① 王德光：《我国刑事侦查管辖权制度的立法缺陷及完善》，《中国刑事法杂志》2007年第4期。

② 夏勤：《刑事诉讼法释疑》（第六版），中国方正出版社2005年版，第11页。

③ 龙宗智：《刑事诉讼指定管辖制度之完善》，《法学研究》2012年第4期。

有关侦查管辖的规范弥补了刑事诉讼法典仅有审判管辖的不足，适应了刑事司法实践的复杂性。但是，我国《警察法》、《检察官法》等法律，并未规定警察、检察官侦查的地域范围和级别管辖等内容。在侦查管辖入法有理论和实践上的双重必要性的情况下，刑事诉讼立法宜回应此种需要，对侦查管辖进行规范。

在管辖立法的体例安排上，侦查管辖与审判管辖并行模式也应当有所反映。可以考虑借鉴俄罗斯刑事诉讼法典，将法院审判管辖在先规定，侦查管辖在后规定。即在完善刑事诉讼法典总则第二章"管辖"的基础上，将审判管辖仍然规定在总则中，但在"侦查"一章的"一般规定"中对侦查管辖予以规定，主要内容可以包括地区管辖、合并管辖、指定管辖、级别管辖等。作上述体例安排主要考虑到：一是制度传统，即长期以来，尽管刑事诉讼法历经数次修订，但审判管辖制度一直在总则中予以体现。采取侦查管辖与审判管辖并行模式，对审判管辖作相关规定，可以大体保持和遵循原先的法典总则形式。二是在总则中规定审判管辖制度，也是凸显审判机关对管辖问题的最终确认权。在我国审判中心不突出、法院权威不足的情况下，首先规定审判管辖制度也有助于强调法院在管辖问题上的确认作用。三是侦查管辖在"侦查"一章中的"一般规定"中体现，有助于彰显管辖对侦查行为的约束性，保障侦查权行使的合法性与规范性。

第二节　管辖协商机制

协商存在于人类生活的各个领域，是主体之间在存在意见分歧、利益冲突的情况下，为消除分歧、达成共识而相互磋商的行为过程。刑事诉讼中的管辖协商是指公安司法机关通过对话与商讨确定管辖权的活动。就我国刑事管辖的类别和实务操作而言，合并管辖、移送管辖、指定管辖均存在通过协商对话确定管辖权的情况。目前来看，刑事诉讼法学界对管辖协商尚未有充分的重视，实务中管辖协商的运用也呈现诸多乱象，影响了刑事司法的公正与效率。因此，系统分析管辖协商的成因、问题，探讨其理论出路，并在此基础上提出相应的改革建议，对于完善诉讼管辖制度具有重要的现实意义。

一、形成管辖协商的主要原因

从相关司法文件的规定来看，我国刑事诉讼的管辖协商基本上只存在于同级公安机关、同级检察机关以及同级审判机关中，强调协商的主体是一种一一对应的关系，而且协商的事由基本上只针对地区管辖权的不明确或管辖权发生争议。但实际上，不同的办案机关在确定侦查管辖权或审判管辖权时可能都需要运用管辖协商。如公、检、法三机关各自之间对案件的合并处理以及公安机关与检察机关对不同职能管辖的牵连案件的合并侦查，无管辖权之案件移送以及最初受理地向主要犯罪地办案机关的案件移送，公、检、法机关指定办案机关以便异地起诉和审判，均需要事先经过协商。因此，管辖协商的存在范围非常广泛。

从立法和司法实践层面来看，刑事诉讼管辖协商的广泛存在与以下因素密切相关：

1. 跨区域、团伙性等刑事案件高发。随着经济的发展和交通条件的改善，人口的流动性日益增强，跨区域、团伙性刑事案件也呈现高发态势。除了传统的"两抢一盗"犯罪之外，电信诈骗、网络赌博、拐卖妇女儿童犯罪等案件也非常猖獗。这些犯罪"时间跨度长、涉案区域广、财物损失重、百姓怨言大，严重破坏了社会秩序和民众生活安宁”。跨区域、团伙性犯罪往往涉及两个以上县级行政区域，甚至还有不少案件跨地市、跨省，而且团伙犯罪分子时合时分，有些犯罪分子在此地作案但不一定在彼地作案，这就对管辖权的合理确定造成了一定困难。通过管辖协商，及时解决管辖权问题，对有效开展侦查工作、严厉打击此类犯罪活动具有重要意义。

2.概况性、原则性的管辖规范无法完全适应司法实践的需求。就我国刑事诉讼法典而言，立法第二章“管辖”部分条文数量偏少，且较多是原则性的规定。就地区管辖而言，立法规定“最初受理地为主、主要犯罪地为辅”的管辖原则，本意是通过规范预定来避免管辖争议，但对于何谓“必要的时候”“主要犯罪地”却语焉不详。2012 年修订的相关刑事诉讼司法解释和部门规章为回应打击犯罪的现实需要，通过增设犯罪地的联结点完善了地区管辖，同时也规定了合并管辖制度。地区管辖联结点的增多，会造成不同犯罪地的公安司法机关对案件都有管辖权。而司法解释对牵连案件情形的列举，必然会使相当一部分案件在实务中被合并管辖。采取合并管辖，显然有利于公安司法机关依法集中侦查力量打击犯罪和查清犯罪事实，避免了分离管辖所带来的协调不畅、诉讼拖延等弊端。但合并管辖在理论上有“强制性之合并”和“任意性之合并”之分，对犯罪具有关联性的案件中，程序合并仅具有任意性质。[①] 我国相关司法文件秉持“任意性合并”的立场，对合并管辖的情形作了列举，但并没有具体指明合并的原则、时间、方式等要求。实际上，地区管辖权的合并原则以协商解决为主、指定管辖为辅。[②] 很多时候，办案机关如果不与对牵连案件享有管辖权的机关进行协商，就无法进行合并管辖。对于职务犯罪案件与牵连案件的合并管辖，由于涉及不同职能机关管辖的范围，更是需要协商。

3.侦查指定管辖效力的单一性使然。我国现行的管辖制度以审判管辖为中心，刑诉法规定的级别管辖、地区管辖和指定管辖均围绕着审判管辖而展开。但任何一个公诉案件均是侦查在先，审判在后，就诉讼活动的规律而言存在着侦查管辖的需要。近些年，为了有效打击职务犯罪和其他影响重大的犯罪案件，保障诉讼活动不受干扰，不少地方司法机关对重大、特殊的案件实行异地侦查和异地审判。异地侦查必然要有侦查指定管辖作支撑，但由于侦查指定管辖仅解决了侦查管辖权的归属问题，是否异地公诉和审判还需要得到公诉机关和审判机关的确认。因此，实践中的一般做法是由公诉机关和审判机关再行协商指定管辖。相关研究已经表明，如果仅仅对侦查进行指定管辖，那么容易出现公、检、法机关互不承认相对方指定管辖的效力，甚至拒绝受理相对方指定管辖的案件等情形。

二、管辖协商存在的主要问题及弊端

管辖协商是一种因个案的特殊性而确定管辖权的方式，其灵活性、权宜性的特征比较适合复杂多样的司法实践现实。但由于管辖协商尚未成为一种正式的刑事司法办案机制，其规范性不足，导致了实践中产生较多问题：

一是管辖协商存在着过度化倾向。主要表现在：第一，对同一案件进行多次协商指定管

① 卡斯东·斯特法尼等：《法国刑事诉讼法精义》（上），中国政法大学出版社 1998 年版，第 481 页。

② 张智辉：《中国检察》（第 6 卷），北京大学出版社 2004 年版，第 379 页。

辖。实务中不时有这样的案件：当上级法院已经指定某一下级法院办理案件后，下级法院向上级提出办案时间、精力等方面的问题，表示不希望继续审理该指定案件，上级法院又会同上级检察院重新指定起诉机关和审判机关。但协商改变原先的决定又重新做出新的指定管辖，显然有悖于指定管辖权的权威性和确定性。第二，由于指定管辖尚未有明确的法律规范，确定管辖单位的随意性较大，实务中已经出现下级办案机关到上级机关"做工作"争取指定管辖的情况。这容易造成被指定管辖的办案单位对交办后的诉讼程序丧失实质性审查功能。[①] 第三，对同一案件的地区管辖反复协商，久拖不决。实务中，在侦查阶段、审查起诉阶段协商达数月之久的案件并不少见，甚至出现协商移送案件之后再行协商将案件再次移送回来的情形。

二是管辖协商存在着利益倾向。这主要体现在：第一，管辖协商时有出现动机不纯的现象。如有些最初受理地机关出于规避诉讼风险、避免取证困难的考虑，不愿继续办理某些影响小的刑事案件，就希望启动管辖协商将案件移送出去。尤其是基层办案机关案多人少、办案力量紧张，这种现象就更为明显。第二，地方保护主义导致协商困难。在一些跨地区乃至跨省的非法集资、诈骗等涉众型犯罪中，经常出现因一地办案机关要保护当地的利益而拒绝协商的情况，最终案件处理不当，社会效果也较差。在调研中有一案件：一犯罪嫌疑人在A市办企业，因资金需要同时在A市、B市（不同省份）非法集资，后因企业资金链断裂而案发被A市公安机关抓获，涉及的被害人众多，影响面较大。上级机关曾为此案专门召开过协调会，决定两地分别侦查、合并起诉。但A市公安机关在侦查过程中，将嫌疑人在A市被查封的所有资产发还给了当地的被害人。B市受害人多次提出要求保护其合法利益，B市公安局也数次与A市协商希望合并移送起诉，并在财产处理上同等对待涉案的被害人，却未果。后A市公安机关径行向当地的检察机关移送起诉并由法院做出判决。B市法院虽然最终也做出了刑事判决，但B市被害人的经济损失也始终未能得到合理补偿。本应一并起诉和审判的案件最终作为数罪并罚处理，既损害了刑事司法的公正性，也对被害人的权利保障造成严重影响。

三是部分案件的管辖协商实体在先程序在后，管辖权的确定严重受制于案件的实体处理。这主要体现在：第一，在地区管辖中，办案地机关发现自己无管辖权要移送案件，有管辖权的受移送地机关却认为案件证据不足无法认定嫌疑人有罪，因此拒绝接受案件。第二，在指定管辖中，时而出现根据案件的定罪可能性而确定被指定管辖单位的情形。

四是管辖协商的主体、时机和方式均存在一定程度的随意性。

第一，协商的主体时而出现不一致的现象。在指定管辖中，有时由上级公安司法机关协商一并指定管辖，有时在侦查机关指定管辖后，由起诉机关和审判机关协商确定是否异地管辖，也有的由上级公安机关与审判机关直接协商指定管辖。在地区管辖中，出现在审判阶段由当地审判机关与外地的公安和检察机关协商确定管辖权[②]、在侦查阶段由当地的公安机关

① 龙宗智：《刑事诉讼指定管辖制度之完善》，《法学研究》2012年第4期。

② 陕西某县法院在审理马某某贩卖毒品一案中，当事人曾就管辖权提出异议，县法院专程赴宁夏某市与当地公安机关和检察院进行管辖权的商议。参见(2012)榆中法刑二终字第00022号刑事判决书，载北大法宝司法案例库。

与外地的审判机关协商管辖权的案件[①]。在审查起诉阶段既有检察院之间的协商，也有公安机关之间的协商（协商成功后由检察院将案件退回公安机关，再由公安机关进行移送）。有些不规范的案件，办案机关为了让案件能够顺利地为受移送地机关接收，甚至让当事人家属自行与受移送地机关协商。

第二，协商的时机存在随意化倾向。如在指定管辖中，有些地方采取在侦查机关移送审查起诉前就协商指定审判管辖的做法，有些地方则是在案件移送审查起诉后甚至案件起诉到法院后再协商指定管辖。在地区管辖中，有些办案机关在诉讼阶段开始之初即启动管辖协商，但很多案件审查结束之后或即将结束时启动。

第三，在协商的方式上，有些地方采取书面的形式即商请函，有些地方则采取口头形式。采取书面形式的，有些简要说明管辖协商的理由，有些没有说明。有些合并管辖的案件，基于办案机关默契的配合和以往的合作惯例，采取"默示"的协商方式，即双方基于互信而达成不成文的"君子协定"，由某一方合并侦查牵连案件。

第四，从性质上看，管辖协商是公权力机关通过对话沟通确定管辖秩序的活动，体现的是公权力机关对刑事司法职责的履行，应当具有一致性和正式性，否则有违法律实施的统一性，也有损司法的严肃性和权威性。

第五，管辖协商有时以牺牲被追诉人的权益为代价。我国被追诉人的羁押期限往往跟随公安司法机关的办案期限，不适当的管辖协商经常导致办案期限重新计算或延长，这就严重影响到被追诉人的羁押权益。以检察机关审查起诉为例，如果在审查时限即将届满时，将案件移送所谓有管辖权的机关，那么势必造成即将结束的审查工作又重新开始。如果接受移送的检察院在审查结束后再次提出管辖问题，必将造成犯罪嫌疑人的羁押期限被再次延长。[②] 在指定管辖中，上级机关之间协商久拖不决的现象也时有发生。

三、替代抑或改造：管辖协商的出路分析

管辖协商在实践中存在的诸多问题与其自身的"柔性"功能有关。由于管辖协商以主体之间的合意为前提，以意思自治为基础，是否协商、如何协商以及协商成功与否均取决于双方主体是否配合与同意。这也天然地降低了协商在确定管辖权方面的效能与力度。此外，从法社会学的角度看，司法案件均具有复杂的"社会结构"，司法主体往往都是带着利益进入诉讼这一"剧场"的。这也在很多时候增加了协商的难度，影响了司法效率。如何对待管辖协商，有两种方案可以选择：

一种方案是废除。即直接以指定管辖解决管辖争议，以及以侦查指定管辖预决机制替代后续两阶段的指定管辖协商。这种方案的好处是方便明了，容易操作，有利于提高诉讼的效率。尤其是以指定管辖取代管辖协商，有相关司法解释的支撑。如最高人民法院、最高人民检察院、公安部于2007年制定的《办理毒品犯罪案件适用法律若干问题的意见》，最高人

① 参见无锡市中级人民法院（2011）锡刑二他字第0029号"王文革盗窃案"，载北大法宝司法案例库。在该案中，无锡市公安局某派出所在抓获被告人王文革后，因无法核实其在无锡的盗窃犯罪事实，就本案的管辖问题与宁波市某区法院进行管辖商讨。后宁波某区法院建议王文革盗窃一案仍由无锡法院进行审理。

② 刘祥林、黄延平：《刑事案件地域管辖争议问题研究》，《人民检察》2009年第2期。

民法院、最高人民检察院、公安部等机关于2011年制定的《关于办理流动性团伙性跨区域性犯罪案件有关问题的意见》中规定：人民检察院对于公安机关移送审查起诉的案件，人民法院对于已进入审判程序的案件，被告人及其辩护人提出管辖异议或者办案单位发现没有管辖权的，受案人民检察院、人民法院经审查可以依法报请上级人民检察院、人民法院指定管辖，不再自行移送有管辖权的人民检察院、人民法院。即办案机关在审查起诉和审判阶段，对于毒品犯罪案件或流动性、团伙性、跨区域性犯罪案件，若发现无管辖权，可以废止管辖协商机制代之以上级指定。

但这里也存在以下问题：

一是管辖协商有时是为了解决管辖不明确的问题，通过协商使得管辖权得以明确。如果一味不经协商直接请求上级指定，则不利于办案机关人员业务素质的提高。

二是对于不少跨地区甚至跨省的管辖争议案件，可能要由共同的上级即中央级司法机关来指定。由于现行的办案机关采取上下级逐级负责制，不同省份的县级办案机关之间发生管辖争议，要各自逐级上报，中间耗时久、手续多，仍然会影响诉讼效率。如果下级机关之间发生管辖争议全部都由上级来指定管辖，则不免有将矛盾上交之嫌，上级机关的工作量也会大幅增多。

三是上述司法解释针对的是需要严厉打击的特定刑事案件，而且部分司法解释本身的制定也有特殊背景[①]，推而广之地以指定管辖解决所有案件中的管辖不明或管辖争议问题，似乎依据不足。

四是对于确无管辖权的办案机关而言，不作管辖协商而一味请求上级机关指定管辖，鉴于上下级办案机关之间的紧密关系，容易出现上级机关明知下级无管辖权，而通过指定，赋予下级以“合法”的管辖权。至于下级办案机关出于地方保护、行政干预等目的争抢管辖权，再让上级机关为下级无管辖权之诉讼行为作“背书”，此种情形下的指定管辖更是缺乏合法性和合理性。

另一种方案是保留。即在肯定管辖协商积极面的基础上，仍然维持该种机制的有效性，但通过相关原则和制度加以规范。笔者赞同此种方案。主要理由在于，管辖协商具有以下不可替代的功能。

1.有助于避免管辖争议

管辖争议是诉讼管辖实践中客观存在的现象。尽量避免管辖争议对于尽早确定管辖权、推进诉讼具有重要意义。在管辖权不甚明确之情况下，公安司法机关及时通过协商机制达成共识、化解潜在冲突，可以尽早确定管辖权，顺利实现刑事诉讼目的。我国最新的司法解释和部门规章对犯罪地做了扩大化解释，同时又规定了多种牵连案件的合并管辖，这必然会造成实践中相当一部分案件在一地管辖还是多地管辖上的不明确。而通过管辖协商能够较好地避免复杂案件的潜在管辖争议问题。

---

① 如《关于办理流动性团伙性跨区域性犯罪案件有关问题的意见》是为了落实《中央政法委员会关于深化司法体制改革和工作机制改革若干问题的意见》（中发[2008]19号）关于“建立健全查处流动性、团伙性、跨区域性犯罪案件的管辖制度和工作机制”的改革任务。

2. 防止重复追诉

由于同一案件的地区管辖之联结点可能不止一个，因此会产生两个以上公安司法机关均具有管辖权的竞合情况。但同一案件分别起诉，有违重复起诉之禁止[①]，因此刑诉法通过管辖竞合原则规定由受理在先的公安司法机关进行处理，受理在后的应当移送案件，以免嫌疑人因同一案件被不当分案处理而被重复追诉。实践中出现过相关的案件：在同一地级市内，嫌疑人朱某在A县先后故意伤害分别致一人轻伤和重伤，后又在B区故意伤害致一人重伤。A县公安局先以故意伤害罪对朱某实施刑事拘留，后B区公安局也立案侦查。A县法院先做出判决，以故意伤害罪判处被告人朱某有期徒刑6年。在A县法院判决生效后，B区公安局将朱某押回重审并移送起诉，但未依法移送应当并案处理的相关材料。B区法院后做出判决，以被告人朱某犯故意伤害罪判处有期徒刑6年6个月，并根据刑法第70条数罪并罚之规定，决定执行有期徒刑11年。[②] 本案两地侦查机关在明知对方已经立案侦查的情况下，未进行管辖协商作并案侦查，致使两地检察机关分别起诉，使本应按一罪处断的故意伤害罪被作为同种数罪进行并罚，最终侵犯了被告人的合法权益。

3. 回应管辖异议，提升刑事司法的公信力

刑事诉讼法没有赋予当事人管辖异议的申请权，也没有对处理管辖权异议的程序做出规定。但随着程序公正理念之普及，司法实践中不少刑事案件的当事人都提出了管辖权异议。对于此种管辖异议，是以法律无明文规定为由不予理睬，还是积极回应，及时启动管辖协商程序，直接考验着办案机关的司法公信力。实践中，不少公安司法机关充分重视当事人的管辖异议，在地区管辖权不甚明确的情况下，积极与其他相关的公安司法机关展开协商对话，最终及时确定了管辖权，提升了司法的公信力。

4. 管辖协商是体现民主原则的程序性纠纷解决机制

协商以主体之间的相互尊重为前提，以平等对话为基础，是现代社会解决多元化利益主体之间纠纷的重要途径。在政治领域，协商民主广泛地存在于现代国家的政治实践中，为社会和谐提供了重要的助推力。在立法领域，重视多元主体的利益诉求，充分吸收相关利益主体进入决策过程，已经成为现代立法民主的重要特征。在司法领域，诉讼主体通过对话与相互磋商，达成互惠协议并以此来解决刑事争端的协商性司法，已经在两大法系的司法实践中展现了蓬勃的生命力。管辖纠纷是一种程序性纠纷。通过协商确定管辖权，充分尊重了办案机关的主体性地位和利益，在协商中发表意见、消弭冲突，有助于民主原则在诉讼管辖实践中的充分体现。

四、管辖协商的完善方向：一种规范性办案机制

目前过于粗略和原则性的管辖协商之规定，不仅导致了实践中办案机关的自行其是，而且还加剧了办案主体之间的相互推诿。随意化的管辖协商，也严重损害了刑事司法的严肃性，并且对当事人的权利保障造成不利影响。因此，应当对管辖协商予以完善。针对管辖协商存在的主要问题，未来完善的主要方向应当是：以提升管辖协商的效能为主要目标，兼顾

---

① 林钰雄：《刑事诉讼法》，台湾图书馆2003年版，第103页。

② 潘浩、张芸波：《未予并案侦查造成一罪以数罪处理的程序救济》，《中国检察官》2010年第3期。

当事人的权利保障，将目前“个案操作式”的管辖协商改造成正式的、规范化的刑事司法办案机制，从而体现管辖制度的法定性和严肃性。

（一）管辖协商机制的设定原则

1. 及时性原则。让公安司法机关及时行使职权，完成刑诉法的任务是立法确立管辖制度的重要原则。为了防止反复协商、久拖不决而带来的诉讼拖延、隐性羁押等情况发生，不同的办案机关应当在一定期限内尽快进行管辖协商。如果协商不成，及时报请上级机关指定管辖以解决管辖权问题。

2. 稳定性原则。无论是指定管辖、移送管辖还是合并管辖，通过管辖协商做出的处理决定，都具有稳定性。除非出现法定错误，否则不得撤销或改变原先的管辖协商处理决定。

3. 诉讼便利原则。管辖协商时，应当同时考虑到办案机关实体调查的便利性和诉讼参与人参与诉讼的便利性。如在侦查阶段协商要以及时、全面收集和固定犯罪证据、保障侦查秘密和安全之基点，权衡犯罪地域的跨度、取证的时间、成本以及集中打击犯罪等因素之间的关系，从而判断是否合并管辖或分离管辖。在审查起诉和审判阶段作指定管辖的协商，应当考虑指定到起诉和审判较为方便的地区（侦查地或离侦查地较近的地方）管辖。

4. 程序在先原则。即管辖协商时，不应作实体审查，而仅对管辖权这一程序性问题进行审查。如果对协商的案件作实体审查，一方面违背了协商的直接目的，另一方面也影响了协商的效率。更为重要的是，如果上级检法机关对案件作实体审查后再做出指定管辖的决定，则上级机关可能会去指定那些能够体现上级意志的下级机关，上下级公诉部门、审判部门也可能会事先介入，提前沟通，未经审理即对案件做出实体定性。这将严重侵害庭审的实质化功能，使直接言词、保障当事人诉讼权利等一系列审判原则被架空，同时也使二审程序形同虚设。

（二）管辖协商机制的具体要求

1. 管辖协商的次数。不同办案机关进行管辖协商，原则上仅限于一次，不得多次协商。但原先的管辖协商处理决定确有错误的除外。

2. 管辖协商的启动时间。第一，指定管辖协商。最高人民检查院《人民检察院刑事诉讼规则（试行）》（以下简称最高检《规则》）第362条第5款规定，需要依照刑事诉讼法的规定指定审判管辖的，人民检察院应当在侦查机关移送审查起诉前协商同级人民法院办理指定管辖有关事宜。不过，为了避免部分侦查基本完毕的案件出现因管辖协商而使羁押时间“空转”的情况，协商的时间可以适当提前，建议在嫌疑人被逮捕后即可由上级检法机关进行指定管辖协商。第二，移送管辖和合并管辖协商。鉴于侦查的时间短、工作量大以及办案机关对人力、物力的先行投入等因素，并考虑到实践中对不少案件的协商在侦查羁押期限或审查起诉期限即将届满时进行，严重影响管辖协商的效能，因此移送管辖和合并管辖的协商应当尽早进行。建议规定：请求地办案机关应当在立案或受理案件后7天内提出移送管辖、合并管辖的要求，受请求地办案机关在收到相关材料后应当在7日内做出答复，以便尽快明确管辖权、顺利进行后续的诉讼活动。一般来说，办案机关能在7天内对犯罪地以及是否合并管辖做出明确的判断，因此该期限的设置应当具有合理性。

3. 管辖协商的形式与理由。管辖权的确定是办案机关行使刑事司法权的一种重要体现，理应具有严肃性和正式性，因此应当采取书面形式。管辖协商应当说明理由，包括：协商要求方对“主要犯罪地”的说明、“主要犯罪嫌疑人、被告人”居住地的说明、合并管辖的优势及可预见的办案效果、受指定管辖单位的地域情况及办案优势等内容；协商另一方如果拒绝协商要求的，也应当说明拒绝的理由。

（三）与管辖协商机制有关的配套制度

1. 对于分别管辖的数个跨区域但有紧密关联性的案件，应当加强证据交换和信息互通。如果多名犯罪嫌疑人、被告人分别在不同犯罪地实施某一环节的犯罪行为，犯罪所跨地域较广，无法协商全案合并管辖，那么在分别管辖的基础上应当注重各侦查机关之间的区域协作。

2. 对于同一性质犯罪行为涉及多个区域的案件（如在多地非法集资、诈骗等），应当建立赃款赃物统一处理机制。

3. 充实刑事管辖的指导性案例。迄今为止，中央司法机关已经印发了数批次的指导性案例，对于提高办案机关执法水平、保障法律的统一实施起到了非常重要的作用。管辖制度是刑事诉讼法制的重要组成部分。为规范刑事案件的管辖工作，有必要在案例指导制度中充实有关的诉讼管辖案例，为办案机关及时、准确地确定管辖权提供必要参考。

第三节　集中管辖的实践与反思

一、我国目前集中管辖的实践图景

我国刑事诉讼法规定，刑事案件由犯罪地的法院管辖，辅之以被告人居住地的法院管辖，并规定由指定管辖、提级管辖对上述地域管辖进行调适。近年来，我国不少司法机关的办案实践中出现了另一种管辖形式即集中管辖。所谓集中管辖，指上级司法机关改变法定的地域管辖或级别管辖，将某一类刑事案件集中到区域内某一（些）特定的司法机关进行管辖或直接提级管辖。从目前的资料看，有关的案件类型与具体实践主要有：一是知识产权犯罪案件，如上海市于2011年规定该类案件由闵行、徐汇等区法院集中管辖；武汉市于2008年规定由江岸区法院集中管辖；郑州市于2011年规定由市级司法机关提级管辖。二是环保刑事案件，如贵阳市于2007年规定该类案件由清镇环保法庭集中管辖；昆明市则于2010年规定由盘龙、安宁等五个区集中管辖。三是未成年人刑事案件，如安徽省于2006年规定，凡辖两个区以上的市（含辖一个县）的一审未成年人刑事案件，指定由一个区法院集中办理；上海市于2010年规定由长宁、闵行等五个区法院集中管辖。四是涉台刑事案件，如厦门市于2013年规定由海沧区法院集中管辖。五是外国人犯罪案件，根据最高人民法院等部门于2013年下发的《关于外国人犯罪案件管辖问题的通知》，由各地中级人民法院根据辖区内案件数量情况决定指定集中管辖或提级管辖。

通过梳理资料，笔者对这场由司法机关主导的管辖制度变革，总结以下特点：第一，上下级司法机关联动，上级司法机关占据绝对主导地位。有些地方实施集中管辖，是下级司法机关先提出制度创新的思路再由上级批准，厦门海沧区法院集中管辖的改革过程明显体现了这一点。有些地方，则是由上级司法机关直接通过指定或提级管辖的方式，确定集中管辖的下级司法机关。外国人犯罪案件的集中管辖甚至由最高人民法院等中央政法部门下发文件在全国予以推行。第二，公、检、法、司多个政法部门积极配合，以法院为核心推动集中管辖工作。集中管辖工作的推进，往往以政法机关联合发布规范性文件为标志，这体现了多部门的有力配合。但审判是诉讼的中心，管辖制度也是以法院的审判管辖为基点，因此法院在此过程中的角色和作用也最为积极与突出。有些地方如上海，甚至只对法院的集中地域管辖作了规定，并未集中检察机关的公诉地域管辖。第三，集中管辖的改革以提升特殊案件的审理质量为主要目标，因而具有良好的改革愿望。如武汉市在江岸区法院设立知识产权审判庭，集中受理全市由基层法院管辖的一审知识产权行政案件和一审知识产权刑事案件以及该法院辖区内的一审知识产权民事案件，是知识产权“三合一”审判的“武汉模式”的重要特点；昆明对环保刑事案件实行集中管辖，也是镶嵌在昆明市加强环境执法保护、创新环保司法工作机制的大背景下。

总体上看，由上级司法机关根据案件的性质与特点来确定案件的管辖权，是近些年司法机关为应对司法需求在管辖领域采取的颇具灵活性的举措，其通过整合管辖资源以提升案件质量的制度目的，也获得了最高司法机关的支持与认同。尤其是在转型期环境资源保护与经济发展的矛盾凸显，自主创新的市场竞争文化遭受无视商业伦理的侵权行为的严重侵蚀，未成年人违法犯罪惩处中落实教育感化挽救的方针的大背景下，管辖制度的调整被有意识地塑造成环境、知识产权、未成年人司法保护机制创新的重要一环，实务界对之强力支持，理论界在“权利保护”的舆论态势下也鲜有反思性评论。不过，对比我国《刑事诉讼法》第 20 条、第 24 条可知，集中管辖将某一类案件公诉和审判的进行限定在所集中的特定区域内，改变了我国法定的分散型地域管辖模式。尤其是最高人民法院等部门在《刑事诉讼法》实施不过半年的时间里，就在全国范围内推出了外国人犯罪案件的集中管辖，直接改变了该类案件的法定管辖，不由得使人担忧在司法解释制定权与立法权的博弈中刑事诉讼管辖规则的约束力究竟有多强。针对这场似有扩张趋势的管辖变革，理论上有必要认真梳理其内在的制度理路，辨析其规范性质，考察其背后的制度成因，据以判断其存在的妥当性与合理性。

二、集中管辖的逻辑进路：案件数量决定案件管辖？

为什么要实行集中管辖？相关资料显示，司法机关采取集中管辖主要是希望通过司法资源的集中配置来提高特定案件的审理（办理）质量。最高人民法院等部门下发的《关于外国人犯罪案件管辖问题的通知》明确指出，“为确保外国人犯罪案件办理质量”，“外国人犯罪案件较多的地区，中级人民法院可以指定辖区内一个或者几个基层人民法院集中管辖第一审外国人犯罪案件；外国人犯罪案件较少的地区，中级人民法院可以依照《刑事诉讼法》第二十四条的规定，审理基层人民法院管辖的第一审外国人犯罪案件。”地方性的改革工作也显示出类似的目的。如安徽省对未成年人刑事案件采取集中管辖，主要是考虑到“案源不足，使一些少年法庭形同虚设，在法院内部处于可有可无的地位，影响了法官的工作积极性，不少法官大部分时间都在办其他案件，直接影响少年犯罪审判工作的司法专业化进程。因此，撤并少年法庭就成了必然趋势”。来自武汉江岸区法院的调研报告也认为：分散审理模式使大多数基层法院的知识产权刑事案件数量稀少，审判任务的繁重和审判力量的不足，使得刑事法官不可能拿出过多的时间和精力去全面学习和掌握知识产权案件的专业问题，审判质量难以保证，审判经验也难以积累。

可以看出，司法机关采取集中管辖，基本上遵循了这么一种逻辑进路：某一区域内特定刑事案件总量少或分布不均衡——分散型管辖难以保证类案质量——将案件集中到某个(些)司法机关管辖——全面提高类案的审理(办理)质量。

但是，这种由案件数量的分布情况来决定管辖走向的措施，看似灵活，实则在理论上有违背管辖制度设定的基本原理之嫌。我国刑事诉讼法规定了刑事案件由犯罪地法院管辖为主、被告人居住地法院管辖为辅的地域管辖基本原则。由犯罪地法院管辖刑事案件，主要是基于便民(便于诉讼参与人参加诉讼)、便审(便于司法机关及时收集证据审理案件)的考虑。在这样一种以效率为主要价值目标的技术性设置中，立法者在设计制度时实际上有一种重要的价值考量：司法能力均等假定，即不同地域的司法机关对同一类型的刑事案件有大致均等的司法能力。在这种假定之下，立法者可以“放心地”根据“犯罪地的法院管辖”这一主要标准将案件分配给相应的司法机关。在这种普遍性的假定之下，司法者与刑事案件的基本关系是不同地域的司法者去努力办理发生在本地域内的刑事案件(人—案关系)，而不是上级司法机关有选择地将刑事案件分配给特定的下级司法机关(案—人关系)。为了遵循此种假定，同时考虑到司法实践的复杂多样，只有在出现专业性极强、重大复杂的某些个案足以打破“司法能力均等假定”的特殊情况时，立法者才允许上级司法机关通过指定管辖、提级管辖等特殊措施来变更管辖。这也说明，立法者在制定地域管辖规则时，不会去考虑区域内具体刑事案件的数量多寡、分布均衡，也基本上对司法者的司法能力、业务素质等个体差异情况忽略不计①。从级别管辖看，《刑事诉讼法》第20条规定，基层法院除了法律规定由上级法院管辖的除外，可以管辖所有类别的第一审普通刑事案件。尤其是此次刑事诉讼法修改，删除了外国人犯罪的刑事案件由中级人民法院管辖的条款。最高立法机关认为，随着基层人民法院办案能力的不断提高，将外国人犯罪的刑事案件放在基层人民法院管辖已经条件成熟。这也意味着：在一般意义上，基层人民法院审判外国人犯罪案件的司法能力已经均等于中级人民法院，因此可以管辖该类案件。

现行的集中管辖措施，以案件在某一地域中的数量分布为前提，将某一类案集中于某个(某些)司法机关管辖，却是在相当程度上建立在“司法能力不均等假定”的基础之上：相关案件数量少的司法机关，办案能力比不上同类案件数量多的司法机关。笔者认为，虽然案件数量的多少对于司法者办案经验的积累有一定影响，但不能认为案件数量的多少就与办案能力和办案质量成正比例关系。这里有几个理由：

第一，一定区域内某一类案件分布的数量少，可能会影响办案人员对此类案件的重视度，但并不一定对办案人员的司法能力造成影响。像未成年人刑事案件，办理好此类案件可能需要司法人员更多的耐心与细心，更多地关注到未成年人的身心健康与未来发展。从理论上讲，只要该司法机关对未成年人司法保护的重要性有足够的认识，对未成年人案件的办理质量有严格的要求，那么该司法机关办理未成年人案件的质量未必就差。以往，实务界大多强调未成年人案件的案源充足问题，认为案源不足地区的司法机关无暇从事未成年人犯

① 我国学者张卫平指出：“尽管实际上各法院之间的司法水平可能存在一定的差异，但这种差异是可以忽略不计的，也是无法予以衡量的。我们不能因为实际上存在差异便标识出这种差异，以便当事人进行选择，况且我们在制度上也无法实现差异的客观标识化。”参见张卫平：《管辖权异议：回归原点与制度修正》，《法学研究》2006年第4期。

罪研究，无力顾全庭前、庭中、庭后的延伸帮教工作，影响了对未成年被告人合法权益的保护。但如果仅仅是案源少的问题，司法人员反而更有时间和条件积极做好帮教工作，维护其合法权益。

第二，案件的种类、复杂程度与案件数量均是司法资源负担的影响性因素，不能过多夸大某一方面的作用。在某一区域内出现的同一类案件，既有复杂或难办的，也有简单、容易处理的，在具体案件出现之前，一律将其假定为前者不符合司法规律。如知识产权刑事案件中，大部分是在事实认定方面较为容易的侵犯注册商标类犯罪，也有些是在证据收集或犯罪数额认定方面较为复杂的假冒专利罪、侵犯商业秘密罪。如根据《中国法律年鉴》的统计，2012 年全国法院审结的以侵犯知识产权罪判决的刑事一审案件中，以假冒注册商标罪判决的案件 2012 件，以销售假冒注册商标的商品罪判决的案件 1906 件，以非法制造、销售非法制造的注册商标标识罪判决的案件 615 件，而以假冒专利罪、侵犯商业秘密罪判决的案件仅分别为 63 件和 43 件。如果不分案件的具体情况，一律根据案件的数量多少而改变管辖，似有看不起原先的管辖机关之嫌。

第三，刑事案件的审判质量较多依赖于侦查质量，这一司法规律性特点不太可能随集中管辖而改变。公诉案件的查处肇始于立案侦查，而侦查极其强调效率，因此刑事案件由犯罪地进行侦查的分散型地域管辖有其合理性。这种侦查管辖体制也决定了集中管辖天然的局限性：一旦犯罪地侦查机关在人手、技术等方面的侦查能力不足，即使通过集中的审判管辖增加案件的数量，案件质量也未必能提高。

第四，司法知识在司法回应社会的能力方面具有重要的自我调适功能，这种功能的性质并不会随着案件数量的多少而加以改变。一方面，如果我们假定司法者均是勤勉的，那么基层司法人员应当愿意自己的司法知识结构得以不断更新，从而提升自身的办案能力。有关基层司法的研究表明，从基层法官的知识构成与司法能力的关系看，司法者完全可以通过类案审理、自己钻研、向他人请教、参与培训等不同方法来提升办理某一类案的司法能力。另一方面，司法知识的构成对于某些类案的审理也具有重要影响。“现代法律的变迁也基本是在追求实质理性的过程中发展起来的。因为正是基于对社会生活的感知，法官才可能在法律的缝隙中将生活理性提升为一种法律理性，生活知识也因此进入到法律中，法律才得以与社会生活同步，法官的知识也得以完善。”某一与社会生活有密切关系的类案即使在区域范围内出现得少，很多时候也并不妨碍司法者根据自身的知识结构对该类案件进行妥当的审理。如果一概否定该区域司法机关的管辖权，在某种意义上也错过了司法回应社会的良好契机，造成法律知识与生活知识两种知识系统的对立与分裂，长而久之，可能造成司法知识体系的孤立化与片面化。据此，由案件数量的多少推断办案质量的高低进而决定案件管辖的做法，无法得到法理逻辑与司法规律的有力支撑，需要冷静省思。

三、集中管辖的性质辨析：无法律授权的预定管辖与确定管辖

从目前各地开展的集中管辖改革工作看，上级司法机关在将某一类刑事案件集中到某一（些）特定区域的司法机关时，大多采取了指定管辖的方式。仅从形式上看，集中管辖似乎符合了我国刑事诉讼法和司法解释文本中管辖变更的要求，即上级司法机关有权指定下级司法机关办理本不属于其管辖的案件。但细究起来，集中管辖在一定程度上混淆了预定管

辖与裁量管辖、指定管辖与确定管辖之间的区别。

为了防止司法行政以操纵由何人审判的方式来操纵审判结果，现代法治国家均强调管辖的预定性，即在具体刑事案件发生前由法律明确规定案件的管辖。有些国家如德国、意大利、奥地利等为了保障公民得到正当管辖的权利，甚至在法律中明文规定法定法官原则，以保障任何公民都享有法律所定之法官审理的权利。但无论是何种管辖类型，均是在具体案件发生前即由立法者制定一般性、抽象性之法律规范，以分配国家审判权之管辖法院。即无论国家法律文本中是否规定了法定法官原则，“惟法院案件之分配不容恣意操纵，应为法治国家所依循之宪法原则”，因此，法律的预定管辖应当是一国管辖制度的根基。只有在本应有权管辖的司法机关出现了“不宜”管辖或“不能”管辖的情况下，才能由司法机关在刑事案件发生后裁量变更管辖。如德国《刑事诉讼法》第 15 条规定：本应当管辖的法院在个别案件中因法律、事实方面的障碍不能行使审判职权或者在该法院审理有影响公共治安之虞时，应当移转给其他区域的同级法院调查和裁判。可以说，预定管辖制度不给操纵审判留下“可乘之机”，有力地保障了司法公正，而裁量管辖则弥补了预定管辖一定程度上的僵硬化缺陷，较为灵活地适应了刑事案件复杂多样的要求。

集中管辖的制度设计者假定各个司法机关司法能力的不均等性，在目标选择上看重某个司法机关审理案件的“适宜性”，在灵活性的制度运作中显示出上级司法机关的裁量因素。但集中管辖却似有根本上违背法律的预定管辖之嫌。程序法定原则要求司法机关行使公权力，必须取得法律的明确授权。管辖权是司法权的重要组成部分，其设定与变动均应有法律的明确规定。但在集中管辖中，上级司法机关在没有法律明确授权的情况下预先改变下级司法机关对某一类案的管辖权，致使本应行使法定管辖权的下级司法机关却无法行使。如果将管辖权视为具体的审判权，那么集中管辖直接剥夺了下级司法机关对某一类案的审判权。

上级司法机关是否有权对某一类刑事案件进行集中指定管辖？这必须先辨明指定管辖的本质。指定管辖是在具体案件管辖不明或虽管辖明确但不宜或不能行使管辖权时由上级司法机关调整管辖权的一项活动。虽然各国成文法规定的指定管辖形式有所不同，有些国家使用裁定（如德国、日本），有些国家使用决定（如韩国），但在指定管辖适用于具体个案这一点上是相同的。[①] 在管辖明确的情况下，由于受到法定管辖制度的约束，指定管辖只能是一种个案权宜式的管辖权调整行为，且这种调整的目的只能是保证该案件能够得到更为公正的处理。我国司法机关针对某一类案实行的集中管辖，虽然形式上使用了指定管辖，但本质上却是确定管辖，即上级司法机关基于领导或监督地位直接确定下级机关对某一类案件是否有管辖权。这种上级司法机关对下级管辖权的确定并不是个案调整式的，也并不是在具体案件发生后进行的，因此与指定管辖相差甚远。由于我国刑事诉讼法和司法解释规定的指定管辖均是针对具体已经发生的个案，集中管辖的改革措施实际上已经突破了法律界限。赞同集中管辖的观点往往认为，某一类案件是由具有相同特征的一系列个案构成的，通过一案一指定的方式最终也能达到指定管辖的目的。但目前的集中管辖并没有采取一案一

---

① 法律根据参见《德国刑事诉讼法》第 13 条 a、第 14 条、第 15 条，《日本刑事诉讼法》第 15 条、第 16 条，《韩国刑事诉讼法》第 14 条。

指定的形式，而是集中指定。从诉讼行为理论看，诉讼行为一般均有严格的外在法律特征，尤其是书面诉讼行为应当有“程式”之要求。如果该项“程式”对于文件所为之诉讼行为是要件行为，非遵守则不得认为有效成立；如果仅为训示规定，则不遵守于其成立及效力无所影响。由于指定管辖调整了法定管辖权，必须有外在的“程式”即书面裁定或决定书才能发生指定管辖的效力。而目前的集中管辖，均是通过上级机关下发相关管辖文件，不再就个案做出指定管辖决定书，因此严格说来并不发生指定管辖的效力。正是因为对指定管辖本质的误读，才使得我国集中管辖改革的设计者误认为上级司法机关有权确定下级司法机关对某一类案件的管辖权。实际上，从域外法的视角看，对类案的确定管辖仅是在法律明确授权的情况下才能存在。如法国《刑事诉讼法》第706条－17条规定，恐怖活动罪由巴黎大审法院管辖。法国学者认为，这种管辖是对地域管辖权的例外规定。而我国刑事诉讼的集中管辖，直接由上级司法机关确定下级对某一类案件的管辖权，明显缺少法律授权。

不过，紧随而来的一个问题是：我国刑事诉讼法是否应当规定对某一类案的确定管辖？因为，单纯地阐述我国的确定管辖无法律授权，在很大程度上是一种立法层面规范有无的比较，而无法从价值层面说明确定管辖是否应当上升为立法规范。从这个意义上讲，寻求管辖制度的理论共识应当说非常重要。从立法例看，法律的确定管辖①分为两种：一种是法律直接确定某个地域管辖权机关，如上面所引述的法国刑事诉讼法规定的确定管辖，德国《刑事诉讼法》第10条a所规定的由汉堡市地方法院管辖在德国法规效力范围之外的海洋领域内实施的环境犯罪行为，荷兰刑事诉讼法第2条规定的由阿姆斯特丹法院管辖发生在已出港口正在航行的船舶上的犯罪事实；一种是像我国行政诉讼法规定的那样，由法律授权给上级司法机关确定下级的集中管辖权。鉴于我国幅员辽阔的地理特点，在行为地法院管辖明确的情况下，由法律在全国范围内事先确定某一类刑事案件的特定地域管辖机关，会给当事人参与诉讼带来极大的不方便，不符合管辖制度设立的基本原理。对于后一种“授权式”的确定管辖，必须考虑在原先管辖制度下行政诉讼与刑事诉讼的实际运行状况与司法价值目标的契合性。因为从行政诉讼法实施20多年来的实际情况看，以行政机关所在地的法院管辖为核心的管辖制度，无力摆脱地方行政机关的干扰，致使行政机关败诉率一直徘徊在低位，行政审判的公正目标遭受严重侵蚀。在这种背景下，行政诉讼法增设集中管辖制度，使审判机关在地域上与行政机关适度分离，通过牺牲一定的诉讼效率以实现行政审判权的独立性。

但这种以公正置换效率的管辖改革的立法方案，在刑事诉讼中未必有很大的支撑根基。因为从目前来看，刑事案件的公正性并未遭遇地方保护主义的普遍侵蚀，虽然某些犯罪案件有地方干扰，但这种情况并不普遍，因此由犯罪地法院管辖的一般制度并未成为影响司法公正的规则羁绊。即使出现某些犯罪主体身份显赫、涉及地方经济利益等容易影响司法公正的刑事案件，也完全可以通过指定管辖或提级管辖以排除不当干扰。再加上前面已经分析过的，目前的司法实践也并未出现司法机关办案能力普遍羸弱的情况，集中管辖有轻视法定管辖权机关之嫌。此外，按照制度设计的原理，我们不能以一项存有弊端的制度去贸然解决另一项制度的弊端，否则旧问题尚未解决，新问题业已产生。正如下面将要分析的，在调整管辖规则的主要目的是司法管理而不是直接确保司法公正的情况下，实施确定管辖容易造

① 这里仅指与地域有关的确定管辖，不涉及法律确定的由中级以上法院管辖的一审案件。

成程序规则的权威性、案件管辖的稳定性以及法制的统一性被侵蚀，司法机关的行政化倾向进一步加剧等问题。因此，刑事诉讼法规定确定管辖制度应当十分慎重。

四、集中管辖背后的司法管理因素

目前实行集中管辖的五大类刑事案件，基本上可以分为两种：一种是身份特殊型案件，即外国人犯罪和涉台案件；一种是权利保护型案件，即知识产权、环保和未成年人刑事案件。前者由于涉及我国与外国、大陆与台湾地区的关系，属于“敏感”案件，一旦处理不慎，容易引发相关问题，因此在程序操作、信息报送、实体处理等多个环节均应特别慎重；后者由于关涉到我国转型期加强知识产权、环境和未成年人权利司法保护的特殊要求，对法律的统一适用要求较高。据此，现行集中管辖措施较多考虑了上述因素，对于外国人犯罪和涉台刑事案件，通过提级管辖、指定集中管辖来减少分散型地域管辖所可能导致的案件质量风险、社会和政治效果风险，以便在更大的概率上保证此类案件被妥善处理。对于知识产权、环保、未成年人刑事案件，强调通过集中管辖减少案件管辖的地域点，以统一裁判尺度，提高对相关权利司法保护的统一性。学理资料也表明，我国目前存在四大类三十余种法律统一适用机制，集中管辖机制正是作为程序类机制被纳入其中以保障法律适用的统一标准。

不难看出，集中管辖的制度目标与当下加强司法管理的理念不谋而合。按照最高人民法院《关于加强人民法院审判管理工作的若干意见》，审判管理的一项重要内容是“通过组织、领导、指导等方法，对司法资源进行有效整合”；“上级法院应当通过审理案件、召开审判业务会议、研讨典型案件等形式，及时总结经验，统一法律适用，统一裁判尺度，提高整体司法水平”。从形式上看，实践中的集中管辖正是上级法院基于其在法院组织架构上的主导地位，整合司法管辖资源，强化案件质量管理、统一裁判尺度的一项有力举措。基于司法独立和司法效率的考虑，“上下级法院的审判管理不能照搬法院内部的审判管理模式，如对本院内案件的流程监控并不适用于下级法院的个案”。由于缺少一种相对实时化的案件质量监控体系，要通过司法管理来保障下级法院的案件质量，更多依赖于事后的审判绩效考评，作用范围更多限于总结和评估。相对于“敏感案件”准确及时办理的高要求和类型化权利的统一保护而言，这样一种司法管理方式在时效上可能并不受上级法院欢迎。集中管辖以“釜底抽薪”的办法，统一类案的地域或级别管辖权，将司法权的行使限定于一个或几个司法机关，在一定程度上有助于上述司法管理目标的实现。

集中管辖本质上属于管辖权的调整。对于管辖制度是否应当被纳入司法管理活动以调整案件数量和司法资源，国外理论界看法不一，实践做法也不尽相同。一种观点是主张将调整案件管辖作为司法管理的一项内容，用以促进法院应对司法需求的灵活性。如美国学者格里克认为，司法管理包括法院管理和诉讼的运行管理，而法院管理包括若干具体的事项，诸如法院的组织和管辖、法官的选任等。与此观点相适应的管辖制度，就作为整合司法资源的一种手段，呈现出相当程度的灵活性。如在英国，最重要案件的一审由在全国范围不受地域管辖资格限制的法院来管辖，尽管这些法院都属于某一个区域或地方。在荷兰，有关外国人的案件由中央管理机构分配到遍布全国的 22 个审理地点；对于重大和复杂的刑事案件（如有组织犯罪），由中央管理机构根据各地法院的审判能力和审判地点将这些案件分配到全国的一审法院。另一种观点是主张法定法官原则的严格性，案件的管辖并不纳入司法管理。“在意大利、葡萄牙和奥地利，诉诸‘法定法官’是当事人的一项权利，这些国家的主流观念是对司法独立和司法公正的保障也涵盖了法院的案件分配制度。”按照德国基本法第101条的规定，法定法官原则是一项宪法性原则，“院长或其他任何人都不得按照对案件的审查而决定由某一法官主审，即使他认为(可能是正确的)，该法官比其他法官更适合审理这一案件”，自然也不允许通过调整地域管辖来实现司法管理的目的。

管辖作为一种案件分配的法律技术装置，以效率为主要价值目标，因此其在一定程度上具有适应于司法管理的内在意蕴。但是，从另一个侧面看，成文法规则意义上的管辖制度具有更多的确定性和稳定性才能维护程序法的权威性，而这与基于提升司法业绩为目标的司法管理所需要的规则灵活性存在扞格之处。综合近些年刑事程序法制以及司法管理机制建设的总体情况，笔者认为，我国不宜将调整案件管辖作为整体性司法管理活动的一项内容。原因如下：

第一，法定法官原则虽然不是我国宪法和刑诉法的基本原则，但随着社会的发展和法治的进步，程序法定、法定管辖等理念已经深入人心。此种情况下，如果允许通过调整案件管辖权来实现司法管理的一系列目标，如案件数量的均衡调配、案件质量管理、裁判尺度的统一等，容易将本质上属于普遍化司法规则的管辖制度，人为改造成一种“科层化”的行政规则，造成诉讼管辖领域法定管辖原则被严重破坏，削弱程序法的权威性，减损多年来的程序法治建设成果。

第二，容易使刑事案件的地区管辖权受到案件数量多寡的严重影响，造成管辖权的经常变动。区域内的某一类刑事案件的数量多寡，都是特定时期内的相对产物。刑事案件的数量总是与一个区域的经济发展、人口素质、治安形势等因素密切相关，因此我们无法绝对确定一个区域内的某类刑事案件以后是否会增多。在此种情况下，如果根据案件数量的多寡来确定管辖，那么会发生管辖权不稳定的后果。此外，先前未被集中管辖的司法机关，如果由于某类案件的增多又被赋予了管辖权，将会因为司法人员缺乏经验、知识等方面的积累，短期之内无法应对该类案件。关于这一点，知识产权司法实务界已经有所察觉。

第三，司法管理的目标不是“管理”本身，而是以“管理”促进公正和效率。通过打破法定管辖权的方式来积极能动地实现“管理”，本质上并不太符合司法管理的公正向度。况且，集中管辖会造成管辖区域与案发区域的实际不一致，不利于“便民便审”，其所带来的司法管理之效率“红利”，不可避免地会被提高的办案成本所冲淡。

第四，可能对法制统一性造成较大影响。我国地域辽阔，再加上区域经济发展的不平衡，一个中级人民法院所辖不同基层法院的受案总数或者某一类案的数量相差可能较大，此种情形下如果将管辖权调整纳入司法管理中，必然出现司法机关自我授权的“弥散性效应”，即有更多的中级人民法院、高级人民法院通过集中管辖这根“指挥棒”来确定下级院和本院管辖的案件类型和数量，最终导致诉讼管辖领域的乱象，不利于我国单一制国家法制的统一。此外，集中管辖通过减少地域管辖点来实现对类案裁判尺度之统一，在制度手段与目标上存在着悖反：作为对管辖规范选择性适用的集中管辖，目的是法律的统一适用，但其本身反过来加剧了法制的不统一。

第五，上下级法院之间的行政领导关系可能被进一步强化。淡化乃至消除上下级法院之间的行政关系，是我国司法体制改革的重要目标。但由于司法领域面临着公信力不高、办案数量激增等影响公正和效率的现实问题，以强化行政元素为重要内容的司法管理活动应运而生。这在上下级法院的层级关系上，体现为通过各项管理活动强化上级对下级的监督、指导甚至指挥作用。这种强调上命下从的管理机制，在实践中已经明显地体现出科层化的权力运作特点。达马斯卡就曾言，“把权力的要素黏合到一起的是一种强烈的秩序感和一种对一致性的欲求：理想的状态是，所有的人都踩着同样的鼓点齐步向前”。因此，随着司法管理在现实审判活动中的进一步强化，上下级法院关系的行政化轨迹可能体现得更加明显。此时，若将管辖权规则的调整纳入司法管理活动中，由上级司法机关基于其主导地位对类案实行集中管辖，势必造成管辖领域普遍性的行政化。尤其是在下级区域内某一类案件总数较少且分布比较均匀的情况下，上级法院在确定下级是否有集中管辖权时，相当于发布行政命令，这无疑有悖于管辖作为司法规则的一般属性。

五、结语

近年来，司法机关基于案件质量和司法管理的考虑，频频采用集中管辖来确定下级司法机关对某一类刑事案件的管辖权。但根据上述分析，现行集中管辖的司法实践与规范根基均值得检讨。不过需要指出的是，上述论述并不是从整体上否定集中管辖改革者对追求司法质量的努力。相反，制度改革者的初衷与问题意识仍然值得我们重视，即如何通过管辖这种程序性机制来加强基层司法机关办理部分特殊刑事案件的质量。

与集中管辖改革者的立场有所不同的是，笔者认为，法律制定管辖规则的重点是在便民便审的制度框架下形成一种普遍化秩序，使得不同地域、不同级别的司法机关能够各司其职、不越俎代庖。管辖规则本身并不具有普遍性地提升基层司法机关案件质量的旨趣与意义，司法机关也不应将管辖规则当作司法管理的一项重点措施加以运用。即便在特殊情况下确实需要通过改变管辖来保障案件质量，也应当在尊重司法管辖权基本规则的前提下，通过制度设计以指定管辖和提级管辖对个案进行科学的调适，即应当对传统的管辖制度资源进行适度的“创造性转化”，而不是摒弃基本的管辖权规则。因此，未来努力的方向应当是：一方面，基于提高基层司法人员对办理特殊刑事案件的重视程度与实际水平的考虑，考核激励、业务培训、人员交流、业务指导等传统措施应当继续加强，同时应当通过上诉制度强化中级人民法院在本地区范围内统一法律见解和裁判尺度的作用，因为“上诉是一个中央政权保证从属于它的基层争议解决者朝着它所希望的方向适用法律规则来解决争议的机制”；另一方面，完善特殊案件的管辖权上报制度，由上级司法机关在掌握本区域司法运行态势的基础上对部分类别刑事案件的管辖权采取重点报请制度，即下级院受理某些类别的刑事案件后，对个案的复杂性、影响性、新型化等因素作一初步但需相对充分的评估，报请上级院，由上级司法机关综合考量案件的具体情况以及下级机关的办案经验及能力等各方面因素，以决定是否指定管辖或提级管辖。这样，既兼顾了现行的法律规范体系，也关照了部分刑事案件的特殊性。

第二章　刑事辩护制度研究

第一节　审前程序的辩护

刑事审前程序是刑事案件起诉到法院之前的程序。在我国,侦查和起诉程序作为独立的诉讼阶段,尤其是侦查程序,担负着收集犯罪证据,查获揭露犯罪事实,为犯罪的起诉和审判作准备的重要任务,因此审前程序追诉犯罪的功能越来越受强调。将辩护权在审前程序中体现,其价值不可小觑。在实体上,有利于保障犯罪嫌疑人的人权,维护其合法权益;在程序上,通过与侦诉机关的对抗,有利于维系诉讼结构的平衡;从制度上,完善了辩护制度的发展,使辩护功能从审判延伸至审前。

一、审前辩护的价值及其与审判辩护的关系

(一)审前辩护的价值

1.保障人权功能

刑事诉讼法以惩治犯罪和保障人权为己任。基于维护社会秩序的需要,国家赋予追诉机关在审前程序中强大的追诉权力以收集犯罪证据、查获犯罪嫌疑人。就各国审前程序的设计来看,侦查机关毫无例外地均有权对犯罪嫌疑人实施拘捕、搜查、扣押等强制措施,有权采取讯问、勘验、鉴定等查证活动。毋庸讳言,追诉机关的审前措施尤其是侦查权的行使势必导致犯罪嫌疑人的人身自由、财产权利在一定程度上受到限制或被剥夺。这是因为,为了国家追诉权的顺利行使,必然要求被追诉人承担一定程度上的忍受义务或受侦讯义务。但是,国家追诉权在行使的过程中,极容易超越正当界限甚至被滥用,这样就会对嫌疑人的合法权益造成不当侵害。基于保障嫌疑人人权的考虑,各国在审前程序中采取了两条主线:一是通过司法审查机制,将剥夺公民人身权利的强制措施权力授予中立的司法机关(法院);二是赋予嫌疑人辩护权,以维护其自身权益。就后者而言,各主要国家在立法中赋予了嫌疑人沉默权,以使其在接受讯问时有自由选择的权利,保障其供词出于自我意志。但除此之外,大多数嫌疑人行使辩护权却会遭受自然意义上的障碍。在此种情况下,专业辩护律师的帮助是不可缺少的。

在我国,犯罪嫌疑人在审前程序中权利受侵害的可能性更大。一方面,他们并不享有沉默权,却承担"如实回答"的义务。在侦查活动相对封闭的环境下,"如实回答"义务对嫌疑人的精神、心理造成了较多压力。而这一义务的不当强调也在现实中给刑讯逼供提供了可乘之机。另一方面,我国的侦查权力具有单向性的特征,即侦查机关有权单方采取绝大多数的强制措施。就立法规范看,侦查机关在逮捕前可以对嫌疑人实施控制 14 天之久,甚至有些情况下还可以延长至 30 天。如此强大的侦查权力,一旦行使不当确实会对嫌疑人的权益造

成严重侵害。

一方面，辩护律师介入审前程序，有助于帮助嫌疑人正确地行使辩护权。在绝大多数嫌疑人不懂法律知识、无法有效维护自身权益的现实背景下，专业的律师可以为嫌疑人讲解法律，介绍定罪的法律构成要件，分析罪名成立的可能性，预测以后的量刑情况。此种法律咨询有助于消除犯罪嫌疑人心理上的紧张感和恐惧感，使其尽可能冷静地判断案情，客观地陈述有利于己的事实。另一方面，辩护律师参与审前程序，可以监督侦查机关严格依照法定程序收集证据。艾伦·德肖维茨教授曾指出："认真负责，积极热心的辩护律师是自由的最后堡垒——是抵抗气势汹汹的政府欺负它的子民的最后一道防线。辩护律师的任务正是对政府的行为进行监督和挑战，要使这些权势在握的尊者对无权无势的小民百姓做出格行动前三思而后行，想想可能引起的法律后果；去呼吁，去保护那些孤立无援、无权无势的民众的正当利益。"[①]对于侦查机关采用的刑讯逼供等非法行为有权进行控告，对无辜的受到追诉的嫌疑人，及时从证据、法律方面提出辩护意见，从而保障犯罪嫌疑人权利不受侵害。

2.平衡诉讼构造

刑事诉讼构造，是指刑事诉讼法所确立的进行刑事诉讼的基本方式以及专门机关、诉讼参与人在刑事诉讼中形成的法律关系的基本格局，它集中体现为控诉、辩护、裁判三方在刑事诉讼中的地位及其相互间的法律关系。现代世界各国，基于人权保障的理念和需要，防止追诉机关单方权力过于强大和犯罪嫌疑人权利过于弱小，基本上都建立了诉讼式的侦查构造。"无论是英美还是大陆法系国家，其侦查程序都呈现出以下几个方面的发展趋势：(1)普遍建立了针对侦查行为的司法授权和审查机制；(2)普遍建立了对审前羁押的司法控制机制；(3)被告人的沉默权和律师帮助权得到较为普遍的确立；(4)辩护律师在侦查中参与范围得到扩大；(5)普遍通过司法裁判程序对侦查活动进行制约。"[②]的确，在现代刑事诉讼中，除了将司法(法官)的力量引入侦查程序以对侦查机关强大的权力进行制约外，犯罪嫌疑人的辩护权利得到加强也是维持侦查程序合理构造的一个重要方面。

刑事诉讼本质上是犯罪嫌疑人、被告人和国家之间的一种争端。在这种争端的解决过程中，侦控机关(追诉方)代表着国家利益，具有国家的强制力，而犯罪嫌疑人、被告人(被追诉方)则无强力作为后盾，因此，在刑事诉讼开始进行时，控辩双方的力量就是不平等的。而力量上的不平等，容易导致较弱一方的合法权益被强者所侵害。为了改变这种实质的不平等状态，就有必要对侦控机关的权力进行一定的限制和控制，同时加大对犯罪嫌疑人、被告人的权利保护力度。其中，赋予犯罪嫌疑人在审前程序获得律师帮助的权利就是维持控辩双方地位大致平等的一个重要方面。辩护职能的最重要特征就是防御性及犯罪嫌疑人、被告人的利益性。所谓防御性，是指辩护职能是相对于控诉职能而存在的。没有控诉也就谈不上什么辩护。在英文中，"defense"一词既可以翻译为辩护，也可以翻译为防御。控诉职能的特征是攻击性，与此相对，辩护职能的特征则是防御性，其行使的目的旨在对抗、抵消甚至否定控诉，实现辩护权主体的自我防护。从侦查阶段律师能够从事的工作来看，律师可以为犯罪嫌疑人提供法律咨询、代理申诉、控告，犯罪嫌疑人被逮捕的，律师还可以为其申请取保

① 艾伦·德肖维茨：《最好的辩护》，唐交东译，法律出版社1994年版，第483页。

② 陈瑞华：《刑事诉讼前沿问题》，中国人民大学出版社2000年版，第316页。

候审。所有这些权利，其特征都是防御性。正是在这个意义上，辩护权又可以称为防御权。

为了保证辩护律师在侦查阶段能切实维护犯罪嫌疑人的合法权利，西方主要国家都赋予了辩护律师广泛的诉讼权利。从各国立法来看，辩护律师一般享有以下权利：与犯罪嫌疑人会见、通信的权利；当侦查机关讯问犯罪嫌疑人时在场的权利；调查取证的权利；查阅案卷的权利；对侦查机关违法侦查行为向法院提出异议的权利等。赋予辩护律师广泛的诉讼权利，能够加强辩护方的力量，发挥辩护律师的实质性辩护作用，从而维持审前程序构造的大致平衡。由上可以看出，扩大审前程序尤其是侦查阶段律师的辩护权，应当成为我国完善侦查程序构造的发展趋势。应当指出的是，犯罪嫌疑人获得律师帮助的权利，属于犯罪嫌疑人辩护权的一个方面，提供法律帮助的律师与犯罪嫌疑人共同构成了侦查程序构造中的一方：辩护方。因此，也可以说，侦查程序构造的完善，有赖于辩护方权利的强化。而辩护方权利的加强，则有助于辩护职能的强化。

3.辩护的功能延伸

刑事诉讼的进化史就是辩护权发展的历史，此不无道理。一国刑事诉讼中辩护制度的发展程度，直接体现出该国刑事司法的文明、民主程度以及人权保障的程度。传统意义上的辩护仅限于法庭审判活动，并不涉及审前程序。我国1979年《刑事诉讼法》规定，律师只能在审判阶段才能介入，在此之前没有资格参与诉讼。1996年修改《刑事诉讼法》后，律师参与刑事诉讼的时间提前到侦查阶段，但由于律师的地位并没有明确为“辩护人”，立法并未承认审前的律师活动。直至2012年修改《刑事诉讼法》，才明确赋予了律师在侦查阶段的辩护人身份。正如我国学者所言：三十年来，中国刑事辩护体现出来的一个重要发展脉络和轨迹是从审判辩护向审前辩护延伸。在美国，联邦最高法院认为：随着对抗式司法程序的启动，律师辩护权意义上的“刑事诉讼活动”也就开始了，一旦律师辩护权开始适用，它就不仅适用于审判本身，而且还适用于刑事诉讼中的任何“关键阶段”。而对于此类关键阶段，美国联邦最高法院认为是“如果被指控人没有辩护律师的帮助，将会对被指控人的辩护活动造成实质性影响的任何审前必备程序”。

将辩护延伸至审前阶段，主要目的是帮助犯罪嫌疑人有效地行使辩护权。从侦查阶段起律师就介入刑事诉讼的立法理由之一是：犯罪嫌疑人被采取强制措施，特别是被刑事拘留逮捕后，本人及其近亲属急切需要律师提供法律帮助。特别是随着社会活动内容的丰富，法律法规越来越多，公民想深入熟悉并运用各种法律法规越来越难，而多数涉嫌犯罪的公民又缺乏应有的法律知识，一旦遇到法律问题，就需要律师指导。犯罪嫌疑人人身自由受到不同程度的限制，因此不便于了解和收集有利于己的情况和证据。有些嫌疑人出于种种个人动机和目的而违心自首、坦白或供认犯罪。如果辩护律师无法在审前阶段及时介入，犯罪嫌疑人的诉讼权利就难以得到保障，同时追诉机关因没有与之对抗的相对方，便很可能造成公权力的权力扩张，最终侵害到被追诉者的利益。程序的基本对等是程序正义的重要因素。随着“程序正义”理念的深入人心，辩护的功能也必然从审判延伸至审前程序。

(二)与审判辩护的关系

1.审前辩护为审判辩护奠定基础

审前辩护与审判辩护两者之间存在着紧密的联系。针对侦查程序的重要性，德国学者勃朗特·舒乃曼曾言：“对诉讼结果起决定作用的所有实质性证据都是靠侦查程序收集的，而在侦查程序中犯的错误是根本不能在公开审理阶段得到顺利修正的，其结果便是，对被告人的赌注完全被下在了侦查阶段而非公开审判阶段……用沃尔德的说法，'侦查程序是刑事诉讼的核心和顶点阶段'。"①为了保障审前程序对事实认定的准确性，不至于发生冤枉无辜的现象，刑事司法机关必须具有客观公正的立场，收集有罪、无罪或罪轻的所有证据，以保障嫌疑人的人权。同时，让律师在审前阶段介入，发挥辩护律师的专业特长，及时有效地行使律师的诉讼权利，从而为侦查机关准确认定事实提供担保。如果所有的损害在审前阶段已发生，而律师仅仅在审判阶段介入，那么被告人即使在审判程序中聘请最好的律师也不会有太大的帮助。正是从这个意义上，日本学者明确地指出：没有侦查辩护就没有审判阶段的辩护，对于嫌疑人和被告人来说，侦查辩护更具有决定性意义。②

从证据收集的角度看，侦查程序收集的证据往往作为审判程序认定案件事实的重要依据。在我国，由于没有传闻证据规则，审前阶段收集的证据基本上未经太多过滤直接进入庭审，最终作为定案的根据。有学者就认为，依据一般刑事案件侦办实务经验，审前侦查阶段距离案发时间较近，比较容易发现事实真相及搜集证据，审判阶段所依据的事实及证据大多是在侦查阶段建立或取得的。而过去众多悬而未决的疑案、难案，其所以在审判阶段一再经上级法院发回更审而难以定谳，原因大多是审前侦查阶段没有详尽、合法搜集证据或保障被追诉者合法的权利，以致进入审判阶段时法院没有合法、真实的证据可以作为判决的基础。③如果没有审前辩护，那么不具有证据能力和证明力的证据将十分危险地成为法官心证的基础。从这方面看，审前辩护具有保障庭审证据真实性和合法性的重要功能。

从法律适用的角度看，司法机关在审前程序中需要对嫌疑人的实体罪名进行认定，对其触犯的实体法律条款做出选择，因此面临着正确适用法律的难题。如果没有审前辩护，那么法律的适用就是一种指控机关单向性的活动，无法达到"双向沟通"的"情境"。而如果辩护方注重审前程序的法律适用问题，帮助指控机关准确地认定罪名，就可能取得良好的辩护效果，甚至直接终结诉讼，帮助嫌疑人彻底脱离刑事诉讼。如发生在深圳宝安机场的梁丽拾金案，嫌疑人是深圳机场的清洁工，其被指控将乘客一只装有价值200多万元的黄金饰品的箱子带回家中。公安机关以盗窃罪将该案移送检察院审查起诉。嫌疑人的辩护律师在审查起诉阶段与检察院充分交换意见后，认为该案嫌疑人的行为不构成盗窃罪。后检察机关解除了对嫌疑人的强制措施，将案件退回公安机关，并建议公安机关将相关材料转交自诉人，由受害人自行决定是否自诉。该案也成为律师充分重视审前辩护、取得良好效果的典型范例。

不过，在辩护实务中，除了申诉、控告、申请变更强制措施之外，律师进行审前辩护尤其是提出书面的辩护意见时显得十分慎重。不少律师都不太愿意在审前阶段与侦控机关对案件进行沟通与交流。有些律师认为，与其提前将辩护意见告知检察官，使得检察官进行相应的调查和补正，从而把材料做死，最终不利于法庭辩护的发挥，还不如先把辩护意见藏起来，留在法庭上突然提出来，给公诉人一个措手不及，有利于庭审获得最佳效果，能够使法庭充分注意并得到采信。但是，也有些律师认为，要充分尊重和重视与检察机关的交流沟通。在

① 转引自宋英辉、吴宏耀：《刑事审判前程序研究》，中国政法大学出版社2002年版，第19页。

② 佐藤博史：《刑事辩护的技术与伦理》，于秀峰、张凌译，法律出版社2012年版，第56页。

③ 李宜光：《两岸律师辩护制度之比较——以公正审判为中心》，北京：中国政法大学博士学位论文，第30页。

审查起诉环节，要与公诉人充分沟通意见，运用法理和证据说服公诉人。律师如果取得相关证据，也应当及时移交给公诉人，让其充分调查，不要在法庭上搞突然袭击。[①] 笔者认为，是否进行充分的审前辩护，取决于案件的具体情况与证据的收集情况。如果刑事案件属于一些处于罪与非罪“边缘”的新类型案件，理论界和实务界对其法律定性分歧较大，辩护律师完全可以与侦控机关进行充分的沟通，甚至提交书面的辩护意见进行充分阐释，以说服侦控机关，这样有可能达到撤销案件、不起诉或退回公安机关处理等相当于“无罪”的审前辩护效果。如果辩护律师收集了能够证明嫌疑人无罪、罪轻的书面证据材料，由于书证的客观性较大，基本上没有被补正或改变的可能性，那么律师应当及时在审前阶段进行提交并作充分的沟通。如果律师的辩护意见中涉及的相关证据极容易被补正的，那么律师在审前提交辩护意见需要谨慎，否则在庭审时可能指控方的证据体系已经因为律师的审前辩护而变得更加完整和圆满。因为，审前辩护毕竟是为审判辩护服务的，而不是为控方“查漏补缺”之用。

2.审判辩护是审前辩护的检验

虽然审前辩护的功能日益为理论界和实务界所关注，但审判辩护仍然具有重要的价值与意义。纵观辩护权之发展史，“辩护”从来与审判程序密不可分。在古罗马共和国初期，一种被称为“保护人”的人，在法庭上为被保护人进行辩护和代理，后来逐渐发展为一种高尚的“自由职业”。由于这些人能言善辩，因此也被称为“辩护士”。现代刑事诉讼更是强调控辩平等、裁判中立，即在审判程序中加强辩护权，在诉讼构造建立控、辩、裁的三角模型。尤其在英美法系当事人主义模式下，其庭审方式的精髓“主要表现在辩证法式的辩论和对抗上，通过当事人的对抗和辩论，使证据的一切属性得到充分展示，使各种意见得以提出和交锋，法官由此进行评判和取舍，认定事实”。在刑事审判中之所以要强调辩护的作用，这是因为控诉方和辩护方具有不同的诉讼职能，控辩双方对案件中某些问题的看法产生分歧或矛盾，是经常的和必然的。建立辩护制度，使被追诉方能够针对指控提出辩护意见，有助于审判机关客观公正地认定刑事案件的事实，防止出现“只了解其中一方”的偏颇，做到“兼听则明”，确保能正确处理案件。

简而言之，审判辩护是对辩护权在审前程序行使的检验。庭审中辩护人根据事实和法律，提出证明犯罪嫌疑人、被告人无罪、罪轻或者减轻、免除其刑事责任的材料和意见，这些辩护意见最后的形成则基于律师侦查起诉阶段的一系列的会见、调查取证、阅卷工作。辩护方在庭审程序中的出示证据、质证、发表辩护意见均是对审前程序辩护权行使的检验。如果审前辩护工作细致、扎实和客观，那么审判辩护必然也会条理清晰、逻辑分明，并且具有说服力。从结果论的角度看，最后的判决结果是审前辩护成果的一个成绩单。因为审判辩护的成败直接作用于判决结果，审前辩护权行使得当又决定了审判辩护的有理有据，两者环环相扣，关系密切。

3.审前辩护和审判辩护在辩护内容上的共性——均有实体性和程序性辩护

实体性辩护和程序性辩护是辩护活动的重要类别。但我国历来有“重实体轻程序”之传统，在立法上更注重前者。我国 1996 年《刑事诉讼法》第 35 条规定：“辩护人的责任是根据事实和法律，提出证明犯罪嫌疑人、被告人无罪、罪轻或者减轻、免除其刑事责任的材料和意

① 徐宗新：《刑事辩护实务操作技能与执业风险防范》，法律出版社 2012 年，第 122 页，第 124 页。

见，维护犯罪嫌疑人、被告人的合法权益。”此条文强调的即实体性辩护。2012年立法者修改刑事诉讼法时，将第35条最后一句话改为“维护犯罪嫌疑人、被告人的诉讼权利和其他合法权益”。修改的主要原因在于，原先的条文过多强调辩护人的实体性辩护职责，对于诉讼程序上存在的违法问题、诉讼过程中侵犯被追诉人诉讼权利的问题如非法取证、超期羁押等，立法并未明确辩护人有程序性辩护的职责。而新法对此进行了完善。

实体性辩护主要是辩护人依据事实和法律，提出证明犯罪嫌疑人、被告人无罪、罪轻或者减轻、免除其刑事责任的材料和意见。而程序性辩护是辩护方通过促使法庭对侦查、公诉和审判行为的合法性加以司法审查，来要求法庭排除非法证据或者宣告相关诉讼行为无效的辩护活动。在此种辩护形态中，辩护方既不是从有罪事实能否成立、犯罪构成要件是否具备等方面做出无罪的辩护，也不是从诸如被告人是否存在立功、自首、坦白、退赃等从轻或减轻的情节方面，就量刑问题所做的辩护。实体性辩护是辩护制度中的最基本形态，辩护方提出证明犯罪嫌疑人、被告人无罪、罪轻或者减轻、免除其刑事责任的材料和意见，目的就是进行无罪辩护、罪轻辩护，从而获得有利于辩护方的诉讼结果。这种辩护形态与辩护方参与刑事诉讼的目的直接相关。而程序性辩护是随着刑事诉讼制度的完善以及裁判方司法审查权力的加强而发展起来的。无论是被告人还是辩护人，他们进行此种辩护的最终目的，还是寻求法院宣告指控被告人有罪的证据不足，进而请求法院宣告被告人无罪的结局。因此，从辩护的最终目的来看，程序性辩护是实体性辩护的有益补充。

在审前辩护中，辩护方既可以作实体性辩护，提出嫌疑人无罪或罪轻的材料和意见，也可以作程序性辩护，提出申请变更强制措施、非法取证、超期羁押等程序性意见。在审判辩护中，辩护方可以针对指控方指控的犯罪，提出被告人的行为不符合犯罪构成要件，以及属于正当防卫、紧急避险、意外事件等，或者提出被告人是从犯、悔罪态度好、积极退赃等法定或酌定的从轻减轻量刑情节，建议法庭宣告无罪、判处较轻的刑罚等。也可以进行程序性辩护，针对追诉方的程序违法如非法取证问题，要求法庭进行非法证据排除，或者针对一审程序违法问题，要求二审法院撤销原判发回重审。具体采取何种方式，需要根据案件的具体情况，立足于取得最佳的辩护效果而定。

二、中国审前辩护的立法进步与制度缺陷

1996年刑事诉讼法实施之后的实践表明，刑事辩护这一传统的律师业务日渐萎缩，不少律师对刑事辩护失去了信心转而从事其他法律业务。相关的数据表明，近年来全国律师参与刑事案件的比例不足30%，有的省甚至仅为12%，且其中还包括法律援助案件。律师不愿参与刑事案件的办理，与律师辩护权得不到保障、辩护意见不受重视有密切关系。就审前程序而言，侦查阶段律师的会见权受到重重阻碍，实践中很多案件都被侦查机关以“国家秘密”为由拒绝律师会见。一些机关故意曲解法律对“安排会见”的规定，将其理解成在48小时内或5日内“安排”会见的时间，至于真正的“会见”，遥遥无期。即使得以会见在押嫌疑人，侦查机关也“派员在场”，且随时制止、限制律师与当事人的谈话内容。这使得律师的会见根本无法达到预期效果，律师有效的辩护意见难以形成。虽然法律规定辩护律师在审查起诉及审判阶段有查阅案卷的权利，但因阅卷范围受限、阅卷安排不及时和阅卷时间较短等问题导致律师阅卷权的行使亦成为一大难题。此外，律师审前辩护意见大多不受重视。以

往，相关的实证调查显示，在律师所办案件中，发现侦查中有刑讯逼供等违法行为，向检察机关提出的共有562件，经调查得到处理的为87件，处理率仅为15.5%；检察机关在审查起诉阶段未听取律师辩护意见的次数多于听取意见的次数，两者之比为1.76。同样，在检察机关对无罪、罪轻辩护意见的处理结果中，坚持起诉并不作说明或解释不合理的占绝大多数。[①]甚至有个别地方的检察院出台内部规定，在起诉之前不准见律师，与律师会谈需要经过特殊批准。

律师辩护权的行使遭受重重障碍，律师从事刑事辩护活动的积极性严重受挫，无疑会使刑事诉讼中被追诉人的权利保障受到严重影响。这也引起了立法机关的高度重视，在立法修改时将辩护制度作为重点内容，目的就是通过完善立法积极保障律师辩护权的行使。

（一）审前辩护制度的立法进步

2012年《刑事诉讼法》修改在诸多方面均有重大进步，尤其在辩护制度方面，吸收了2007年《律师法》规定的部分内容，扩大了辩护律师审前阶段的诉讼权利，具有显著的进步意义。

1.明确了侦查阶段律师的地位

1996年《刑事诉讼法》只是规定侦查阶段犯罪嫌疑人有权聘请律师，并未明确律师在侦查阶段的诉讼地位，致使理论上对律师的身份有“法律辅佐人”“法律帮助者”“辩护人”等诸多争论。2012年《刑事诉讼法》第33条第1款规定：“犯罪嫌疑人自被侦查机关第一次讯问或者采取强制措施之日起，有权委托律师作为辩护人；在侦查期间，只能委托律师作为辩护人。被告人有权随时委托辩护人。”立法显然明确了侦查阶段律师“辩护人”的地位，结束了长期以来侦查阶段律师“名不正、言不顺”的窘境。应当说，立法对侦查阶段律师地位的明确，有助于保障律师会见权、调查取证权、申请变更和解除强制措施等权利的及时行使，也有助于提高辩护律师在审前程序中的诉讼地位，从而增强辩护的对抗性。

2.扩大了法律援助范围

2012年《刑事诉讼法》第34条完善了法律援助制度，有利于进一步保障犯罪嫌疑人、被告人的辩护权和其他权利，充分发挥辩护律师在刑事诉讼中的作用。第34条第2款规定：“犯罪嫌疑人、被告人是盲、聋、哑人，或者是尚未完全丧失辨认或者控制自己行为能力的精神病人，没有委托辩护人的，人民法院、人民检察院和公安机关应当通知法律援助机构指派律师为其提供辩护。”第3款规定：“犯罪嫌疑人、被告人可能被判处无期徒刑、死刑，没有委托辩护人的，人民法院、人民检察院和公安机关应当通知法律援助机构指派律师为其提供辩护。”这两款条文一方面扩大了法律援助的对象范围，另一方面扩大了法律援助的适用阶段，将原先仅能在审判阶段进行指定辩护修改为在侦查、起诉、审判阶段均可以提供法律援助。此外，考虑到《法律援助条例》规定了因经济困难或者其他原因应当提供法律援助的具体条件，并规定由法律援助机构进行审查，以及由法律援助机构对指定辩护律师进行选择的实际，第34条第1款将人民法院“指定辩护”修改为本人及近亲属向法律援助机构提出申请。这既符合我国刑事法律援助的实际，也更有利于保障犯罪嫌疑人、被告人辩护权的行使。

---

① 陈瑞华：《刑事辩护制度的实证考察》，北京大学出版社2005年版，第122—123页。

3. 审前阶段律师的辩护权限有所增加

本次刑事诉讼法修改的一大亮点在于扩大了律师审前阶段的辩护权，较大程度地与2007年《律师法》做了衔接。其一，增设了辩护律师可以向侦查机关了解案情和提出意见的权利。2012年《刑事诉讼法》第36条在原有提供法律帮助、代为申诉、控告的基础上，增加了向侦查机关了解案情的权利和提出意见权。并且，该法第159条的规定为律师提出意见权提供了实质性的保障，即"在案件侦查终结前，辩护律师提出要求的，侦查机关应当听取辩护律师的意见，并记录在案。辩护律师提出书面意见的，应当附卷"。这也保障了侦查阶段律师提出意见的辩护权利。其二，增加了侦查阶段辩护律师与在押嫌疑人的通信权。该法第37条第1款："辩护律师可以同在押的犯罪嫌疑人、被告人会见和通信。其他辩护人经人民法院、人民检察院许可，也可以同在押的犯罪嫌疑人、被告人会见和通信。"原先仅在审查起诉阶段才享有的"通信权"延伸到侦查阶段。其三，增加了审查起诉阶段可与嫌疑人核实有关证据的权利。该法第37条第4款规定辩护律师"自案件移送审查起诉之日起，可以向犯罪嫌疑人、被告人核实有关证据"。长期以来，对辩护律师能否在会见时把案卷材料出示给犯罪嫌疑人、被告人阅览，理论和实务界看法不一。司法机关普遍认为，律师不得将案卷材料交与嫌疑人、被告人阅览，否则就有泄密之嫌，甚至实践中还出现过因此种行为而追诉辩护律师刑事责任的案件。此次立法考虑到自审查起诉阶段起案件的事实已经查清，主要证据已经固定，辩护律师核实证据不致影响侦查活动的顺利进行，因此明确了律师与嫌疑人、被告人核对证据的权利。其四，扩大了审查起诉阶段案卷的查阅范围，该法第38条："辩护律师自人民检察院对案件审查起诉之日起，可以查阅、摘抄、复制本案的案卷材料。"较原法条规定的"查阅、摘抄、复制本案的诉讼文书、技术性鉴定材料"，辩护律师的阅卷权显然有明显扩大，有利于辩护人获得较为全面的案件信息，更好地为被追诉人辩护。其五，增加了律师申请调取无罪或罪轻证据的权利。该法第39条规定："辩护人认为在侦查、审查起诉期间公安机关、人民检察院收集的证明犯罪嫌疑人、被告人无罪或罪轻的证据材料未提交的，有权申请人民检察院、人民法院调取。"由于法律修改后辩护人在审查起诉阶段的阅卷范围已经明显扩大，且律师有与犯罪嫌疑人核实证据的权利，因此律师非常有可能发现侦控机关收集的无罪、罪轻的证据没有被随案移送，仍需要向司法机关调取证据。因此，此条规定对确保案件证据的完整性、保障案件的公正裁判有重要意义。

4. 完善了律师会见制度

为解决律师会见难问题，此次新刑诉法对会见制度做了重大完善。主要体现在四个方面：(1)对于一般性案件，律师持执业证书、律师事务所证明和委托书或者法律援助公函即可无障碍会见在押的犯罪嫌疑人、被告人，吸收了《律师法》持三证会见的优点，防止侦查机关借故拖延或者拒绝等情形发生。(2)对于特殊的三类案件实行批准会见。对于危害国家安全犯罪、恐怖活动犯罪、特别重大贿赂犯罪案件，在侦查期间辩护律师会见在押的犯罪嫌疑人，应当经侦查机关许可。此点虽与《律师法》"所有案件实行无障碍会见"不同，但立法机关认为，规定三类案件需经许可会见，是基于维护国家安全、公共安全角度的考虑。此外，《律师法》规定的律师无障碍会见在实际施行中困难重重，如此规定更有可操作性。(3)规定了看守所及时安排会见的义务，明确了最长时限。即看守所应当及时安排会见，至迟不得超过四十八小时。按照司法解释的规定，辩护律师要求会见在押的犯罪嫌疑人、被告人的，看守所应当及时安排会见,保证辩护律师在四十八小时以内见到在押的犯罪嫌疑人、被告人。(4)明确了律师会见时不被监听。律师与犯罪嫌疑人、被告人的谈话内容"不被监听",保证了两者交流的保密性,符合国际通行惯例,也有利于辩护作用的发挥。"不被监听"既包括有关机关不得派员在场,不得通过任何方式监听律师会见时的谈话内容,也不得对律师会见进行秘密录音。[①]

5.增加在侦查讯问或采取强制措施时告知嫌疑人委托辩护人的规定

2012年《刑事诉讼法》第33条第2款规定:"侦查机关在第一次讯问犯罪嫌疑人或者对犯罪嫌疑人采取强制措施的时候,应当告知犯罪嫌疑人有权委托辩护人。"考虑到实践中绝大多数犯罪嫌疑人的法律意识淡薄,很多情况下在被讯问或采取强制措施时不知道自己享有哪些权利包括委托辩护人的权利。如果等到审查起诉阶段甚至审判阶段再告知其有权委托辩护人,犯罪嫌疑人在侦查阶段就无法得到充分的法律咨询,对于非法取证、超期羁押等违法行为无法进行有效的申诉和控告,不利于维护其合法权益。因此,此条明确了侦查机关对犯罪嫌疑人的法定告知义务,这对于保障犯罪嫌疑人及时获得辩护人的法律帮助有重要意义。

6.改变了追诉辩护人刑事责任的程序机制

该法第42条第2款规定了追诉辩护人刑事责任的程序机制。第一,规定了"辩护人涉嫌犯罪的,应当由办理辩护人所承办案件的侦查机关以外的侦查机关办理"。即侦查辩护人所承办案件的侦查机关,不能再侦查辩护人涉嫌犯罪的案件,应当由异地的侦查机关进行侦查。这样规定,主要基于以下考虑:首先,防止本案侦查机关对辩护律师进行报复性追诉,滥用伪证罪的规定。其次,维护原侦查机关的形象和声誉。如果由原来的侦查机关立案侦查其所承办案件中辩护人涉嫌犯罪的行为,势必在外界产生其利用职权打击报复的质疑和担心,对侦查机关的形象和声誉显然不利。再次,降低辩护人的职业风险,促进律师辩护率的提高,维护司法公正。[②] 第二,明确了追诉律师刑事责任应当及时通知律师所在的律师事务所或所属的律师协会。此种规定,也有助于律师事务所和律师协会及时进行调查、掌握情况,维护涉案律师个人的合法权益。

7.增加了辩护人的申诉控告权

该法第47条赋予了辩护人申诉、控告权:"辩护人、诉讼代理人认为公安机关、人民检察院、人民法院及其工作人员阻碍其依法行使诉讼权利的,有权向同级或者上一级人民检察院申诉或者控告。人民检察院对申诉或者控告应当及时进行审查,情况属实的,通知有关机关予以纠正。"从刑事辩护的实践来看,我国辩护律师在诉讼过程中常处于弱势地位,在履行辩护职责时,经常遇到"会见难""取证难""阅卷难"等障碍。为防止实践中律师权利受侵害却求助无门,必须给予其自身权利救济的申诉、控告途径。新法规定了在此种情况下辩护人可以向作为法律监督机关的检察机关申诉或控告,有助于保障律师的诉讼权利不被任意侵犯。

(二)审前辩护制度的规范不足

1.侦查阶段律师的调查取证权未被明确

该法第41条规定:"辩护律师经证人或者其他有关单位和个人同意,可以向他们收集与

① 朗胜:《中华人民共和国刑事诉讼法释义》,法律出版社2012年版,第76页。

② 陈光中:《〈中华人民共和国刑事诉讼法〉修改条文释义与点评》,人民法院出版社2012年版,第40页。

本案有关的材料，也可以申请人民检察院、人民法院收集、调取证据，或者申请人民法院通知证人出庭作证。辩护律师经人民检察院或者人民法院许可，并且经被害人或者其近亲属、被害人提供的证人同意，可以向他们收集与本案有关的材料。"从条文的形式看，该条与1996年《刑事诉讼法》第37条对律师调查取证权的规定并无二致。然而，因2012年《刑事诉讼法》已经将侦查阶段的律师诉讼地位明确为辩护人，那么作为辩护人的律师是否在侦查阶段享有调查取证权，确实是一个值得探究的问题。

有意见认为，由于 法第36条已经明确规定了辩护律师在侦查阶段的诉讼权利，在该条中并没有调查取证的权利，因此侦查阶段律师不得调查取证，第41条之规定仅仅是针对审查起诉和审判程序而言的。并且，第41条前半段话是律师自行取证，后半段话是律师申请司法机关取证，因检察院、法院分别主持审查起诉阶段和审判阶段，检察院除自侦案件外并非侦查活动领导者，法院更是无权介入侦查，因此从41条两款法律条款的整体性理解，侦查阶段律师没有调查权。也有意见认为，结合该法第40条之规定，辩护律师可以在侦查阶段收集不在犯罪现场、未达刑事责任年龄、不负刑事责任的精神病人的证据，如果没有调查取证权，则辩护律师无法收集这些无罪证据。如有学者认为，侦查阶段辩护律师的调查取证权才是其在侦查阶段辩护身份确立的实质体现，同时也是律师履行该法第35条提出犯罪嫌疑人无罪、罪轻的材料和意见以及第40条对特定证据的展示义务职责的需要。① 也有学者认为："律师在侦查阶段即享有辩护人资格，在该法第41条实际上也就是侦查阶段赋予了律师调查取证的权利。在侦查程序中赋予律师调查取证权，是对侦查工作的有益补充，能够促进刑事诉讼中矛盾运动的制度化，从而有利于案件真相的发现，有利于提高法律适用的准确性。"②对于辩护律师侦查阶段调查取证的范围，学界也并未达成共识。有些观点认为，辩护律师只能收集第40条规定的三大类无罪证据，除此之外不得收集其他证据。也有观点认为，由于立法并未禁止律师不得调查取证某些特定的证据，因此辩护律师可以收集不限于三大类无罪证据的所有证据材料。

2.辩护律师的核实证据权存在权能与范围上的不足。

该法规定了辩护律师有权在审前阶段核实证据，改变了以前辩护律师主要通过庭审阶段举证质证的方式来核实证据的做法，因而极大地拓展了辩护的权能范围，对辩护方有效行使辩护权具有相当积极的作用。由于中国刑事诉讼理论及立法一直强调"阅卷权"是辩护人(尤其是辩护律师)的固有权利，被追诉人无权直接地或间接地检阅证据材料，因此从规范创立的角度看，上述规定确实具有开创性的意义。但是，该项权利也存在明显不足：

第一，规范的着眼点在辩护律师而不是在被追诉人。根据该法第37条第4款，"辩护律师可以向被追诉人核实证据"被镶嵌在律师会见权条款中，显然规范的立足点在于扩大律师会见时的权限范围，是站在辩护律师的角度，强调律师通过核实证据来澄清辩护中的疑问，达到强化律师辩护权的目的。更进一步说，辩护律师控制着是否核实证据的裁量权(当然被追诉人可以要求律师出示证据材料)，因此，不排除律师出于对自身辩护能力的充分自信，不与被追诉人核实证据的情况。本来，律师的出现是为了弥补被追诉人法律知识和防御能力

① 汪海燕：《合理解释：辩护权条款虚化和异化的防线》，《政法论坛》2012年第6期，第29页。

② 陈卫东：《刑事诉讼法理解与适用》，人民出版社2012年版，第91页。

的不足，但是，“（律师）这种专业的态度通常并没有被用来提高个人的自主权和自我控制，而是被用来剥夺人们的自主权和权利。这些法律专家恰恰打击了当事人控制和参与自己的合法诉求，而不是鼓励他们去了解和控制他们自己的选择和生活。”[①]由于2012年《刑事诉讼法》第37条第4款的着眼点在辩护律师的权利，因此被追诉人获知卷宗信息将不得不依赖于辩护律师，使得这种权利的普遍性存在严重不足。

第二，核实证据的内容与方式均有待进一步解释。该法第37条第4款只是笼统地规定了辩护律师有权与被追诉人核实证据，但并未明确规定核实证据的内容与方式。这包括：第一，辩护律师能否在会见时将全部的证据材料（包括同案犯的供述）交由被追诉人阅览？第二，辩护律师能否将证据材料的复印件留给在押的被追诉人，以便让其有充分的时间来核实证据，还是只能在看守所会见室当场与被追诉人核对？第三，辩护律师是先让嫌疑人阅览完卷宗，再向其了解情况，还是在其阅览前直接向其提问题？（后种方式下被追诉人提供的信息，显然更具有客观性。）上述问题仍然有待于进一步的解释，否则辩护实践可能出现严重分歧。

第三，权利的涵盖范围不够广泛。从第37条第4款的表述来看，辩护律师核实证据权至少存在以下形式上的缺陷：第一，辩护律师有权与被追诉人核实证据，也可以不核实证据，即被追诉人不具有真正意义上的阅卷权；第二，无辩护律师的被追诉人无法核实证据；第三，未被羁押的被追诉人不能与辩护律师核实证据。从条文的形式看，第37条第4款“核实有关证据”的内容包含在律师会见在押犯罪嫌疑人和被告人的权利和职责范围内。较权威的立法释义也指出，“第37条第4款是对辩护律师会见在押的犯罪嫌疑人和被告人时的职责作的具体规定”。[②] 这实际上已经排除了辩护律师与未被羁押的被追诉人核实证据的活动。

三、中国审前辩护制度的完善

基于程序公正的要求，刑事诉讼的控辩双方力量应当基本对等，否则刑事诉讼就极易成为控方追诉公民的单方治罪程序。审前程序是国家追诉权最容易出现失当乃至滥用的诉讼阶段，因此，在审前程序的设计和诉讼权利的配置方面，更应当尽可能给予辩护方必要的关照，以便有基本的防御权对抗追诉方，同时也应当注意辩护权一旦受到侵犯，要给予必要的救济。不过，学理上对于审前辩护制度的完善，应当考虑到审前程序的顺畅运行以及事实真相查明的实际需要。

（一）调查取证制度的完善

首先，从规范上必须肯定侦查阶段辩护律师具有调查取证权。该法第40条规定了律师收集三大类无罪证据之后必须及时告知公安机关、人民检察院。这也清楚地表明立法肯定了侦查阶段辩护律师实际上具有调查取证权，否则就谈不上将三大类无罪证据的收集情况告知侦查机关。此外，从法理上看，侦查阶段是与案发时间最近、证据获取最为集中的阶段，律师及时收集对案件有实质性帮助作用的证据，对维护嫌疑人的合法权益具有重要意义。因此，不能否定侦查阶段的律师调查取证权。

---

① 蒙罗·H.弗里德曼等：《律师职业道德的底线》，王卫东译，北京大学出版社2009年版，第52页。

② 郎胜：《中华人民共和国刑事诉讼法释义》（最新修正版），法律出版社2012年版，第75页。

其次，从制度上明确侦查阶段辩护律师调查取证权的范围。2012 年刑诉法赋予了律师侦查阶段辩护人的身份和地位，那么律师在受委托或指定辩护之后是否就享有当然的、完全的调查取证权？笔者认为，侦查阶段律师调查取证的范围应当限于刑诉法第 40 条的三大类无罪证据，以及能够证明嫌疑人无罪或罪轻的书证、视听资料。理由在于：

第一，这符合我国侦查程序律师诉讼权利范围的总体概貌。刑诉法第 36 条规定了我国律师在侦查阶段的总体诉讼权利。并且，从立法关于侦查一章的内容看，我国律师在侦查程序中的参与性并不强，立法并没有规定讯问时律师在场权、勘验检查时的在场权，更没有赋予律师更重要的自主性权利如自行勘验检查权、自行鉴定权等。而在美国，“辩护律师与检察官可运用的侦查技巧基本相似，几乎所有案件主要和通常最重要的侦查方法是会见证人，也可能要求科学试验或犯罪现场或物证勘验检查”。[①] 在德国，辩护人“得调查犯罪现场，亦得为被告筹谋有利被告之证人，同时亦得为被告之利益而缮请制作私人之鉴定报告”。[②] 而在俄罗斯，辩护人依照刑事诉讼法第 53 条之规定，有权在侦查程序中聘请专家向侦查人员提出问题，有权在讯问嫌疑人时在场，更有权使用法律不予禁止的其他辩护手段和方式。在我国侦查程序中律师诉讼权利总体有限的情况下，律师调查取证权的范围受到一定限制，也符合立法的原意。

第二，此种取证范围比较契合辩护律师执业的实践。一方面，限定律师取证的范围，在当今的司法现实下有助于防范辩护律师的执业风险。侦查阶段是发现证据、固定证据的重要阶段。许多证据尤其是言词证据，尚处于核实的过程。辩护律师如果取证的范围不受限制，极容易导致言词证据的多变。这不仅不利于侦查活动的顺利开展，也容易给律师的执业活动带来极大的风险。在我国，以往辩护律师在审查起诉阶段和审判阶段因调查取证而被追诉的事例不在少数，如果在侦查程序中完全放开调查取证的范围，不难想象律师的执业风险会成倍上升。在目前整个辩护律师界，执业风险的防范已经成为律师首要面对的课题。从权利行使的实效性看，即使立法上完全放开律师取证的范围，律师也会考虑到法律风险问题而不去行使取证权，立法的规定最终也会成为一个“摆设的花瓶”。另一方面，合理地限定律师取证的范围，也会因为符合律师长期以来形成的执业习惯而容易被其接受。从大多数辩护律师的执业实践看，会见、阅卷、提交书面辩护意见、出席庭审等构成了律师辩护活动的绝大多数，调查取证并不是辩护活动的“重头戏”。这与刑事案件普遍收费较低有一定的关系。因为调查取证不仅耗时、耗力(对单个案件的过多投入必然影响到对其他案件的辩护)，并且耗费经费(一般要两人取证)。因此在德国，基于经济原因的考虑，辩护人在传统上并不愿意进行调查。在我国，实证研究也表明，辩护律师不愿取证的部分原因在于收费问题。[③] 此外，对于绝大多数证人而言，律师取证之后指控机关必然会再次取证，如果律师确定该证人能够提供有利于被追诉方的证言，那么其更愿意选择向司法机关申请调取该人证，而不是直接取证。再加上实践中律师因取证而被追诉的事例时有发生，辩护律师直接取证的积极

---

① 爱伦·豪切斯泰勒·斯黛丽等：《美国刑事法院诉讼程序》，陈卫东等译，中国人民大学出版社 2002 年版，第 245 页。

② 克劳思·罗科信：《刑事诉讼法》，吴丽琪译，法律出版社 2003 年版，第 169 页。

③ 陈瑞华：《刑事辩护制度的实证考察》，北京大学出版社 2005 年版，第 19 页。

性一直不高。即使立法上全面放开取证的范围，辩护律师也不会成为规范的积极实践者。

第三，此种取证的范围不致对嫌疑人的人权保障造成严重影响。2012年刑诉法赋予了律师收集三大类无罪证据，以帮助嫌疑人及时解除犯罪嫌疑的权利，这对于维护嫌疑人的权利而言也有着重要的意义。并且，从以往的侦查实际看，我国侦查机关故意伪造犯罪现场冤枉无辜、故意制造虚假证据、鉴定人故意作虚假鉴定等违法情况极为罕见，这也在逻辑上降低了立法赋予律师自行勘验现场、自行鉴定等程序性权利的必要性。因此，对律师取证的范围进行一定的限制，并不必然影响到侦查程序人权保障的强度。

第四，赋予律师在侦查阶段收集无罪、罪轻的书证、视听资料，也有助于帮助侦查机关全面、客观地审核证据。书证、视听资料客观性较强，律师在侦查阶段收集和提交此类辩护证据，容易为侦查机关所重视和采纳，对维护嫌疑人的权利具有基础性的作用。如在职务犯罪案件中，有关犯罪嫌疑人主体身份是否是国家工作人员的问题，如果辩护律师能够收集到嫌疑人所在单位的性质并非是国有企业的书证，对于降低嫌疑人的刑责有重要意义。又如，律师收集到有关书证能够证明嫌疑人是未满18周岁的未成年人，就可以在侦查阶段从犯罪主体的年龄上进行有力辩护。据笔者的调研看，很多辩护律师在侦查阶段就取得了成功的辩护，这得益于及时收集和提交此类无罪或罪轻的书证或视听资料。

再次，完善辩护方的申请取证权。我国新刑诉法第39条规定了辩护人的申请调取无罪或罪轻证据的权利。应当说，这对于保障辩护律师及时阅览全部卷宗、保证被追诉人得到客观、公正的处理具有重要意义。同时，根据最高检《规则》第50条，辩护人在侦查阶段的审查逮捕环节如果认为侦查机关没有提交所收集的无罪或罪轻证据的，有权向检察机关申请调取。也就是说，辩护人有权在侦查阶段申请调取无罪或罪轻的证据。这相较于以前，确实是一个重要的规范进步。但是，也应当看到，现行的司法解释规定，只是涉及了侦查阶段公安机关已经收集到无罪或罪轻证据之后而未提交的，并未涉及有些情况下公安机关根本没有去收集无罪或罪轻证据。如果辩护人在侦查阶段认为有些证人是辩方证人，但囿于种种原因(法律规范的不明确或存在法律风险)不便于调查，此时也应当明确赋予辩护人直接向侦查机关申请调取的权利。

此外，虽然检察机关在追诉犯罪时肩负客观公正的责任，但是不可否认，检察机关在刑事诉讼中主要承担着控诉职能。因此，未来如果条件成熟，应当将辩护律师申请公权力来调查取证的对象主体重点放在不承担追诉义务的中立者即法院身上。从世界范围来看，各国大多规定了律师申请法院强制取证的制度。如在美国，《联邦刑事诉讼规则》第15条对证据保全做出了非常具体的规定。该条第1款规定："由于特殊情况，从司法利益考虑，一方当事人预备提供的证人证词需要先行采证并保存至审判中使用时，法庭可以根据该当事人的申请和对有关当事人的通知，命令对此类证人进行证词采证，命令将有关书籍、纸张、文件、记录、录音或其他不属于特权保密范围的材料展示。"日本《刑事诉讼法典》第179条第1款规定，被告人、被疑人或者辩护人，在不预先保全证据将会使该证据的使用发生困难时，以在第一次公审期日前为限，可以请求法官做出扣押、搜查、勘验、询问证人或者鉴定的处分。各国之所以规定律师申请法院强制取证的制度，主要是基于该制度的价值考虑：第一，其可以弥补律师自行取证所具有的局限性；第二，可以防止律师单方面接触控方证人带来的嫌疑。因此，未来如果法院的裁判权能够向审前程序延伸，那么赋予辩护方在审前阶段申请法院取证的权利，应当是题中之意。

（二）辩护律师核实证据制度向被追诉人阅卷权的转化

1. 赋予被追诉人阅卷权的可行性问题

由于我国辩护律师核实证据权规范在内容、方式、权利范围上的固有缺陷，再加上大陆法系国家如俄罗斯、德国、法国等国的刑事诉讼法均不同程度地规定了被追诉人的阅卷权，因此，我国辩护律师的核实证据权能否进一步完善至被追诉人的阅卷权，就成为一个不得不考虑的理论问题。就两者的比较而言，被追诉人的阅卷权比辩护律师核实证据权在有效辩护的程度方面更胜一筹。因为被追诉人是案件的利害关系人，更能判断卷宗内容中的焦点与侧重点问题，对卷宗信息的选择也更为明确，因此其阅卷之后再与辩护律师沟通、协商辩护策略，比辩护律师自行选择卷宗中部分有疑问的内容进行核实工作更能实现有效辩护。被追诉人的阅卷权也更能体现出其程序主体地位。核实证据需要辩护律师听取被追诉人的言词陈述，然后再由律师将该种陈述与卷宗内容进行对比、甄别，此时被追诉人更多地还是体现出一种“言词证据提供者”①的诉讼角色。而被追诉人享有阅卷权，则是由其自己判断卷宗内容与案件事实的一致性，更能体现出被追诉人自己行使辩护权的程序主体地位。

不过，从辩护律师核实证据权向被追诉人阅卷权的转化，必须考虑到被追诉人阅卷权所带来的内在风险及是否能够应对。第一是被追诉人由于审前阅卷致使供述发生明显的变化。针对第 37 条第 4 款的规定，有学者指出：这实际上是把“双刃剑”，对侦查机关和检察机关均提出新的挑战。主要原因在于：对于部分犯罪嫌疑人、被告人而言，了解案件的证据情况后，可能会根据案件情况做出更加不真实的谎言。② 从诉讼法理看，被追诉人实际上具有双重程序角色。一方面，其是享有一系列诉讼权利的当事人，有权提出无罪、罪轻、减轻、免除处罚的辩护意见，以影响裁判的结局；另一方面，被追诉人又是重要的证据信息来源，其供述是法定的证据形式。对于前者，国家强调保障其诉讼权利，强调禁止被告人“自证其罪”，并通过一系列程序规则保障其供述的自愿性。但对于后者，出于司法真实的考虑，国家又特别注重被追诉人供述的真实性和稳定性，强调其供述不应受到其他信息源的干扰。③ 因此，当这两种角色重合时难免会产生某种冲突。被追诉人庭审前接触了卷宗之后，很有可能根据卷宗中的内容对自己的陈述进行重新编排。尤其在我国，审前阶段犯罪嫌疑人多处于羁押状态，又没有沉默权，很多时候是在侦查机关强大的压力之下做出供述，供述的自愿性受到很大折扣，因此其在核实证据之后供述更容易出现新的变化。

第二是律师的职业风险可能会增多。从积极面来看，被追诉人阅卷之后，其形成的辩护观点将更为全面，防御方向也将更为清晰。但是，围绕被追诉人供述所发生的变化，律师的风险也随之增多。由于传统刑事司法在观念上仍然施予律师保证被追诉人供述真实性的义务，一旦发生翻供，或者在共同犯罪案件中由于被追诉人阅览同案犯供述而形成的同案犯之

① 有关“言词证据提供者”的论述，参见陈瑞华：《论被告人的阅卷权》，《当代法学》2003 年第 3 期，第 134 页。

② 王进喜：《中华人民共和国刑事诉讼法释义及适用指南》，国家行政学院出版社 2012 年版，第 44 页。

③ 我国法律规定，讯问犯罪嫌疑人和被告人应当单独进行。我国刑事庭审调查的先后顺序是：讯问被告人在先，公诉人举证在后；共同犯罪案件则是对被告人单独讯问再相互对质。这些都是为了保证被告人供述不受干扰。

间的“攻守同盟”，被追诉人供述的变化可能会被归因于辩护律师的暗示。再加上辩护律师如果经验不足或“急于表现”，在会见中不把握辩护的分寸，随意“指点”被追诉人形成利己的供述，更会被认为存在帮助伪造证据、引诱或教唆当事人提供虚假陈述等违法违规行为。而这些行为在案件的定案证据没有发生重大变化时，不会成为律师职业风险的来源。但如果定案证据发生明显不利于追诉方的重大变化时，则律师的这些行为有可能成为其被追究相关责任的主要理由。

不过，笔者认为，加强控方的证据核实、强化律师的职业伦理以及全面收集印证证据，可以在相当程度上化解被追诉人阅卷所带来的风险。

第一，控方的证据核实工作。从各国刑事诉讼的发展历史以及司法实践来看，口供仍然是最为重要的证据之一。虽然，在现代刑事诉讼中，口供不再被当作“证据之王”，但其在证据体系中的地位仍然无法动摇。即使像美国那样极度强调通过自白任意性规则、非法证据排除规则来保障被追诉人权利的国家，对于口供的依赖依然十分严重。[①] 我国理论和实践历来都十分强调口供的证明力。我国刑事诉讼法规定，在审查起诉阶段，检察机关应当讯问犯罪嫌疑人，但并未对讯问的时间安排做出规定。鉴于被追诉人阅卷之后可能形成的翻供增多等现象，控方可以在犯罪嫌疑人阅卷之后进行一次以上的讯问犯罪嫌疑人的工作，在庭审前及时发现犯罪嫌疑人供述的变化之处，以便做好相关的应对工作。这方面，俄罗斯《刑事诉讼法典》的规定可资借鉴。该法第 217 条第 4 款和第 218 条规定，刑事被告人及其辩护人了解刑事案件材料完毕后，侦查员应查明他们有何申请或其他申明。同时，还要向刑事被告人及其代理人问明哪些证人、鉴定人、专家应传唤到法庭进行询问和证明辩方的立场。并且，还应就上述事项对被告人制作笔录。

第二，律师的职业伦理之强化。辩护律师与被追诉人交流辩护意见，是辩护权的一个重要表现。但是，辩护律师应当依法使用该项权利，不应沾沾自喜而忽略了辩护行为的合规性。否则，第 37 条第 4 款之规定，将来很可能成为追究律师职业责任的另一把锋利“武器”。经常思考“刑辩律师，你准备好了吗？”[②]这样发人深省的问题，确实有助于辩护律师冷静、审慎地面对一项新权利。辩护律师在与被追诉人交流辩护意见的过程中主要起到两方面的作用：第一，信息过滤。即对于案件定罪量刑根本没有影响的材料，可以让被追诉人忽略。第二，资讯传递。对案件指控的事实和法律依据，应当向被追诉人进行说明，帮助其理解和分析，以深化辩护。但辩护律师不应与被追诉人“合二为一”，完全站在其立场上帮助其编造供述或辩解。

在赋予被追诉人阅卷权之后，很多被追诉人对自己被指控的事实依据更为清楚，基于摆脱或减轻罪责的目的，其在与辩护律师商量对策时，往往希望律师教其如何应对未来的讯问工作。此时，辩护律师应当谨守职业规范，注意不能怂恿、教唆其推翻先前的有罪供述，不得诱导被追诉人提供虚假证据，不得指使或者帮助被追诉人串供。尤其值得注意的是，辩护律师不应通过与被追诉人交流辩护意见来帮助其“创造”事实，而应当通过辩护交流来进一步

① 朱奎彬：《权利话语遮蔽下美国刑事司法的口供依赖》，《四川大学学报》（哲学社会科学版）2007 年第 6 期，第 115 页。

② 顾永忠：《中美刑事辩护技能与技巧研讨》，中国检察出版社 2007 年版，第 1 页。

了解案件事实，发现指控体系的漏洞。辩护律师应当尊重被追诉人陈述的原貌，在被追诉人的陈述与侦查阶段的供述有不一致时，要注意了解其不一致的地方及原因，并要客观记入会见笔录中。

第三，更为注重收集证据的全面性。被追诉人阅卷之后，可能会发生两方面的反应：一是在严密的指控证据之前，其放弃了无罪或罪轻的辩解；二是提前编造有利于自己的供述。无论是哪方面反应，都需要侦控机关切实把好证据关，全面、细致地收集指控证据，以尽早使被追诉人放弃没有事实根据的辩解，以及对被追诉人的翻供做好应对。检察机关在审查起诉时应当注重其他指控证据的证明力，以满足法庭审判对被告人供述和辩解的采信要求。最高人民法院、最高人民检察院等《关于办理死刑案件审查判断证据若干问题的规定》第 22 条第 1 款规定，对被告人供述和辩解的审查，应当结合控辩双方提供的所有证据以及被告人本人的全部供述和辩解进行。第 3 款规定，被告人庭前供述和辩解出现反复，庭审中不供认，且无其他证据与庭前供述印证的，不能采信庭前供述。因此，在已经明确规定口供印证规则的情况下，侦控机关可以通过全面收集印证证据，减轻指控所受到的冲击。

在我国，将辩护律师的核实证据权转化为被追诉人的阅卷权，也具备一定的制度环境基础。一方面，刑事诉讼法规定的公开审判、言词辩论、证人出庭作证等制度与原则，本身就反映出立法者对被追诉人的供述变化抱有一种“宽容”的态度；另一方面，新刑事诉讼法完善或确立的律师会见权、侦查取证权等，也在一定程度上进一步容许了被追诉人的供述发生变化。因此，立法实际上也不再将被追诉人的供述变化视为“洪水猛兽”。同时，新法确立了较为完善的证人、被害人保护制度，即使被追诉人享有阅卷权也不至于对证人、被害人的人身安全造成严重的威胁，更何况在有保护证人、被害人的利益需要时，可以对被追诉人阅卷的范围进行一定限制。

2.资讯传递与被追诉人阅卷权的实现方式

由于我国现行法规定的辩护律师核实证据权排除了无辩护律师的被追诉人之证据知悉权，不符合保障被追诉人获取案卷资讯进行充分辩护的底线要求，因此有必要赋予无辩护律师的被追诉人直接阅卷权。具体实现方式可以是：从审查起诉阶段起，无辩护律师帮助的被追诉人有权从司法机关那里获得案卷材料的复印件。在涉及证人或被害人、国家秘密、商业秘密的利益保护时，司法机关有权对卷宗材料的内容进行选择。

如果被追诉人有辩护律师帮助，那么在实现其阅卷权时有两种制度方式可以选择：一种是仍然直接赋予其阅卷权，由司法机关制作案卷材料的复印件交由被追诉人。如俄罗斯《刑事诉讼法典》第 217 条第 1 款规定：侦查员应将装订成册并编注页码的刑事案件材料提交给刑事被告人及其辩护人。根据刑事被告人及其辩护人的请求，侦查员应使他们有可能分别了解刑事案件材料。另一种是被追诉人有权从辩护律师那里得到案卷材料的副本，即通过其辩护律师来阅卷。如法国《刑事诉讼法》第 114 条第 5 款规定，律师可以将由此取得的副本复制给其顾客。德国《刑事诉讼法》虽然没有规定有辩护律师的被追诉人的直接阅卷权，但学说上认为：辩护人可以并且也必需将其从卷宗中所得之数据，或用口语传达，或用卷宗影印本之方式告知被告，使其得知诉讼程序之发展及助其有效地进行辩护。[①] 笔者认为，被

① 克劳思·罗科信：《刑事诉讼法》，吴丽琪译，法律出版社 2003 年版，第 171 页。

追诉人从其辩护律师那里获得案卷材料的副本，并未背离被追诉人阅卷权保障的底线要求，并且也更符合资讯传递的特点及成本控制原理。

从权利保障的角度看，被追诉人从其辩护律师那里获得案卷材料的副本，与其从司法机关那里得以阅卷，均可以实现其知悉证据和强化辩护的目的。两者仅是实现阅卷权的不同方式，并无权利保障程度的高低之分。被追诉人阅卷权保障的底线，是不能使无辩护律师的被追诉人丧失知悉证据的机会，并非一定要使有辩护律师的被追诉人享有直接的阅卷权。欧洲人权法院在相关裁决中表达了被追诉人阅卷权保障的底线标准。在 Foucher v. France 一案中，欧洲人权法院指出：被告无辩护律师而自我辩护，在此情形下，容许被告本人阅卷以准备其辩护的重要性，就如同在依法代理情形下由辩护律师阅卷一样。在本案中，法国司法机关拒绝被告接触重要卷宗，被告根本无法有效准备及进行自我辩护，显然不符武器平等的基本要求，因此判定法国违反了欧洲人权公约的公平审判条款。而在 Kamasinski v. Austria 一案中，欧洲人权法院指出：由于辩护律师可以影印卷宗给被告，或在接见时将阅卷所得资讯口头转知被告，因此，尽管被告不能自行阅卷，但却一样能够获得充分的卷证资讯。因此本案不违反公约系争条款。①

资讯传递的关键在于迅捷。在刑事诉讼中，如果检控机关作为资讯传递源的控制方，由其掌握卷宗材料交由被追诉人阅览的时间，出于控辩双方利益对立立场的考量，可能会使被追诉人阅卷的时间受到不合理拖延。而如果被追诉人从辩护律师那里得以阅卷，由于辩护方立场的一致性，被追诉人获取案卷资讯的时间会快捷很多，有利于被追诉人与辩护律师尽快商讨辩护策略和协调辩护意见。此外，任何一种资讯传递方式都是有成本的，被追诉人获取案卷材料的副本也是一样。国家为被追诉人直接提供卷宗材料的副本，将耗费大量的人力、物力和财力。在被追诉人完全可以通过辩护律师来阅卷的情况下，国家再耗费大量的司法资源为被追诉人的阅卷权提供便利，不符合诉讼经济原则。尤其是国家已经为被追诉人指定辩护律师的情况下，再由国家为其提供卷宗副本，在经济上则是一种双重负担。

被追诉人从辩护律师那里获知案卷资讯，主要是基于辩护律师的勤勉代理职责，即在赋予被追诉人有权获知案卷资讯的前提下，国家推定其辩护律师应当在法律规定的最大限度范围内为被追诉人提供卷宗的副本。因为，如果辩护律师没有这么做，将可能丧失被追诉人对其的信任，危及代理工作的顺利开展。所以，被追诉人阅卷权的实现方式，其实并不会影响到其获知的案卷资讯内容和范围。既然如此，那么完全可以通过辩护律师来保障被追诉人的阅卷权。

不过，基于根深蒂固的信赖差异理论，制度设计者可能对存有职业规范保障的辩护律师更为信任，因此在处理辩护律师的阅卷范围和资讯传递范围方面会有差别对待，即可能更愿意保障辩护律师的阅卷范围，而限制被追诉人获知的资讯范围。尤其在涉及证人、被害人以及国家秘密、商业秘密等特殊利益保护时，确有必要限制辩护律师的资讯传递范围。但如果让辩护律师自行控制与特殊利益保护相关的资讯传递，极容易与被追诉人发生阅卷范围的

① 有关上述两个案件的详细情况，参见林钰雄：《刑事被告本人之阅卷权》，《政大法学评论》2009 年 8 月期，第 224—226 页。

冲突，不利于维系两者之间的信任关系。因此，宜由国家司法机关来决定与上述特殊利益保护相关的资讯传递范围。

第二节　审判辩护

一、辩护律师对法庭的真实义务

（一）问题的提出

律师在作辩护时，不能纯粹以维护委托人利害关系为中心，还须依据事实诚实公正地履行职务，协助法庭发现真实，不得积极蒙蔽或欺诱法庭，此乃辩护律师真实义务的要旨。无论是当事人主义模式还是职权主义模式，辩护律师均承担一定的真实义务。“不考虑程序制度上的差异，无论英美法系国家还是大陆法系国家，都要求律师陈述事实，在法律界限内执业，并对法庭诚实和尊重。”[①]

律师承担真实义务有助于实现发现真实之诉讼的基本目标。律师作为刑事诉讼体制的重要组成部分，参与证据收集、审查判断、提交法庭和论证等活动，其对真实的坚守对推动法庭确认案件事实具有重要作用。如明知被告人顶替他人受审时，即使被告认罪，律师须坚持进行无罪辩护。律师承担真实义务也有助于提高审判公信力，维护司法正义。“徒法不足以自行”，公众对于法律的信仰度很大程度集中体现于审判的公信力上。但是确立审判公信力，树立司法权威，需要不同参加者对审判共同的敬畏。对法律的敬畏与信仰体现在法庭之上则是对法庭的真实。若辩护律师只注重委托人的利益而不择手段，进行虚假辩护，那么法律权威缺失的时候，司法的正义也就无从实现。此外，律师承担真实义务也是维护律师职业良性发展的需要。真实义务是辩护律师依据案件事实，信守诚信原则的必然要求。律师这一职业不仅要取得当事人的信任，同时也需取得法庭和社会公众的信任。辩护律师只有在坚守诚实信用的前提下展开论证，才能取得法庭和社会的认可，进而维护整个职业共同体的持久良性发展。

相对于辩护律师维护委托人利益的职责而言，我国目前的立法和律师职业行为规范更偏重于辩护律师承担真实义务。具体来说，我国辩护律师承担的真实义务具有宽泛化和笼统化之表征。就宽泛化而言，我国辩护律师不仅承担真实义务，而且承担扩张性的真实义务。在控制犯罪理念影响下，我国将律师置于追诉犯罪的司法体制的一部分，强调其查明客观事实，维护国家法律实施之公益任务。诉讼中辩护律师并非仅依据对当事人有利的案件事实进行辩护，而是要求辩护律师以其知悉的客观实际为诉讼依据。在保障当事人权益方面，法律规定了律师有限的保密范围，而其余则纳入了真实义务的范畴。我国实践中，在严苛的真实义务要求加之流水线型诉讼构造影响下，辩护律师承担的真实义务不仅约束其本人对法庭的真实，还要求律师依照侦控方认定的真实保障当事人的真实、证人证言的真实和高标准的证据真实。否则，律师将处于与国家追诉犯罪相对立的位置，很可能受到如包庇

---

① 迪特里希·鲁施迈耶：《律师与社会——美德两国法律职业比较研究》，于霄译，上海三联书店2010年版，第140页。

罪、妨害作证罪等惩处。就笼统化而言，我国辩护律师承担的真实义务能否限制其在法庭上的推论或抗辩、能否对律师不知情之情形下向法庭提交虚假证据的行为追究刑事责任、是否要求律师在明知当事人伪证的情况下向法庭揭露等等，诸如此类的问题目前并没有明确的解答。因此，从理论上讲，我国辩护律师承担的真实义务之范围还存在诸多探讨空间。

(二)辩护律师真实义务之特点

虽然刑事诉讼程序的参加者皆负有真实义务，但是维护当事人利益的职责和特殊的法律地位，使得辩护律师承担的真实义务具有以下特点。

1. 在保密义务限制下的真实义务

现代刑事诉讼中，无论犯罪嫌疑人涉及何种犯罪行为，侵害财产、人身、秩序等权益，获得律师辩护是其应有的权利。虽然各国都将辩护律师视为独立的诉讼参与人员(如德国将律师视为独立司法机关，美国将律师视为法庭职员)，给予律师公共性质及承担真实义务，以避免其成为犯罪嫌疑人逃脱或者减轻罪责的工具。但正如德肖维茨先生所言，一个好的律师，特别是具有公民自由权思维的，绝对不可能比选举出来的官员更讨人欢心，因为他时常要代表那些不受欢迎的被告。辩护律师的职业核心是最大限度地维护当事人利益，包括对当事人承担保密义务。这决定了律师执业过程并不能仅以真实义务为中心，而是如弗里德曼教授所说，律师执业如同椭圆，有两个中心，一个是法律职责所要求的对法庭的真实，一个是保障当事人信赖的对当事人的忠诚。

律师若要发挥辩护的最大效用，必须以获悉充分的案件事实信息为前提。而只有律师对当事人承担严格的保密义务，才可能获得当事人的信任而使其心无芥蒂，充分告知其涉及的案件信息，以谋求对抗。即使一个人被判死罪，也不会丧失他与律师之间的信任与保密。如果没有律师保守职业秘密义务这层保障，当事人可能不敢寻求律师的帮助，最终当事人享有的法律帮助权利只能在现实中落空。正因保密义务对律师职业的重要性，许多国家均对保密义务加以规定。社会正义有时与被告人利益相互矛盾，而律师正居于矛盾线上，真实义务与保密义务是对律师走向的制约，而完全的真实与国家设立辩护人制度的初衷相违背，因此，律师的真实义务要受制于对被告人的保密义务。

2. 维护委托人利益的辩护本质，使得律师不能动辄揭发委托人伪证行为

辩护律师职责的核心在于最大限度维护委托人利益。英国律师亨利·布鲁厄姆(Henry Brougham)指出，一个辩护律师对当事人负有神圣的职责，他在这个世界上只认得一个人，就是受到官署控告的当事人，别无其他。律师的职责是用所有公平且合乎伦理的手段，来防止有关当事人有罪的事实被浮现。[①] 律师虽然具有独立地位，但是法律给予律师的是独立行为的权利。就立场而言，律师仍是与委托人同处辩方立场，负有维护委托人利益的职责。因此，即使辩护律师明知当事人罪大恶极，手段凶残，其也必须为之进行无罪、罪轻等辩护，而不是进行告发，由辩护人成为证人。辩护有时无关内心道德，而只是程序与职责。

若律师承担完全真实义务，任意揭发委托人不实行为，虽然有利于法庭获得真实信息，但是从司法整体而言，律师动辄告发不仅会失去委托人的信任，而且此时律师与控诉机关同

① 亚伦·德肖维茨：《合理的怀疑——从辛普森案批评美国司法体系》，高忠义、侯荷婷译，法律出版社2010年版，第168页。

处追诉犯罪的立场，使得我国刑事诉讼机制失衡。辩护律师任意揭发委托人，则等同于委托人通过辩护人向法庭证实了自己的不端行为而自证其罪，那么委托人则失去通过信任的桥梁将自己的相关行为告知律师的理由。况且被告人可以自己直接予以认罪坦白，其良好认罪态度或其悔罪表现，都可以获得法庭减轻或从轻的量刑判决，而无须辩护律师的帮助。辩护人的利益本是与委托人的一致，辩护人的职责不是审判有罪无罪或作为证人举报，而是辩护。

3.证明责任分担模式下的真实义务

诉讼中的证明责任，关系当事人的诉讼负担，其实质是诉讼中利益和风险的分配。刑事诉讼中由提出控诉一方证明犯罪嫌疑人、被告人有罪并应承担刑事责任，被追诉方原则上不承担证明自己无罪的责任，是各国刑事诉讼中证明责任的分担的共通之处。我国 2012 年修正的《刑事诉讼法》第 49 条也明确规定了证明责任的分担。

证明责任分担模式下，辩护律师代表被告方利益进行辩护，在庭审中积极对抗控方，而非主动积极协助控方查明事实，甚至积极告发犯罪嫌疑人处得知的信息，证明嫌疑人有罪。刑事辩护律师考虑的不是“此人是否有罪”，虽然这非常重要，但还是留给法官或者陪审团去回答，我们的问题是：“政府能否证明此人有罪？”因此，证明责任分担要求辩护律师在庭审中积极进行事实分析，引导和控制证人的证言和证据效力，设法限制或阻碍控方证据的可采性。即使在面对真实证据的情况下，律师也会提出反对意见，如质疑控方收集证据程序的合法性，以排除内容真实证据的适用；对出庭证人进行询问甚至责难，降低证言的可信度；面对被告的真实供述，也提出诸如未达刑事责任年龄、精神疾病的抗辩；在明知被告有罪的情况下，根据呈现在法庭的证据做无罪抗辩或者做无罪辩护总结。实践案例如美国辛普森案中，律师质疑警方取证行为的合法性，指出警方未按照正常程序采集现场血迹，并依据品格证据规则，质问证人福尔曼警官是否存在种族歧视，以排除其证词法律效力。我国邱兴华案件中，即使是被告人真实供述，其辩护律师也向法庭提供了邱兴华患有精神疾病的证明材料。

4.诉讼角色的分担使得律师与检控方承担不同的真实义务

控诉和辩护是诉讼构造中的两个对立面，平等对抗是获得公正的前提保障，否则诉讼程序也只是行政程序的代名词。刑事诉讼中，被告人处于受国家权力追诉的地位，与控方的广泛权力相比，被告人处于不利地位。为实现诉讼平等，弥补被告人权利受限和法律知识缺乏之缺陷，辩护律师制度应运而生，律师成为国家给予被告人的适当支持。因此，虽然律师与检控方皆承担对法庭的真实义务，但由于辩护律师是维护被告人权益的担当者，而非追诉者，这种角色分担的不同使得律师与检控方承担了不同范围和程度的真实义务。

其一，辩护律师真实义务的片面性。我国检察机关是公诉活动的控诉机关，根据现行《刑事诉讼法》第 43 条规定，检察人员不仅要收集证实犯罪嫌疑人、被告人有罪、罪重的证据，还要收集能够证实犯罪嫌疑人、被告人罪轻或者无罪的证据。作为国家追诉机关的检控方承担了客观、全面的真实义务。而根据 2012 年《刑事诉讼法》第 35 条以及《律师法》第 31 条，律师主要是针对被告人有利的方面进行辩护工作。“我们的抗辩式审判体系，不仅要求律师几乎负有在法庭上提交事实真相的完全义务，而且还置于为其代理人赢得诉讼的强大压力之下。”律师诉讼地位决定了其承担对当事人有利的真实义务。

其二，辩护律师承担真实义务的真实程度不同于检控方。法律规制的核心在于对权力的限制。美国联邦最高法院通过穆尼诉霍罗汗(Mooney v. Holohan)一案裁定检察官使用虚假证人证言的行为违反了职业伦理,要求检察官不得诱导某人作证,不得故意使用已知伪证,也禁止其不纠正已知的证人伪证。为制约侦查机关在证据收集过程中对权利的侵害,我国法律规定检察机关承担监督职责,禁止刑讯逼供和以威胁、引诱、欺骗以及其他非法的方法收集证据。2012年《刑事诉讼法》第55条规定,人民检察院对侦查人员以非法方法收集证据的,应当进行调查核实,提出纠正意见或依法追究刑事责任。检控方对法庭的真实义务延伸至证据的收集判断上。而辩护律师权利的有限性及职责要求,使得其对证据真实程度的判断低于检控方,因此,在无法切实判断证据为虚假的情况下,辩护律师仍然可以提交给法庭进行审查。

(三)中国辩护律师真实义务之现实范围

我国关于辩护律师真实义务的规范文本主要有《刑事诉讼法》《刑法》《律师执业行为规范》《律师办理刑事案件规范》和《律师和律师事务所违法行为处罚办法》等,基于辩护律师特殊诉讼地位及在刑事诉讼中的重要作用,我国对辩护律师享有权利、承担义务特别是真实义务予以重视。但是从承担义务之范围来看,我国辩护律师的真实义务还存在宽泛化和笼统化的缺陷。

1.辩护律师承担较为严苛的真实义务

虽然刑事诉讼活动的参与者皆负有真实义务,但是我国与被追诉者同处辩方阵营的辩护律师承担的真实义务较为严苛。法律关于辩护律师真实义务的要求,成为国家侦控机关追诉律师的依据,限制了律师的积极辩护职责。实践中辩护律师承担的真实义务范畴,已不限于自身行为的真实,还涉及辩护律师依照侦控方认定的真实保障当事人的真实和证人证言的真实。对于保障当事人的真实,以会见为例。2012年《刑事诉讼法》修改之前的司法实践中,经常出现办案机关禁止律师在会见中与嫌疑人讨论案情,侦查机关派员在场监督的情况。若律师会见当事人后,当事人在法庭上改变供述的,律师有可能要承担违反真实义务的责任。对于保障证人证言真实,以“引诱”证人为例。实践的“引诱”常与律师实行调查取证权时的有诱导性的询问相混淆。若律师取得了与控方掌握不一致而对被告人有利的证人证言,那么律师就是有违其真实义务,可能被以妨害作证入罪,如广西北海律师伪证案。

2.辩护律师的真实义务之具体内容有待细化

随着法治进程的发展,我国刑事诉讼处于改进长期存在的职权主义模式的转型期,而转型的核心在于控辩双方权利与义务的分担。辩护律师承担真实义务的范围直接影响其辩护作用的发挥。虽然我国法律规定律师执业应坚持“以事实为根据,以法律为准绳”的原则,且《律师法》第40条、第49条,《律师执业行为规范》第63条,《律师和律师事务所违法行为处罚办法》第17条、第49条,修正后《刑事诉讼法》第42条都有关于律师承担真实义务的内容,但这些规定的内容较为零散,而且实践中律师因辩护被追究刑事责任的实例以及追究责任后的错案率,说明我国刑事诉讼中律师承担的真实义务存在较多的探讨空间,律师承担真实义务的内容还有待细化。

(1)律师提交法庭的证据之真实问题

司法活动查明事实是以庭审证据为基础的事实还原,证据是诉讼活动查明事实的核心。诉讼活动的参与者承担对法庭的真实义务主要涉及证据的真实。为保证庭审依据的真实性，法律禁止控辩双方提交虚假证据，特别是要求拥有国家权力的检控方承担全面性真实义务，有监督侦查机关取证行为，保证提交法庭证据真实之职责。而之于辩护律师，其不仅要获得当事人的信任，也要获得法院的信任，以更有效地为当事人辩护。这预示着辩护人绝对不能向法庭说谎或积极误导法庭，也绝不能伪造文件或怂恿证人、被告人在审判中撒谎。[①]从我国的法律规范来看，规范文本约束的是辩护律师故意提交虚假证据的行为，“故意”一词其内心表征则是明知。而对于律师不明知或不确信为虚假的证据，辩护律师的处置方式还有待厘定。换句话而言，其一，辩护律师的真实义务是否包含保证庭审适用证据的真实；其二，根据我国法律规定，辩护律师享有调查取证权，在调查取证过程中，辩护律师在承担法庭真实义务的前提下，能否采用问答方式，选择性调取对当事人有利的证据；其三，辩护律师明知为虚假的证据、证人证言，能否在虚假的基础上，建议法庭听取或者继续询问；其四，辩护律师对法庭的真实义务是否限制辩护律师在内容真实的证据基础之上提出质疑或进行虚假推论、抗辩。如律师对明知提供真实证言的证人进行质问，对控方提交的内容真实但是程序违法的证据，提出排除抗辩。此外，真实义务要求辩护律师向法庭提交真实证据，但是辩护律师真实义务能否限制证人证言的真实性，此种情况如辩护律师能否提交其明知虚假，但是证人善意地认为是真实的证言。

(2)律师保障当事人行为的真实

辩护律师不仅是诉讼活动的重要参与者，协助法庭查明事实，其更是当事人权益的维护者，这亦是辩护制度存续之根本。律师在知悉当事人实际行为涉及罪责轻于国家追诉机关的指控时，辩护律师承担的真实义务与当事人行为较为一致，都竭力向法庭展示当事人无罪或罪轻事实信息。而辩护律师所知悉的当事人实际案件事实与追诉机关指控相符或者重于指控时，个人利益与事实正义发生冲突，相应辩护律师的真实义务与对当事人的忠实义务也就存在冲突，此时，辩护律师的真实义务，会出现以下待明确问题：

其一，律师真实义务承担与律师辩护策略的运用。从被追诉人利益角度出发，法律并未严格要求当事人的真实，当事人即使存在虚假供述的情况，也不承担不如实供述的刑事责任。且仅有当事人陈述，法庭不能认定当事人有罪。律师能否从当事人角度出发，在辩护中明知或相信当事人供述的不利事实为真的情况下，建议当事人收回或告知当事人沉默。

其二，律师是否需要防止当事人提供虚假证据和如何对待当事人的伪证。虽然辩护律师与当事人同处辩方阵营，但是，二者承担的义务并不完全相同，律师承担的真实义务的范围能否扩至其当事人，需要律师在执业中就忠实于法庭和忠实于当事人做出权衡。律师承担真实义务禁止律师故意向法庭提交虚假的证据，但是在执业过程中，律师遇到当事人要求律师提交虚假证据，或辩护律师明知当事人在庭审中作虚假供述的情况，辩护律师则处于进退两难之境。

其三，律师一方面是维护当事人权益的法律服务者，一方面是向法庭承担真实义务的独立诉讼参与者。明知其当事人欲利用法律来伪造事实或者逃匿惩罚，如涉嫌贪污的人员欲知晓哪个国家与中国无引渡协议，律师也需要就能否告知其当事人想得知的法律信息而做出权衡。

---

① 托马斯·魏根特：《德国刑事诉讼程序》，岳礼玲等译，中国政法大学出版社2004年版，第62页。

(3)真实义务之界限——律师免证权缺位

律师承担义务以其享有权利为界,若权利保障缺位,那么义务的范围则易出现扩大化趋向。而目前我国律师承担的真实义务在实践中被扩展,内容较为宽泛,律师免证权的缺位亦是真实义务拓展范围的缘由。律师免证权是指,对与当事人进行的秘密交流内容,除当事人明确表示放弃该权或者出现法律规定的意外情况,律师有权拒绝向任何人披露该交流的内容,包括有权拒绝司法机关就其执业过程中知悉的不利于被告人的案情作证的要求。律师免证权是律师对其保密义务的信守,是获得当事人告知案件详细信息,维系当事人与辩护律师信赖关系的保障。

目前,在立法方面我国辩护律师并无免证权。现行《刑事诉讼法》第 45 条、第 48 条规定,并未免除辩护律师作证义务,修正后《刑事诉讼法》第 188 条规定了强制证人到庭,明确排除配偶、父母、子女,但是律师不在排除范围内。我国辩护律师在诉讼活动中同时分担辩护人和证人角色,而且为保证证人作证法律规定了强制手段,对律师的真实要求已在现实中产生流变,比如包庇罪对律师的适用。辩护律师作证范围是其真实义务与保密范围的临界线。律师免证权的缺位,会使得在控辩双方对抗的过程中律师承担的真实义务范围被扩展,从而提高了律师因辩护入罪的可能性,进而影响辩护制度的效用。

(四)律师真实义务范围之科学构建

从上述分析我们可以看出,中国辩护律师的真实义务范围实际上已经非常宽泛,如此严苛的真实义务容易造成辩护律师与委托人之间的关系紧张,也会直接导致辩护活动的积极性受挫、辩护人随意受到追诉等严重后果。因此,科学划定辩护律师的真实义务之范围,对于合理调整律师与委托人之间的关系,维护律师执业利益指向的稳定性,促进律师辩护活动的长久发展都有重要意义。

1.科学界定辩护律师真实义务之内涵

虽然刑事诉讼活动的参与者都承担真实义务,但是在诉讼中存在两种真实,客观真实与法律真实。辩护律师承担何种真实义务,是律师在辩护过程中是否有违真实义务和进行积极辩护的限度前提。客观真实是指裁判者只有在所认定的案件事实正确反映事实真相时,才能认定被告人有罪。法律真实指对案件事实的认识,应当符合刑事实体法和程序法的规定,达到从法律角度认识真实的程度。虽然法律真实是客观真实依据程序法和实体法在诉讼中的转化,但是二者范围并非一致,多数情况下,客观真实较法律真实范围广泛。在刑事诉讼活动中,辩护律师是当事人利益的维护者并与当事人在诉讼对抗中同处辩方阵营,律师职能及地位决定了其不能站在客观立场上动辄揭发当事人或者协助检控方收集嫌疑人罪重的证据。由此,辩护律师承担的是法律真实限度内的真实义务。也正基于此,辩护律师即使明知控方指控真实,其亦可提出程序性辩护,即使知悉当事人犯罪事实,亦可提出无罪抗辩。

2.细化辩护律师真实义务的具体内容

鉴于我国法律关于律师承担真实义务内容规定较为笼统的现状,本书拟从以下几方面明确细化真实义务具体内容,以限制律师承担的真实义务范围被扩展和促进辩护律师积极行使辩护职责。

(1)关于律师提交法庭证据的真实

证据是裁判的基础,诉讼活动查明事实的依据。辩护律师虽然对法庭承担真实义务,但其是参与诉讼活动的个体，与拥有国家权力且承担全面真实义务的控方不同，辩护律师不承担审查证据为真的义务。根据我国《律师法》第49条，《律师执业行为规范》第63条，《律师和律师事务所违法行为处罚办法》第17条规定，律师不得故意提交明知为虚假的证据，对于律师不明知或不确信为虚假的证据，辩护律师提交于法庭不能视为对真实义务的违反。当然，主观心态存在难以证明的情况，若辩护律师提交了非本人参与的虚假证据，应纳入律师职业道德规范规制的范畴而不能以妨害作证入罪。正如侦查机关采用刑讯逼供的方法，获取虚假口供，检察院起诉时将口供提交与法庭，并不承担伪证责任。承担全面真实义务的控方，都无责任承担，何况承担片面真实义务的辩护律师？其二，基于辩护律师维护当事人权益职责要求，辩护律师调取对当事人有利的真实证人证言，即使采用问答的方式，也并没有伪造行为，不违背其真实义务。其三，辩护律师真实义务的基本要求是不得积极误导法庭。除却辩护律师不得伪造、毁灭、隐匿证据外，还要求辩护律师在明知被告人辩解或证人证言虚假的情况下，不得在庭审中积极建议法庭听取或者继续询问而误导法庭。律师的误导会将法庭引入错误方向，与其本人提交虚假证据进行论证并无差异。其四，司法过程的实质是证明加推定的过程，刑事诉讼中证明责任的分担，决定了与控方相对抗的辩方有降低控方所提供证据可信度的职责。庭审中辩护律师对真实的证据提出质疑、进行程序性辩护或者以此为基础进行虚假推论，都是辩护律师正当履行职责、积极辩护的策略之需。此外，律师承担的义务要求并不能扩展约束律师之外的人，即律师承担真实义务不能保证或限制证人的真实，因此，辩护律师对其明知与实不符，但是证人善意地认为是真实的证言可以提交法庭。

(2)关于律师保障当事人行为的真实

辩护律师虽然是维护当事人利益的担当者，但在刑事诉讼中还承担对法庭的真实义务，在维护当事人利益和履行真实义务产生冲突时，律师的选择较为关键。

其一，从辩护策略方面，律师可给予当事人收回不利陈述或沉默的建议，或在明知当事人有罪的情况下做无罪辩护。辩护人可用其法律知识为当事人做指引，使其或能利用此法律知识为己脱罪。刑事诉讼中当事人享有无罪推定、不自证其罪的权利，律师以当事人享有的自我保护权为基础，给予法律建议是其合法、积极辩护之职责，并不违背真实义务。由于诉讼中确认的事实源于对证据的认定，在检察机关举证不充分，未能提出充分支持有罪证据时，根据证明责任的分担，辩护人指明控方证据不足，作无罪辩论总结是其证明责任的合理承担。

其二，律师对当事人的虚假证据的处置。辩护律师的真实义务规制是律师本身行为的真实，而并不规制或承担保证当事人行为真实的责任。因此，辩护律师不得提交明知虚假的证据，包括当事人委托其提交的虚假证据。若帮助当事人提交，虽然当事人并无伪证罪制约，但是根据我国《律师法》第49条及《律师和律师事务所违法行为处罚办法》第32规定，辩护律师提交明知虚假证据的规定可能给予吊销律师执业证书处罚，甚至被追究刑事责任。我国《律师法》第32条规定，律师在委托事项违法或利用律师提供的服务从事违法活动的，律师有权拒绝辩护或代理。面对当事人提交虚假证据的要求，我国也给予了律师退出权。

明知被告人作虚假陈述，辩护律师的最终处置方式却存在一定的争议。美国尼克斯诉怀特赛德(Nix v. Whiteside)一案中，虽然联邦最高法院认可了律师行为，但是其解决的是律师以退出案件和向法庭披露当事人伪证意图相威胁的做法，并未解决如何对待当事人伪证的问题。关于此问题英美法系国家和大陆法系国家有不同规定。美国律师协会通过的《职业行为示范规则》3.3(a)规定，律师不得提交其明知虚假的证据。律师知道自己所提出的实质性证据虚假之后，需采取合理的补救措施。补救措施包括与当事人商议，说服其撤回伪证，若不成功，律师可在保密前提下，自行向法庭要求撤回。或者终止与当事人之间的委托关系。如仍无效必须告知法官。[①] 而德国，如被告自行为此不实之主张，则其辩护人虽知不实，但仍不得向法院告知此不实（此为辩护人职业缄默义务）。对这种不实辩护主张，则其辩护人只能将此叙述为当事人主张，而不得说成是出自自己之确信。[②]

被告人关键性的虚假证据主要有两种：虚假的有罪供述和虚假的无罪辩解。关于前者，对于实际无辜而希望代他人顶罪的被告人，职业规范应当要求辩护律师必须作独立的无罪辩护。这是基于保障被告人人权的需要。因此，辩护律师不能任由被告人或者帮助被告人隐瞒真相，也不应简单地以退出辩护了事。具体方式可以是由辩护律师先行与被告人商议，尽力说服被告人撤回此前的有罪供述。如果被告人坚持要求顶罪，辩护律师应当向法庭独立提出被告人先前的有罪供述为虚假，由法庭审查判断被告人供述真实性问题之后做出裁决。关于后者，对于私下里向律师承认有罪但又明确要求在庭审中主张无罪辩护的被告人，适当的做法是辩护律师应当先与被告人协商，了解被告人的意图从而判断被告人是否愿意认罪并作罪轻辩护。如果协商不成，辩护律师应当在庭审前退出本案的辩护工作，不应在庭审中积极建议法庭听取或者继续询问被告人的虚假辩解而误导法庭。

此外，律师真实义务不限制律师告知当事人欲得知的法律信息。辩护律师职责在于为当事人提供法律服务，首要是提供广泛的法律信息。因此即使明知当事人欲利用法律进行逃匿惩罚，信息告知仍是律师行使辩护职能的要求。

3.对真实义务作必要限制

刑事诉讼中真实义务和保密义务是律师执业的两个重心，重心的平衡是律师职业存续的基础。针对目前我国过于偏重辩护律师真实义务的现状，有必要做出一定限制，以保障律师辩护职责的发挥。

（1）确定辩护律师保密义务优于真实义务

律师和当事人之间的信赖关系是对抗制和有效律师帮助的基础。律师的保密义务是获取当事人信任的前提，亦是缩小控辩实力差距、实现控辩平衡的保障，所以保密义务应是律师的首要任务。为实现保密义务对当事人利益的维护，首先，保密义务范围要大于真实义务范围。德国《刑法典》第203条规定，辩护人决不能泄露从当事人处获知的秘密甚至表面看起来无伤大雅的信息，违反该义务即构成刑事犯罪。美国律师协会《职业行为示范规则》1.6(a)规定，律师不得泄露同代理有关的消息。之于我国现状，扩大以委托人为限的保密范围，增加与辩护相关事实的保密范畴。其次，对保密义务之例外即应当披露真实的情况予以规定。律师的保密义务包含对当事人供出的已然犯罪事实保密，但不包括当事人欲犯罪的表示。因此新《刑事诉讼法》第46条规定辩护律师对委托人或者其他人，准备或者正在实施危害国家安全、公共安全以及严重危害他人人身安全的犯罪信息承担披露的义务。此外可借

---

① 李宝岳：《李宝岳文集》，中国人民公安大学出版社2010年版，第274页。

② 克劳思·罗科信：《刑事诉讼法》，吴丽琪译，法律出版社2003年版，第168页。

鉴美国《职业行为示范规则》细化保密义务例外的规定，如经委托人商讨后同意泄露；委托人之间发生争执时，律师为了免受刑事指控或民事权利请求抗辩时对涉及案情的披露。除却上述例外规定，在保密义务与真实义务发生冲突时，确定保密义务具有优先性，避免律师走向职业伦理对立面，破坏与委托人之间的信任基础。

(2)法律明确规定辩护律师的免证特权

当事人只有对辩护律师完全信任时，才会将自己所涉行为或困境告知律师，以寻求帮助。但是控诉方拥有的追诉权常以律师违反真实义务为由，使辩护律师因不协助查明当事人涉罪事实，由诉讼对抗者成为被追究者，当事人对辩护律师的整体辩护能力及信任感由此降低。为避免辩护律师成为追诉机关追诉当事人犯罪行为的工具，而实现权利与权力的对抗，需要给辩护律师免予作证的权利保护。辩护人的真实，不是要求辩护人积极举报，而是要其消极沉默，律师不能凭借当事人信任获取信息后坐在证人席上指控当事人。律师免证权是普遍作证义务的职业例外，是在对法庭真实与对当事人忠实冲突时对当事人忠实的坚守，亦是公众对律师职业信任的保障，而公众的这种信任正是重要的社会利益。

(3)限制律师伪证罪的适用及增强律师协会作用

《刑法》第306条被称为悬在律师头上的“达摩克利斯之剑”，是律师违反真实义务时承担的实体刑罚责任。该条的规定在实践中被广为诟病。律师因第306条入罪的案件中，多因引诱证人作伪证或改变证言而入罪。实践中甚至已形成追诉定势，但凡证言改变多与律师引诱、指使相关。虽然修正后《刑事诉讼法》第42条删除了证人改变证言的规定，但是问题症结点在于“引诱”一词。因此，应对何为“引诱”做出解释或者修改，比如指出引诱是指以金钱、物质等利益的手段，排除引导性询问行为。在保留追究律师违反真实义务的实体责任的同时，应当增强律师协会的行业团体作用，弱化司法刑罚处罚。即使律师有违真实义务但是并非都应上升至刑事处罚高度，由司法机关追究责任，而应发挥律师协会职业管理作用，区分律师违反职业道德行为、违法行为和犯罪行为。面对我国侦控机关扩大律师承担真实义务范围的现状，为防范报复性执法，我国2012年《刑事诉讼法》第42条规定，同案侦查机关处理律师伪证罪应回避，并通知所在的律师事务所或者所属的律师协会。鉴于目前刑事诉讼中律师执业受到较多职权因素影响的状况，应增强律师协会对律师的保障、管理作用。如在司法机关欲追究律师责任的情况下，可首先交由律师协会调查、听证。超出职业惩戒范畴的，再交由行政、司法机关惩处。

二、律师独立辩护

律师独立辩护是中国辩护制度的改革与发展中应当直面的一个重大问题。从比较法的角度看，律师独立辩护是各主要国家辩护制度和律师职业规范中的重要内容，其功能指向是恰当处理辩护律师与国家、委托人以及社会公众之间的复杂关系。在我国，律师独立辩护的应有功能尚未受到充分的重视，促进律师独立辩护的制度、规范尚不健全。理论上对律师独立辩护这一议题缺乏系统的梳理，致使独立辩护观无法发挥对辩护实践的引领作用。因此，探究律师独立辩护的重要功能，分析制约我国律师独立辩护的深层次原因，寻求实现我国律师独立辩护的可能路径，对中国辩护制度的良性发展有重要意义。

(一)律师独立辩护观之确立

在刑事诉讼中,为了防止国家权力的滥用,保障被追诉者的程序主体地位,实现司法公正,现代法治国家纷纷建立律师辩护制度,以弥补被追诉者在诉讼防御能力上的不足。为了保障律师坚守自己辩护职责的权利,积极、无畏地行使辩护权,同时为防止律师在辩护过程中蜕变为委托人的"喉舌",从而干扰刑事司法的有效性,世界主要国家普遍把独立辩护作为律师执业的重要准则加以确立。

1.独立辩护观在成文法中的普遍确立

在英国,《律师行为准则》明确规定:开业律师不得容许其绝对的、正直和免受外界压力干扰的自由受到威胁;不得做有可能危及其独立性的任何事情;不得为迎合其委托人、法院或者第三方面而放弃职业标准。理论上认为,在国家权力或者某个声名显赫的当事人的权势与律师的职业发生冲突时,诉务律师的独立性必须是第一位的,诉务律师的行为必须严格遵守职业规范。

在美国,律师协会《职业行为示范规则》第1.3明确要求:在代理委托人的过程中,律师的行为应当合理地勤勉、迅捷。美国律师协会对该条的注释明确指出:律师应当不顾任何反对、障碍和个人不便,来代表委托人从事某项事务,并可以采取为了证明委托人的诉讼或者努力的正当性所需要的任何合法和道德的措施。在美国,律师被视为法庭职员,肩负着完善法律制度和促进司法公正的特殊职责。因此,律师承载着对裁判庭的坦诚义务,即不得故意作虚假陈述、提交明知是虚假的证据、在特殊情况下披露委托人的信息等。

在德国,《联邦律师法》第1条规定:律师是一个独立的司法机关。关于辩护人的地位,德国文献上主要有三种学说:司法机关理论、限制的司法机关理论以及当事人利益代理人理论。多数学者均赞同《联邦律师法》的精神,认为辩护律师负有公益保护的机能。如罗科信教授认为辩护律师是"立于被告之侧的'独立的司法机关'",其有义务来促成一运作完备的刑事司法。魏根特教授进一步主张,辩护人既不是被告人的纯粹的代言人,也不是中立的司法官员。他的特征应当表述为:是刑事司法制度中的独立机构,单方面忠实于被告人的利益。

在俄罗斯,《律师活动与律师组织法》第2条第1款规定,律师包括担任辩护人的律师,是独立的"法律问题顾问"。该法第7条第1款第1项规定,辩护律师必须诚实地、合理地和认真地以立法不予禁止的全部手段维护刑事被告人、犯罪嫌疑人的合法利益。学理上认为,辩护律师是独立的诉讼主体,不受被告人、犯罪嫌疑人非法的、没有根据的请求的约束。

在日本,《律师职业基本规则》第2条规定:律师要重视职业的自由和独立。《律师伦理》第18条更明确地规定:律师在接受委托和处理案件时,应当努力保持自由和独立的立场。

除了主要国家成文法规范对律师独立辩护的强调,联合国司法准则也对律师的独立辩护给予了高度关注。联合国《关于律师作用的基本原则》第16条规定,各国政府应确保律师能够履行其所有职责而不受到恫吓、妨碍或不适当的干涉。联合国人权事务委员会于1984年在第21届会议上通过的针对《公民权利和政治权利国际公约》第14条的第13号一般性意见指出,律师应能按照其公认的专业标准及判断,代表其委托人给予法律指导;他不应受到任何方面的任何限制、影响、压力或不当的干涉。

从上述成文规范的形式表述中可以看出,独立辩护已经成为世界主要国家辩护制度和律师职业规范的普遍性规定，也构成了联合国司法准则关于律师执业的一般性要求。从内容表述看，律师独立辩护主要分为两类：一是律师应当自由、积极地为委托人提供辩护，不顾任何外在的，尤其是来自国家层面的压力，即律师辩护应当独立于国家公权力机关；二是辩护律师不是委托人的利益代言人，其应当独立于委托人。正如罗伯特·戈登在《律师独立论——律师独立于当事人》一书中指出的那样，自由辩护观念即律师独立于国家，以及律师作为一种公职的观念即律师独立于当事人是律师独立的两种主要形式。不过，基于诉讼模式和对律师地位理解上的差异，英美法系国家和大陆法系国家对律师独立辩护的侧重点有所不同。英美法系国家主要把律师独立辩护视为对抗国家权力机关不当干涉和限制的有效手段，在职业规范上侧重的是律师辩护独立于国家公权力。联合国司法准则在这方面也是保持了基本一致的基调。而大陆法系国家更多的是从辩护律师与委托人之间的关系来认识律师的独立辩护，其强调的是辩护律师应当与委托人适度分离，不应成为被告人利益的代言人。德国学说上对辩护律师地位的长期争论，其分歧核心就是辩护律师究竟是纯粹的当事人利益代理人，还是独立于当事人的司法机关。尽管不同法系国家对律师独立辩护的侧重点有所区别，但对律师辩护整体上具有独立性的职业精神是基本一致的。

2.律师独立辩护的含义

律师独立辩护，指的是律师在执业时基于自身的职责立场，依法自主地为委托人利益进行辩护，不应受到任何外在的压力和不当干涉。独立辩护的另一侧面是“积极辩护”，即律师为了委托人的利益有权采取任何符合法律和道德的诉讼措施，这种积极辩护的自由和权利不受外界的干涉。律师在辩护时，不是委托人的利益代理人，也不是中立的司法机关，而是单方面维护委托人利益的专门人员。正如我国学者所指出的：“从辩护人与被指控者之间的内部关系看，辩护人原则上不受被指控人意志约束；从辩护人与公安司法机关的外部关系看，辩护人独立于公安司法机关之外起作用。”①

如果将指向对象进行细分，律师独立辩护实际包括以下三个层面：

第一，独立于社会公众。刑事诉讼将追诉犯罪作为重要任务，这本身就造成了国家与个人之间的紧张关系。律师作为一种社会力量介入刑事诉讼，可以缓和国家与个人之间的二元对立。但是，从性质上看律师虽然是提供法律服务的社会人员，但是由于律师工作的特殊性决定了律师的辩护活动不应为社会力量任意左右。律师具有独立地决定工作条件的权限，是律师作为“自由业者”的重要体现。就刑事案件的辩护而言，社会公众无权从道德或舆论的角度要求辩护律师只能受理某些案件被告人的委托。即使有些手段极其恶劣、犯罪结果极其严重的刑事案件，被指控的犯罪行为可能已超越了公众的道德底线，社会已公然谴责、唾弃这些犯罪嫌疑人、被告人，辩护律师还是具有独立接受委托的权利。因为，如果所有律师都惧怕公众的舆论压力，担心社会指责其辩护活动，从而影响到其未来的正常执业，那么这些案件的犯罪嫌疑人和被告人就会找不到律师为其辩护，从而会违背辩护制度设立的人权保障宗旨。由社会公众站在道德制高点上享有对辩护律师接受具体案件之委托的决定权，从根本上侵害了律师的辩护积极性，不利于辩护制度的长远发展。德肖维茨教授就曾言，鼓吹辩护律师应该把他们的委托人限制在无辜的被告上，或仅为某种类型的人或社会阶

① 熊秋红：《刑事辩护论》，法律出版社1998年版，第163页。

层辩护，这样做实际上会使得独立自主的辩护制度开始走向死亡。[①] 因此，律师不应受到社会公众的舆论干预，其具有独立地接受辩护委托的权利。

第二，独立于国家公权力机关。基于维系诉讼构造均衡性之要求，律师辩护应当独立于国家公权力机关，不应受到公权力的压力影响乃至干涉。从辩护活动的主要目的看，辩护旨在维护当事人的合法权益，弥补当事人法律知识、能力的不足，避免当事人受到国家公权力的不当侵害。这必然要求律师的辩护应当独立于国家公权力，并与其展开对抗。这也是独立辩护观的核心。

独立辩护也是律师的辩护职责所决定的，其体现出辩护律师与国家司法机关不同的角色立场。一般情况下，根据律师保密义务的要求，辩护律师不能作为第二公诉人去揭发在执业过程中得知的不利于当事人的秘密，或者为司法机关提供不利于当事人的犯罪证据。追诉方和裁判方承担着客观、全面的真实义务，不仅要注意查明能够证实犯罪嫌疑人、被告人有罪、罪重的证据，还需要注意能够证实其罪轻或者无罪的证据。但辩护律师不同于司法人员，其主要是针对委托人有利的方面进行辩护工作。辩护活动主要是针对指控的事实和证据而展开，它对于事实真相的查明只具有外在价值——让裁判方能够“兼听则明”，防止错判或重判被追诉者。总体来说，辩护律师没有主动、积极地查明事实真相的义务。因此，律师辩护应当独立于国家公权力机关，这也是实现律师辩护职责的首要前提。

第三，独立于委托人。鉴于刑事诉讼对被追诉者权益影响的重大性和被追诉者在法律知识领域的欠缺性，辩护律师承担起了保障被追诉者合法权益的主要重任（在很多委托人看来，辩护律师甚至就是拯救其的唯一希望）。因此，各国均认为辩护律师有忠诚于委托人的勤勉代理义务。但越强调律师的忠诚义务，律师辩护的行为界限就愈加模糊。如果辩护律师不独立于委托人，完全成为委托人的“传声筒”，那么辩护律师将因过度的热忱代理而与委托人“合二为一”，难免会阻碍司法真实的发现。因此，强调律师与委托人之间的距离被视为律师独立性精神的重要保障。

辩护律师与委托人之间应当保持一定的距离，一是指辩护律师应当谨守自己的专业身份，自觉将自己的行为举止和表现方式与一个专业人士相称。如，律师不得歪曲事实和法律去进行可能使委托人对律师产生不合理期望的宣传。二是律师不得为了迎合委托人而不敢提出独立的法律建议。三是对于委托人的非法要求，辩护律师应当予以拒绝。辩护律师负有守法的义务。当委托人要求律师从事非法活动时，律师当然应弃委托人的要求而选择遵守法律。不过，虽然世界各国均确立了辩护律师相对于委托人的独立地位，但需注意这种独立性主要是针对委托人非法的要求而言。如果是委托人的合法或合理请求，辩护律师应当根据辩护的职责承担忠实于委托人利益的义务。

上述三种指向相辅相成，不可偏废。就内在关系而言，律师辩护独立于社会公众是独立辩护的首要前提，其具有进程开启意义，如果没有律师独立地接受刑事案件的委托，自然就不存在后两者独立辩护的指向；律师辩护独立于公权力机关是独立辩护的核心，其强调律师辩护排除外在干涉，体现了辩护活动的法治功能；律师辩护独立于委托人是独立辩护的重要指标，其反映出“律师的职业人格中还有为公共事业做贡献的成分”，并“创造了一种具有法

① 德肖维茨：《最好的辩护》，唐交东译，法律出版社 1994 年版，第 482 页。

律意义的互相尊重和妥协的文化。”①

(二)律师独立辩护的功能

1.约束国家公权力机关

刑事诉讼是国家确定犯罪嫌疑人、被告人刑事责任的活动。由于国家公权力在资源、力量等方面的优势,个人总是处于弱势的地位,两者有一种天然的不平等性,公权力很容易在刑事诉讼中畅通无阻,从而侵害公民的权益。为了监督和约束公权力的行使,一方面需要建立有关的权力制衡机制如司法审查、诉审分离等,以实现公权力内部的相互制约;另一方面需要通过辩护制度来制衡国家追诉权和审判权。为了保障辩护权对追诉权和审判权制衡的有效性,应当要求乃至鼓励律师的独立辩护。德国法学说亦将辩护律师独立于国家公权力机关的价值视为“国家权力解放必要性之认识,亦乃法治国家权力界限之重要因素”。②

律师独立辩护对国家公权力的有效约束,主要通过以下两方面得以体现:一是律师就案件独立地发表辩护意见,任何机关和个人都不得加以控制。正是律师这种独立的辩护意见,使得某些游离于合法性边缘的公权力机关不敢肆意妄为,不得不使权力的运作限于合法的范围内。二是辩护律师独立地行使对司法人员不当行为的监督权。“律师负有为人民面对国家权力之行使,而加以监督、制衡、批评及促进改革之任务。”对于追诉方和裁判方违反法定程序或者不恰当的诉讼行为,辩护律师有权独立向相关司法机关提出意见以便进行纠正,这是独立辩护的一种体现。日本司法伦理通说认为,律师通过恰当和可能的手段使违法或不恰当指挥诉讼的法官进行改正是律师的基本义务。这种为了实现审判公正及合法程序的行为,应该得到赞扬。我国新《刑事诉讼法》第 47 条也规定了辩护律师独立的申诉和控告权。

2.保障委托人的利益

初看起来,律师独立辩护似乎并不全然有利于保障委托人的利益。因为,独立辩护必然强调律师与委托人的适度分离,强调律师对于委托人的不当乃至非法请求有不受控制的权利,这样委托人的利益有时并不能通过律师的辩护得以实现。但若律师在辩护中均与委托人“合二为一”,采取法律上的“打擦边球”行为甚至公然违法,不仅会侵蚀辩护制度的有序发展,还会造成社会对律师行业的普遍不满,引起社会对辩护职业的整体信任危机,这最终损害的还是委托人的利益。国外有学者就曾言:“律师虽然应该是客户合法要求的热情鼓吹者,但也应该成为客观的、独立的顾问,阻止客户采取从法律上、道德上来说可疑的行动,避免引起公众和政治上的反弹而遭到惩罚。”

律师辩护所要保障的仅是委托人的合法利益,律师并不负有保障实现其非法请求的义务。尤其对于实际无辜而希望代他人顶罪的被告人,由于刑事诉讼的实体正义原则要求不得错罚无辜,并且消极的真实义务也要求辩护律师应当揭示对被告人有利的真相,因此被告人代替他人充当被追诉者,并不是其个人的事情,而事关刑事诉讼实体正义的发现,也影响人权保障原则的实现,此时律师必须作独立的无罪辩护。

① 罗伯特·戈登:《律师独立论——律师独立于当事人》,周璐嘉等译,中国政法大学出版社 1989 年版,第 15 页,第 17 页。

② 转引自姜世明:《律师民事责任论》,元照出版公司 2004 年版,第 43 页。

就案件事实而言，律师承担的是消极的真实义务，不同于检控方和裁判方所承担的全面真实义务，这可以划定辩护律师与控、审两方的角色职责，从而有助于单方面维护委托人的利益。律师不能以辩护人之名行追诉者之实，不能借助辩护工作的便利为指控方提供追诉的方向和线索，不能与指控方联合侵害委托人之利益。因此，律师独立辩护可以帮助被告人从真正独立思考的律师那里获得指点，免受“穿着被告辩护律师外衣的检察官”[①]之侵害。

从辩护律师与司法机关之间的关系看，独立辩护要求律师与司法机关之间身份平等，律师与国家司法机关不存在隶属或控制关系。政府部门、司法机关等不能出于偏袒某一方的考虑对律师的辩护意见指手画脚、横加干涉，更不能随意剥夺律师的辩护权利。律师如果受到国家公权力指令的不当拘束，其辩护权的有效行使必然受到严重影响，也将无法为受到追诉的委托人提供专业的法律帮助。独立辩护要求律师只能从辩护的角度开展工作。

3.巩固法治精神

律师独立辩护要求律师能够不顾社会公众的反对或批评，独立地为被追诉者提供辩护。辩护律师自主地决定为那些被社会公众所深恶痛绝的“坏人”提供辩护，是辩护活动的本质之一。因为，辩护活动的开启并不以当事人是否有罪为前提。辩护律师为这些所谓的“坏人”提供辩护，并不意味着律师自己的道德出现了问题也蜕变为“坏人”。从该种意义上讲，评价辩护律师是否是“好人”，不是根据其是否为“好人”辩护或者为“坏人”辩护。实际上，辩护律师的“好”与“坏”应当根据辩护行为本身的合法性或合规性来判断。对于社会舆论“一边倒”、被追诉者是“过街老鼠人人喊打”的一些案件，律师应当不畏压力，勇于发表法律意见、接受委托。律师的这种独立辩护，实际上是向社会宣扬：任何犯罪嫌疑人、被告人都有正当的程序权利和实体权利，为这些所谓的“坏人”提供辩护，是为了保障这些人应有的权利。律师独立辩护的行为是一种面向社会的理性宣示，它有助于让社会公众从舆论的狂欢、道德的压制中进行反思，从而使无罪推定、证据裁判、辩护权保障等法治理念得以巩固。

律师独立辩护强调律师应当与委托人适度保持距离，理性地对待委托人提出的有关请求，依法有据地开展辩护工作。独立辩护反对律师罔顾法律和职业行为规范而过于热忱地为委托人代理。因为律师本身也应当是守法群体，律师在辩护中坚守法律和职业行为规范的底线，也是向委托人宣示：即便律师与委托人的关系是建立在收费的基础之上，即便辩护工作要针对指控体系中一切可能的漏洞，律师的行为也应当合法、合规，因为守法是法治社会中每一个公民应尽的责任。

（三）制约中国律师独立辩护的深层次因素

我国的辩护实践表明，由于受到多种因素的影响，律师的独立辩护并非一帆风顺。透析制约律师独立辩护的深层次因素，有助于我们客观、全面地评估独立辩护的力量与弱点。

1.将律师辩护视为司法秩序对立面的观念

律师辩护的独立性往往受到司法观念的严重影响。在一些社会影响大、案情复杂的重大敏感案件中，律师的独立辩护更容易受到阻碍。有时，如果律师从程序、证据、事实等方面提出锋利的辩护意见，往往会让办案机关感觉没有面子，因此通过不同的形式直接或间接地

① 关于辩护律师应避免利用其法律帮助者身份之名行追诉者之实的论述，参见德肖维茨：《最好的辩护》，唐交东译，法律出版社1994年版，第464—466页。

对辩护律师施压。实践中，律师被提前告知不得承接这些案件、不能进行无罪辩护、不能发表某一辩护观点的现象时有发生。

在中国的诉讼文化传统中，一直都有“操两可之说，设无穷之词”的“讼师”形象。在当下，虽然律师的地位有很大程度的提高，社会对律师的形象也有很大改变，但律师被视为司法秩序对立面的观念却没有根本消除。由于司法审判仍然是社会控制的重要手段之一，而辩护活动经常会使某些“公权力意志”的“贯彻”遭受阻碍，因此有些权力机关就会想尽办法阻止律师的独立辩护。我国传统的刑事司法缺乏诉讼乃个人与国家对抗的观念。“顺民思想和国家权力的无对手化，使律师无法在刑事辩护中取得相对于政府的独立性，也无法在与国家权力进行和平对抗时获得安全保障。”在缺乏对抗乃正常诉讼之观念的司法环境下，辩护律师的独立辩护常受到困扰和阻碍就不难理解了。

2.程序设计和运行的单向性缺陷

笔者在调研中发现：辩护实务中存在着一种“近交远攻”的辩护策略。就是说，律师如果与当地的司法机关打交道，必须保持克制的立场，要注意维护好双方之间的友好关系；但如果是外地的刑事案件，律师则可以将辩护力量发挥到极致。有些律师在当地执业时，对有些案件本可以作无罪辩护，但最终却选择了对抗性较弱的罪轻辩护。即使案件在办案程序方面存在不当之处，却在辩护时对这些程序问题一笔带过，而没有作实质性的程序性辩护。内在的原因就是辩护律师不愿为个案而破坏了与当地司法机关的良好关系，以免对以后的执业造成不利影响。这也可以进一步解释：为什么各地不少有重要社会影响的刑事案件，几乎都由外地律师作辩护。

不过，深入这种辩护现象背后，我们发现律师的独立辩护其实跟行使辩护权的顺利程度有很大关系。律师如果依照法定的程序能够无顾虑地开展辩护工作，那么独立辩护就有较大的生存空间。但我国不少刑事程序规范的设计恰恰严重阻碍了辩护权的顺利行使。如长期以来，律师在侦查阶段向侦查机关申请取保候审、了解案情，但由于程序设计过于原则并且没有中立第三方的制约，能否取保、是否披露案情完全由侦查机关自行掌握。律师在侦查阶段要及时地实现这项权利，显然只能依赖于侦查机关。这样，律师的独立辩护在不自觉中受到严重削弱。

我国刑事诉讼本质上仍然属于职权主义的诉讼模式，尤其审前程序被构筑成侦控机关单向调查的程序，司法裁判中心主义的理念尚未在刑事诉讼法中得到确立。律师与侦控机关交涉的能力过于不足，致使辩护权的保障程度在很大程度上要看办案机关赐予多少“恩惠”，审前辩护功能的发挥严重依赖于侦控机关，这也最终限制了律师整体上的独立辩护。

3.商业主义的兴起

作为一项法律服务行业，律师职业最主要的经济来源是案源。因此，律师辩护的独立性天然地受到商业竞争环境的影响。从商业律师执业的环境来看，随着公司规模的增大和商业客户权势的增强，商业律师的独立性受到了较为严重的冲击。由于大客户不希望商业律师违背其意愿而行事，商业律师为了拉拢客户而不得不在一定程度上忽略其独立性。

对于辩护律师而言，虽然有权有势的委托人逐渐增多也会对独立辩护造成消极影响，但更多的是刑辩业务的市场变化制约了律师的独立辩护。虽然不能说每个律师都能做好刑辩业务，但刑事辩护业务是一项最传统和最基本的法律服务，这一点应当没有疑问。在我国，每年大规模的法科学生毕业后进入了律师行业，而刑事辩护在一定程度上已成为新律师职业入门的“训练场”。因此，进入这一市场的律师数量本身就很多，竞争也就自然很激烈。某些刚刚出道、业务量少、社会名气不够的律师，为了承接案件和让委托人满意，可能会不由自主地对委托人丧失独立性，不惜与委托人捆绑在一起以身试法。这一点也印证了美国学者鲁施迈耶的看法：“律师的经济地位越低，对个别客户的依赖越严重，他就越可能顺从客户的观点，他也就越可能对传统的职业规范不屑一顾或冷眼相对。”

（四）实现律师独立辩护的可能路径

1.观念上的更新。国家公权力机关应当摒除将律师辩护视为司法秩序对立物的陈旧观念。在我国的刑事司法体制中，公检法三机关处于强势地位，辩护律师明显处于弱势地位，对于律师的独立辩护不应过分“紧张”乃至排斥。应当强化“有限公权力”的理念，以给律师的独立辩护留出一席之地。律师的独立辩护对公权力行为的不当乃至违法之处提出挑战，即使有“咄咄逼人”的情形，这也是辩护权制约公权力的必然体现，应当予以适度的容忍。在刑事诉讼中，保障无辜者不受刑事追究是司法正义的底线要求。相对于追诉思维而言，律师无畏、专业的独立辩护往往能够发挥反向性牵制作用，能够帮助司法机关全面查明事实真相，避免冤假错案，因此国家更应当鼓励律师的独立辩护。

2.辩护律师应当始终保持自己的职业自豪感，尽力维护职业的荣誉。因为，诸如“1+1，你想等于几?”之类的短期逐利行为必定会损害辩护的独立性，且会累积律师的职业风险。辩护律师不应跟在委托人后面亦步亦趋，唯恐失去了重要的“生财之道”。辩护律师应当要有一种道德勇气，排斥和拒绝自己当事人的无理和非法的要求。克罗曼教授就曾言：“要重新塑造为大众服务的法律职业道德，所需要的只是一种意愿，一种重新献身于这种道德准则的意愿和做出牺牲的勇气。”实际上，从长远来看，在维持专业品质和个人德行之基础上的独立辩护更能获得国家权力机关、委托人、社会公众的积极评价。

3.社会公众应当理解和宽容律师的独立辩护。被告人有权获得辩护是世界各国刑事诉讼法所普遍规定的一项基本原则。即使一个刑事案件的性质再恶劣，后果再严重，被追诉人仍然拥有得到律师帮助的法定权利。律师为这些人提供辩护，也是为法治国家的法定权利进行辩护。美国学者戴维·鲁本将这些已经被普通人看作是极端可恶的或者是需要刻意疏远的被告人称为“注定难逃一劫的人”。他认为，出于自由和博爱的精神之考虑，“我们不愿意错过拯救哪怕是堕落的灵魂”。因此，当一个重大刑事案件发生后，如果辩护律师迫于社会的压力集体“失语”，不敢为被追诉人提供辩护，这本身就值得社会深刻反思。

三、规范基准之确立

虽然独立辩护作为一种整体性的职业精神为许多国家的立法、理论和律师伦理规范所肯定，但是在处理辩护律师与司法机关、委托人的关系时，如何划定相对明晰的界限，使辩护律师保持恰当的独立性，不至于成为司法机关的“助手”，或者委托人的利益代理人，这颇值得思量。

一般来说，理想的独立辩护应当是：辩护律师立于委托人一侧，与委托人共同面对检察官和法官，其没有受到委托人的控制，也没有受到追诉方、裁判方的影响。律师在其固有的“独立圈”从事辩护工作是维持独立辩护的关键。在这里，可以划定辩护律师独立于司法机关和委托人的两个基准：

相对于国家司法机关而言，辩护律师应当只负有消极的真实义务。在刑事诉讼中，律师对发现司法真实的协助范围越宽泛，律师就越可能接近于司法机关的角色，从而使辩护律师无法独立于司法机关，对保障委托人利益产生不利影响。因此，一般情况下，律师只有在对委托人有利时才有说明真相的义务，对嫌疑人、被告人不利的事实律师不负有揭露的义务。

相对于委托人而言，辩护律师可以积极辩护，但不得妨害司法。“律师伦理的建构解说，对于律师争取在有中国特色的法治事业中扩大特权提高待遇，是至关重要的。”近些年，随着执业律师的人数日益增多，律师对社会公共生活的参与度也在加大，社会对律师行业的关注度也在增强。但社会对律师的评价并未有明显提升，甚至在很多时候律师被等同于唯利是图的商人。部分律师在执业时过于看重自己的经济利益，而不顾自己的行为对职业尊严、荣誉所造成的负面影响。因此，当下我国应当在律师职业伦理规范中更多地注入独立辩护的“公益保护”色彩，这样才能使律师辩护赢取更多的尊重和社会认同。按照德国法学说的见解，这里“不得妨害司法”之标准存有相当不明确之处，因此广为流行的看法是以“列举”的方式来具体化这个义务的内容。按照刑事司法运作的有效性之要求，并且结合律师保密义务之内容，可以将此处“不得妨害司法”的边界标准细化为：不得毁灭或伪造证据；不得积极地隐匿犯罪证据；不得与委托人共同欺骗法庭；不得提交其明知是虚假的而对委托人有利的证据等。

不过，过于强调律师辩护独立于委托人，容易造成辩护律师与委托人之间的关系紧张，降低律师辩护行为的私法契约色彩，不利于妥善处理两者之间关于辩护意见的冲突问题。因此，在律师职业行为规范中应当增设律师与委托人之间的交流义务，以缓冲独立辩护所带来的消极影响。此种交流义务所涉及的事项包括：必须由委托人自己决定事项之告知，如认罪与否；案件信息的适时告知；与委托人磋商相关辩护方式；辩护行为界限的说明等。在出现辩护律师与委托人有关辩护意见的不一致时，应当先行协商，尽量达成统一意见。如果经协商后还是无法对辩护方案达成一致，律师有权退出辩护。在出现辩护意见分歧时赋予律师退出辩护权，既是对独立辩护的坚持，因为律师并非无条件赞同委托人的意见，同时也是对独立辩护的限制，因为律师不能完全不顾委托人的意愿而擅自作独立辩护。

（三）实践层面拓展程序内的辩护空间

如果辩护律师为了所谓的辩护效果经常求助程序之外的因素如权力干预①，那么辩护活动将越来越不具有独立性。像程序性辩护这种充满“进攻性”色彩的辩护方式，其往往直接冲击的就是侦查机关的取证合法性问题。为了最大限度地保障被告人的合法权益，必须要有辩护律师严正、不留情面地指出程序违法之处。因此，经常希望公权力机关给予辩护活动以便利的律师，确实很难进行无畏的独立辩护。

从务实的角度看，律师在辩护活动中若要降低对公权力机关的依赖程度，减少独立辩护权受到的侵蚀，就应当调动一切法律资源，尽力扩大程序内辩护的空间。这也是在特殊的司法语境中实现“自我救济”的一种重要手段。对于 2012 年《刑事诉讼法》增加规定的在审查

---

① 有辩护律师就认为，在辩护中人人都反对权力干预，同时人人又都要寻求权力干预，这是一种恶性循环。参见田文昌、陈瑞华：《刑事辩护的中国经验》，北京大学出版社 2012 年版，第 308 页。

批捕阶段和侦查终结前提出辩护意见的权利，辩护律师应当高度重视并尽量用好它。通常，书面提出的审前辩护意见，理应会顺着“全案移送”而第一时间进入审判法官的视野，这样有助于避免法官因单方面阅览控方卷宗而形成的不利于被告人的偏见。进入审判程序后，辩护律师在庭前会议阶段，应当及时提出管辖、回避、证人出庭等方面的辩护意见。在法庭辩护阶段，遇有鉴定意见的案件，要充分利用专家辅助人的专业资源，对案件的鉴定意见部分提出专业的质询意见。实体性辩护方面，要充分重视最高人民法院陆续公布的指导性案例。由于这些案例对人民法院审理类似案件、做出裁判具有指导作用，辩护律师应当对此类案例高度重视并认真分析背后的裁判机理和司法逻辑，以便吸收进来作为对当下案件辩护的重要参考。

当然，独立辩护的实现除了受制于外在的社会观念、宏观环境和规范条件之外，还取决于律师群体内在的职业意愿。前者影响着独立辩护客观上能在多大程度上实现，后者决定着辩护律师主观上是否愿意独立辩护。因此，在中国实现独立辩护还有待于律师群体的自省与自觉。

第三章　附条件逮捕制度研究

附条件逮捕，是指检察机关在审查逮捕过程中，对于证据有所欠缺但已基本构成犯罪、认为经过进一步侦查能够取得定罪所必需的证据、确有逮捕必要的重大案件的犯罪嫌疑人，经过检察委员会讨论决定予以批准逮捕，并要求侦查机关进一步补充证据材料的一种强制措施。在实践探索中，对附条件逮捕，有的称为"风险逮捕"，有的称为"有条件逮捕"，还有的称为"相对批捕""特殊逮捕"或"附条件逮捕定期审查制度"等，近年检察机关在审查批捕环节积极实施附条件逮捕制度。认真评价附条件逮捕对于推进逮捕羁押的法治化，限制国家权力，实现人权保障具有重要的理论和现实意义。

第一节　附条件逮捕制度的创立及其内容

一、附条件逮捕制度的创立和发展

(一)1996 年刑诉法背景下的附条件逮捕

二十世纪九十年代个别检察院就进行了附条件逮捕制度的探索，但没有上升到制度层面。笔者收集到的最早从制度层面加以规定的是:2003 年 1 月 6 日上海市人民检察院和上海市公安局联合签发的《关于绝对不捕、相对不捕、存疑不捕和有条件批捕的适用条件的规定》。

最早正式向最高人民检察院提出探索该制度的是北京市人民检察院。2003 年底，北京市检察院开展了一次案件质量的专项复查，捕后无罪处理案件的快速上升引起了检察院领导的注意。在北京市检察院侦查监督处所做的统计显示，逮捕后作无罪处理包括三种情况:撤案、不起诉、判无罪。2001 年，逮捕后无罪处理的案件还只占当年逮捕案件的 0.99%，而到了 2003 年，这一比例就飞升到了 2.17%。当时的北京市检察院主管副检察长意识到了问题的严重性。2004 年上半年，在他的组织下，北京市检察系统展开了批捕起诉案件质量大复查，重点审查捕后无罪处理的案件。他们经过调研提出用"附条件逮捕"作为处理特殊案件的补充性措施，即对有些特殊案件如特别严重的暴力、侵犯人身权利、危害公共安全等犯罪，数额特别巨大的经济犯罪和职务犯罪，以及一些情节特别严重或影响特别恶劣的其他重大犯罪的犯罪嫌疑人，关键证据已经固定并具有排他性，但其他证据尚有缺陷的，可以设定特殊程序先予逮捕，同时有效地引导侦查取证和跟踪监督。一旦发现侦查机关或部门未按时按要求完成补充侦查取证工作，案件仍未达到逮捕标准时，应及时建议撤销逮捕决定。2005 年 1 月北京市检察院向最高检呈送了《关于当前审查逮捕案件质量存在的主要问题及对策的报告》，正式把"附条件逮捕"作为适用逮捕措施的一项执法标准单列了出来。[①]

2005年5月，在全国检察机关第二次侦查监督工作会议上，最高人民检察院认为，对逮捕的“有证据证明有犯罪事实”这一条件，要以“证据所证明的事实构成犯罪”为原则，以“证据所证明的事实基本构成犯罪”为例外，“基本构成犯罪”确需逮捕的，要具备并附加必要的条件。会后，最高人民检察院明确提出可以在全国实行“附条件逮捕”这一工作制度。2006年8月17日，最高检通过的《人民检察院审查逮捕质量标准（试行）》（以下简称《质量标准》）第4条规定：“‘有证据证明有犯罪事实’，一般是指证据所证明的事实已构成犯罪。对于证据有所欠缺但已基本构成犯罪、认为经过进一步侦查能够取到定罪所必需的证据、确有逮捕必要的重大案件的犯罪嫌疑人，经过检察委员会讨论决定可以批准逮捕并应当采取以下措施：(1)向侦查机关发出补充侦查提纲，列明需要查明的事实和需要补充收集、核实的证据，并及时了解补充取证情况；(2)批准逮捕后三日内报上一级人民检察院备案；(3)侦查机关在侦查羁押期限届满时，仍未能取到定罪所必需的充足证据的，应当及时撤销批准逮捕决定。”这标志着附条件逮捕制度正式确立。

该制度确立以来，不少地方开始在审查逮捕工作中推广和适用该制度。到2008年5月，重庆市适用附条件逮捕的检察院已有18个，占全市检察机关办案单位的42.2%。[②] 北京市人民检察院2008年10月31日发出《关于转发二分院〈关于对重大案件正确适用附条件逮捕加强定期审查工作的规定（试行）〉的通知》，要求全市检察机关参照执行2008年10月14日北京市人民检察院第二分院检察委员会第301次会议讨论通过的《关于对重大案件正确适用附条件逮捕加强定期审查工作的规定（试行）》。

（二）2012年刑诉法背景下的附条件逮捕

2012年刑诉法修改时，立法机关并没有对附条件逮捕做出肯定。在立法颁布之初，最高检的同志也认为，在1996年刑诉法条件下，附条件逮捕是有其积极意义的。而修改后的刑诉法删除了1996年刑诉法关于“需要逮捕而证据还不充足的，可以取保候审或者监视居住”的规定，同时，修改了取保候审、监视居住条件的具体内容，对二者的适用条件分别作了规定。其中明确规定，对符合逮捕条件，但“因为案件的特殊情况或者办理案件的需要，采取监视居住更为适宜的”，可以监视居住。这样，对于那些原来可以作为附条件逮捕的情形就可以依据规定对其采取监视居住，从而最大限度减少逮捕措施的适用。[③] 也就是说附条件逮捕制度随着新刑诉法的实施而失效。最高检2012年11月22日颁布的《人民检察院刑事诉讼规则（试行）》（以下简称《检察规则》）也没有规定附条件逮捕制度。可是最高检2013年2月1日通过的《检察机关执法工作基本规范》（2013年版）第5·40条规定：“对证据有所欠缺但已基本构成犯罪，认为经过进一步侦查能够获取定罪所必需的证据、确有逮捕必要的重大案件的犯罪嫌疑人，经过检察委员会讨论决定，可以批准逮捕，并应当采取以下措施：(1)向侦查机关发出补充侦查提纲，列明需要查明的事实和需要补充收集、核实的证据，并及时了

---

① 陈虹伟、王峰：《寻求惩罚犯罪与保障人权的平衡点——附条件逮捕制度低调运行3年后加速推进》，《法制日报》2008年8月31日第1版。

② 张德江、黄春玲：《重庆市检察机关附条件批准逮捕情况的分析与思考》，载伦朝平、甄贞：《附条件逮捕制度研究》，法律出版社2008年版，第181页。

③ 高景峰、杨雄：《新刑事诉讼法强制措施解读》，中国检察出版社2012年版，第122页。

解补充侦查取证情况;(2)批准逮捕后三日以内报上一级人民检察院备案;(3)侦查机关在侦查羁押期限届满时,仍未能获取定罪所必需的充足证据的,应当及时撤销原逮捕决定。"这一检察文件又认可了附条件逮捕制度。最高检侦查监督厅于2013年4月22日颁行了《关于人民检察院审查逮捕工作中适用"附条件逮捕"的意见(试行)》(以下简称《意见》),对附条件逮捕做了进一步的规定。

二、附条件逮捕制度的含义和内容

何为附条件逮捕制度?目前认识不尽统一。有的学者认为,所谓附条件逮捕是指检察机关办理侦查机关提请批准逮捕的案件时,对严重刑事犯罪嫌疑人,认为证明其犯罪的事实证据尚未达到批准逮捕的一般标准,但确实具备补充、完善证据的条件和可能,侦查机关已有侦查计划与方案的,检察机关可予以做出逮捕决定,同时要求侦查机关进一步提供补充证据材料的一种措施。有的学者认为,附条件逮捕是指检察机关办理侦查机关提请批准逮捕的案件时,对有严重刑事犯罪嫌疑人,认为证明犯罪的事实的证据尚未达到批准逮捕标准,但确实具备补充、完善证据的条件及可能,侦查机关愿意并已有补充侦查具体计划与方案的,检察机关可做出批准逮捕决定,同时要求侦查机关进一步提供补充证据材料的一种强制措施。有的学者认为,附条件逮捕的实质是附定罪条件逮捕,附定罪条件逮捕是指在审查逮捕案件分流机制下,对于有证据证明有犯罪事实,但定罪证据尚未达到确实、充分的特定个罪案件和特殊时期案件的犯罪嫌疑人,确有逮捕必要的,可以附定罪条件予以逮捕。适用附定罪条件逮捕的案件,应当在批准或者决定逮捕的同时,向侦查机关做出补充侦查指导意见,列明定罪需要查明的事实和证据,规定补充侦查的完成期限,及时审查对犯罪嫌疑人羁押的必要性及继续侦查工作情况。侦查机关在规定的期限内,仍未能查明相关事实和取得所需证据的,应当及时撤销批准逮捕决定。[①] 笔者赞同以下观点:附条件逮捕是指人民检察院对于证据尚未达到"确实充分"的程度,但所证明的事实已经基本构成犯罪,认为经过进一步侦查能够取得定罪所必需的充足证据,确有逮捕必要的重大案件的犯罪嫌疑人,应当予以批准逮捕,但应当建议并跟踪督促侦查机关继续侦查取证,如在侦查羁押期限届满前仍不能取得定罪所必需的充足证据,则予撤销逮捕的一项制度。[②]

(一)附条件逮捕适用条件

1.对象条件。附条件逮捕只能适用"重大案件"。《意见》第2条规定:"本意见所指'重大案件',是犯罪嫌疑人可能被判处十年以上有期徒刑、无期徒刑或者死刑的案件。对于犯罪嫌疑人可能被判处五年以上不满十年有期徒刑的下列案件,可以认为属于'重大案件':(1)危害国家安全和严重危害公共安全的暴力犯罪案件;(2)恐怖组织、黑社会性质组织等有组织犯罪和集团犯罪案件;(3)故意杀人、抢劫、绑架、强奸,故意伤害致人重伤、死亡的严重暴力犯罪案件;(4)毒品犯罪、走私犯罪案件;(5)严重破坏社会主义市场经济秩序或者严重扰乱社会秩序的涉众型犯罪案件;(6)情节严重或者造成严重后果的人民检察院直接受理侦

---

① 冀祥德:《附定罪条件逮捕制度论——兼评〈人民检察院审查逮捕质量标准(试行)〉第4条》,《法学家》2009年第4期。

② 朱孝清:《论附条件逮捕》,《中国刑事法杂志》2010年第9期。

查的犯罪案件。”

2. 证据条件。即现有证据所证明的事实已经基本构成犯罪和经过进一步侦查能够收集到定罪所必需的证据。《意见》第4条规定：“‘现有证据所证明的事实已经基本构成犯罪’，是指依据现有已查证属实的证据，基本上能够认定犯罪嫌疑人的行为已构成犯罪，但证据还略有欠缺或较为薄弱，需要在逮捕后进一步补充完善定罪所必需的证据。”《意见》第5条规定：“‘经过进一步侦查能够收集到定罪所必需的证据’，是指经过进一步侦查取证，能够完善证据体系，证实犯罪嫌疑人的行为已构成犯罪。对此，需要结合全案现有证据和欠缺证据的情况以及侦查机关的侦查方案、取证技术和侦查能力等进行综合判断。所欠缺的证据已经灭失或者丧失取证条件，不具备补充完善证据可能的，不属于‘经过进一步侦查能够收集到定罪所必需的证据’。”

3. 社会危险性条件。即采取取保候审尚不足以防止发生社会危险性。《意见》第6条规定：“‘采取取保候审尚不足以防止发生社会危险性’，是指具有《刑事诉讼法》第79条所列社会危险性，或者犯罪嫌疑人曾经故意犯罪或者身份不明的情形。”

（二）适用程序

1. 报批程序。侦查监督部门经审查，认为可以适用“附条件逮捕”的，应当提出审查意见，说明证据情况和可以适用“附条件逮捕”的理由，经分管副检察长审核同意后，报检察长或者检察委员会决定。

2. 向侦查机关提出继续侦查取证意见。适用“附条件逮捕”的，应当制作附条件逮捕案件继续侦查取证意见书，列明需要继续侦查的事项和需要补充收集、核实的证据，连同逮捕决定书一并送达侦查机关。

3. 备案程序。适用“附条件逮捕”的，侦查监督部门应当在批准（决定）逮捕后3日以内，将逮捕决定书、审查逮捕意见书和附条件逮捕案件继续侦查取证意见书等相关材料报上一级人民检察院侦查监督部门备案，同时抄送本院公诉部门。适用“附条件逮捕”的案件决定撤销逮捕的，人民检察院侦查监督部门应当在决定做出后5日以内将撤销逮捕决定书和理由报上一级人民检察院侦查监督部门备案，同时抄送本院公诉部门。

4. 定期审查程序。对于适用“附条件逮捕”的案件，侦查监督部门应当对侦查机关继续侦查取证情况进行跟踪审查。执行逮捕后第1个月届满前5日，应当向侦查机关了解继续侦查取证的情况；2个月的侦查羁押期限届满前10日，应当要求侦查机关报送继续侦查获取的证据，对是否已经收集到定罪所必需的证据进行审查，并制作审查意见书。

5. 撤捕程序。人民检察院侦查监督部门经跟踪审查，发现侦查机关未继续侦查取证，或者已经丧失继续侦查取证条件，或者在2个月的侦查羁押期限届满时仍未收集到定罪所必需的证据，或者无继续羁押必要的，应当及时报经检察长或者检察委员会决定撤销逮捕决定，并书面说明理由，通知侦查机关执行。

第二节　附条件逮捕制度的违法性

笔者认为，附条件逮捕制度作为一项重大的审查逮捕改革举措出台，不具有合法性、合理性和正当性。现将理由阐述如下。

一、该制度不具有合法性

2008年8月29至30日，由北京市人民检察院、中国社会科学院法学所和北京市人民检察院第二分院主办的“逮捕制度的深化与发展专题研讨会”在京召开，研讨会的主题就是附条件逮捕制度，绝大部分学者和实务界的同志对此持肯定态度，认为附条件逮捕制度的依据是：(1)法律依据：①符合1996年刑诉法修改逮捕条件的立法精神。②符合逮捕阶段证明标准的法定要求。(2)理论依据：①符合刑诉法的目的要求。②符合并有利于强化检察机关的法律监督职能。[①] 有的学者认为：“附条件逮捕制度的正当性和合法性没有问题，与刑诉法的规定并不矛盾。因为法定逮捕条件、特别是第一个条件‘有证据证明有犯罪事实’，规定得比较模糊，所以‘六部委’才出台了解释，但是相关解释并没有解决问题。刑诉法按照比例原则要求惩罚犯罪与保障人权相平衡，因此逮捕条件应该进行必要调整。”[②]有的认为：“附条件逮捕的证据证明要求，与一般的证明要求相比有一定的特殊性，属于原则与例外、一般和特殊的关系。其对一般逮捕的证明要求起到了补充的作用，没有根本上突破法律界限。”[③]有的认为：“附条件逮捕是检察机关在审查逮捕中的一项工作机制的创新，是逮捕条件的应有内涵和逮捕制度的应有外延，它没有突破现行法律规定的逮捕制度的框架，而是检察机关为了分层次适用逮捕标准，实现惩治犯罪和保障人权的平衡而提出的科学的、正当的做法。”[④]笔者认为，附条件逮捕制度之所以不具有合法性，主要表现在：

首先，背离刑诉法第79条之规定，违反刑诉法的证明要求。有的同志认为：“附条件逮捕并未跳脱一般逮捕的证明标准，只是对逮捕证明标准的回归。”[⑤]这种观点难以成立。刑诉法第79条规定：“对有证据证明有犯罪事实，可能判处徒刑以上刑罚的犯罪嫌疑人、被告人，采取取保候审、监视居住等方法尚不足以防止发生社会危险性的，应当予以逮捕。”如何理解“有证据证明有犯罪事实”，理论和实务界曾有多种解释：(1)“个数说”，认为“有证据”就是有一个或两个有罪证据即可。(2)“相当说”，认为只要有相当的确实证据证明犯罪即可。(3)“充分说”，认为“有证据”是指有确实、充分的证据，即有证据证明犯罪行为确实是犯罪嫌疑人所为，且有足够的证据证明这一犯罪事实。(4)基本充分说，认为“有证据”是指有基本确实、充分的证据。(5)“充足说”，认为“有证据”应当有充足的证据，“证据充足”不等于“证据充分”，“证据充足”相对于某一具体犯罪事实而言，只要足以证明有犯罪事实即可；而“证据充分”相对于所有犯罪事实而言，其数量必须覆盖所有案件事实的情节。1998年1月“六部委”联合颁布的《关于刑诉法实施中若干问题的规定》(以下简称《规定》)第26条规定，“有证据证明有犯罪事实”，是指同时具备下列情形：(1)有证据证明发生了犯罪事实；(2)有证据证明犯罪事实是犯罪嫌疑人实施的；(3)证明犯罪嫌疑人实施犯罪行为的证据已有查证属实的。犯罪事实可以是犯罪嫌疑人实施的数个犯罪行为中的一个。最高人民检察院、公安部2001年8月颁布的《关于适用刑事强制措施有关问题的规定》再次重审“六部委”的规定。

---

① 苗生明、王伟：《附条件逮捕定期审查制度若干问题研究》，《人民检察》2008年第20期。

② 李继华：《附条件逮捕：控制犯罪与保障人权》，《人民检察》2008年第20期。

③ 陶建平、张雪迎：《原则与例外：从诉讼证明要求和制度设计看“附条件逮捕”》，《人民检察》2008年第20期。

④ 刘福谦：《附条件逮捕制度实证分析》，《国家检察官学院学报》2014年第1期。

⑤ 徐练华：《附条件逮捕中值得注意的十个问题》，《人民检察》2013年第12期。

"六部委"的规定颁布后,对"有证据证明有犯罪事实"的认识逐步得到统一,即"证据所证明的事实已构成犯罪"。这种证据标准,既不是立案时仅能证明有犯罪"嫌疑"、拘留时能证明有"重大嫌疑"的证据,也不是侦查终结、起诉、审判所构成的"确实、充分"的证据,而是"基本确实、充分"的证据。这种证据是在起点犯罪上已接近"确实、充分",但又存在一定距离的证据,依此证据逮捕犯罪嫌疑人,基本上不会捕错。但附条件逮捕制度的实行则表明,对于证据有所欠缺,不符合逮捕条件的重大案件的犯罪嫌疑人也可以批准逮捕。尽管这种逮捕要符合一定条件,且捕后有一定的补救措施,但其核心是将原本不符合逮捕条件的犯罪嫌疑人批准逮捕。根据《质量标准》规定,"证据有所欠缺是附条件逮捕的关键条件"。"证据有所欠缺",正是相对于"六部委"《规定》中的三个条件而言的,即附条件逮捕案件的现有证据不符合"六部委"《规定》中的"有证据证明有犯罪事实"的三个证据要求。2012 年刑诉法修改后,不管是立法还是相关的司法解释,都没有对逮捕的证明标准和证据要求做出与 1996 年刑诉法背景下不同的修改。如 2012 年的《检察规则》第 139 条规定:"有证据证明有犯罪事实是指同时具备下列情形:(1)有证据证明发生了犯罪事实;(2)有证据证明该犯罪事实是犯罪嫌疑人实施的;(3)证明犯罪嫌疑人实施犯罪行为的证据已经查证属实的。犯罪事实既可以是单一犯罪行为的事实,也可以是数个犯罪行为中任何一个犯罪行为的事实。"

其次,违背程序法定原则。程序法定原则是指国家刑事司法机关的职权及其追究犯罪的程序,都只能由立法机关所制定的法律加以明确规定,司法机关进行刑事诉讼活动必须严格依照法律规定的职权进行。对犯罪嫌疑人实施逮捕是国家追诉机关以其国家公共权力的强制性手段剥夺公民的人身自由权,这种权力的行使本身就具有极大的危险性。因此,必须严格依照法律授权加以实施。任何权力机关不得以自我授权或越权的方式对犯罪嫌疑人被告人进行逮捕。附条件逮捕制度是违背刑诉法第 79 条规定的,是在法律规定之外另设批捕标准,实质上降低了我国刑诉法所规定的逮捕条件。

再次,违反刑事司法解释的原则。刑事司法解释是最高司法机关就具体应用刑事法律问题进行的解释。合法性原则是刑事司法解释的基本原则。最高人民检察院只能在立法规定的范围内就如何具体适用刑事法律问题加以明确化和具体化,而不能超越法律规定。2006 年 5 月 10 日最高人民检察院制定的《司法解释工作规定》第 3 条规定:"司法解释应当以法律为依据,不得违背和超越法律规定。"最高人民检察院 2015 年 12 月 16 日修订的《司法解释工作规定》又重审这一规定。《意见》明确规定"根据《刑事诉讼法》、《人民检察院刑事诉讼规则(试行)》和《人民检察院审查逮捕质量标准》等有关规定制定本《意见》",但新的刑诉法和《检察规则》都没有规定附条件逮捕,《质量标准》也是 2006 年制定的,随着新刑诉法的实施,该《质量标准》仍须修订才有效力。同时该制度还违反了刑事诉讼法解释中的权力谦抑原则。所谓权力谦抑是指在解释法典过程中,对于法律没有规定或者规定不明确的,解释不能突破现行法的授权扩充专门机关的权力。附条件逮捕是在法律无授权的情况下扩大了检察权,是一种自我授权。

不少同志认为,我国 1996 年刑诉法已经对逮捕的条件做了重大修改,将 1979 年刑诉法规定的"主要犯罪事实已经查清"放宽为"有证据证明有犯罪事实"。刑诉法的修改显然降低了逮捕的证据要求,然而在司法实践中,鉴于各级检察机关对逮捕条件的严格要求并将"错捕率"作为考核基层检察工作的重要标准,在刑事赔偿和错案责任追究的双重压力下,一些审查批捕人员仍然沿袭着旧刑诉法的逮捕观念，人为地将批捕标准等同于起诉标准，以期降低错捕率。这种过于严格的证明标准影响了逮捕功能的正常发挥，导致犯罪嫌疑人被释放或者逃跑、串供、毁灭、隐匿证据。因而“有条件逮捕并没有突破我国的法律规定，是对我国逮捕条件的回归。……有条件逮捕制度可以使实践中过于严苛的逮捕条件得以矫正，实现逮捕制度设计的应有作用”。[①] 也就是说，司法实践中对逮捕条件掌握过于严格了，不符合刑诉法的规定，现在出台附条件逮捕制度，正是为了更好执行刑诉法的规定。笔者认为，这种认识是错误的。一方面，从逮捕实践看，不存在对逮捕条件掌握过于严格的问题。司法实践中，尽管个别地方可能存在该捕不捕的问题，但就全国来说，当前逮捕领域的主要矛盾是不该捕而捕及逮捕率过高的问题，而不是该捕不捕的问题。在我国，逮捕数量很大，逮捕适用率非常高。近年逮捕率虽然有所下降，但逮捕率过高的现状没有改变。这样高的逮捕率，怎么能得出逮捕条件掌握过严的结论呢？由此可见，那种认为现在对逮捕条件掌握过严的说法是没有实践根据的。另一方面，如果说司法实务中确实存在着对逮捕条件把握过严的问题，那只要采取相应对策纠正这种掌握过严的倾向就行，或者尽快将那些与刑诉法的规定相矛盾的司法解释予以废除或修改，从而使司法解释、司法实践回归到刑诉法所规定的逮捕条件中来，而不是另行创设一种与法定逮捕条件不同的附条件逮捕制度。

二、该制度背离刑事诉讼的价值目标

在刑事诉讼中，惩罚（控制）犯罪与保障人权应当统一。综观当前世界刑诉法的改革与发展，各国或地区都在刑事诉讼中寻求控制犯罪与保障人权两大目的之平衡。片面强调惩罚犯罪，轻视或者忽视人权保障，必然导致政府权力恶性膨胀、任意拘捕、无理追诉和不公正审判；片面强调保障人权，轻视惩罚犯罪，势必导致过分地限制政府的权力，致使犯罪活动猖獗，社会不得安宁，个人的权利最终还是得不到保障。只有把惩罚犯罪与保障人权紧密结合起来，才能在政府权力与个人权利之间达到平衡。但在现实的刑事诉讼中，惩罚犯罪与保障人权总是表现出明显的对立。这就要求立法机关和司法机关本着利益权衡的原则进行慎重的选择。审查批捕权是人民检察院实行侦查监督的一项重要权力。检察机关批准逮捕的权力，其本身就是为了控制侦查行为而设置的，具有监督侦查活动的功能和目的。检察机关侦查监督的价值重在控制侦查，保护公民权利。在我国侦查监督本身就是为了限制、控制侦查权滥用而设置的监督程序，就是对侦查权力进行一定程序的抑制，防止侦查权过分扩张而侵害公民权利。当控制犯罪与保障人权的价值发生冲突时，人权保障理念应当成为侦查监督的基本价值取向。而附条件逮捕制度的价值是在强化公、检两机关相互配合的同时，形成了有效打击重大刑事犯罪的合力，维护了法律的尊严，使尽可能多的犯罪分子受到法律的惩罚。这一制度“就是对于特定个罪或者特殊时期的犯罪予以控制的最佳手段”。[②] 就实质而言，附条件逮捕是以惩罚犯罪为唯一的价值选择的。这显然是与检察机关侦查监督的价值取向相违背的。

---

① 邓思清、盛宏文：《有条件逮捕的法理基础及制度建设》，《人民检察》2009年第2期。

② 冀祥德、张文秀：《附条件逮捕：肯定抑或否定——一种基于诉讼形态的考察》，伦朝平、甄贞：《附条件逮捕制度研究》，法律出版社2008年版，第31页。

三、该制度设立的目的不具有正当性

《意见》出台时，最高检侦监厅负责人表示，附条件逮捕是为了贯彻宽严相济刑事政策，严厉打击严重刑事犯罪，因此只能适用于确有逮捕必要但证据相对薄弱的重大案件。《意见》对“重大案件”予以明确，将占绝大多数的轻罪案件排除在适用附条件逮捕范围之外，有效解决了实践中出现的对可能判处 3 年以下有期徒刑的轻罪案件也适用附条件逮捕的问题，贯彻了宽严相济刑事政策，对打击犯罪、保障人权具有现实意义。[①] 但从该制度的出台背景看，最高检出台附条件逮捕制度的目的是解决部分案件批捕不符合条件，不批捕又难以执行的实际问题。对此最高检的同志曾指出：“1996 年修改刑诉法后的一段时期，检察机关严格按照第 60 条规定的逮捕条件，对于证据不符合逮捕条件的，做出了不批准逮捕决定。但是实践中发现，检察机关做出不批准逮捕后，不批准逮捕的执行出现了很大问题。附条件逮捕制度，就是正视审查逮捕工作特别是执行中存在的问题，在全面理解刑事诉讼法规定的逮捕条件基础上产生的，既解决了部分案件不批准无法执行的实际问题，又弥补了刑事诉讼法立法上的缺憾。”[②]这才是设立附条件逮捕的目的。检察机关做出不批捕决定，怎么会出现执行中的问题呢？公安机关拒不执行检察院的不批捕决定？这种现象在我国现行法制环境下是客观存在的。这主要是一些重大疑难或社会影响大的案件，批捕不符合条件，而不捕公安机关不配合、相关部门不理解，当地党政领导不支持，检察机关左右为难。明知不符合逮捕条件，如果批捕，必然会带来刑事赔偿问题；而不捕，又面临重重压力。怎么办？附条件逮捕制度应运而生。这是检察机关在现有法制环境下做出的无奈选择，目的是减轻自身的办案责任和因严格执法带来的办案压力。但它背离了严格司法的要求，损害了法律的尊严和检察机关的公信力。

四、该制度内容模糊，难以避免逮捕适用扩大化和超期羁押现象

根据《质量标准》第 4 条规定，附条件逮捕案件必须满足三个条件：一是案件事实证据已基本构成犯罪；二是根据现有事实、证据分析，认为经过进一步侦查能够取到定罪所必需的证据；三是必须是有逮捕必要的重大有影响案件。同时采取三项措施：一是向侦查机关发出补充侦查提纲，列明需要查明的事实和需要补充收集、核实的证据，并及时了解补充取证情况；二是批准逮捕后 3 日内报上一级人民检察院备案；三是侦查机关在侦查羁押期限届满时，仍未能取到定罪所必需的充足证据的，应当及时撤销批准逮捕决定。在上述内容中存在不少模糊之处，其中主要问题有四个：其一，在证明标准和证明范围方面，“附条件逮捕”的适用条件不像普通逮捕条件规定得那么明确具体，“附条件逮捕”中的“证据有所欠缺但已基本构成犯罪”规定很笼统。《质量标准》规定中没有明确、具体的解释，司法实践中很容易出现理解性偏差。其二，如何判断“经过进一步侦查能够取到定罪所必需的证据”？根据《质量标准》的规定，我国逮捕条件中的“有证据证明有犯罪事实”，包括“证据所证明的事实已构成犯罪”（普通逮捕）和“证据所证明的事实已基本构成犯罪”（附条件逮捕）两个层面。附条件逮

① 彭波：《最高检明确附条件逮捕适用标准，防止轻罪案件“以捕代侦”》，《人民日报》2013 年 5 月 23 日第 11 版。

② 高景峰、杨雄：《新刑事诉讼法强制措施解读》，中国检察出版社 2012 年版，第 121 页。

捕的证据要求之所以不同于普通逮捕对证据的要求，就在于：附条件逮捕中“证明犯罪嫌疑人实施犯罪行为的证据已经查证属实的”做了最低限度的要求，即允许证据有所欠缺，但是要求有进一步取得定罪所欠缺证据的可能为前提条件。这里能否取得定罪所必需的证据，在做出批准逮捕决定时是处于一种不确定的状态，是一种主观判断。这种主观判断的依据何在？由于《质量标准》中无法做出进一步的规定，实践中就难以避免做出随意性解释。其三，“重大案件”的范围如何限定？《质量标准》没有规定重大案件的范围。有的认为，重大案件的刑期标准应限定为“3 年以上有期徒刑、无期徒刑或者死刑”；有的认为，重大案件的刑期标准应为“可能判处 10 年以上有期徒刑”；而有的则认为，对“重大案件”的范围不宜做过分严格的限制，罪名上可以扩展到一般刑事犯罪，在影响范围上应当以本地区、本辖区影响重大为标准。有的同志认为，侦查监督人员区分某一案件是否属于重大案件，需要综合考虑犯罪行为的社会危害性，犯罪行为所造成的社会影响、犯罪情节的恶劣程度等因素，从而做出慎重的决定。重大案件范围的不确定，容易导致实践中各行其是。其四，如何掌握撤销批准逮捕决定的时间？根据《质量标准》第 4 条第 3 项规定，一旦附条件逮捕的案件，“侦查机关在侦查羁押期限届满时，仍未能取到定罪所必需的充足证据的，应当及时撤销批准逮捕决定”。但由于所谓“侦查羁押期限届满时”本身就是一个不确定的期限概念，上述观点就难以被认同和严格执行。所以《质量标准》所规定的“附条件逮捕的案件在侦查羁押期限届满时，未能取到定罪所必需的充足证据的，应当及时撤销批准逮捕决定”，就根本做不到，其结果必然是造成大量的隐形超期羁押现象的存在。实证调查也证明了这一点。如北京市人民检察院第二分院 2006 年至 2007 年共附条件逮捕总数为 102 人。该院坦承：“该 102 名犯罪嫌疑人，附条件逮捕后 2 个月内侦查终结的不多；大多数依据《刑诉法》第 124 条、126 条、127 条之规定，延长了一次、二次、三次侦查羁押期限不等。这种长期羁押现象，并非附条件逮捕之专有，但显然附条件逮捕案件更有补充侦查之需要。”[①]附条件逮捕制度的实行，只能加剧隐形超期羁押现象。

五、该制度为“以捕代侦”提供了方便之门

逮捕作为一种程序性的强制措施，其功能只能是保障刑事诉讼的顺利进行以及预防可能发生的犯罪。逮捕只是刑事诉讼的一个非必经的环节，逮捕虽然直接剥夺了人身自由，但其本身并不是一种实体处分，适用逮捕措施必须有一定质和量的证据证明犯罪嫌疑人符合逮捕条件。实践中的“以捕代侦”，是不考虑法律规定的逮捕条件，适用逮捕的是为了侦查的需要，为了侦查机关办案的需要，是期望以逮捕的震慑力来突破口供以获取证据。“以捕代侦”是一种严重的违法行为。而附条件逮捕的本质是“以捕代侦”，使逮捕完全置于侦查破案的需要。正因为这样，附条件逮捕制度实施后，检察机关的同志认为，该制度“凝聚检警合力，有效打击犯罪”；[②]公安机关的同志认为，“实践中对逮捕的证据要求过高，附条件逮捕对于适当降低过高的逮捕条件，缓解侦查机关的压力，及时有效地惩治重大犯罪具有积极的现

① 宋毅、余浩：《北京市人民检察院第二分院附条件逮捕情况分析》，《国家检察官学院学报》2008 年第 6 期。

② 刘捷扬、徐云：《北京市海淀区人民检察院附条件逮捕制度运行现状及完善建议》，伦朝平、甄贞：《附条件逮捕制度研究》，法律出版社 2008 年版，第 226 页。

实意义”。[①] 如北京市检察院第二分院曾经办理过一起故意杀人案。案件有犯罪嫌疑人马某到达案发现场的证据,有马某相关供述,但没有犯罪嫌疑人实施杀人行为的证据,已有证据不能形成完整的证据链。为此,检察机关决定作附条件批准逮捕。经捕后多次引导、监督侦查机关积极补充侦查证据,案件证据逐渐清晰完备,马某最终被判处死刑,缓期二年执行。北京市检察院第二分院的领导结合检察机关的实践明确表示,附条件逮捕制度能够为公安机关继续侦查赢得时间,有利于打击犯罪,保障受害人权益,维护社会稳定。附条件逮捕制度使“以捕代侦”合法化。

六、实践证明,附条件逮捕制度弊多利少

近年附条件逮捕制度的运行,尽管在惩罚犯罪,突破一些案件方面发挥了一些积极作用。但总体而言,弊多利少,主要表现在:(1)任意扩大附条件逮捕案件的适用范围。由于《质量标准》没有明确规定重大案件的范围,实践中擅自扩大附条件逮捕案件的适用范围的现象比较严重。如北京市海淀区人民检察院 2007 年做出附条件逮捕决定的案件 140 件,涉及二十余个罪名,其中故意伤害罪、盗窃罪、诈骗罪占到 55.71%,但这些案件中符合“重大”条件的案件寥寥无几。《意见》虽然对附条件逮捕对象进行了限制,但对象过于宽泛,而且在实践中难以对适用对象进行有效的限制。据 2010 至 2012 年全国检察机关上报的适用附条件逮捕的 1993 件案件统计:涉及刑法第二章至第六章的罪名,其中侵犯公民人身权利犯罪 263 件,占 13.2%;侵犯财产犯罪 805 件,占 40.4%;妨害社会管理秩序犯罪 295 件,占 14.8%;破坏社会主义市场经济秩序犯罪 594 件,占 29.8%;危害公共安全犯罪 36 件,占 1.8%。[②] 从北京市某 A 区检察院的 2008 至 2012 年的实践看,适用的案件类型呈现多元化趋势,不仅罪名较为广泛,包括轻伤害及一定比例的普通盗窃、诈骗案件,而且包含一些轻微刑事案件,以至于被决定不起诉、被判处 3 年以下有期徒刑的案件分别占 3.6%和 20.1%。(2)撤捕比例高。如北京市人民检察院在 2006 至 2007 年,共对 938 名犯罪嫌疑人采取附条件逮捕措施,其中经工作仍达不到证据要求予以撤销逮捕的有 217 人,占 23.13%,而未及时撤销逮捕被作无罪处理的 24 人,占 2.56%。北京海淀区人民检察院 2006 年和 2007 年分别适用附条件逮捕案件 142 件和 140 件,最终撤销批准逮捕决定的 49 件和 38 件,分别占附条件逮捕案件的 34.51%和 27.14%,也就是说附条件逮捕案件中几乎有 1/3 被撤销逮捕决定。2010 年至 2012 年全国检察机关办理的 1993 件附条件逮捕案件,最终撤销逮捕的共计 427 件,占 21.4%。辽宁平均每年的撤销逮捕率为 16.47%,安徽省更是高达 36%。[③] 附条件逮捕案件的撤捕率数倍于一般逮捕案件。而且这些撤捕案件基本上都是最终认定为不构成犯罪或事实不清、证据不足不能认定有罪的案件。(3)违背程序现象严重。根据《质量标准》规定,附条件逮捕案件必须经过检察委员会讨论决定。事实上确有不少单位并未经检委会讨论而作了批准附条件逮捕的决定。如重庆市检察机关 2007 年 1 月至 2008 年 5 月共做出附条件逮捕案件 108 件 147 人,其中未经检察委员会研究讨论决定的有 22 人,占全市附条件批捕人数的 14.97%。《意见》第 9 条则规定:“人民检察院侦查监督部门经审查,认为可

---

① 李继华:《附条件逮捕:控制犯罪与保障人权的权衡选择》,《人民检察》2008 年第 20 期。

②③ 刘福谦:《附条件逮捕制度实证分析》,《国家检察官学院学报》2014 年第 1 期。

以适用'附条件逮捕'的，应当提出审查意见，说明证据情况和可以适用'附条件逮捕'的理由，经分管副检察长审核同意后，报检察长或者检察委员会决定。"即废除了附条件逮捕案件必须经检察委员会讨论的规定。这样又为一些检察机关滥用附条件逮捕提供了程序上的方便。(4)不利于提高公安机关的办案质量。实证研究表明，附条件逮捕程序设计中，对公安机关权责规定不明确、配套工作机制制定不完善，因此，"检察机关做出附条件逮捕决定后，公安机关的考核指标即已经完成，即便最终撤销逮捕决定，也不影响公安机关的考核指标完成情况。因此，在办案压力大、案件数量多的情况下，公安机关对附条件逮捕决定后的证据补充工作积极性并不高。……补充侦查工作存在推诿、拖延的情况，导致我们最终只能依照相关规定撤销逮捕决定"。① 即便最终有能移送起诉并被法院定罪处罚的案件，但总体而言办案质量不高。如根据最高检统计，在附条件逮捕案件的处理结果中，2010 年、2011 年两年有罪判决的共计 764 件 884 人，其中判处拘役的有 15 人，占 1.7%；判处 3 年以下有期徒刑的 172 人，占 19.5%；判处 3 年以上 10 年以下有期徒刑的 578 人，占 65.4%；判处 10 年以上有期徒刑的 112 人，占 12.7%；判处无期徒刑以上刑罚的 7 人，占 0.8%。吉林省和云南省，有罪判决的重刑率较高，但也仅有 15.7%和 16.67%；安徽省和贵州省较低，分别为 6.35%和 7.57%；2010 年江西、青海两省还出现附条件逮捕后没有被告人被判处 10 年以上有期徒刑刑罚的情况。②

第三节　附条件逮捕制度应当废除

有的同志认为，我国 1996 年《刑事诉讼法》已经实行多年，逮捕条件不合理性所带来的问题日益突出，放宽逮捕条件，不仅是司法实务部门的一家之言，也得到了理论界的肯定。因此，附条件逮捕制度作为原则基础之上的例外规定，实现了逮捕功能和价值回归，也符合我国渐进式司法改革的一般规律。③ 这一论点值得商榷。最高检 2009 年 3 月印发的《关于贯彻落实〈中央政法委员会关于深化司法体制和工作机制改革若干问题的意见〉的实施意见——关于深化检察改革 2009—2012 年工作规划》指出：深化检察改革应当坚持依法推进改革原则，"凡是与现行法律规定有冲突的改革措施，都要先提请立法机关修改相关法律规定，然后再行实施"。习近平总书记 2014 年 2 月 28 日在主持召开中央全面深化改革领导小组第二次会议时指出："凡属重大改革都要于法有据。在整个改革过程中，都要高度重视运用法治思维和法治方式，发挥法治的引领和推动作用，加强对相关立法工作的协调，确保在法治轨道上推进改革。"最高检 2015 年 2 月印发实施的《关于深化检察改革的意见(2013—2017 年工作规划)》强调：检察改革"坚持以宪法和法律为依据。遵循法治原则，依法有序推进。凡需要修改法律的，在相关法律修改后实施；需要得到法律授权的，按法律程序进行"。逮捕条件是一项重要的刑事诉讼制度，即便逮捕条件确有修改的必要，也必须由立法机关通

① 刘捷扬、徐云：《北京市海淀区人民检察院附条件逮捕制度运行现状及完善建议》，伦朝平、甄贞：《附条件逮捕制度研究》，法律出版社 2008 年版，第 229 页。

② 刘福谦：《附条件逮捕制度实证分析》，《国家检察官学院学报》2014 年第 1 期。

③ 苗生明、王伟：《附条件逮捕定期审查制度若干问题研究》，伦朝平、甄贞：《附条件逮捕制度研究》，法律出版社 2008 年版，第 12 页。

过严格的立法程序予以通过。而附条件逮捕制度则是检察机关擅自通过制定司法解释扩张自己的权力。由此可见,附条件逮捕制度的试行,不符合司法改革的基本原则,也不符合权力监督制约原则。

《质量标准》并没有明确规定自侦案件能否适用附条件逮捕。有的同志认为,职务犯罪案件具有区别于一般刑事案件的独立性特征,其证据体系庞杂,证据种类多样,短时间的取证难度较大,在侦查前期阶段,相对来说难以获取全面证据。但是,由于职务犯罪案件具有极强的发展性,突破空间极大,可以利用后续侦查措施充分挖掘窝案串案,故极有必要针对职务犯罪案件这一特点,配备附条件逮捕制度,并建议根据具体职务犯罪案件的不同特点,可以设置以下几种附条件逮捕措施的适用情形:(1)贿赂案件中一方已作有罪供述、相对方具有重大犯罪嫌疑的;(2)贿赂案件中犯罪嫌疑人供述的金额虽然较小,但有证据表明继续侦查可能会取得重大进展的;(3)贪污挪用案件中犯罪嫌疑人已作有罪供述,但缺乏完整的书证、物证,或者尚未具有足够时间制作司法会计鉴定报告,后续侦查有条件予以齐备的;(4)渎职案件具体后果尚未出现但有重大发展可能的;(5)其他证据不足但有线索表明继续侦查可能会取得重大进展的案件。① 附条件逮捕的主要作用在于解决了那些证据尚未符合逮捕条件,但根据实际情况确实需要逮捕的案件的去留问题,为保证取证难的职务犯罪侦查活动的顺利进行提供了一个有利条件。② 附条件逮捕制度确立后,不少地方即在自侦案件中实行附条件逮捕,如浙江省人民检察院 2009 年 9 月 14 日制定的《检察机关立案侦查案件审查决定逮捕工作意见》第 8 条规定:"对基本符合'有证据证明有犯罪事实'但证据有所欠缺的重大案件,如同时符合以下条件,可适用附条件逮捕:(1)确有逮捕必要的;(2)基本符合'有证据证明有犯罪事实'但证据有所欠缺,需要进一步补强或者重新取证;(3)认为经过进一步侦查能够收集到定罪所必需的证据。"北京市检察机关对自侦案件也适用附条件逮捕。《意见》则明确规定"情节严重或者造成严重后果的人民检察院直接受理侦查的犯罪案件"可以适用附条件逮捕。这一规定实际上为检察机关所有自侦案件适用附条件逮捕提供了依据。自侦案件适用附条件逮捕是一种权力的自我授予行为,更增加了该制度的法律风险。

实施附条件逮捕制度只会扩张检察机关的逮捕权,而不利于保障犯罪嫌疑人的合法权益。即便当前附条件逮捕实施得较好的地方也认为,附条件逮捕制度存在着范围标准不明确,引发随意性适用;程序规范不统一,直接影响执行效果;质量考核不配套,可以规避办案风险等问题。③ 这样一项实质上修改了刑诉法规定的重大的审查逮捕举措,在没有经过广泛的讨论和公开地征求意见后仓促出台,从程序看是违法的,从实践看是有害的。

为了维护国家法制统一,附条件逮捕制度的实施应当叫停。2006 年 8 月 27 日通过的《中华人民共和国各级人民代表大会常务委员会监督法》第五章专门规定了"规范性文件的备案审查"。其中第 31 条首先明确:"最高人民法院、最高人民检察院做出的属于审判、检察工作中具体应用法律的解释,应当自公布之日起 30 日内报全国人民代表大会常

① 谢杰:《职务犯罪决定逮捕权上移的现实应对》,《法学》2009 年第 7 期。

② 刘方:《检察侦查权配置及应用研究》,中国检察出版社 2012 年版。

③ 林静、孙中梅:《有条件逮捕之实证分析》,《人民检察》2008 年第 15 期。

务委员会备案。”第32条、第33条则进一步规定了认为司法解释同法律规定相抵触而提出审查要求或者审查建议的主体、工作机构，以及审查后认为司法解释与法律规定相抵触的工作程序等内容。笔者建议，全国人民代表大会法律委员会或有关专门委员会应对附条件逮捕制度进行审查，经审查认为该司法解释同法律规定相抵触，最高人民检察院应当予以修改或者废止。①

① 2017年4月28日，最高人民检察院侦查监督厅下发《关于在审查逮捕工作中不再适用“附条件逮捕”的通知》，同时还表示将适时启动逮捕质量标准修订工作。这意味着实施了十年多的附条件逮捕制度被废除。

第四章　羁押必要性审查制度研究

2012年刑诉法第93条规定:"犯罪嫌疑人、被告人被逮捕后,人民检察院仍应当对羁押的必要性进行审查。对不需要继续羁押的,应当建议予以释放或者变更强制措施。有关机关应当在十日以内将处理情况通知人民检察院。"这标志着我国羁押必要性审查制度的设立。这表明:刑诉法对逮捕羁押建立起了两阶段审查机制,即逮捕必要性审查和捕后羁押必要性审查。这一开创性的规定是我国"尊重和保障人权"的重要体现,也是进一步强化检察监督的重要举措,是对我国现行逮捕羁押制度的一项重大改革。长期以来,我国刑事司法实践中一直存在着逮捕羁押普遍化问题。在司法实践中,"构罪即捕"的观点十分流行,逮捕必要性条件基本上没有发挥限制逮捕的作用。与此同时,"一捕到底""一押到底"的现象非常普遍,捕后变更强制措施的比例很低。

我国实行的是逮捕与羁押合一制度,使得对刑事羁押的事后审查的重要性变得更加突出。2012年刑诉法创设的羁押必要性审查制度,为我国刑事羁押的事后审查降低羁押率提供了法律武器和路径。但是,"法律的规定相对比较原则,没有对诸如以何种形式进行审查、审查间隔多长时间等具体的操作性问题做出细致的规定,尚需由人民检察院和有关司法机关在实践中按照刑诉法的规定,进一步总结经验,不断完善"。[①] 2012年《检察规则》对羁押必要性审查作了初步规制。嗣后,最高人民检察院2016年1月13日出台的《人民检察院办理羁押必要性审查案件规定(试行)》(以下简称《羁押规定》)及2016年7月11日最高人民检察院刑事执行检察厅《关于贯彻执行〈人民检察院办理羁押必要性审查案件规定(试行)〉的指导意见》(以下简称《指导意见》)对羁押必要性审查问题做出了进一步的规定。

第一节　建立羁押必要性审查制度的意义

大陆法系国家普遍确立了对审前羁押的定期审查制度,定期审查羁押的理由和必要性是否依旧存在。英美等国的法律也规定,保释可产生于刑事诉讼的各个阶段。羁押必要性审查的本质就是限制羁押的适用。羁押必要性审查制度,对于有效保障犯罪嫌疑人的正当权益,促进社会和谐,改变"一捕到底""一押到底"的不合理现象具有重要的现实意义。

一、有利于保障犯罪嫌疑人、被告人的合法权益

人权保障是人类社会的普适价值,是否尊重和保障人权已经成为当代国际社会评判一个国家民主法治的重要标杆。2004年"国家尊重和保障人权"载入宪法,成为我国宪法的一

① 全国人大常委会法制工作委员会刑法室:《〈关于修改中华人民共和国刑事诉讼法的决定〉条文说明、立法理由及相关规定》,北京大学出版社2012年版,第125页。

项重要原则。刑诉法素有“小宪法”之称，宪政精神始终是刑诉法典的灵魂。2012 年刑诉法将“尊重和保障人权”作为刑诉法的任务之一，写入总则第 2 条，实现了我国从“人权入宪”到“人权入法”的突破，大大地提升了“保障人权”在刑事诉讼中的地位，保证了宪法原则的贯彻落实。“尊重和保障人权”不仅仅是一个宣示性的口号，它作为刑诉法的基本原则，必须有具体的制度加以体现，羁押必要性审查就是重要内容之一。这一制度旨在保障公民的基本权利和自由，防止司法权对公民基本权利的不当侵害。根据无罪推定原则，任何人在法院依法判决有罪之前，其人身自由权应当得到法律的保障。而逮捕羁押是直接剥夺一个在法律上仍处于无罪地位的公民的人身自由。因此，法治国家的立法对强制措施的采用大都规定了严格的条件和程序，实行羁押例外原则。《公民权利和政治权利国际公约》规定：“等待审判的人受监禁不应作为一般原则，但可规定释放时应保证在司法程序的任何阶段出席审判，并在必要时报到听候执行判决。”世界刑法学协会第 15 届代表大会于 1994 年通过的《关于刑事诉讼法中人权问题的决议》规定：“在预审阶段，无罪推定原则要求在与一切强制措施有关活动中使用比例原则。根据这一原则，必须使政府干预刑事被告人基本权利的严重程度与强制措施的代替性措施的目的存在合理关系。这一点应推动立法者把规定审前羁押措施置于首位，审前羁押在任何情况下都应视为例外情况。”羁押必要性审查制度确立，不仅体现了我国对犯罪嫌疑人、被告人人权的尊重与保护，而且符合国际通行的人权保障基本要求。

二、有利于强化检察机关的诉讼监督

刑事诉讼监督是检察机关在刑事诉讼中依法对侦查机关、人民法院和刑罚执行机关的诉讼活动和刑罚执行活动是否合法所进行的专门监督。检察监督原则是 1996 年刑诉法新增的基本原则之一。近年来，检察机关始终把强化诉讼监督作为重点工作之一。但是，从近年来的司法实践看，正是由于检察机关法律监督职能的不完善，检察机关对刑事诉讼的法律监督并未充分地发挥作用，有些司法权力还没有受到有效的监督与制约，特别是人民群众反映强烈的一些直接关系到人民群众人身和财产安全的强制措施未得到有效监督。“迄今为止，除了审查批准逮捕活动以外，检察机关似乎还没有找到制约公安机关侦查权的有效途径。”①特别是现行法律规定对于审查逮捕之后至移送起诉之前阶段的侦查活动监督，基本处于空白或真空状态。捕后羁押必要性审查制度的建立，为强化检察机关对羁押活动的监督提供了有效的具体的方法和途径。

三、有利于实现宽严相济的刑事政策

未决羁押使犯罪嫌疑人、被告人与家庭、社会生活隔离，造成其难以抚平的心理创伤，给其家人带来痛苦和伤害。犯罪嫌疑人、被告人一旦被羁押，就很容易被贴上犯罪标签，对其名誉、信用等人格权影响很大，增加其回归社会的难度。宽严相济刑事政策是我国的基本刑事政策。这一政策的核心是区别对待，其主要内容是：根据维护社会稳定的需要和犯罪的具体情况，依法准确惩罚犯罪，做到该严则严、当宽则宽、宽严互补、宽严有度、效果良好，以打击和孤立极少数，教育和挽救大多数，最大限度地减少社会对立面和不和谐因素。在审前阶

① 陈瑞华：《诉讼监督制度改革的若干思路》，《国家检察官学院学报》2009 年第 3 期。

段执行宽严相济刑事政策，实现“以宽济严”，就是大幅度降低羁押率。[①] 只有大幅度地降低审前羁押率，才能为扩大非监禁刑的适用创造基础。最高人民检察院 2006 年 12 月 28 日出台的《关于在检察工作中贯彻宽严相济刑事司法政策的若干意见》第 7 条规定：“严格把握‘有逮捕必要’的逮捕条件，慎重适用逮捕措施。逮捕是最严厉的刑事强制措施，能用其他强制措施的尽量使用其他强制措施。……对于不采取强制措施或者采取其他强制措施不至于妨害诉讼顺利进行的，应当不予批捕。对于可捕可不捕的坚决不捕。”降低羁押率，扩大审前释放，是对犯罪嫌疑人诉讼主体地位的肯定，有利于减轻他们的心理压力和抵触情绪，鼓励他们改过自新，使其尽早回归社会。

四、有利于解决超期羁押的顽疾

超期羁押问题一直困扰我国立法和司法机关，位列刑事司法实践三大顽症之首。为了治理超期羁押，1987 年至 2001 年间，最高人民法院、最高人民检察院、公安部等有关部门发布的有关通知和文件多达 20 多份。2003 年，最高人民法院、最高人民检察院、公安部在全国人大常委会的监督下开展了中华人民共和国成立以来规模最大的专项清理“超期羁押”活动。然而，多年的清理活动一直没能走出边清边超、前清后超、不清更超的怪圈。在 2003 年之前，全国每年超期羁押达到上万人。自检察机关开展专项活动后，全国超期羁押人数大幅下降。2010 年检察机关依法纠正超期羁押 525 人次，2011 年依法纠正超期羁押 242 人次。这表明超期羁押问题仍没有得到较好的解决。捕后羁押必要性审查为治理超期羁押提供了有效的常规路径。

五、有利于节省司法资源

随着社会经济的发展，刑事犯罪案件大幅上升，新类型案件层出不穷，犯罪的手段也在不断地向智能化、隐蔽化、复杂化发展，查明以及指控犯罪的难度也越来越大，这导致被羁押人员众多，诉讼周期冗长。对众多被羁押人员的长期羁押看管，要求有大量的人力、物力和财力的付出。据统计，1978—2003 年全国用于公检法司等的支出由 1978 年的约 2.16 亿元上升到 2003 年的 1301.33 亿元，按可比价格计算，年均增长率达到 22.9%（比同期国内生产总值年均增长 9.0%、国家财政支出年均增长 7.7%、全国刑事犯罪案件年均增长 8.8%的增长速度都高出许多）。[②] 其中包括羁押成本的大幅度上升，21 世纪初关押一个犯罪嫌疑人的年费约 7000 元，目前则提高到约 2 万元。高羁押率挤占了有限的司法资源，造成司法资源的浪费，增加了诉讼成本。

六、有利于减少国家赔偿

1995 年 1 月起实施的国家赔偿法实行的是违法归责原则，即对没有犯罪事实或者没有事实证明有犯罪重大嫌疑的人错误拘留的，对没有犯罪事实的人错误逮捕的才属于刑事赔偿的范围。犯罪嫌疑人因暂时符合刑拘或逮捕条件而被羁押，但随着诉讼的推进，办案机关

① 刘仁文：《宽严相济的刑事政策研究》，《当代法学》2008 年第 1 期。

② 胡联合：《转型与犯罪：中国转型期犯罪问题实证研究》，中共中央党校出版社 2006 年版，第 55 页。

认为证据不足，又做出撤销案件、不起诉决定或做出无罪判决的，不能得到刑事赔偿。这种立法规定不仅有失公正，而且也增加了赔偿认定的难度。2010 年 4 月 29 日，第十一届全国人民代表大会常务委员会第十四次会议修订的《国家赔偿法》，对于人身羁押赔偿采用了结果归责原则。根据第 17 条规定，只要逮捕后发生了撤案、不起诉或者判决宣告无罪的情形，除有免责情形的以外，国家就应当承担赔偿责任。新《国家赔偿法》自 2010 年 12 月 1 日正式实施以来，全国各地赔偿案大幅上升。如深圳市检察机关自《国家赔偿法》正式实施一年多来，新受理国家赔偿申请 46 件中，除对 34 件做出给予赔偿的决定外，对 5 件做出了不予赔偿的决定，另有 7 件终止审查或正在办理中，赔偿率为 73.9%。而 2010 年深圳市检察机关共受理 49 件赔偿申请，赔偿率仅为 44.9%。捕后再进行羁押必要性审查，减少羁押措施，就可以较大程度地减少国家财政赔偿费用的支出。

第二节　羁押必要性审查规则的适用

一、羁押必要性审查的对象

一个刑事案件大多要经过立案、侦查、审查起诉、审判等诉讼环节，对已被逮捕的犯罪嫌疑人，在捕后的每个诉讼环节，都可能存在不需要继续羁押的情形。因此，羁押必要性审查涉及侦查、审查起诉和审判(包括一审、二审和审判监督程序)的每个诉讼环节。

(一)审判阶段是否需要进行羁押必要性审查

有的同志认为，第 93 条规定的是审前羁押必要性审查，案件进入审判阶段，检察机关就不需要也不应该进行羁押必要性审查。如有的人认为："如果案件已经处于审判阶段，将羁押必要性的审查权赋予人民法院更为适宜。"①笔者认为，这一观点是错误的。

首先，将审前羁押限制在侦查、起诉阶段不妥。有的学者认为"审前羁押"在我国刑事诉讼中是指审判前公安机关和人民检察院对犯罪嫌疑人、被告人拘留、逮捕后进行的羁押。②对于审前羁押的称谓及内涵的界定，各国均有不同。在大陆法系国家一般称为"未决羁押"(在德国被称为"待审羁押")，在英美法系国家通称为"审前羁押"。我国刑诉法未对审前羁押单独做出规定，只是将审前羁押作为拘留、逮捕的必然结果和延续状态。自案件进入审查起诉阶段以后，我国刑诉法就没有将羁押期限与审理期限加以明确区分，一般都将审理期限视为羁押期限。所以，将我国的审前羁押界定为"犯罪嫌疑人、被告人在法院做出生效判决前被剥夺人身自由的状态，它应当包括侦查阶段、审查起诉阶段以及审判阶段的羁押"是正确的。

其次，长期以来，在司法实践中，一旦案件进入法院审理阶段，羁押决定权就完全由人民法院行使，人民检察院无从监督。特别是 2012 年刑诉法大幅度地延长一审、二审的审理期限，人民法院延长办案期限事实上会造成羁押期限的延长，而这一阶段的羁押必要性审查一直是监督盲区。加强对审判阶段羁押必要性审查更具有现实意义。如曾引起社会各界广泛

① 姚莉、邵劭：《论捕后羁押必要性审查——以新〈刑事诉讼法〉第 93 条为出发点》，《法律科学》2013 年第 5 期。

② 徐静村：《刑事诉讼前沿研究》(第 5 卷)，中国检察出版社 2006 年版，第 201 页。

关注的河南“死刑保证书”案，[①]如果检察机关对审判阶段的羁押必要性进行审查，该案严重超期羁押现象也许就可以避免。

《羁押规定》第 11 条规定：“刑事执行检察部门对本院批准逮捕和同级人民法院决定逮捕的犯罪嫌疑人、被告人，应当依职权对羁押必要性进行初审。”这表明，检察机关对法院决定逮捕的案件有羁押必要性审查的权力。当然，法院审理期限的延长是由上一级人民法院甚至是最高人民法院批准的，法院能否依据检察机关的建议改变上级法院、最高人民法院延长审理期限的决定，这将是执法中的难题，需要在实践中探索解决。

（二）羁押必要性审查是否适用于检察机关

从 2012 年刑诉法第 93 条规定的旨意看，它是作为监督条款赋予检察机关对公安机关、审判机关办理的案件行使羁押必要性审查。本条文中的“有关机关”也只能是指公安机关和审判机关，而不能是检察机关自己。在审查起诉阶段，公诉部门自然要进行羁押必要性审查，但审查的法律依据不是第 93 条规定，而是第 94 条、第 95 条规定。根据第 94 条和第 95 条规定，人民检察院如果发现对犯罪嫌疑人采取强制措施不当的，应当及时撤销或者变更。犯罪嫌疑人及其法定代理人、近亲属或者辩护人有权申请变更强制措施。人民检察院收到申请后，应当在 3 日以内做出决定；不同意变更强制措施的，应当告知申请人，并说明不同意的理由。所以，在这一阶段，如果检察机关认为犯罪嫌疑人没有继续羁押必要的，不是“应当建议予以释放或者变更强制措施”，而应当是直接做出变更强制措施的决定。就此而言，第 93 条所规定的羁押必要性审查实际上只涉及侦查阶段和审判阶段。在侦查阶段，检察机关应当对犯罪嫌疑人被公安机关逮捕后的羁押进行必要性审查。对不需要继续羁押的，应当建议公安机关予以释放或者变更强制措施。

《羁押规定》第 26 条规定：“对于检察机关正在侦查或者审查起诉的案件，刑事执行检察部门进行羁押必要性审查的，参照本规定办理。”这也表明：所有逮捕后的案件都应当接受羁押必要性审查。这一规定似乎对于检察机关正在办理的案件也可以根据刑诉法第 93 条规定进行羁押必要性审查表示了肯定。笔者认为，为了加强对检察机关自身的监督，由职能部门对自己办理案件进行羁押必要性审查是必要的，也是有现实意义的。但对自己办理案件进行羁押必要性审查的依据不是刑诉法第 93 条，而是第 94 条、第 95 条规定。

---

① 2001 年 8 月 7 日，河南省平顶山市叶县李怀亮因涉嫌故意杀人罪被刑事拘留，9 月 13 日批准逮捕。2003 年 8 月，李怀亮一案在叶县人民法院开庭，李怀亮当庭翻供，并指出办案人员有刑讯逼供嫌疑。尽管辩护律师提出李怀亮故意杀人证据不足、应判无罪的辩护意见，叶县人民法院仍然以故意杀人罪，一审判处李怀亮有期徒刑 15 年，剥夺政治权利 5 年。宣判后，李怀亮向平顶山市中院提起上诉。2003 年 12 月 2 日，平顶山市中院以“事实不清，证据不足”为由，撤销了叶县人民法院的判决，发回重审。2004 年 2 月 13 日，叶县人民法院对该案重审，但未做出判决。之后，此案又被移送到平顶山市中院进行一审。2004 年 8 月 3 日，平顶山市中院做出一审判决，以被告人李怀亮犯故意杀人罪判处死刑，剥夺政治权利终身。宣判后，李怀亮以没有杀人，要求宣告无罪为由，再次提出上诉。2005 年 1 月 22 日，河南省高院经审理，以李怀亮犯故意杀人罪“事实不清、证据不足”为由，撤销原判，发回重审。2006 年 4 月 11 日，平顶山市中院再次做出一审判决，以李怀亮犯故意杀人罪判处死刑，缓期两年执行，剥夺政治权利终身。2006 年 9 月 27 日，河南省高院经过审理，仍以“事实不清、证据不足”为由，第二次将该案发回重审。此后，该案再无开庭消息，李怀亮也一直被羁押在看守所，羁押已超过 10 年（参见李钧德：《“死刑保证书”保证了什么——河南新版“赵作海案”考问维稳之惑》，《半月谈内部版》2012 年第 6 期）。

二、羁押必要性审查程序的启动

关于羁押必要性审查程序应当如何启动？目前主要有以下观点：第一种观点认为，羁押必要性审查只能是检察机关依职权主动审查，而不能由相关人员申请启动。第二种观点认为，检察机关依职权定期进行羁押必要性的审查工作，必然造成工作量急剧增加，推动起来难度较大，因此，由在押人员提出羁押必要性审查的申请从而启动审查的方式较为可行。第三种观点认为，羁押必要性审查程序的启动，检察机关既可以依职权主动审查，也可以由犯罪嫌疑人、被告人及其辩护律师申请进行被动审查。笔者认为，检察机关启动羁押必要性审查可以根据不同情形区分为依职权的主动审查和依申请的被动审查。凡依申请被动审查的，犯罪嫌疑人、被告人及其近亲属、辩护律师的申请并不必然启动羁押必要性审查程序。

（一）检察机关依职权审查

凡具有以下情形之一的，检察机关应当主动启动羁押必要性审查：第一，检察机关在办理公安机关申请延长羁押期限时，应同时进行羁押必要性审查。刑诉法第 154 条规定："对犯罪嫌疑人逮捕后的侦查羁押期限不得超过二个月。案情复杂、期限届满不能终结的案件，可以经上一级人民检察院批准延长一个月。"第 156 条规定："下列案件在本法第一百五十四条规定的期限届满不能侦查终结的，经省、自治区、直辖市人民检察院批准或者决定，可以延长二个月……"检察机关在审查公安机关延押申请时，应当同时进行羁押必要性审查。如果发现不需要继续羁押的，除对延押申请不予批准外，还应当建议予以释放或者变更强制措施。第二，公安机关重新计算羁押期限时。刑诉法第 158 条规定："在侦查期间，发现犯罪嫌疑人另有重要罪行的，自发现之日起依照本法第一百五十四条的规定重新计算侦查羁押期限。"为了加强对公安机关重新计算羁押期限的监督，防止出现不必要的羁押，检察机关对于公安机关重新计算羁押期限的，在收到公安机关的备案后应当进行羁押必要性审查。第三，检察机关在发现存在不需要继续羁押情形时。如监所检察部门在履行监所检察职能时，发现犯罪嫌疑人、被告人不应当被继续羁押的，其中包括根据最高人民检察院 2012 年 2 月制定的《关于上级人民检察院监所检察部门开展巡视检察工作的意见》要求，地（市）级以上检察院监所检察部门对辖区内由下级检察院检察的看守所监管活动是否合法进行检察时，发现应当启动羁押必要性审查的等等。《检察规则》第 616 条规定："犯罪嫌疑人、被告人被逮捕后，人民检察院仍应当对羁押的必要性进行审查。人民检察院发现或者根据犯罪嫌疑人、被告人及其法定代理人、近亲属或者辩护人的申请，经审查认为不需要继续羁押的，应当建议有关机关予以释放或者变更强制措施。"这表明，依职权启动得到了最高检的肯定。"从刑事诉讼法修正案运行的 3 年多实践来看，特别是前两年，开展羁押必要性审查工作主要是依据职权主动启动程序。"[①]但遗憾的是《羁押规定》仅仅在第 10 条规定"刑事执行检察部门应当通过检察机关统一业务应用系统等途径及时查询本院批准或者决定、变更、撤销逮捕措施的情况"，而没有对检察机关依职权主动审查做出具体规定。

（二）检察机关依申请审查

犯罪嫌疑人、被告人及其近亲属、辩护律师申请检察机关进行羁押必要性审查，检察机

① 郭冰：《羁押必要性审查制度研究》，中国检察出版社 2016 年版，第 75 页。

关可以启动审查程序。之所以强调对于羁押必要性审查的申请，检察机关是“可以”，而不是“应当”启动审查程序，主要基于以下理由。第一，从相关条文看，刑诉法第95条规定：“犯罪嫌疑人、被告人及其法定代理人、近亲属或者辩护人有权申请变更强制措施。人民法院、人民检察院和公安机关收到申请后，应当在三日以内作出决定；不同意变更强制措施的，应当告知申请人，并说明不同意的理由。”这一条文明确规定了犯罪嫌疑人、被告人享有变更强制措施申请权及其司法机关的程序保障义务。所以，犯罪嫌疑人、被告人及其法定代理人、近亲属或者辩护人认为羁押理由已经不存在时，首先应该直接向办案机关提出变更强制措施的申请，而不是直接向检察机关申请羁押必要性审查，即便是检察机关的自侦案件也要先向反贪、反渎部门提出变更强制措施的申请。当犯罪嫌疑人、被告人没有履行前置程序径直向检察机关申请羁押必要性审查的，羁押必要性审查部门不应当启动审查程序。只有在相关机关、部门不同意变更强制措施，犯罪嫌疑人、被告人又向检察机关申请羁押必要性审查时，检察机关才可能启动审查程序。第二，这是由羁押必要性审查程序的性质决定的。规定由检察机关对逮捕的必要性继续进行审查，是为了加强检察机关对逮捕这种限制人身自由的强制措施的监督。监督的性质决定了这种程序只能是犯罪嫌疑人、被告人在羁押问题上进行权利救济的最后手段。第三，从司法实践看，第93条的规定必然会使申请羁押必要性审查案件大量增多。如果一旦犯罪嫌疑人、被告人提出申请，检察机关必须启动审查程序，必然徒增检察机关办案压力。在当前案多人少矛盾十分突出的情况下，检察机关客观上难以做到所有申请的案件都审查。所以，对于犯罪嫌疑人、被告人申请羁押必要性审查的，检察机关应享有程序启动的自由裁量权。

三、羁押必要性审查的主体

羁押必要性审查程序确立以来，对羁押必要性审查主体的选择成为最有争议的问题之一。

第一种观点认为，根据检察机关内部职权分工，侦查监督部门主要履行审查批捕的职能。在批准逮捕之后对羁押的必要性进行审查，实质上是批捕职能的延伸和继续。因此，由检察机关审查批捕的部门从事对羁押必要性的审查，是顺理成章的职责延伸。当前大量羁押主要是由于逮捕后而致，因此羁押必要性审查主体仍然为检察机关的批捕部门。

第二种观点认为，公诉部门应当承担起羁押必要性审查义务。

第三种观点认为，第93条捕后羁押必要性审查工作涵盖了捕后侦查、起诉、审判阶段的诉讼活动全过程。只有监所部门可以全过程、不留空白地开展羁押必要性审查工作。实践经验表明，选择监所部门作为第93条羁押必要性审查主体，是在现有职权体系中落实第93条的唯一可行方案。这一观点也得到了最高人民检察院监所检察厅的肯定和支持。

第四种观点认为，可以由相关部门联合进行羁押必要性审查。如侦查终结前的羁押必要性审查，可由侦查监督部门会同监所检察部门承担。笔者曾建议由侦查监督部门统一行使羁押必要性审查权力，主要理由是：对已经逮捕的案件，由于办案人员原先审查过案件，对案情、证据及犯罪嫌疑人个人情况都有所了解，在进行羁押必要性审查时，只要重点审查案情、证据是否发生了变化，犯罪嫌疑人的社会危险性是否还存在等等即可。这就意味着侦查监督部门只要对新增证据材料进行审查即可完成羁押必要性的判断。

第五种观点认为，宜建立一种“一主两辅”型审查模式，即以监所检察部门为主，侦查监督和公诉部门辅助配合的审查方式，既保障羁押必要性审查的中立性、独立性，又可提升审查的效率和质量。

由于争议比较大，一开始最高检考虑和权衡各种意见，确立了侦查监督部门和公诉部门主导，监所检察部门配合的羁押必要性审查模式（分段审查）。《检察规则》第 617 条规定：“侦查阶段的羁押必要性审查由侦查监督部门负责；审判阶段的羁押必要性审查由公诉部门负责。监所检察部门在监所检察工作中发现不需要继续羁押的，可以提出释放犯罪嫌疑人、被告人或者变更强制措施的建议。”但实践证明这种审查模式实施效果并不理想。一些地方开始尝试统一由监所检察部门办理。如上海于 2014 年 5 月正式明确羁押必要性审查由监所部门统一办理。

《羁押规定》第 3 条规定：“羁押必要性审查案件由办案机关对应的同级人民检察院刑事执行检察部门统一办理，侦查监督、公诉、侦查、案件管理、检察技术等部门予以配合。”这就确立了由刑事执行检察部门统一归口办理羁押必要性审查的模式（归口审查）。最高检之所以统一由刑事执行检察部门统一行使羁押必要性审查权力，主要原因是刑事执行检察部门具有的诉讼监督性、中立性和便利性。“应当说，分段审查模式并未在原有的羁押审查体制上走得更远，其中立性和有效性都存在一定疑问。归口审查模式致力于构建一种相对中立的、全程的羁押必要性审查模式，其能否为羁押率的降低描绘一幅美好前景？对此的回答是：值得期待，但也有诸多局限。至少，两种方案是利弊并存的。”[①]统一由刑事执行检察部门实施羁押必要性审查，效果如何尚待实践检验。

四、羁押必要性审查的启动时间和审查时限

（一）羁押必要性审查的启动时间

检察机关什么时候可以启动羁押必要性审查程序？目前，不少同志把羁押必要性审查称为“羁押必要性定期审查”。何谓“定期”审查？是半个月？还是 1 个月？有的同志认为，根据诉讼规律和诉讼期限，为了兼顾人权保障和司法资源的平衡，考虑到逮捕后，侦查机关具有两个月的侦查羁押期限，在逮捕后满 1 个月进行羁押必要性审查比较适宜。在进行第一次羁押必要性审查后，每隔一至两个月再审查一次；对法院决定逮捕的，检察机关在法院决定逮捕时就应进行审查，此后应每隔一个月再进行一次审查。有的认为，犯罪嫌疑人被逮捕 2 个月后，检察机关应进行羁押必要性审查。有的认为，“将羁押必要性审查间隔时间定为 3 个月，应是较为科学、合理的一种设定”。也有的认为，在被羁押方未提出羁押必要性审查申请的前提下，承担审查职责的检察机关每隔 1 个月应对羁押的必要性审查一次；对于被羁押人及其法定代理人、近亲属、辩护人提出羁押必要性审查申请的，可借鉴两大法系主要法治国家的做法，采取“即时审查主义”原则。有的认为，“羁押必要性审查工作是一个动态的过程，需要分阶段多次甚至随时进行”。笔者认为，这些意见都值得商榷。

近年不少学者主张，应当将未决羁押制度从拘留、逮捕等强制措施中分离出来，把逮捕定位于羁押的前置程序，继而设置独立的羁押程序，以控制羁押的适用。也有学者乐观地认

① 林喜芬：《分段审查抑或归口审查：羁押必要性审查的改革逻辑》，《法学研究》2015 年第 5 期。

为，此次刑诉法修改所确立的逮捕后羁押的必要性审查极有可能改变当前‘逮捕与羁押不分’的状况。但在我国羁押仍然不是一种独立的强制措施，羁押仅仅是逮捕和拘留的附随后果。羁押必要性审查是《刑事诉讼法修正案草案(二审稿)》中才增设的制度。2011年12月，十一届全国人大常委会第二十四次会议第二次审议刑诉法修正案草案时，贺一诚委员就建议，为了增强该条款的可操作性，最好规定检察机关应当在多长的一个具体期限内，定期对羁押的必要性和前提进行审查。但立法机关最终并未采纳这一意见。可见，用“定期”来限制羁押必要性审查是没有根据的。再说，现在案多人少的矛盾比较突出，定期审查这么多的案件事实上也做不到。所以，在审查周期问题上，检察机关不宜统一规定一个具体特定的时间来启动审查程序。

否定“定期”审查，并不意味着在审查周期上就具有随意性。从域外来看，有类似的规定。如德国《刑事诉讼法》第117条第5款规定：“待审羁押已经执行了三个月，被指控人在这期间既未申请羁押复查也未对羁押提出抗告的，应当依职权进行羁押复查，但被指控人如果有辩护人时除外。”我国澳门地区的《刑事诉讼法》第197条第1款规定：“在执行羁押期间，法官依职权每三个月一次复查羁押前提是否存在，并决定羁押需维持或应予代替或废止。”为了规范羁押必要性审查的启动，保障犯罪嫌疑人、被告人的合法权益，在审查周期上，可以区分以下两种不同情形：第一种情形是定期审查，即存在以下情形时，检察机关就要同时启动羁押必要性审查。这包括：(1)在侦查阶段，公安机关根据2012年刑诉法第154条、第156条、第157条、第158条规定，报请延长羁押期限或重新计算羁押期限时；(2)在审判阶段，一审、二审法院根据刑诉法第202条、第232条规定，报请延长审理期限时。第二种情形是随时审查。不管是在侦查阶段还是在审判阶段，只要犯罪嫌疑人、被告人及其法定代理人、近亲属或者辩护人申请要求变更羁押措施的，检察机关可以随时启动审查程序。《羁押规定》没有对羁押必要性审查的时间做出规定。但《指导意见》第8条规定：“犯罪嫌疑人、被告人被逮捕后，羁押地的派驻看守所检察室应当在五个工作日以内进行羁押必要性审查权利告知。没有设立派驻看守所检察室的，由巡回检察人员或派驻专职检察人员进行权利告知。”这一规定有利于犯罪嫌疑人、被告人及时行使申请羁押必要性审查的权利。一旦犯罪嫌疑人、被告人及其法定代理人、近亲属或者辩护人申请进行羁押必要性审查，经初审，对于犯罪嫌疑人、被告人可能无继续羁押必要的，就应当立案审查。

(二)羁押必要性审查的时限

关于羁押必要性审查的时限，刑诉法和《检察规则》均未做出规定，理论和实务中有争议，有的认为以7天较为适宜，也有的提出10天、15天或者20天。审查时限的规定，既不能太长，也不能太短。太长，不利于人权保障；太短，会导致因审查不严而失去严肃性。《羁押规定》第20条规定：“办理羁押必要性审查案件，应当在立案后十个工作日以内决定是否提出释放或者变更强制措施的建议。案件复杂的，可以延长五个工作日。”这一时限规定是合适的。

五、羁押必要性审查的标准

由于刑诉法对于羁押必要性的标准没有做出规定，有的同志担忧，对于什么是“不需要羁押”的情况也没有规定，完全依赖办案机关的自由裁量做出判断则有可能使该条款成为一纸空文。为了使羁押必要性审查制度真正发挥减少羁押的作用，增强审查工作的可操作性，明确捕后羁押必要性审查标准是必要的。

有的认为，“羁押必要性审查的基本判断标准应是法定逮捕条件，换句话说，逮捕的条件也就是羁押的条件”。[①] 也有的认为，羁押必要性审查，“首先，需要对原逮捕强制措施正当性进行复查。如果原逮捕措施不是明显不当，并且没有新的事实和证据的，原则上应当维持原逮捕措施”。[②] 笔者认为，羁押必要性审查不是对原逮捕决定的复查，也不是为了纠正原错误的逮捕决定，而是在原逮捕羁押的基础上试就是否有继续羁押的必要进行审查。基于此，原逮捕条件不能完全适用于羁押必要性审查。如逮捕的证据条件（“有证据证明有犯罪事实”）就不能继续适用于羁押必要性审查。但由于我国不存在独立的羁押制度，羁押是附随逮捕的法律后果。因此，逮捕理由即逮捕必要性的规定，仍然可以适用于羁押，逮捕的理由即羁押的理由。对此，《羁押规定》和《指导意见》做出了较为细化的规定。

《指导意见》第 15 条规定：“犯罪嫌疑人、被告人具有下列情形之一的，经初审后一般不予立案，但是犯罪嫌疑人、被告人患有严重疾病或者具有其他特殊法定情形不适宜继续羁押的除外：(1)涉嫌危害国家安全犯罪、恐怖活动犯罪、黑社会性质的组织犯罪、重大毒品犯罪或者其他严重危害社会的犯罪的；(2)涉嫌故意杀人、故意伤害致人重伤或死亡、强奸、抢劫、绑架、贩卖毒品、放火、爆炸、投放危险物质等严重破坏社会秩序犯罪或者有组织的暴力性犯罪的；(3)涉嫌重大贪污、贿赂犯罪，或者利用职权实施的严重侵犯公民人身权利的犯罪的；(4)系累犯或曾因危害国家安全犯罪、恐怖活动犯罪、黑社会性质的组织犯罪、重大毒品犯罪或者其他严重危害社会的犯罪被判处刑罚的；(5)可能判处十年有期徒刑以上刑罚的；(6)案件事实尚未查清，证据尚未固定或者犯罪嫌疑人、被告人有其他犯罪事实尚未查清、需要进一步查证属实的；(7)同案犯罪嫌疑人、被告人不在案，有串供可能的；(8)比较复杂的共同犯罪案件，有串供可能的；(9)系被通缉到案或者因违反取保候审、监视居住规定而被逮捕的；(10)侦查监督部门做出批准逮捕或者批准延长侦查羁押期限决定不满一个月的；(11)其他不宜立案进行羁押必要性审查的情形。”具备上述情形的，即有继续羁押的必要。

《羁押规定》第 17 条规定：“经羁押必要性审查，发现犯罪嫌疑人、被告人具有下列情形之一的，应当向办案机关提出释放或者变更强制措施的建议：(1)案件证据发生重大变化，没有证据证明有犯罪事实或者犯罪行为系犯罪嫌疑人、被告人所为的；(2)案件事实或者情节发生变化，犯罪嫌疑人、被告人可能被判处拘役、管制、独立适用附加刑、免予刑事处罚或者判决无罪的；(3)继续羁押犯罪嫌疑人、被告人，羁押期限将超过依法可能判处的刑期的；(4)案件事实基本查清，证据已经收集固定，符合取保候审或者监视居住条件的。”第 18 条规定：“经羁押必要性审查，发现犯罪嫌疑人、被告人具有下列情形之一，且具有悔罪表现，不予羁押不致发生社会危险性的，可以向办案机关提出释放或者变更强制措施的建议：(1)预备犯或者中止犯；(2)共同犯罪中的从犯或者胁从犯；(3)过失犯罪的；(4)防卫过当或者避险过当的；(5)主观恶性较小的初犯；(6)系未成年人或者年满七十五周岁的人；(7)与被害方依法自愿达成和解协议，且已经履行或者提供担保的；(8)患有严重疾病、生活不能自理的；(9)系

① 万春、刘辰：《羁押必要性审查制度的思考》，《人民检察》2012 年第 16 期。

② 刘晴：《逮捕羁押复查机制的程序设计》，《检察日报》2012 年 6 月 15 日第 3 版。

怀孕或者正在哺乳自己婴儿的妇女；(10)系生活不能自理的人的唯一扶养人；(11)可能被判处一年以下有期徒刑或者宣告缓刑的；(12)其他不需要继续羁押犯罪嫌疑人、被告人的情形。”具备上述情形的，即无继续羁押必要。

在羁押必要性审查标准的把握上，必须注意将羁押理由和存在羁押理由的事实、涉嫌犯罪的事实和存在羁押理由的事实加以区分。我国长期以来存在“构罪即捕”现象，原因之一是将逮捕理由与逮捕理由的事实及犯罪事实混为一谈，简单地将犯罪事实等同于逮捕理由的事实，进而又把逮捕理由的事实等同于逮捕理由，实践中缺乏逮捕必要性证明机制，只要行为人构成犯罪，就有社会危险性，就有逮捕必要。羁押理由从本质上看属于一种主观范畴，对于犯罪嫌疑人、被告人实施新的犯罪，毁灭、伪造、隐匿证据，干扰作证，对被害人、举报人、控告人实施打击报复，自杀、逃跑等等都只是一种“可能性”的判断。对于这种主观判断，必须建立在一定的客观事实基础上。没有这种社会危险性的客观事实存在，不能认定存在羁押理由。

六、羁押必要性的评估机制

羁押必要性审查的实效依赖于科学的羁押必要性评估机制的构建。对羁押必要性进行审查评估有定性和量化两种方法。定性评估指在综合分析案件的各种情况后，运用自由裁量权做出是否继续羁押的决定。定性评估是一种传统的评估方法，简便灵活，但完全依赖于人的主观判断，存在很大的不确定性，且准确性较差。

近年来，最高检在全国20多个地方检察机关开展逮捕后羁押必要性审查试点，大多数试点检察院采取量化评估的办法对继续羁押必要性进行审查，实践效果较好。表格量化模式就是由案件承办人制作《犯罪嫌疑人(被告人)羁押必要性评估表》，对在押的犯罪嫌疑人(被告人)是否存在继续羁押的必要性进行量化分析，即根据事先规定的标准，对与羁押必要性相关的因素逐一分析打分，将分数合计后与事先确定的维持羁押分数比较，高于该分数则维持羁押，否则决定或建议解除羁押。如A犯抢劫罪(评分80分)，根据案情综合判断，可能判处5年有期徒刑(评分40分)，有自首情节(评分－40分)和重大立功情节(评分－60分)，合计分数20分，允许维持羁押分数为30分，合计分数低于维持羁押分数，说明没有羁押必要，此案应当决定或建议解除羁押。

量化评估的审查方法主要有四个方面的优势：一是表格量化模式为判断羁押必要性提供客观定量的标准，有利于审查人员准确把握审查要点，避免对应当解除羁押的犯罪嫌疑人(被告人)维持羁押。二是表格量化模式提供了一种客观定量的结论，使审查人员无须过多担忧来自案外的压力。三是公开的量化过程和量化结果，增加了透明度，有效降低了审查的随意性，从而可以增强羁押必要性说理的说服力。《羁押规定》第16条规定：“评估犯罪嫌疑人、被告人有无继续羁押必要性可以采取量化方式，设置加分项目、减分项目、否决项目等具体标准。犯罪嫌疑人、被告人的得分情况可以作为综合评估的参考。”《指导意见》第23条规定：“加分项目可以包括：(1)具有《人民检察院刑事诉讼规则(试行)》第六百一十九条规定的情形的；(2)具有本指导意见第二十六条、第二十七条规定的情形的；(3)积极退赃、退赔的；(4)被害人有过错的；(5)系在校学生犯罪的；(6)在本市有固定住所、工作单位的；(7)能够提供适格保证人或者缴纳足额保证金的；(8)具备监视居住条件的；(9)其他应当加分的情形。"第24条规定:"减分项目可以包括:(1)犯罪嫌疑人、被告人不认罪或者供述不稳定,反复翻供的;(2)矛盾尚未化解的;(3)犯罪嫌疑人、被告人在本市没有固定住所、固定工作,无力维持正常生活的;(4)办案机关明确反对变更强制措施,认为有继续羁押的必要且具有合法、合理的理由的;(5)犯罪嫌疑人、被告人所在单位、所居住社区明确反对变更强制措施,认为有继续羁押的必要且具有合法、合理的理由的;(6)其他应当减分的情形。"第25条规定:"否决项目可以包括:(1)具有《中华人民共和国刑事诉讼法》第七十九条规定的情形的;(2)具有本指导意见第十五条规定的情形的;(3)具有重大社会影响,不宜进行羁押必要性审查的;(4)提供的申请材料故意造假的;(5)其他应当否决的情形。"可见量化方式得到了最高检的肯定。

表格量化模式的优点本身隐含着内在的不足之处。量化分值的确定难以有一个绝对科学的标准。对于个案而言,羁押事实是千差万别的,更何况还要对不同的事实进行量化的分值评判。而且针对同一犯罪嫌疑人,依据同样的材料,或者案情相似的不同犯罪嫌疑人,不同的办案人员给出的分值很有可能差别很大以至于得出不同的审查结果。是否完全按表格量化的分值来评定羁押必要性尚待实践证明。

七、无羁押必要性的证明责任

羁押必要性属于程序性事实,在我国诉讼法学界,关于程序法事实能否成为证明对象曾存在肯定说、否定说和折中说三种观点。但经过多年来的讨论,程序法事实应当作为证明对象已成为通说。但由于现行法律和司法解释没有明确将程序性事实列入"法定"证明对象的范围,导致司法实践中,司法人员在就程序性事项做出决定时往往不受司法证明规则的规范。正是由于我国在立法上没有对逮捕必要性的证据依据问题做出明确规定,导致公安机关轻视、忽视对逮捕必要性相关证据的收集,也令检察机关对逮捕必要性条件的审查陷入无米之炊的尴尬境地,直接影响了逮捕必要性条件的有效适用。在逮捕标准的掌握上检察人员仅仅关注"有证据证明有犯罪事实"这一要件,刑罚要件和社会危险性要件都不再需要有证据证明,"构罪即捕"导致逮捕必要性条件被"虚置",进而造成高羁押率。

为了使羁押必要性标准实至名归,应当明确由公安机关、检察机关承担羁押必要性的证明责任。理由是:(1)这是无罪推定的应有之义。根据无罪推定原则,任何人在法院依法判决有罪之前,其人身自由权应当得到法律的保障。而逮捕羁押是直接剥夺一个在法律上仍处于无罪地位的公民的人身自由。因此,法治国家的立法对强制措施的采用大都规定了严格的条件和程序,实行羁押例外原则。即便需要羁押也必须要符合"社会危险性要件",即要有足够的事实足以认定其可能存在毁灭、伪造证据或者串供等妨碍刑事诉讼的情形。(2)从域外羁押制度看,"根据西方各国的法制经验,适用未决羁押措施除了要有重大的犯罪嫌疑这一条件以外,还必须具备两个特别的理由:一是为提供程序上的保障所必要,二是为防止发生新的危害社会行为所必需"。① 在西方国家,法官审查羁押必要性的情形下,羁押的申请主体(往往是检察官),承担该证明责任。(3)近年,我国一些地方开始探索建立逮捕必要性证明制度,即公安机关在提请逮捕时,不仅要有逮捕必要的主张,而且要有不逮捕即有社会

① 陈瑞华:《比较刑事诉讼法》,中国人民大学出版社2010年版,第295页。

危险性的证明材料。实践证明这种探索效果良好。如2007年5月17日，南京市建邺区检察院和南京市公安局建邺分局会签了《关于办理逮捕案件中增加逮捕必要性证明的规定》，建立逮捕必要性证明机制。随后，南京市检察院和公安局在2007年11月联合签署了《关于办理逮捕案件适用"逮捕必要性"条件的实施意见》，市区两级检察、公安机关全面推行逮捕必要性证明机制。近年来，南京市检察机关不捕案件以每年35%以上的比例递增。

总之，由公安机关、检察机关承担羁押必要性的证明责任具有充分的法理和实践基础。当然，为了更好地保护犯罪嫌疑人、被告人的合法权益，提高诉讼效率，犯罪嫌疑人、被告人及其法定代理人、近亲属或者辩护人申请羁押必要性审查时，应当提供犯罪嫌疑人、被告人没有羁押必要性的相关线索或者材料，以便检察机关能及时启动羁押必要性审查程序。《羁押规定》第7条规定："犯罪嫌疑人、被告人及其法定代理人、近亲属、辩护人申请进行羁押必要性审查的，应当说明不需要继续羁押的理由。有相关证明材料的，应当一并提供。"这一规定是合理的。

八、羁押必要性审查的方式

我国审查逮捕程序一直是书面化、审批化、信息来源单一化的行政式的审批程序，其后果必然是程序神秘化、控辩失衡化、责任分散化。① 为了克服这种行政化单方审查模式的弊端，不少学者建议建立听证式审查模式。2012年刑诉法增加审查逮捕时讯问犯罪嫌疑人的规定，同时赋予诉讼参与人、辩护律师等参与审查逮捕程序的权利，这在一定程度上克服了批捕程序的行政化，强化了司法审查的色彩。那么，羁押必要性审查，应当采取听证式模式，还是采取行政化模式？

笔者一直是主张对逮捕羁押实行诉讼化改造的。公开审查，实际上是一种以听证为主要特征的司法审查程序。羁押必要性审查实行听证式审查模式，有利于强化控辩对抗，保证诉讼当事人的参与性。现在的主要矛盾是：随着逮捕必要性审查和捕后羁押必要性审查的双重审查制度的实施，检察机关的工作量将大大增加。如苏州市吴中区检察院刑事执行检察科，总共只有2名检察干警，而该院每年批准逮捕的犯罪嫌疑人多达千余人。办案量庞大，如何高效审查？如果所有案件都要采用听证式的审查模式，检察机关恐难承受。

《羁押规定》第13条规定："人民检察院进行羁押必要性审查，可以采取以下方式：(1)审查犯罪嫌疑人、被告人不需要继续羁押的理由和证明材料；(2)听取犯罪嫌疑人、被告人及其法定代理人、辩护人的意见；(3)听取被害人及其法定代理人、诉讼代理人的意见，了解是否达成和解协议；(4)听取现阶段办案机关的意见；(5)听取侦查监督部门或者公诉部门的意见；(6)调查核实犯罪嫌疑人、被告人的身体状况；(7)其他方式。"可见公开听证方式并没有得到最高检的认可。

九、羁押必要性审查中的权利救济

为了加强羁押必要性审查中对犯罪嫌疑人、被告人的权利保护，应当建立以下制度。

1.建立告知制度。2012年刑诉法对羁押必要性审查启动的主体做了明确规定，除了人

① 张兆松：《审查批捕方式的反思与重构》，《河南政法管理干部学院学报》2010年第1期。

民检察院主动为之外,还赋予犯罪嫌疑人、被告人及其法定代理人、近亲属、辩护人申请启动的权利。但"调研发现,在押人员对该项制度的了解程度不够,导致法律赋予其申请启动的权利形同虚设。调研的4家看守所中,在押人员对该项制度不了解的最高达87.85%,了解并用过的最高不足5.82%"。[①] 告知义务是司法机关的重要义务之一。《指导意见》第8条规定:" 犯罪嫌疑人、被告人被逮捕后,羁押地的派驻看守所检察室应当在五个工作日以内进行羁押必要性审查权利告知。没有设立派驻看守所检察室的,由巡回检察人员或派驻专职检察人员进行权利告知。"《羁押规定》第24条规定:"对于依申请立案审查的案件,人民检察院办结后,应当将提出建议和办案机关处理情况,或者有继续羁押必要的审查意见和理由及时书面告知申请人。"笔者认为,告知权利的确认,是《羁押规定》和《指导意见》的最大亮点之一,对于保障犯罪嫌疑人、被告人权利起了基础性作用。

2. 建立羁押必要性说理制度。联合国《公民权利和政治权利国际公约》规定"对被逮捕和羁押的人必须告知逮捕、羁押的理由以及不利于他的任何控告"。最高人民检察院2011年8月9日、2017年7月20日分别印发的《关于加强检察法律文书说理工作的意见(试行)》和《关于加强检察法律文书说理工作的意见》,要求各级人民检察院提高认识,积极推进检察法律文书说理工作。无论是继续羁押还是解除羁押,检察机关都应当以书面形式将理由和依据向当事人进行必要的说理和解释,以获取诉讼当事人的信赖和尊重,提高检察公信力。

3. 赋予犯罪嫌疑人、被告人及其法定代理人、近亲属或者辩护人申诉的权利。有权利必有救济。一旦检察机关在经过必要性审查后做出继续羁押的决定,而犯罪嫌疑人、被告人及其法定代理人、近亲属或者辩护人对这一决定有异议的,应当赋予其对继续羁押决定提起申诉的权利。

十、无羁押必要检察建议的效力

根据2012年刑诉法第93条规定,人民检察院在对羁押必要性进行审查后,如果认为不需要继续羁押的,应当"建议"而不是"决定"予以释放或者变更强制措施;有关机关应当将处理情况"通知"人民检察院,而不是经人民检察院"批准"。对这一规定不少同志持有异议。如有的认为,修改后的刑诉法第93条规定,"有关机关应当在十日以内将处理情况通知人民检察院"。但该条文没有规定监督对象的具体义务以及不履行义务时应承担的法律后果,使得检察机关的监督缺乏法律刚性保障。有的同志认为,由于"通知"并不等同于"经过审查批准",新的捕后羁押必要性审查制度如何兼顾对"不应当继续羁押而继续羁押"和对"应当继续羁押而不继续羁押"的双重监督,不妥善处理这一矛盾,有可能造成该制度在实质上被剥离检察机关的监督视野。有的还建议,对于羁押必要性的审查,人民检察院做出决定后,应当具有法律效力,有关部门必须执行。有的认为,未来刑诉法修改时,有必要在侦查阶段的羁押必要性审查制度中赋予检察机关解除羁押的实体决定权,能够充分体现检察机关对侦查活动的司法控制,以达到保障人权的目的。笔者认为,上述异议意见值得商榷。

多年来,在探讨如何完善检察机关法律监督手段时,一些同志认为,"检察机关没有处罚

① 徐隽:《新刑事诉讼法实施一年来,看守所的变化有多大》,《人民日报》2014年3月19日第18版。

权是现行法律监督制度立法的结构性缺陷”之一。[①] 为了强化检察监督，应赋予检察机关直接处分权、惩戒权。笔者不同意这种观点。检察权的主要特征之一，是监督权与处分权的分离。法律监督权在本质上不是一种实体处分的权力。特别是在刑事审判中，如何处理好制约与监督的关系一直困扰着理论界和实务部门。作为国家法律监督机关，检察机关要保持一种中立、客观的状态，这样才能对违法行为进行及时、有效的纠正；作为国家的专属公诉机关，检察机关要扮演一个积极追诉者的角色。这就如同足球比赛，检察官既是裁判员又是运动员，无法确保结果公正。正是基于这种矛盾，有的学者主张：“重塑我国刑事诉讼结构，应当充分体现公诉权与监督权的这种非兼容性，使检察机关的法律监督权最终从刑事诉讼结构中彻底分离出去。”[②]笔者也赞同逐渐淡化检察机关的审判监督职能。[③] 法律监督权在本质上不是一种实体处分的权力。

加强对司法权的监督制约，完善刑事诉讼中的检察监督措施，成为2012年刑诉法的一大亮点。但监督权不意味着检察机关可以包办代替有关机关行使权力。一旦赋予检察机关直接决定或处罚权，那么“监督者如何受监督”的难题会更加突出。所以，在羁押必要性审查中，对于不需要继续羁押的，立法机关只赋予检察机关“建议”有关机关予以释放或者变更强制措施的权力，这充分体现了立法机关将羁押必要性审查作为检察监督措施的特点。规定为“建议”而非强制性要求，主要是从监督角度考虑的。人民检察院在审查中发现被羁押人没有必要继续羁押的，提出建议，由有关机关就羁押必要性进行全面审查，既考虑了监督的性质、特点，不代替其他有关机关做决定，又体现了对于解除、变更措施的慎重。再说，刑诉法第93条设置的是诉讼监督型羁押必要性审查制度，这一规定与以刑诉法第94条、第95条为依据的诉讼职能型羁押必要性审查不同，二者最本质的区别体现在：因为性质的不同而导致的处理结果各异。诉讼监督型羁押必要性审查，检察机关作为审查的主体对公安机关和人民法院只有“予以释放或者变更强制措施”的建议权，因此，不具有强制执行效力；而诉讼职能型羁押必要性审查，变更或者撤销逮捕措施是公安司法机关的责任，公安司法机关具有确定性和执行力。

有的同志认为，检察机关如果认为没有继续羁押必要，则应当向正在办理案件的机关或者部门发出检察建议，建议释放或者变更强制措施；如果建议不被接受，必要时检察机关可以撤销原逮捕决定，通知办案机关执行。也有的认为，检察机关经过审查认为继续羁押必要而提出建议的，办案单位是否采纳，完全由办案单位自行决定。笔者认为上述做法不符合立法精神。如果有关机关不接受检察机关释放或者变更强制措施的建议，处理情况又不符合法律规定的，检察机关可以向其发出《纠正违法通知书》，督促有关机关自行纠正违法行为，而不是撤销原逮捕决定或任由办案单位自行决定。

尽管人民检察院只是提出“建议”，而不是强制性地决定。但检察机关的建议仍然是具有法律效力的监督意见，有关机关不能自由裁量，“可听可不听”。而必须对建议意见及所根据的事实、证据等进行研究和考虑，对羁押必要性进行再审查，并及时做出正确的决定。为了加强检察建议的效力，2012年刑诉法第93条还明确了通知的时限，即有关机关应当在“十

---

① 李桂茂、邹建章、张国吉：《我国法律监督制度的改革与完善》，《中国社会科学》1997年第2期。

② 郝银钟：《刑事公诉权原理》，人民法院出版社2004年版，第180页。

③ 张兆松：《论检察机关刑事审判监督角色的转换》，《学习与探索》2011年第6期。

日”以内将处理情况通知人民检察院，从而使检察机关的监督措施更具有可操作性。《检察规则》第621条规定：“人民检察院向有关办案机关提出对犯罪嫌疑人、被告人予以释放或者变更强制措施的建议的，应当要求有关办案机关在十日以内将处理情况通知本院。有关办案机关没有采纳人民检察院建议的，应当要求其说明理由和依据。”《羁押规定》规定第22条规定：“人民检察院应当跟踪办案机关对释放或者变更强制措施建议的处理情况。办案机关未在十日以内回复处理情况的，可以报经检察长或者分管副检察长批准，以本院名义向其发出《纠正违法通知书》，要求其及时回复。”可见最高检已注意到检察建议的执行问题，并提供了解决的办法。

第三节　羁押必要性审查制度存在的问题

一、羁押必要性审查案件数量少，效果不明显

羁押必要性审查制度自2013年正式实施以来，全国检察机关进行羁押必要性审查的案件数量过少，没有达到立法者预期的效果。如全国经羁押必要性审查后变更案件的数量，不足4%（见表4-1）。地方各级检察院情况大体相同。如2013—2015年期间，浙江省Q市检察机关不论是羁押必要性审查人数，还是审查后的变更数都不高（见表4-2）。2012—2015年，浙江省慈溪市检察院批准逮捕8977人，经羁押必要性审查提出建议36件36人，释放或变更强制措施只有20件20人，变更率只有0.2%。有的地方基本没有开展羁押必要性审查工作。同时羁押必要性审查在治理超期羁押中也没有发挥作用。如2013年全国检察机关监督纠正超期羁押432人次，这与2008年至2012年的年均379人次相比，不减反增；而检察机关内部统计数据显示，2014年上半年，全国检察机关发现超期羁押近200人次，其中新发生的超期羁押占到其中的近90%，有近三分之二的省份发生了超期羁押。这些都同样证明了羁押必要性审查制度实施以来，我国超期羁押的问题并没有得到有效解决。

表4-1　全国检察机关2013—2015年羁押必要性审查情况

年份	批准逮捕各类犯罪嫌疑人/人	提出释放或者变更强制措施的建议/人	同期逮捕总人数占比/%
2013年	879817	23894	2.7
2014年	879615	33495	3.8
2015年	873148	29211	3.3

表4-2　浙江省Q市检察机关2013—2015年羁押必要性审查情况

年份	批捕人数/人	羁押必要性审查人数/人	提出变更羁押措施人数/人	变更人数占同期逮捕总人数的比例/%
2013年	1742	10	4	0.2
2014年	1789	65	57	3.2
2015年	1728	58	49	2.8

二、羁押必要性审查质量有待提高

目前，羁押必要性审查不仅数量偏少，而且质量也有待提高。如上海市检察机关经羁押必要性审查后认为需要继续羁押的522人中，截至2014年5月，已有处理结果的320人，其中被法院判处3年以下有期徒刑并适用缓刑以及拘役、管制、免予刑事处罚的204人，达63.8%，存在"该放未放"的情况。另外，羁押必要性审查后，检察机关只能提出"建议"变更的意见，如果建议本身质量不高，公安机关、法院采纳的可能性就小。如2013年上海市检察机关建议公安机关、法院释放或变更强制措施的犯罪嫌疑人、被告人共238人，其中意见未被采纳的36人，未回复的15人，占建议人数总数的21.4%，这其中肯定有"建议"质量不高的问题。

三、审查主体的合理性有待探索

羁押必要性审查是检察机关的权力而不是检察院内部某个部门的权力。羁押必要性审查主体由原来的分段审查改为由刑事执行检察部门统一审查。但这是否是最佳选择尚需研究。将羁押必要性审查的任务交给原本对案情毫不熟悉的刑事执行检察部门去行使，其最大的弊端就是因信息掌握的不全面，无法准确了解情况，导致监督无效，仅仅凭犯罪嫌疑人、被告人在看守所的良好表现是难以做出变更强制措施决定的。刑事执行检察部门如果要承担起羁押必要性审查重任，其前提必须是办案人员熟悉案情，全面审阅案卷材料，讯问犯罪嫌疑人，调查了解相关情况，而这些工作的完成都需要人力、物力和时间来保障。2012年刑诉法实施后，刑事执行检察部门的任务已十分繁重。在这种情况下，要让刑事执行检察部门也像侦查监督、公诉部门一样全面审阅案卷材料是难以做到的。

四、羁押必要性审查考核机制不合理

在当前的考核体系下，公安机关拘留后的逮捕率，逮捕后的起诉率、有罪判决率是衡量公安机关、检察机关工作业绩的重要指标。公安机关以批捕人数作为考核目标，其结果就是加强打击力度，追求"构罪即捕、一捕到底"。就检察机关来说，追捕率、捕后起诉率、诉后有罪判决率是考核检察机关工作人员业绩的重要指标，一旦改变在押人员的羁押状态，做出的不捕、不诉决定，就会影响原做出逮捕决定的侦查监督部门的绩效考核。根据这种考核体系，"一捕到底"是保证起诉率、有罪判决率最稳妥的办法。捕后对犯罪嫌疑人予以释放或者变更强制措施易遭打击不力的质疑和有人情因素介入的嫌疑。同时我国当下的非羁押强制措施对于诉讼的保障乏力也无形中增加了办案人员的执法风险。[①] 对犯罪嫌疑人、被告人变更强制措施后，难以绝对保证犯罪嫌疑人、被告人不出现外逃、自杀或再次危害社会的风险，一旦出现这种情况，办案人员面临极大的责任风险。"对够罪的犯罪嫌疑人一捕了之是最为安全的办法"，这种想法导致审查人员对羁押必要性审查工作缺乏动力，也成为阻碍羁押必要性审查制度实施的重要原因。

---

① 张云鹏：《捕后羁押必要性审查制度的完善路径》，《法学》2015年第1期。

第四节 羁押必要性审查制度的完善

立法机关认为,“在犯罪嫌疑人、被告人被逮捕后,由人民检察院继续对羁押的必要性进行审查,是本次修改刑事诉讼法新设置的制度。因此,法律的规定相对比较原则,没有对诸如以何种形式进行审查、审查间隔多长时间等具体的操作性问题做出细致的规定,尚需由人民检察院和有关司法机关在实践中按照刑事诉讼法的规定,进一步总结经验,不断完善”。[①]鉴此,笔者提出以下建议。

一、进一步提高对羁押必要性审查重要性的认识

建立和完善羁押必要性审查制度,旨在保障犯罪嫌疑人、被告人的合法权益,降低羁押率,缓解看守所的羁押压力,节约司法成本,有效地防止超期羁押和“一押到底”的现象。各级检察机关和全体检察人员要深刻领会立法精神,牢固树立正确执法理念,恪守检察官客观公正职责,正确处理打击犯罪与保障人权、程序公正和实体公正、支持配合与监督制约等关系。同时,要清醒地认识到保障刑事诉讼顺利进行和保障人权具有一定的冲突,检察机关必须要把人权保障放在重要的位置上。

二、扩大羁押必要性审查的对象

有的同志认为,捕后羁押必要性审查对象应为轻微刑事案件犯罪嫌疑人,主要是主观恶性小、犯罪情节轻微、初犯、偶犯、过失犯罪、未成年人犯罪,且有自首、认罪态度好等法定、酌定从轻情节,同时可能判处五年以下有期徒刑,具有取保候审或监视居住条件,对其改变强制措施也不至再危害社会的犯罪嫌疑人、被告人。这种观点在实践中比较普遍,《羁押规定》也对羁押必要性审查对象做了比较多的限制,直接影响到羁押必要性审查的启动和认定。笔者认为,不论是依据职权主动启动还是依据申请启动,原则上都不应受羁押对象的限制,程序启动之后,经过审查不符合羁押必要性的都应当建议变更强制措施。

三、建立健全羁押必要性审查配套工作机制

检察机关羁押必要性审查,对外涉及和公安机关、法院的关系,对内涉及侦监、公诉、案管和刑事执行检察部门之间的关系。要充分发挥羁押必要性审查制度的作用,实现其功能价值,必须建立健全羁押必要性审查配套工作机制。一是建立内部联动机制。本院案件管理部门、侦查部门、侦查监督部门、公诉部门建立协调配合机制,构建信息共享平台,就批捕案件的有关材料及捕后出现影响定罪量刑情节的有关证据材料进行备案,方便刑事执行检察部门在第一时间了解有关案件事实、证据情况。二是建立外部联动机制。公检法相关部门通过会签文件的形式,对各自职责、审查流程、审查标准等予以明确,为羁押必要性审查提供具体的制度依据。

---

① 郎胜:《中华人民共和国刑事诉讼法释义》,法律出版社 2014 年版,第 222 页。

四、建立以侦监部门为主，其他部门配合的审查主体格局

如前所述，审查起诉阶段的羁押必要性审查不是2012年刑诉法第93条所规定的内容，第93条所规定的羁押必要性审查只涉及侦查阶段和审判阶段。我们所要解决的是侦查阶段和审判阶段的羁押必要性审查应由何内设部门承担的问题。笔者主张，应由侦查监督部门统一行使羁押必要性审查权力。理由是：

第一，由侦监部门审查有利于发挥专业优势。侦监部门承担对犯罪嫌疑人审查逮捕的职责，对案件情况和犯罪嫌疑人是否符合逮捕条件，以及逮捕必要性掌握得比较全面，而羁押必要性条件与逮捕必要性条件并无太大差异，由其对捕后继续羁押必要性进行审查，可以充分利用此前办案工作信息基础，最大化地节约办案人力和时间，有利于提高审查工作的质量和效率。一个完整意义上的法律监督过程，包括监督信息的获取（以审查是否存在违法行为）、提出检察建议或启动纠错程序和制裁（包括违法者被追究了相应的责任）。监督的前提是要求对被监督的事项有充分了解，要求监督者对被监督者办理案件情况充分知情。单独设立的诉讼监督部门没有参与诉讼，无法全面了解案件情况，从而导致无从监督。诉讼监督职能只有由参与诉讼的机关承担，才能节约司法资源，增强监督效果。羁押必要性审查是2012年刑诉法增设的诉讼监督方式。而羁押必要性审查由侦查监督部门负责，能够充分满足监督的要求。在侦查阶段，审查逮捕、侦查监督及延长羁押期限的办理等都是由侦查监督部门负责的。对已经逮捕的案件，由于办案人员原先审查过案件，对案情、证据及犯罪嫌疑人个人情况都有所了解，在进行羁押必要性审查时，只要重点审查案情、证据是否发生了变化，犯罪嫌疑人的社会危险性是否还存在，等等。这就意味着侦查监督部门只要对新增证据材料进行审查即可完成羁押必要性的判断。

第二，有利于提高审查实效。侦监部门负有延长侦查羁押期限的审批权，归口侦监部门统一审查，更有助于发挥其职能优势，实现羁押必要性审查与延长羁押期限审查的有效衔接，有利于增强羁押必要性审查工作的效力。有的学者之所以反对由侦查监督部门统一行使羁押必要性审查权力，理由在于“检察机关的侦监部门是一个独立于办案部门的对批准逮捕进行审查的部门，但其客观中立性只是在审查逮捕这个阶段具备，当逮捕决定做出以后，这个客观中立性就不存在”，而监所检察部门只负责大墙内的人权保护和监管秩序，不参与诉讼活动，没有部门利益冲突。这一观点有一定的合理性，但失之偏颇。鉴于检察机关在刑事诉讼中同时行使诉讼职权和诉讼监督职权存在的弊端，理论界不少同志主张将两权分离，设立独立的诉讼监督部门，或在检察机关内部，将现有的监所检察部门改造为一个统一的刑事诉讼监督部门，并相应调整各业务部门的职能配置，使刑事诉讼监督与控诉职能适度分离。个别地方也曾出现两权分离的尝试。但这些主张之所以不具有可操作性，难以在实践中推广，最大的原因是诉讼监督部门的知情权难以保证。有的学者担心，由侦查监督部门负责羁押必要性审查，会因导致自身利益受损而缺乏动力。实际上这种担心是不必要的。一方面，通过羁押必要性审查后变更强制措施的，不是对原逮捕决定的否定，不存在原侦监部门办错案的问题。另一方面，即使存在这种现象，也可以通过转变执法观念，完善羁押必要性审查启动程序（如刑事执行检察部门提出变更羁押措施建议的，侦查监督部门必须启动羁押必要性审查程序），加强犯罪嫌疑人、被告人权利保障，科学设定逮捕质量考核机制等途径

来保障羁押必要性审查制度落到实处。

不仅如此，审判阶段的羁押必要性审查也宜由侦查监督部门行使。在审查起诉阶段，公诉部门根据2012年刑诉法第94条、第95条规定，在审查起诉的同时也进行了羁押必要性审查。案件到了审判阶段，仍由公诉部门继续进行羁押必要性审查，利弊共存：利在于办案人员熟悉案情，有助于提高审查效率；弊在于公诉部门强烈的追诉心理难以在审查中保持客观中立的立场，从而直接影响审查效果。如果由侦查监督部门进行审查，既因侦监部门的审查人员熟悉案情可以保障审查效率，又因为其不是公诉人员而能保持客观中立性，同时在一定程度上还可以弥补审查起诉阶段因公诉部门羁押必要性审查不到位所带来的不良后果。

五、大力推进羁押必要性审查的诉讼化

目前，羁押必要性审查有公开听证和听取意见两种方式。实践中，通过公开听证方式审查的案件太少了。如2013年和2014年，浙江省检察机关共审查1781件案件，只有4件案件采取公开听证方式审查，其中侦查监督部门2件，监所检察部门2件。从目前实践看，听证式审查模式的实现有一定的难度。但在实践中尝试探索建立羁押必要性公开听证程序必然是未来审查的基本方向。在必要的情况下，羁押的主体（侦查阶段的侦查机关、审查起诉阶段的检察院、审判阶段的法院）有义务参与到该程序之中，采取听证式的审查模式，双方可以针对羁押必要性相关的理由和证据、事实进行辩论。特别是对于有重大社会影响、有争议的案件，进行羁押必要性公开审查，邀请与案件没有利害关系的人大代表、政协委员、人民监督员、特约检察员等参加，将有助于扩大民众的参与和监督，增强羁押必要性审查工作的透明度，而且多方参与能进一步增强审查意见的全面性和客观性，提高羁押必要性审查的司法公信力。如2014年上海市检察院出台《上海检察机关关于羁押必要性公开审查的工作规则（试行）》，探索引入公开审查程序，规定对于案情重大复杂或存在明显争议，以及被害人有强烈诉求的案件，必须召集办案部门，案件当事人及其辩护人、法定代理人，被害人，以及其他有关单位、人员共同到场，公开听取各方对犯罪嫌疑人、被告人是否需要继续羁押的意见和理由并对公开审查全程录音录像。目前，该项探索已经作为开展羁押必要性审查的基本方式之一，在上海全市检察机关全面推行。据统计，2014年至2015年5月，上海检察机关共对50人进行了羁押必要性公开审查，其中有29人被办案机关变更强制措施解除关押。

六、建立健全激励考评和免责机制

1.建立羁押必要性审查考核制度。改变目前考核中强调适用羁押措施的价值取向，扭转其突出羁押诉讼保障功能的做法，转为突出审前羁押的人权保障功能。各级检察机关要将开展羁押必要性审查工作的情况作为检察机关的一项重要业务考核指标和对下级检察院考评的重要内容，对于羁押必要性审查人数、提出释放或变更强制措施的建议人数和办案机关（部门）采纳建议人数等成绩突出的，予以加分或奖励，从而激发基层的办案积极性。

2.建立羁押必要性审查豁免机制。即检察人员依法办理羁押必要性审查和评估工作，只要不存在执法过错，即使犯罪嫌疑人、被告人被释放或者变更强制措施后，实施了新的犯罪或者其他妨害刑事诉讼的行为，任何部门和人员都不得以此为由对相关检察人员追究执法办案过错责任。

第五章　刑事诉讼财产保全制度

第一节　问题的缘起

在我国涉及财产刑与涉案财物的刑事司法实践中，长期以来存在两方面近乎矛盾的问题：

一方面，刑事"空判"问题严重。刑事"空判"问题，即刑事裁判中有关财产内容不能得到有效执行的问题，这是我国长期以来未能得以有效根治的一个严重问题。在财产刑方面，据《北京日报》报道，北京市海淀区法院2004—2006年判处罚金的案件1677件，罚金总额2902万元，实际执行15万元，约占罚金总额的0.52%。[①] 在刑事附带民事赔偿方面，民建广东省委会调查数据显示，广州市两级法院在2004—2006年共收附带民事赔偿执行案件1710件，结案1426件，其中自动履行60件，和解23件，强制执行105件，实际执行完毕的案件仅为13%，绝大部分案件以中止或终结方式结案，即使在实际执行案件中还有部分案件的被害人并未得到全额赔偿。[②] 在最近几年，这种局面仍然未有改观。据调查，广东法院2011年财产刑执行标的到位率平均约30%，有的法院不到10%，远低于民事执行标的到位率，后者为55.26%；[③]江苏省泰州市一个基层法院在2011—2012年共做出231份财产刑生效判决，除判处缓刑案件的146人外，剩余服刑人员有80%的财产刑未能执行到位，有85名服刑人员的财产刑甚至根本未进入执行程序。[④] 附带民事赔偿方面亦是如此。[⑤] 为解决刑事"空判"问题，很多地方法院纷纷出台强化财产刑、附带民事赔偿执行与涉案财物追缴、没收的"土办法"。如有的法院对被告人的财产实行庭前查控措施，要求被告人在庭前申报财产，并根据情况进行查封、扣押、冻结等；有的法院则要求被告人在庭前预交罚金或提供可供执行的财产；还有的法院则将被告人是否执行财产刑作为其是否"认罪服法，确有悔改表现"的考核内容，将财产刑执行情况与能否减刑、假释挂钩，促使被告人主动履行财产刑。刑事"空判"问题引起了最高司法机关的高度关注。据《法制日报》报道，为解决刑事"空判"问题，最高人民法院在2010年出台《关于财产刑执行问题的若干规定》以规范和强化财产刑执行后，又在2012年专门设立财产刑执行室，并开展调研，形成《关于财产刑执行情况的报告》；有关负责人还提出，对可能判处财产刑的案件，在庭审过程中要调查被告人财产状况以及是否有法定

① 梅贤明、何晓慧等：《财产刑缘何遭遇"执行难"》，《人民法院报》2007年3月17日，第3版。

② 《广东八成受害者无法获赔偿 建议设专项救助基金》，新浪网，http://news.sina.com.cn/c/2007-02-07/091311185772s.shtml，2013年9月6日访问。

③ 许佩华、李昙静：《侦查机关引入财产刑执行主体结构的法理思考》，《人民法院报》2012年10月17日，第8版。

④ 葛东升、高键：《谨防刑事财产刑执行"打白条"》，《检察日报》2013年8月16日，第3版。

⑤ 周超：《刑附民案件缘何执行难》，《江苏经济报》2016年1月13日，第B03版。

减免情形；判处追缴违法所得的，要明确赃款、赃物，可探索由侦查机关继续追缴违法所得的方式；判处罚金刑要考虑被告人的实际履行能力；被告人无财产可供执行的，一般不要判处罚金刑。① 在学界，针对刑事“空判”问题，学者们也献计献策。有人提出，可通过将侦查机关作为执行机关，强化其财产判决执行意识来解决执行难问题；②还有人提出，为保障罚金刑的执行，应当建立罚金刑执行财产保障机制，将罚金的缴纳作为鉴别确有悔改的表现，社区矫正机构应当将罚金执行作为监督考察的重要内容，检察机关全程实施法律监督，在银行设立全国联网的国家罚金专用账户，以便随时可执行罚金刑。③

另一方面，由于保管不善、保管条件差等原因，公安司法机关查封、扣押的涉案财物贬值、丢失现象严重。据报道，在2016年年初，四川省成都市温江区公安分局的涉案财物集中管理中心由于涉案财物缺乏妥当保管措施，所扣押涉案财物严重贬值，只好将其以极低价格出卖，宝马7系汽车也只能按50元一吨废铁价格出卖。④为解决此类问题，公安司法机关一方面是对那些易损毁、灭失、变质、贬值以及其他不宜长期保存的物品、有价证券，在判决前予以拍卖、变卖，以保存价值；另一方面是建立涉案财物保管中心，探索网上办案工作平台，集中保管涉案财物，并对涉案财物的信息采集、移交、接收、提取、处理、监督过程进行信息化管理，避免出现涉案财物丢失现象。2014年中共十八届四中全会通过的《中共中央关于全面推进依法治国若干重大问题的决定》提出了规范处理涉案财物司法程序的要求。2015年3月中共中央办公厅、国务院办公厅根据该要求，发布《关于进一步规范刑事诉讼涉案财物处置工作的意见》，对涉案财物处理提出一些具体要求。在这些具体要求中，有些实际是对上述实践做法给予了肯定，认为对易损毁、灭失、变质等不宜长期保存的物品，易贬值的汽车、船艇等物品，或者市场价格波动大的债券、股票、基金份额等财产，有效期即将届满的汇票、本票、支票等，经权利人同意或者申请，并经有关机关主要负责人批准，可依法出售、变现或者先行变卖、拍卖，同时应当探索建立跨部门的地方涉案财物集中管理信息平台。此后，各地跨部门的涉案财物管理中心纷纷建立，以信息化集中管理涉案财物。

虽然导致刑事“空判”的原因很多，有的是被执行对象本来就贫穷而无能力执行，有的是执行机构怠于执行，导致被执行财产灭失，但从司法实践来看，更多的是因为被执行对象及其家属在审判前甚至立案之前就隐匿或转移财产，导致无财产可供执行。从这一点来看，上述强化刑事裁判财产内容执行的审前查控措施具有一定合理性，而其他措施与建议则很难经得起各种质疑：就要求被告人庭前预交罚金、提供可供执行的财产与将被告人是否执行财产刑作为能否减刑、假释的考核因素而言，既面临合法性问题，也面临正当性问题；就以被告人的实际履行能力决定是否判处财产刑而言，则存在法律适用平等的问题。即使审前查控措施也存在很多问题，很难能从根本上解决刑事“空判”问题。因为所谓的查控措施，从一些司法实践的做法来看，就是对被追诉人的财产或有关涉案财产进行调查，然后予以查封、扣押、冻结。这实际是强化对物的强制措施。为此，如果将无证据意义的涉案财物以及可作为

---

① 袁定波、郭文青：《最高法：量能而判避免“天价罚金”》，《法制日报》2012年9月28日，第5版。

② 许佩华、李昙静：《侦查机关引入财产刑执行主体结构的法理思考》，《人民法院报》2012年10月17日，第8版。

③ 董坡、董瑞兴：《建立四项机制 破解罚金刑执行难》，《检察日报》2012年2月5日，第3版。

④ 刘宏顺、钟振宇：《50元一吨！宝马7系为何沦为废铁？》，四川日报数字版：http://cbgc.scol.com.cnrdxw 201602/t20160218_23890.html，2016年3月4日。

财产裁判执行对象的财物作为审前查控的范围，无疑存在合法性问题。因为根据我国刑事诉讼法以及有关司法解释，只有附带民事诉讼案件可在审前程序针对合法财物采取财产保全措施，其他案件不是只能针对具有证据意义的涉案财物采取证据保全措施，就是只有法院在审判阶段才可采取财产保全措施；如果查控范围只限于具有证据意义的涉案财物，这种查控措施对解决刑事“空判”问题又没有多大意义。

涉案财物的集中保管与管理信息化，只能在一定程度上解决涉案财物丢失与截留等问题，对于涉案财物因为时间推移与保管场地原因而出现的贬值问题，则无能为力。判决前的涉案财物拍卖、变现或出售，虽然可在一定程度解决涉案财物的贬值问题，但在增加诉讼成本的同时，还可能为滋生腐败提供一种机会，引发有关当事人的不满。如浙江东阳吴英集资诈骗案，东阳市公安机关在判决前对吴英名下财产拍卖的过程就备受质疑。

从上述两个问题的形成原因来看，关键原因均在于刑事诉讼法缺乏健全的刑事诉讼财产保全制度，司法实践则以证据保全代替财产保全。在保全对象方面，由于只能针对具有证据意义的“与案件有关”的物品采取保全措施，大量不具有证据意义但可用于执行财产裁判的财物不能采取保全措施，裁判生效后可用于执行的财物有限，刑事“空判”问题自然难免；在保全手段方面，由于只能使用旨在控制财物本身的查封、扣押等证据保全措施，不能使用仅仅保全财物价值的其他替代措施，案件涉案财物越多，查封、扣押越多，一旦出现诉讼迟延问题，涉案财物贬值、损毁的问题也就不可避免地发生。

因此可以说，解决上述两个问题的关键在于建立健全的刑事诉讼财产保全制度。但遗憾的是，目前刑事诉讼学界对此缺乏充分认识，有关证据保全制度的研究很多，而有关财产保全制度的专门论述则很少。有些学者虽然认识到建立刑事诉讼财产保全制度的重要性，却未有深入论述。为引起学界对刑事诉讼财产保全制度的关注，从根本上解决刑事“空判”问题与涉案财物保管问题，保障相关人员的合法财产权益，降低诉讼成本，本部分先对建立健全的刑事诉讼财产保全制度的必要性进行分析，然后对建立该制度的若干基本问题进行简要分析。

第二节　刑事诉讼财产保全制度的必要性

为什么要建立健全的刑事诉讼财产保全制度，其必要性来源于两个方面：一是刑事财产裁判的执行需要有相应的保全制度加以保障；二是以证据保全代替财产保全存在难以克服的缺陷，不能有效保障刑事财产裁判的可执行性。第一个方面比较容易理解，刑事诉讼从立案到执行往往周期比较长，短则二、三个月，长则一、二年，而且被追诉人以及其他承担刑事财产裁判履行义务的人，均有一种趋利避害的人性本能，很有可能会采取各种措施转移、隐匿、处分或损毁可用来履行裁判的财产，如果不在裁判执行之前采取合理措施保全相关财产，这些人就会有充分时间采用各种措施规避刑事财产裁判的执行，损害刑事财产裁判的可执行性。因此，在此只对第二个方面进行分析。

一、以证据保全代替财产保全的现状

从我国刑事诉讼法与司法解释以及其他规范性文件来看，有关财产保全的规定极少，而

且有相当大部分是近两三年才做出的规定。

在刑事诉讼法层面，一是《刑事诉讼法》第 100 条规定，在附带民事诉讼中，法院在必要的时候，可以采取保全措施查封、扣押或者冻结被告人的财产，附带民事诉讼原告人或者检察机关可以申请法院采取保全措施，法院采取保全措施，适用民事诉讼法的有关规定；二是《刑事诉讼法》第 280 条规定，在犯罪嫌疑人、被告人逃匿、死亡案件的违法所得没收程序（以下简称"违法所得没收程序"）中，法院在必要的时候可以查封、扣押、冻结申请没收的财产。

在司法解释及其他规范性文件层面，主要有以下几方面的规定：一是在违法所得没收程序中，公、检、法三机关均可以对违法所得及其他涉案财产进行查封、扣押、查询、冻结。有关这方面的规定有最高人民法院、最高人民检察院、公安部、国家安全部、司法部、全国人大常委会法制工作委员会《关于实施刑事诉讼法若干问题的规定》（以下简称"六部委《规定》"）第 38 条、公安部《公安机关办理刑事案件程序规定》（以下简称"公安部《规定》"）第 328 条、最高人民检察院《人民检察院刑事诉讼规则（试行）》（以下简称"最高人民检察院《规则》"）第 533 条、最高人民法院《关于适用〈中华人民共和国刑事诉讼法〉的解释》（以下简称"最高人民法院《解释》"）第 511 条第 2 款。二是根据最高人民法院 2014 年《关于刑事裁判涉财产部分执行的若干规定》（以下简称"最高人民法院《若干规定》"）第 4 条规定，法院在刑事审判可能判处被告人财产刑、责令退赔的，法院应当依法对被告人的财产状况进行调查，发现可能隐匿、转移财产的，应当及时查封、扣押、冻结其相应财产。三是根据最高人民法院《解释》第 285 条，为保证判决的执行，法院可先行查封、扣押、冻结被告单位的财产，或者由被告单位提出担保。这些规定，虽然大多没有明确为财产保全措施，但均是出于保障刑事财产裁判的执行，而非保全证据，其属于一种财产保全措施，应当没有疑义。

从上述规定来看，刑事诉讼法明确规定可采取财产保全措施的实际只有附带民事诉讼案件与违法所得没收案件，而且只有法院才有权采取财产保全措施，公安机关与检察机关无权采取此类措施。"两高"司法解释与公安部《规定》虽然扩大了财产保全主体与可采取财产保全情形的范围，赋予公安机关、检察机关在违法所得没收案件的侦查、起诉阶段有权采取一定的财产保全措施，检察机关在需要追缴、没收赃款的案件中有权采取财产保全措施，法院在所有案件中均有权采取财产保全措施，但总体而言，仍然有相当多情形不能采取财产保全措施。如占刑事案件绝大部分的公安机关立案侦查案件，除非属于违法所得没收案件，根据上述规定，在侦查、起诉阶段，不仅公安机关、检察机关无权采取财产保全措施，法院也不能采取财产保全措施。而且，"两高"司法解释与公安部的规范性文件扩大财产保全主体与财产保全适用范围，还存在自我授权的嫌疑，很难经受合法性考验。因为财产保全不可避免地会限制财产权的行使，根据程序法定原则，只能由法律加以规定。因此可以说，目前可适用于绝大部分普通刑事诉讼案件的"合法的"刑事诉讼财产保全规定几乎没有，刑事诉讼法几乎没有建立刑事诉讼财产保全制度。

对犯罪分子违法所得与供犯罪所用的本人财物应当予以追缴、没收，对犯罪分子可依法判处财产刑，被害人及其他人员可就犯罪行为造成的物质损失提起附带民事诉讼等，自 1979 年以来，刑法与刑事诉讼法就已有明确规定，为何刑事诉讼法直到现在还几乎没有刑事诉讼财产保全制度呢？

究其原因，除部分在于我国刑事司法长期以来重刑事责任追究，而轻涉案财物的追缴、没收;重自由刑执行,轻财产刑执行外,更重要的原因在于我国刑事诉讼法规定的证据保全措施实际具有一种财产保全功能,公安司法机关可借证据保全之名,行财产保全之实。一方面,涉案财物本身的多重功能为以证据保全代替财产保全提供了一种可能性。在相当多的情况下,涉案财物不是作为犯罪工具出现,就是作为犯罪结果出现,因而实际也是证明被追诉人是否有罪的重要证据。对这些财物进行扣押、冻结,除具有证据保全功能外,在客观上还具有一种财产保全功能。正因为如此,公安司法机关虽有没收违法所得与犯罪工具、保障财产刑执行等压力,却没有区分证据保全与财产保全,进而建立财产保全制度的动力,而是将证据保全措施作为财产保全措施使用。另一方面,刑事诉讼法有关规定的模糊性,也为公安司法机关在司法实践中以证据保全代替财产保全提供了方便。对于哪些财产可以查封、扣押或冻结,不管是 1996 年《刑事诉讼法》第 114 条、第 117 条,还是 2012 年《刑事诉讼法》第 139 条、第 142 条,均规定:查封、扣押对象是可用于证明被追诉人有罪或者无罪的各种财物、文件,“与案件无关的财物、文件”,不得查封、扣押;“根据侦查犯罪的需要”,可以依照规定查询、冻结被追诉人的存款、汇款等财产。从体系解释的角度来看,由于这些条文均是作为“扣押物证、书证”或“查封、扣押物证、书证”的内容加以规定,所谓“与案件无关”应当是指不具有证据意义,而“根据侦查犯罪需要”应当是指出于搜集证据的需要,即对于那些不具有证据意义的财物、汇款等,不得查封、扣押或冻结。但由于刑事诉讼法对此缺乏明确限制,导致在司法实践中不管财物是否具有证据意义,只要与案件存在一定联系,如将违法所得进行投资所得的收益,即使投资行为属于合法行为,均予以查封、扣押或冻结。如最高人民检察院 2015 年《人民检察院刑事诉讼涉案财物管理规定》(以下简称“最高人民检察院《工作规定》”)第 3 条就明确规定,违禁品和供犯罪所用的财物,应当予以查封、扣押、冻结,并依法处理,而不管其是否具有证据意义。在司法实践中之所以会出现很多论者所批评的任意扩大扣押范围的现象,与此不无关系。

二、以证据保全代替财产保全的缺陷与风险

从社会功能主义理论来看,任何制度均在于实现特定功能,具有可替代性。在刑事司法中,刑事诉讼财产保全制度的功能在于保障刑事财产裁判的可执行性。从理论上看,通过其他制度实现这种功能也是可能的。在缺乏刑事诉讼财产保全制度的情形下,公安司法机关企图通过最具有类似性的证据保全制度来保障刑事财产裁判具有可执行性,也是可理解的,而且也可能是已有制度框架下的最佳选择。但是,财产保全不同于证据保全:证据保全在于保持证据的客观性,确保刑事判决认定的事实符合案件事实真相,因而一般以查封、扣押原物为手段,其对象限于具有证据意义的物品。而财产保全在于保持财物的价值不变性,确保刑事财产裁判得以执行,其手段不限于查封、扣押,只要可确保刑事财产裁判得以执行的手段均可以使用;对象也不限于具有证据意义的财物,只要最后可用于履行财产裁判的财物均可予以保全。由于这种差异,证据保全虽可在某些情况下达到财产保全效果,但以证据保全代替财产保全,不可避免地存在以下缺陷。

一是只能采取财物保全,不能采取行为保全。刑事诉讼财产保全,根据保全内容可分为财物保全与行为保全两种。财物保全是指直接针对有关财物采取某种措施以维持该财物的现状。如扣押、冻结涉案款物。行为保全则是要求有关人员做出某种行为或禁止做某种行

为,以保障财产裁判的可执行性。如要求被追诉人不得处理某种财物,或要求被追诉人在规定时间交出某种财物等。在刑事证据保全中,受无罪推定原则之约束,被追诉人无证明自己无罪的责任,更没有配合控诉机关证明自己有罪的责任,因而司法机关无权要求被追诉人自动交出可证明其有罪的财物。以证据保全代替财产保全,也就意味着不能对被追诉人采取行为保全措施,在被追诉人将有关涉案财物转移、隐匿时,司法机关虽可采取搜查、扣押措施,强制获取涉案财物,却不能强制其交出此类财物。这样也就不可避免地产生两个负面后果:首先是对被追诉人隐匿或转移境外的涉案财物无法进行保全,进而导致此类涉案财物无法加以追缴或没收;其次是无法阻止被追诉人及其家属在审前处理其合法财产的行为,这进而可能导致法院判决的财产刑无法执行。目前,追缴外逃赃物之所以成为难题,与我国刑事诉讼缺乏行为保全措施不无关系。

二是只能保全涉案财物,不能保全非涉案财物。证据保全只能适用于具有证据意义的物品,因而公安司法机关基于证据保全搜查、扣押、冻结财物,只可用于能证明被追诉人是否构成犯罪的财物,对于不具有证据意义的财物不能扣押、冻结。虽然公安司法机关可对是否具有证据意义作宽泛解释,从而将所有涉案财物纳入可搜查、扣押、冻结的范围,但对于被追诉人的合法财物,却不能搜查、扣押、冻结。如以证据保全代替财产保全,就可能面临如此困境:被追诉人及其他人在侦查、起诉阶段预知可能被判处财产刑而大肆处分合法财物时,侦查、起诉机关却无力阻止这种现象的发生。司法实践中出现的刑事“空判”问题,很多出于此因。

三是只能采取查封、扣押、冻结措施,不能采取提供担保方式等其他措施。涉案财物作为证据使用,多以物证、书证形式出现。物证、书证之所以对案件事实具有证明作用,在于其本身具有特定属性或内容。这意味着证据保全只能采取查封、扣押、冻结等有利于保持涉案财物特定属性或内容的保全方式。如果以证据保全代替财产保全,就可能出现此类不合理现象:某类涉案财物疑似非法所得或犯罪工具,虽然可能需要没收或追缴,但对犯罪事实证明作用不大,本可通过提供担保方式不转移占有而继续交由被追诉人及其近亲属使用,以发挥涉案财物的最大效用,但也只能采取查封、扣押措施。如疑似犯罪工具的交通工具等。

由于上述缺陷,以证据保全代替财产保全可能导致的风险,除了可导致刑事“空判”问题、导致涉案财物贬值、保管成本增加以外,还可能导致两方面的风险:一是迫使公安司法机关擅自扩大证据保全范围,引发合法性问题。如前所述,从立法目的来看,作为证据保全的查封、扣押与冻结措施,只能适用于那些具有证据意义的财物。如果未规定刑事诉讼财产保全制度,出于保障刑事财产裁判执行性的压力,公安司法机关就会不自觉扩大证据保全的范围,将不具有证据意义的涉案财物,甚至被追诉人的合法财物也纳入保全范围,从而引发证据保全的合法性问题。二是不必要地限制财产使用,降低财产效用。财物只有通过流通与使用才能充分发挥其价值,但由于证据保全一般需要查封、扣押或冻结涉案财物本身,不可避免地限制了财物的流通与使用,从而降低财产的效用。如作为涉案财物的交通工具,如果采取的是证据保全措施,那只能完全限制所有权人的使用,财产效用就难以发挥;相反,如果采取的是财产保全措施,就可采取不限制财产使用的提供担保方式进行保全,从而不影响财产的效用。

三、刑事涉案财物保全模式的选择

刑事涉案财物一方面可能是刑事没收、追缴对象，需要采取财产保全措施；另一方面它在很多情况下又是证明案件事实的证据，需要采取证据保全措施。虽然在很多情况下，财产保全措施与证据保全措施是一样的，但毕竟存在诸多不同，为此在建立刑事财产保全制度之后，对涉案财物应当以何种方式进行保全，就会面临一个选择问题。

对此问题的解决，应当取决于涉案财物的证据意义及其是否具有可替代性。从证据的角度来看，涉案财物实际可分三种：第一种是对案件事实具有不可或缺的证明作用，且必须提交原物的涉案财物。如作为犯罪工具的刀、枪、电脑等。第二种是对案件事实具有重要证明作用，但可通过拍照、录像等方式保全的涉案财物。如被追诉人以犯罪所得购买的房产、交通工具等。第三种是对案件事实证明作用很小的涉案财物，如犯罪嫌疑人、被告人存入金融机构的货币、贵重金属等。对于第一种涉案财物，由于其对案件事实发挥证明作用的是其内在特定属性，不提交原物就无法证明案件事实，为保存这种特定属性，应当以证据保全方式加以保全。对于第二种涉案财物，由于其对案件事实发挥证明作用的特定属性可通过拍照、录像等方式加以固定，可用照片、录像资料替代原物，在保全此类涉案财物时，可先以拍照、录像等证据保全方式进行保全，然后以财产保全方式对原物加以保全。对于第三种涉案财物，由于对案件事实具有证明作用的是涉案财物存入金融机构时留下的书证，对此类涉案财物只需以财产保全方式进行保全。

第三节　刑事诉讼财产保全对象

一、刑事诉讼财产保全对象的种类

刑事诉讼财产保全对象，这是指可采取保全措施的财物或行为范围。财产保全的目的在于保障刑事裁判确定的财产内容具有可执行性，由于不同国家财产刑内容与可没收、追缴的财物范围不同，刑事诉讼财产保全对象自然有所不同。从域外立法与实践来看，刑事诉讼财产保全对象一般有两种：财物与行为。

(一)可保全的财物范围

一般来说，刑事裁判涉及的财物，除了需要追缴与没收的涉案财物外，还有财产刑涉及的罚金或财物，而后者往往属于被追诉人的合法财物。正因为如此，域外不少国家的刑事诉讼财产保全对象并不限于涉案财物，还包括被追诉人的合法财物或财产性权益。如德国，其《刑事诉讼法》除了在第111b条、第111c条出于追缴、没收涉案财物而规定了可针对动产、不动产以及债权实施扣押措施外，还在第111d条出于补偿应当追缴、没收的涉案财物，以及保全罚金、诉讼费用而规定了一种假扣押措施。根据德国《刑事诉讼法》第111b条以及德国《民事诉讼法》第930条规定，这种假扣押的对象，只能是合法财产，既可是动产、不动产，也可是债权、抵押权。在美国刑事没收程序中，如果因为被告人的行为导致犯罪所得或犯罪工具灭失或不可获得时，也可没收被告人的替代性财产(substitute property)，即与涉案财物等值的被告人的其他财物或一定数额的金钱，[①]为此在采取财产财产保全措施时，虽然目前还存在一定争议，但有相当多法院认为，除可针对涉案财物采取保全措施外，也可针对替代性财产采取财产保全措施：可采取禁止令方式，[②]也可采取未决诉讼提示方式。[③]

另外，在有些国家，不仅可针对被追诉人持有的涉案财物采取保全措施，对案外第三人持有的涉案财物也可采取保全措施。如美国，根据回溯原则（the relation back doctrine），一旦犯罪发生，犯罪所得与犯罪工具等涉案财物的所有权就应当归于政府，除非基于善意所得，否则案外第三人所取得的涉案财物也可没收，因而也可对之采取财产保全措施。[④]

（二）可保全的行为种类

行为保全，也就是为了保护诉讼一方的合法权益，保证裁判的可执行性，在诉讼前或诉讼过程中责令诉讼另一方为一定行为或不为一定行为的强制措施。如要求诉讼一方不得处理争议财物。行为保全虽然指向的对象是行为，是要求诉讼一方做出一定行为，或者不做出一定行为，但很多情形下均在于维持某种财产现状，对财物具有间接的保全功能，因而也可说是财产保全的一种方式。

对这种行为保全，大陆法系国家一般称之为假处分，而英美法系国家一般称之为中间禁令。从一些国家的规定来看，行为保全对象可分为两种：一是不作为，即要求相关人员不得做出损害某些财物现状的行为。如英国《2002 年犯罪收益追缴法》第 41 条规定，在符合法定条件时，刑事法院可签发禁止令，禁止特定人员处理其获取的可执行财产（realizable property）。美国《毒品滥用防治与控制法》（*Drug Abuse Prevention and Control*）第 853 条第（e）项也规定，在刑事没收程序中，联邦法院可根据申请在审前发布限制令或禁止令（restraining order or injunction），要求被告人履行相关保证义务，或采取其他相应措施，以保证涉案财物具有可没收性。二是作为，即要求相关人员做出某种积极行为，以保证财产裁判具有可执行性。如日本《刑事诉讼法》第 99 条规定，法院可命令应予以查封物品的所有人、持有人或者保管人提交该物品。这种命令虽然最终结果可导致扣押，但就该命令而言，其保全对象并非特定财物，而是相关人员的行为。德国《刑事诉讼法》第 132 条规定，在未符合签发逮捕令条件时，为了保障刑事诉讼程序的进行，对在该法效力区域内无固定居所或住所的、有重大犯罪嫌疑的被指控人，可责令其对可能的罚金、程序费用提供适当担保，被指控人不服从责令的，可扣押他的交通工具和随身携带的其他物品。此条规定所保全的对象实际是被指控人的担保行为。美国亦有类似规定，其《毒品滥用防治与控制法》第（e）（4）项以及第（p）（3）项规定，在因被告人的行为导致需要没收或扣押的财物存放于法院管辖范围外时，法院可发布财产转回与提存令（order to repatriate and deposit），命令被告人将此财物转回管辖区内，并提存于指定账户，以便没收裁决具有可执行性。如果被告人违反此命

---

① Stefan D. Cassella. Criminal Forfeiture Procedure in 2006：A Survey of Developments in the Case Law. 42 Crim. Law Bulletin 515（Fall 2006）.

② U. S. v. Ivanchukov，405 F. Supp. 2d 708，713 n. 9 （E. D. Va. 2005）.

③ Stefan D. Cassella，Criminal Forfeiture Procedure in 2007：A Survey of Developments in the Case Law. 43 Crim. Law Bulletin 461 （2007）.

④ Stefan D. Cassella. Criminal Forfeiture Procedure in 2009：An Annual Survey of Developments in the Case Law. 45 Crim. Law Bulletin545 （Summer 2009）.

令,就会面临藐视法庭罪的制裁,并被加重刑罚。①

二、我国刑事诉讼财产保全对象的现状

(一)关于财物保全对象

从相关规定来看,我国刑事诉讼可保全的财物包括涉案财物与合法财物两种。对于涉案财物,由于其具有证据作用,刑事诉讼法与司法解释均规定,不管是侦查、审查起诉阶段,还是审判阶段,侦查机关、检察机关与法院均可对之采取保全措施。只是大部分情形是以证据保全形式出现,以单纯财产保全形式出现的只有两种情形:一是在附带民事诉讼中,法院可查封、扣押或冻结被告人的财产,附带民事诉讼原告人与检察机关也可申请法院对此类财产采取保全措施;二是在违法所得没收案件中,侦查机关、检察机关与法院可查封、扣押、冻结需要没收的财产。所谓需要没收的财产,根据最高人民法院《解释》第 509 条,它包括犯罪所得财物及其孳息,以及被告人非法持有的违禁品、供犯罪所用的本人财物,因而实际就是指涉案财物。

对于合法财物的保全,刑事诉讼法与司法解释对不同诉讼阶段的规定是不一样的。在侦查与审查起诉阶段,刑事诉讼法规定可对合法财物采取保全措施,但只限于附带民事诉讼,而司法解释未见明确规定。根据《刑事诉讼法》第 100 条,法院在附带民事诉讼中采取保全措施时,适用民事诉讼法的有关规定。而根据《民事诉讼法》第 101 条规定,在紧急情况下可采取诉前财产保全。这也就意味着,附带民事诉讼原告人与检察机关在必要的时候,可在侦查阶段或审查起诉阶段申请法院采取财产保全措施。同时,提起附带民事诉讼的目的在于赔偿因犯罪行为导致的物质损失,用于赔偿这种损失的财物只能是被告人或其他承担民事赔偿责任人的合法财产,附带民事诉讼的财产保全对象因而只能是被告人或其他承担赔偿责任人的合法财产。《刑事诉讼法》第 142 条规定,检察机关与公安机关可依照规定查询、冻结犯罪嫌疑人的存款、汇款、债券、股票、基金份额等财产。由于没有明确规定只适用于涉案财物,该规定似乎也允许将犯罪嫌疑人的合法财物作为保全对象。但从该条规定只有"根据侦查犯罪的需要"才能采取保全措施,以及刑事诉讼法第 143 条"冻结的存款、汇款、债券、股票、基金份额等财产,经查明确实与案件无关的",应当在 3 日以内解除冻结并予以退还的规定来看,该条规定的冻结措施实际仍然只是一种证据保全措施,一种针对涉案款物的保全措施,不可适用于合法财物。

在审判阶段,除《刑事诉讼法》第 100 条规定附带民事诉讼可针对合法财物采取保全措施外,最高人民法院《若干规定》第 4 条还规定了另一种可对合法财物采取保全措施的情形,即法院认为可能判处被告人财产刑、责令退赔的,如发现可能隐匿、转移财产的,应当及时查封、扣押、冻结其相应财产。根据我国刑法规定,不管是财产刑,还是责令退赔,其执行对象均是被告人的合法财产,而非犯罪所得、犯罪工具等涉案财物,因而此条规定的保全对象显然只能是被告人的合法财产。至于最高人民法院《解释》第 285 条所规定的保全措施能否适用于合法财物,则有待进一步明确。因为该条仅仅规定为保证判决的执行,可采取保全措施,但该判决是指追缴、没收涉案财物的判决,还是包括判处被告单位罚金的判决,未有明确

① Drug Abuse Prevention and Control. 21 U. S. C. Sec. 853(e)(4)、(p)(3).

规定。如是前者，显然不能针对合法财产采取保全措施；如是后者，则可针对被告单位的合法财产采取保全措施。

从以上分析可看出，我国目前的财物保全对象存在两个问题：一是除附带民事诉讼案件外，在侦查与审查起诉阶段不能针对合法财物采取保全措施。如前分析，这是导致我国刑事“空判”问题的一个重要原因。二是法院在审判阶段对被告人的合法财产采取财产保全措施，缺乏法律依据。如前所述，根据程序法定原则，涉及被告人财产权限制的措施，应通过《刑事诉讼法》授权才能采取，但目前的《刑事诉讼法》仅仅授权法院在附带民事诉讼案件中可针对被告人的合法财产采取保全措施，而未授权在其他情形中也可针对被告人的合法财产采取财产保全措施，最高人民法院《若干规定》第 4 条规定是一种自我授权规定，有违反程序法定原则的嫌疑。

(二)关于行为保全对象

我国能否针对行为采取保全措施，由于《刑事诉讼法》无明确规定，可能存在不同理解。2012 年《民事诉讼法》除完善已有财物保全措施外，还在第 100 条规定了行为保全措施，规定法院对于可能因当事人一方的行为或者其他原因，使判决难以执行或者造成当事人其他损害的案件，可根据对方当事人的申请或依职权责令其做出一定行为或者禁止其做出一定行为。根据《刑事诉讼法》第 100 条，法院在附带民事诉讼采取保全措施的，适用民事诉讼法的规定。结合这两条规定，似乎可理解为附带民事诉讼也可针对行为采取保全措施。但是，斟酌《刑事诉讼法》第 100 条的其他内容，也可能有另一种相反的理解。因为《刑事诉讼法》第 100 条明确规定法院可采取的财产保全措施只有查封、扣押与冻结措施，因而“人民法院采取保全措施，适用民事诉讼法的规定”也可理解为：法院采取查封、扣押、冻结等三种保全措施时，适用民事诉讼法规定的程序，而不是说法院在附带民事诉讼中采取保全措施时，适用民事诉讼法规定的保全措施及其程序。而查封、扣押、冻结措施的对象只可能是财物，不可能是行为。而且《刑事诉讼法》修改在前，《民事诉讼法》修改在后，立法机关在制定《刑事诉讼法》第 100 条时，不可能考虑到该条规定应当包含行为保全措施。我们认为，附带民事诉讼本质属于一种民事诉讼，其财产保全措施的适用应当根据《民事诉讼法》进行，既然《民事诉讼法》规定可针对行为采取保全措施，附带民事诉讼也应当可针对行为采取保全措施。

但是，即使将《刑事诉讼法》第 100 条规定理解为可针对行为采取保全措施，但也只限于附带民事诉讼，其他情形仍然不能采取行为保全措施，前述因不能采取行为保全措施而出现的无法追缴、没收被追诉人以及其他相关人员已转移涉案财物的问题仍然存在于刑事诉讼之中。

三、我国刑事诉讼财产保全对象的完善

(一)以刑事诉讼法扩大财物保全对象的范围

针对我国目前只有附带民事诉讼可对合法财物采取保全措施，最高人民法院有关司法解释存在违反程序法定原则嫌疑的问题，为确保财产裁判具有可执行性，应当通过刑事诉讼法明确并扩大财物保全的对象范围，将被追诉人以及其他可能承担财产赔偿责任之人的合

法财产纳入财物保全范围。[①] 具体而言，一是在刑事诉讼法中明确规定在刑事案件的侦查、审查起诉与审判阶段，除可针对涉案财物采取保全措施外，在可能需要判处财产刑时，还可针对被追诉人的合法财产采取财产保全措施。对此，有学者认为，为了财产刑的执行而在判决前对被追诉人的合法财产采取保全措施，可能有违无罪推定原则。本书认为，这种质疑是不恰当的，因为财产保全仅仅是一种程序性措施，未有实体认定效果，也未有举证责任转移的效果，如同逮捕、拘留等刑事强制措施一样，只要规定相应的适用条件，不存在违反无罪推定原则的问题。二是在刑事诉讼法中明确规定侦查、审查起诉阶段可针对被追诉人以及其他可能承担民事赔偿责任之人的合法财产采取保全措施。当然，不管是在哪种情形下针对合法财物采取保全措施，都应当遵循比例原则，根据可能判处的财产刑或承担的民事赔偿责任决定财产保全的财物范围。

（二）特定情况下将案外第三人占有财物纳入财产保全范围

对于案外第三人占有的财物能否采取财产保全措施，我国《刑事诉讼法》与司法解释均无明确规定。由于涉案财物具有证据作用，对于案外第三人占有的涉案财物，根据《刑事诉讼法》第139条，无疑可作为证据保全对象。但能否作为财产保全对象呢？本书认为，即使是案外第三人所占有的涉案财物，亦可采取财产保全措施。这是因为我国司法实践实际已部分承认犯罪所得的善意取得，如2011年最高人民法院、最高人民检察院《关于办理诈骗刑事案件具体应用法律若干问题的解释》第10条规定，他人善意取得诈骗财物的，不予追缴。而根据善意取得制度，对于案外第三人明知是涉案财物而取得的，即使已支付对价，也应当予以追缴。如上述解释第10条就明确规定，行为人已将诈骗财物用于清偿债务或者转让给他人，对方明知是诈骗财物而收取的，也应当依法追缴。既然案外第三人占有的涉案财物可予以追缴，为保障涉案财物追缴的有效性，在诉讼过程中理当对其占有的涉案财物采取财产保全措施。同理，为保障财产刑的可执行性，对于已被采取保全措施的被追诉人的合法财产，如果案外第三人明知被采取保全措施的事实，仍然通过对价获得，或者虽然非明知，但取得该财物时未支付对价的，也应当采取保全措施。

（三）将行为纳入财产保全对象范围

针对我国刑事诉讼存在行为能否作为保全对象的疑问，我国除应当在《刑事诉讼法》中明确规定可针对行为采取财产保全措施外，还应当规定行为保全不仅仅适用于附带民事诉讼部分，还可适用于刑事诉讼部分。理由在于，虽然刑事诉讼不同于民事诉讼，被追诉人一般被采取了强制措施，因而他们在诉讼过程中通过积极行为处分有证据意义的财物的可能性比较小，否则就会违反刑事诉讼法规定的取保候审或监视居住规定。但是，现有《刑事诉讼法》规定并不能禁止被追诉人以及其他相关人员处分其合法财产，也无法要求被追诉人及其他相关人员交出已被转移的财物。要想解决这些问题，只有将行为纳入保全对象范围。

由于对行为进行保全的目的在于防止相关人员做出损害刑事财产裁判可执行性的作为与不作为，而这些相关人员既可能是被追诉人，也可能是案外第三人。因此，可采取保全措施的行为，应当既包括要求被追诉人做出或不做出某种行为，也包括要求案外第三人做出或

① 其实，根据任何人不得从自己的违法行为获得利益的原则，犯罪嫌疑人、被告人将犯罪所得消耗的，应当向其追缴价值相当的财物，因而为了确保犯罪所得的追缴，也应当将犯罪嫌疑人、被告人的合法财产纳入财产保全对象范围。

不做出某种行为。由于将行为纳入财产保全对象范围后，保全对象不再限于财物，有人曾认为再称诉讼保全制度为财产保全制度不妥当，改称其为“保全制度”或“保全程序”更为恰当。本书认为，行为保全虽然是以行为作为保全对象，但在刑事诉讼中，其最终目的还是在于保障财产裁判具有可执行性，因而继续使用“财产保全制度”之概念，并无不当。

第四节　刑事诉讼财产保全措施

一、现有刑事诉讼财产保全措施种类

由于我国《刑事诉讼法》未重视财产保全制度，我国刑事诉讼财产保全措施的种类比较少。从《刑事诉讼法》与相关司法解释来看，目前使用的财产保全措施只有以下四种。

(一)扣押

扣押是刑事诉讼常用的一种保全措施，它一般是指司法机关通过提取特定财物，转移财物占有，并排除财物占有人或所有人占有、使用该特定财物的保全方式。根据最高人民法院《解释》第 359 条第 3 款，它一般适用于便于提取与保管的动产。另外，根据最高人民法院《解释》第 363 条与最高人民检察院《工作规定》第 12 条以及公安部《规定》第 230 条规定，对于易腐烂、霉变和不易保管的物品，可采取笔录、绘图、拍照、录像等方法加以保全后予以变卖处理，保存价款。

(二)查封

所谓查封，是指将有关财物予以封存，以维持其现状的一种保全方式。根据《刑事诉讼法》第 100 条、第 139 条、第 140 条以及第 280 条，查封是一种不同于扣押的保全措施，最高人民法院《解释》第 359 条也是将查封作为一种独立于扣押的保全措施。应当说，虽然查封与扣押都有排除相关人员占有与使用特定财物的效果，但两者的排除方式是不一样的。查封是通过禁止相关人员占有与使用特定财物来达到保全目的，公安司法机关一般并不直接控制特定财物，而扣押一般是通过将特定财物置于直接控制之下而达到保全目的，一般要求将特定财物转移到公安司法机关控制的场所。为此，将查封措施与扣押措施作为两种独立的措施是恰当的。

对于何种情形使用查封措施《刑事诉讼法》没有明确规定，只有最高人民法院《解释》第 359 条与最高人民检察院《工作规定》第 12 条有较为明确的规定。根据这两条规定，查封措施主要适用于不动产、车辆、船舶、航空器等大宗的、不便提取的财物；查封方式主要是扣押此类财物的权利证书，经拍照或者录像后原地封存，或者交持有人、被告人的近亲属保管，并通知有关财物登记、管理部门办理查封登记手续。

(三)冻结

根据《刑事诉讼法》第 142 条与最高人民法院《解释》第 359 条第 4 款，冻结措施主要适用于存款、汇款、债券、股票、基金份额等财物。另外，根据最高人民法院《解释》第 361 条，在审判期间，如果权利人申请出卖被扣押、冻结的债券、股票、基金份额等财物，法院经审查认为不损害国家利益、被害人利益，不影响诉讼正常进行的，以及扣押、冻结的汇票、本票、支票有效期即将届满的，可在判决、裁定生效前依法出卖，所得价款由法院保管，并及时告知当事人或者

其近亲属。最高人民检察院《规则》第 244 条与公安部《规定》第 237 条也有类似规定。

（四）提供担保

这主要是指最高人民法院《解释》第 285 条的规定。根据该规定，对于单位犯罪案件，为保证判决的执行，既可查封、扣押、冻结被告单位的财产，也可要求被告单位提出担保。

二、现有财产保全措施的主要问题

（一）财物保全措施种类不全，难以满足实践需要

财物保全旨在维持财物的价值，只要价值不变，即使财物属性或种类发生改变，也不影响保全目的的实现。而且，可保全财物种类繁多，有的易于转移、灭失或贬值；有的直接影响财物所有人或占有人的基本生活。如居住房产，由于其转移必须经过一定程序，私下转移几乎不可能；同时由于其属于人的基本生活资料，对其采取保全措施往往会影响居住人的基本生活，在采取保全措施时应当对冲突利益进行平衡。

正是由于财物保全的以上特点，不少国家建立了适用不同情形的不同财物保全措施。这些措施从影响所有人或占有人的财产权限来看，可分为完全限制财产权限的措施、不禁止使用但禁止处分的措施、仅仅限制处分权的措施等三种。如美国，其《毒品滥用防治与控制法》第 853 条就规定了三种对财产权限具有不同影响的财物保全措施：扣押（seizure）、禁止令（pretrial restraint of assets）与未决诉讼提示（*lis pendens*）。扣押是一种完全排除占有人或所有人财产权限的财产保全措施，它只适用于那些有合理理由相信，一旦被告人被定罪，拟扣押财物就会被没收，且采取禁止令措施仍不足以保证没收裁决具有可执行性的情形。禁止令是一种不剥夺财产所有人的占有权限，却禁止财产所有人转让、消耗该财产或有其他侵害没收裁决可执行性行为的暂时性措施。这种措施总体而言只禁止财产处分，未禁止财产使用。未决诉讼提示，它是指检察机关认为需要没收有关不动产时，依法申请法院将属于涉案财物且可能被未决诉讼没收的不动产之事项进行公告，并在该不动产登记处加以注明的一种保全性措施。这种未决诉讼提示不仅独立于扣押措施，[①]同时也不同于禁止令措施，它并不禁止不动产所有人使用与转让该不动产，其目的仅在于将该不动产可能被没收之事项告知他人，避免他人在案件终结前获得该不动产后又以善意不知情为由针对没收提出抗辩。[②]

在德国，虽然其《刑事诉讼法》只规定了一种财物保全措施：扣押，但根据该法第 111c 条，这种扣押实际是一种广义的扣押，它除包括我国《刑事诉讼法》所规定的扣押措施外，还包括冻结、限制处分、提供担保等保全措施，因而从影响财产权限的角度来看，也可分为完全排除权限的措施、不禁止使用但限制处分的措施以及不禁止处分的措施等三种。根据该条规定，为保全财物而扣押动产的，以将动产提取保管或用印章或其他方式加注扣押标记的方式扣押。这相当于我国的扣押与查封措施，是一种完全排除所有人或占有人权限的保全措施。为保全财物而扣押地产或已在船舶登记簿、造船登记簿或者航空飞行器质权登记簿上登记的船舶、建造中的船舶和航空飞行器的，以在地产簿或登记簿上作扣押登记的方式扣

---

① Stefan D. Cassella, Criminal Forfeiture Procedure in 2010: An Annual Survey of Developments in the Case Law. 46 Crim. Law Bulletin 898 (Fall 2010).

② U. S. v. Parrett, 530 F. 3d 422, 428-29 (6th Cir. 2008).

押。由于这种方式不限制所有人或占有人的使用，而仅仅通过权利登记方式限制其转让，有点类似于美国的禁止令与未决诉讼提示。另外，对于具有可替代性的动产，可通过立即缴纳价款后退还给当事人，或者在当事人提供担保或满足一定条件，且保留随时可撤回的条件下，让当事人暂时继续使用该动产，直至程序终结。这种保全措施实际是一种提供担保的保全措施。

在我国，根据刑事诉讼法相关规定与最高人民法院《解释》第 359 条第 3、4 款、最高人民检察院《规则》第 236 条，扣押与冻结措施均是一种完全排除了所有人或占有人的使用权与处分权的保全措施。因为根据这些规定，如果扣押的是外币、金银珠宝、文物、字画以及其他不易辨别真伪的贵重物品，应当开列清单注明特征，经拍照或者录像后当场密封；如果扣押、冻结的是存折、存单、信用卡、股票、债券等有价证券以及具有一定特征能够证明案情的现金或者实物，也是经拍照或者录像后作为实物进行封存。查封措施是否完全排除所有人或占有人的使用权与处分权，刑事诉讼法无明确规定，最高人民法院、公安部与最高人民检察院的规定存在很大差异。最高人民法院《解释》第 359 条第 2 款规定，查封不动产、车辆、船舶、航空器等财物，在扣押其权利证书，并经拍照或者录像后，可原地封存，也可交持有人、被告人的近亲属保管。公安部《规定》第 19 条规定，公安机关查封涉案车辆后，应当按照规定向涉案财物管理人员移交，由涉案财物管理人员对涉案车辆粘贴封条予以封存。根据这两个规定，对于被查封的财物，所有人或占有人不仅无处分权，亦无使用权。因为封存本身就意味着既不能处分，也不能使用。最高人民检察院《规则》则不同。根据该规则第 237 条第 2 款，对于不动产和置于该不动产上不宜移动的设施、家具和其他相关财物，以及涉案的车辆、船舶、航空器和大型机械、设备等财物进行查封时，应当在保证侦查活动正常进行的同时，尽量不影响有关当事人的正常生活和生产经营活动，必要时可将被查封的财物交持有人或者其近亲属保管，并书面告知保管人对被查封的财物应当妥善保管，不得转移、变卖、毁损、出租、抵押、赠予等。由于该条规定要求在不妨碍侦查正常进行的前提下，尽量不影响当事人的正常生活与生产经营活动，而且不禁止对查封物的自行使用，这实际意味着只要不影响侦查活动，查封措施并不禁止持有人或其近亲属的自行使用行为。

最高人民法院《解释》第 285 条规定的提供担保方式，从规定内容来看，其目的是保证对被告单位可能判处的罚金刑具有可执行性，同时不影响被告单位的正常生产经营活动，从而以提供担保方式代替本应当采取的查封、扣押或冻结措施。从这点来看，这是一种完全不同于查封、扣押或冻结措施而仅仅限制财产部分权限的财物保全措施。但很明显，该种保全方式的适用范围极其有限：一方面，它仅仅适用单位犯罪案件，而且仅仅适用于被告单位，对非单位犯罪案件以及单位犯罪案件中的自然人被告人并不适用；另一方面，由于该种保全方式仅仅是最高人民法院《解释》的规定，公安部《规定》与最高人民检察院《规则》并无相关规定，该种保全方式只能适用于审判阶段，并不适用于侦查与审查起诉阶段。

从以上分析来看，虽然有最高人民检察院《规则》第 237 条与最高人民法院《解释》第 285 条的例外规定，但总体而言，我国的财物保全措施基本上属于完全排除了财产所有人或占有人各种财产权限的保全措施，其僵化性是不言自明的，在司法实践中容易导致诸多问题：一是导致财物保全成本不必要的增加。尤其保全对象是车辆、船舶、航空器等财物时，其成本更大。二是可能侵害相关人员的合法权益。例如，如果保全的是被追诉人与其近亲属共同居住的唯一房产，如果公安司法机关完全排除占有人的使用权而采取查封方式，就会侵害被追诉人近亲属的居住权益，严重影响其正常生活。三是不利于发挥财物的经济效用。如前所述，很多财物只有在使用与流通时才能发挥其效用，如果保全措施完全排除所有人或占有人的使用权限或处分权限，该财物的经济效用也就不能得以发挥。

（二）司法解释规定的财产保全新措施合理但不合法

将“两高”、公安部有关财产保全措施的规定与刑事诉讼法进行比较，可以发现，前者已有不少地方突破了刑事诉讼法的规定：一是“两高”与公安部有关易腐烂、霉变和不易保管的扣押物品的诉讼变卖措施与有关被扣押、冻结的股票、债券、基金、权证、期货、仓单、黄金等的诉讼出售措施；二是最高人民检察院《规则》第 237 条第 2 款规定的仅扣押不动产权利证书，持有人仍然可使用不动产的保全措施；三是最高人民法院《解释》第 285 条规定的提供担保措施。根据规定前两种措施，仅仅是扣押、冻结措施或查封措施的一种变通执行方式，而非独立的财产保全措施，但它们实际对财产所有人或占有人的权限已有不同的影响，其效力已不同于刑事诉讼法规定的查封、扣押、冻结措施。第三种措施则是一种完全不同于查封、扣押或冻结的新措施。

其实，上述措施均有其合理性。如前所述，扣押权利证书而不限制使用的保全方式，德国与美国的立法均有规定；提供担保的保全措施，德国立法也有规定。变卖扣押、冻结财物的保全方式，在域外立法中也有相关规定。如在美国，这种措施被称为诉讼中间出售(interlocutory sale)，即法院根据检察机关的申请，在拟没收财物损耗或被告人停止提供担保而损害拟没收财物的价值时，允许检察机关通过审前出售拟没收财物，以保存其价值。[①] 在德国，根据其《刑事诉讼法》第 111L 条，这种措施被称为紧急变卖，即对于扣押或假扣押的财物，在它们面临腐坏变质或大量丧失价值，或保管成本不相称时，可在诉讼过程中予以变卖，以保全变卖款代替该财物。但问题是，我国用司法解释而非刑事诉讼法对这些保全措施加以规定，不仅面临缺乏法律依据的质疑，而且还可能带来适用的随意性。如扣押权利证书而不限制使用的保全措施，由于最高人民检察院《规则》与最高人民法院《解释》、公安部《规定》有不同规定，有可能导致相同财物仅仅因为保全主体而存在保全措施差异。

（三）行为保全措施缺失，无法应对财产转移行为

从域外有关立法与实践来看，由于审前通过合法或非法方式转移财产是被追诉人以及其他相关人员规避财产刑或涉案财物追缴、没收的一种重要方式，行为保全措施是很多国家保障法院裁判财产内容具有可执行性的重要措施。但在我国，由于以证据保全代替财产保全，除附带民事诉讼因为《民事诉讼法》的修改而可采取行为保全措施外，在刑事诉讼中并无行为保全措施一说。这种因行为保全措施缺失而对财产刑执行以及涉案财物追缴、没收所带来的负面影响，前面已有论述，在此不再赘述。

三、刑事诉讼财产保全措施的完善

（一）在刑事诉讼法中增加若干种类的财物保全措施

根据前面的分析目前，我国财物保全措施的主要问题是，《刑事诉讼法》只规定了完全排

① Federal Rule of Criminal Procedure，18 U. S. C. Sec. 982(b)(7)。

除权限的财物保全措施，而未规定限制部分权限的财物保全措施，无法满足实践的需要。针对这个问题，我国一方面应当保留查封、扣押、冻结措施，但将其适用范围限制于不完全排除权限不足以达到保全目的的财物；另一方面应当增加一些仅仅限制部分权限的保全措施或更有利于保全财物价值的保全措施。这些应当增加的保全措施主要包括以下三种。

一是提供担保。这主要是指对那些不具有证据意义，或者虽然具有证据意义，但通过拍照、录像等方式已保留证据属性的财物，可要求被追诉人或其他财物所有人、占有人通过提供适当担保的方式，继续持有、占有或使用该财物。这种保全方式虽然从形式上具有行为保全的性质，但它实际是以扣押担保物的方式对相关财物进行保全，因而仍属于财物保全措施范围。

二是扣押权利证书。这主要是指借鉴美国未决诉讼提示措施，对于那些不易于灭失，且财物的转移需要通过特定程序的财物，如不动产、车辆、船舶、航空器等财物，可不对财物进行查封，但应当扣押这些财物的权利证书，并在有关登记机构进行相应登记，以限制其处分，但不限制其使用。当然，在扣押权利证书难以防范财物占有人员的恶意使用而导致财物贬值时，可辅之以提供担保的保全措施。

三是出售扣押、冻结财物以保全价款的措施。这种保全方式的目的在于维持相关财物的价值，因而所有易受自然因素或市场价格波动影响而贬值，且不具有证据意义的相关财物均可在诉讼过程中出售以保全其价款。目前，我国的司法解释已将易腐烂、霉变和不易保管的扣押物品与受市场变动影响较大的股票、债券、基金、权证、期货、仓单、黄金等扣押、冻结财物纳入了该种保全措施的适用范围，但仍然具有局限性，应当将其他价值易受市场变动影响的扣押、冻结财物，如房地产、企业等，也纳入该保全措施的适用范围。

（二）明确规定与扩大行为保全措施的适用范围

针对刑事诉讼法有关行为保全措施的规定不明确，且适用范围有限的问题，应当进行两个方面的完善：一是明确规定刑事诉讼财产保全可采取行为保全措施；二是将行为保全措施的适用范围扩及所有需要财产保全的情形，而非限制于附带民事诉讼。但是，在具体规定刑事诉讼行为保全措施时，不能照搬民事诉讼法的规定。这是因为，在刑事诉讼中有可能导致财产裁判不能执行的被追诉人在大多数情况下已被采取强制措施，一般情况下没有防止其转移财产的必要性。具体如何规定，可区别不同情形处理：一是区分刑事诉讼与附带民事诉讼，附带民事诉讼适用《民事诉讼法》第 100 条规定的行为保全措施，刑事诉讼适用刑事诉讼法规定的行为保全措施；二是根据适用对象将刑事诉讼的行为保全措施分为针对被追诉人的行为保全措施与针对案外第三人的行为保全措施，并做不同规定。

对于附带民事诉讼的行为保全措施，一方面应当明确规定行为保全措施的可采用性；另一方面应当将行为保全措施的适用范围扩大至侦查与审查起诉阶段。具体而言，可将《刑事诉讼法》第 100 条修改为："人民法院对于可能因附带民事诉讼被告人一方的行为或者其他原因，使判决难以执行的案件，可以裁定对其财产进行保全、责令其做出一定行为或者禁止其做出一定行为。附带民事诉讼原告人或者公安机关、人民检察院可以申请人民法院采取保全措施。人民法院采取保全措施，适用民事诉讼法的有关规定。"

对被追诉人的行为保全措施，可根据不同情形采取不同的行为保全措施：一是被追诉人被采取取保候审或监视居住措施的，将行为保全措施内容作为被取保候审人、被监视居住人应当遵守的义务加以规定，即在《刑事诉讼法》第 69 条第 1 款与第 75 条第 1 款各增加一项：

“不得以任何形式转移或处分个人财产以妨碍可能存在的刑事判决、裁定的执行。”二是被追诉人未被采取强制措施且可能被判处财产刑的，在刑事诉讼法相关章节明确责令被追诉人在侦查、审查起诉与审判阶段，不得以任何形式转移、处分个人财产。三是在有证据证明被追诉人已将财物隐匿或转移境外，且需要追缴、没收此类财物或可能判处财产刑的，规定侦查机关、检察机关、法院可申请或决定责令其交出财物，或将财物转回国内指定账户或指定地点，接受司法机关的处理。

对于案外第三人的行为保全措施，主要是指有证据证明被追诉人可能被判处财产刑时，司法机关在刑事诉讼各个阶段均可责令被追诉人合法财产的持有人或占有人不得以任何形式转移或处分这些财产，否则追究其相应法律责任。

第五节　刑事诉讼财产保全的程序规制

刑事诉讼财产保全不当，就会侵害犯罪嫌疑人、被告人甚至案外第三人的财产权利，很有必要从程序上对其加以规制。这涉及财产保全适用条件、决定机关、是否提供担保、有关利害关系人的财产保障等多方面的问题，但以下仅对其中比较重要的三个方面予以简述。

一、刑事诉讼财产保全的适用条件

财产保全属于暂时剥夺或限制公民财产权的强制性措施，基于利益平衡，大多数国家均规定了一定的适用条件。如在德国，根据《其刑事诉讼法》第 111b 条与第 111d 条，只有在检察机关有重要证据证明命令追缴、没收涉案财物的前提条件成立时，方可对涉案财物进行扣押；有重要证据证明命令追缴、没收价值补偿以及对被指控人做出了判决罚金的刑罚判决时，方可采取假扣押措施，不得为保全执行费用或保全数目微小的款额而采取假扣押。在英国，《2002 年犯罪收益追缴法》第 40 条对采取禁止令的条件进行了明确规定，大体可概括为两个条件：一是刑事程序已经开始，但未结束；二是存在合理原因使法院认为犯罪嫌疑人、被告人通过犯罪行为获得不正当利益。美国对财产保全条件的规定更为明确、具体。如在刑事没收程序中，只有根据申请人提出的证据有合理理由相信被追诉人一旦被定罪，拟扣押财产将被没收，且采取禁止令措施不足以保障没收裁决具有可执行性时，方可采取扣押措施；起诉前采取禁止令措施，除需要检察机关已通知利害关系人外，还要求检察机关证明在是否应当没收的问题上具有胜诉的实质可能性，证明如不及时采取禁止令措施将导致财产灭失、被转移或没收裁决不具有可执行性，而且采取禁止令的必要性超过该禁止令给利害关系人带来的不利影响等事项。[①]

从上述国家的规定来看，财产保全条件实际可分为可能性条件、必要性条件以及证据条件三种。可能性条件是指法院是否有可能判决追缴、没收涉案财物或判处财产刑。必要性条件则是指是否存在可能妨害涉案财物追缴、没收或财产刑执行的风险。证据条件则是指是否有相应证据证明存在前两种条件。相对而言，德国与英国的财产保全条件相对宽松，只要求存在可能性条件，而美国的财产保全条件较为严格，既要求可能性条件，也要求必要性

① Drug Abuse Prevention and Control. 21 U. S. C Sec. 853(e).

条件。但上述国家有一点是共同的:比较重视证据条件,均要求有相应证据证明存在可能性或必要性条件。

从我国《刑事诉讼法》第100条与第280条来看,并无财产保全的明确条件,而仅仅规定“在必要的时候”可采取保全措施,至于何为“必要的时候”,则未见下文。有关司法解释的规定则分为三种情况:第一种情况是既规定了可能性条件,也规定了必要性条件,但无证据条件。如最高人民法院《解释》第152条有关附带民事诉讼采取财产保全的条件是:可能因被告人的行为或者其他原因,使附带民事判决难以执行。这实际包含了两个条件:一是被告人可能承担民事赔偿责任;二是因为被告人的行为或其他原因可能使附带民事判决难以执行。前者是一种可能性条件,后者属于一种必要性条件。与此类似的是该《解释》第511条有关法院在违法所得没收程序中采取财产保全的条件。第二种情况是仅仅规定了可能性条件与证据条件,未规定必要性条件。如六部委《规定》第38条与公安部《规定》第328条规定的财产保全条件。第三种情况是仅仅规定了可能性条件,而未规定必要性条件与证据条件。司法解释的大部分财产保全条件属于此类情况,如最高人民检察院《规则》第533条与最高人民法院《解释》第285条规定的财产保全条件。

对于我国这种只要可能性,不要必要性的财产保全条件,有人提出批评,认为司法机关在采取扣押措施时,不仅要考虑合法性问题,还要考虑合理性和必要性问题。确实,财产保全措施作为一种判决前的财产权利侵犯措施,必须在财产权保障与犯罪追诉之间进行平衡,只有在确有必要性时才可采取。另外,不管是可能性条件,还是必要性条件,均应当要求有相应证据加以证明,否则这些条件均会沦为一种摆设。要解决此问题,比较妥当的做法是借鉴美国做法,在将财产保全措施分成严厉程度不等的若干种措施后,规定每种保全措施的适用条件,只有在有证据证明法院裁判可能具有财产内容,且其执行性可能受到损害时,才可采取财产保全措施;只有在有证据证明采取对财产权限制较小的财产保全措施不足以防止前述损害时,才可采取对财产权限制较大的财产保全措施。这种证明要求的证明标准,应当同于其他程序事实的证明标准,即优势证据标准。

二、刑事诉讼财产保全的决定机关

财产保全措施应当由谁做出决定,这对财产保全的公正与否具有决定性的意义。从域外一些国家的立法与司法实践来看,大多数国家将此决定权交由中立法官行使。如德国《刑事诉讼法》第111e条与第111o条规定,扣押、假扣押之决定权一般交由法官行使;第132条规定,责令被指控人提供担保的决定权在于法官。在英国,根据《2002年犯罪收益追缴法》第40条与第41条,财产保全禁止令的决定权也在于法官。在美国,刑事没收的财产保全措施由法官基于申请而决定;[①]民事没收的财产保全措施也是由法官决定。[②] 另外,德国《刑事诉讼法》的上述条文在规定法官行使财产保全决定权的同时,又规定在延误就有危险时,也可由检察机关决定采取,但应当在扣押、假扣押后一周内提请法官确认。

在我国,从现有规定来看,刑事诉讼财产保全的决定权可分两种情形:

① Drug Abuse Prevention and Control. 21 U. S. C Sec. 853(e)、(f).

② See Federal Rule of Criminal Procedure. 18 U. S. C Sec. 981(b).

一是在不同诉讼阶段由不同机关行使决定权。这主要是指对于涉案财物的保全，在侦查、起诉与审判阶段分别由侦查机关、检察机关与法院行使决定权。这又可分为两种情形：第一种情形是违法所得没收案件；第二种情形是以证据保全代替财产保全的情形，如《刑事诉讼法》第142条规定，“人民检察院、公安机关根据侦查犯罪的需要，可以依照规定查询、冻结犯罪嫌疑人的存款、汇款、债券、股票、基金份额等财产”。其中第一种情形需要注意的是，根据现有规定，如果侦查机关是公安机关，只可在犯罪嫌疑人死亡的案件中有权决定采取保全措施，对于犯罪嫌疑人逃匿的案件，无权决定采取保全措施。为此，对于犯罪嫌疑人逃匿案件，公安机关如认为需要没收违法所得的，也只能以证据保全方式对涉案财物采取保全措施。

二是统一由法院行使决定权。这主要适用于为保障财产刑判决、附带民事诉讼判决的执行而采取的财产保全措施。根据《刑事诉讼法》第100条，附带民事诉讼的财产保全只能由法院来决定，诉讼双方，包括检察机关，只能申请法院采取保全措施，而不能直接决定采取保全措施。在判处被告人财产刑的案件中，目前也只规定法院有权决定是否采取保全措施。

目前学界对刑事诉讼财产保全关注不多，有关刑事财产保全决定权的讨论也很少。但此问题实际与我国刑事诉讼强制性措施的决定权具有相似性，而后者在我国是一个争议已久的问题。对此问题，目前学界有一种仿照欧美国家予以司法化的倾向，即主张将此决定权统一交由法院行使。如有学者认为，一方面应与民事诉讼相协调，另一方面借鉴法国、德国、俄罗斯的经验与做法，应该由侦查人员向法院申请，由法院负责审查决定是否采用财产保全措施，紧急情况下，侦查人员也可以先行决定财产保全。[①] 当然，也有人提出不同观点。如有人认为，法院审查体制是以三权分立制度为基础的，与我国人民代表大会制度不吻合，若直接移植法院审查体制，将造成结构性的冲突障碍，甚至导致司法制度的混乱，因而主张建立一种检察机关为主导的审查体制，一般刑事案件审前扣押、冻结款物之类的财产保全措施应当由检察机关审查决定。[②] 当然，这些争议实际只涉及审前程序的决定权问题，对于审判程序的决定权则一般认为应当由法院行使。

财产保全决定权应当如何配置？这是一个需要根据具体国情与制度背景来考虑的问题，而不是一个能抽象地，从理论到理论地思考的问题。目前很多人之所以得出法院更具客观中立的结论，并非实证研究的结果，而是观察西方法治经验得出的结果。从我国目前的宏观背景来看，由于检、法相同的政治理念定位，法院未必就比检察机关更能保证财产保全决定的妥当性。从财产刑由法院执行，法院经费来源于地方财政，且与法院上缴罚没财物有紧密联系的法律制度和实践来看，由法院决定是否采取财产保全措施，难逃“做自己案件法官”的嫌疑，与检察机关行使决定权相比，其公正性是否更有保障，值得怀疑。而且，从国家赔偿制度来看，在目前这种“谁侵权，谁作为赔偿义务机关”的刑事赔偿体制下，由法院行使财产保全决定权，还有可能逼迫法院因财产保全原因而做出错误的刑事裁判。因此，在我国目前这种制度背景下，不管由法院还是由检察院行使财产保全决定权，均各有利弊。

基于以上分析，我们认为，财产保全决定权应当分不同情形由不同机关行使。首先，对

---

① 江涌:《论侦查阶段的财产保全制度》,《中国人民公安大学学报》(社会科学版)2011年第3期。

② 龚举文:《论刑事强制性措施的司法控制》,《法学评论》2010年第3期。

于附带民事诉讼的财产保全决定权，应当由法院行使，不管是公安机关、检察机关或附带民事诉讼原告人，均只有申请权。这一方面在于附带民事诉讼本质上属于民事诉讼，其财产保全应当按民事诉讼方式进行；另一方面在于，附带民事诉讼财产保全的目的不是追缴与没收，而是保障附带民事诉讼原告人的合法权益，财产保全错误给对方当事人或案外第三人造成损害的，有财产保全申请人提供的担保作保障，法院在决定是否采取财产保全时，既不存在违法采取的动机，也不存在刑事赔偿的压力，可在相当程度上保证财产保全措施的公正性。从这点来看，主张附带民事诉讼财产保全决定权可由公检法机关行使的观点是不恰当的。①

其次，对于涉案财物的保全与保障财产刑执行的保全，可分为审前程序的保全与审判程序的保全两种。对于前者，一般应当由检察机关行使决定权，即在审前程序中，公安机关或者被害人申请财产保全的，应当由检察机关审查决定。这是因为，检察机关对侦查活动负有监督职责，上级检察机关对下级检察机关的诉讼行为负有监督职责，财产保全直接关系公民的财产权益，应当是检察机关监督的重点。但是，如果财产所有人、占有人或被追诉人提出异议的，应当交由法院做出最终裁决。原因在于，根据审判中心主义与司法最终裁决原则，一旦发生纠纷，为确保纠纷的公正解决，应当由相对比较中立的法院来裁决。对于后者，应当由法院行使决定权，检察机关或被害人认为需要进行财产保全的，应当向法院提出申请，法院不能主动采取财产保全措施。原因在于，案件进入审理程序后，就应当由法院主导进行，而且由法院审查决定，也具有便利性。

三、刑事诉讼财产保全的担保要求

财产保全措施属于对财产权的侵害措施，一旦采取，均会对财产所有人或占有人的财产权造成不同程度的损害，为此财产保全措施的采取，应当以确有必要为限。为了做到这一点，防止诉讼一方恶意申请财产保全措施，民事诉讼一般需要申请财产保全一方提供必要的担保。那刑事诉讼财产保全是否也需要提供担保呢？

在美国与德国，财产保全大都由控诉方提出，而控诉方大都是检察机关或警察机构，其不当诉讼行为造成损害的，受损害之人大多有赔偿请求权，而且有些国家为了保障受害人的赔偿请求权，还规定了国家承担代位责任。如德国，对于刑事侦查措施，不管是否违法，只要对被告人造成了损害，被告人皆有损害赔偿请求权；对于其他人造成的损害，虽然不能按刑事侦查措施赔偿法律申请赔偿，但也可依《刑法典》第 74f 条、《秩序违反法》第 28 条，或因违背职务（《民法典》第 839 条、《基本法》第 34 条）申请赔偿，或适用《欧洲人权公约》第 5 条或一般的被害人请求权获得赔偿。② 再如美国，根据 1988 年的《联邦职员赔偿责任改革和侵权赔偿法》(*Employees Liability Reform and Tort Compensation Act*)，对于包括警察人员与检察官等联邦职员所实施的一般法律上侵权行为所造成的损害，由联邦政府承担替代责任，受害人可申请联邦政府而非联邦职员个人赔偿损失。③ 基于此因，这些国家并未要求检察机

---

① 张栋：《刑事诉讼法中对物的强制措施之构建》，《政治与法律》2012 年第 1 期。

② 克劳思·罗科信：《刑事诉讼法》，吴丽琪译，法律出版社 2003 版，第 563—565 页。

③ 邬名扬：《美国行政法》(下)，中国法制出版社 2005 年版，第 823—824 页。

关或警察机构申请财产保全时应当提供担保。

在我国,根据现有规定,宜分两种情形加以规定:一是对于一般刑事案件,可不要求提供担保。这是因为根据《国家赔偿法》第18条,行使侦查、检察、审判职权的机关及其工作人员违法对财产采取查封、扣押、冻结、追缴等措施的,受害人可取得国家赔偿,即:即使财产保全不当,受害人可通过国家赔偿方式得以救济。二是对于自诉案件与附带民事诉讼案件,可要求提供担保。原因在于,出于自利性与专业知识的不足性,自诉人、附带民事诉讼原告人提出的财产保全申请存在错误的可能性比较高,这种错误虽可通过另行提起侵权诉讼进行救济,但不符合诉讼经济原则。而且,《刑事诉讼法》第100条规定附带民事诉讼的财产保全适用民事诉讼法的规定,而《民事诉讼法》第100条规定,法院采取财产保全措施,可责令申请人提供担保,申请人不提供担保的,裁定驳回申请。因此,对于自诉人与附带民事诉讼原告人提出的财产保全申请,可规定由法院裁决是否要求申请人提供担保。

第六章 刑事意见证据规则研究

第一节 意见证据与意见证据排除

一、意见证据的含义

意见证据，顾名思义，也就是指证人以意见形式所提供的证据。而所谓“意见”，也就是从所知事实中做出的推论。

由于证据种类划分标准不同，不同法域所可能存在的意见证据范围是不同的。在大陆法系国家，可能存在意见证据内容的证据主要是鉴定意见、被告人陈述与证人证言，而在英美法系国家，可能存在意见证据内容的证据只有证人证言，只是这种证人证言可分为专家证人证言与普通证人证言两种，普通证人证言实际包括被告人的证言、被害人的证言与其他人的证言三种。而在我国，可能存在意见证据内容的证据种类，除了鉴定意见，犯罪嫌疑人、被告人供述与辩解、证人证言以外，还包括被害人陈述。但总体而言，上述意见证据根据提出意见证据的主体是否要求掌握专门知识或拥有特定资格，可分为两种：一是具有专家身份提出的意见证据，这在英美法系国家是指专家证人意见证据，大陆法系国家与我国则称之为鉴定意见；二是普通人提出的意见证据，英美法系国家称之为普通证人意见证据，大陆法系国家则体现为证人证言的一种，我国则属于证人证言，被害人陈述，犯罪嫌疑人、被告人供述与辩解的一部分内容。换言之，普通人提出的意见证据在我国并非独立的证据种类，而是以证人证言，被害人陈述，犯罪嫌疑人、被告人供述与辩解作为其表现形式。

二、意见证据排除及其例外

根据诉讼规律，从具体事实推出结论，这是裁判者的职责，而非证人的职责。证人的职责是向裁判者提供自己所感知到的案件具体事实。如果证人一方面陈述自己感知的案件事实，另一方面又针对所感知的案件事实进行评价，甚至就纠纷的解决发表意见，这实际相当于证人既充当证人，又充当裁判者，行使了本应由裁判者行使的职权，裁判者的权力因此就会被篡夺了。而且，证人所感知的事实是有限的，还需要结合其他事实才能对某个案件事实做出正确评价，证人为此发表的意见实际与案件事实不具有相关性，不符合证据的相关性要求。基于这两个原因，证人所提供的事实证据具有可采性，可作为证据使用，但其所提供的意见证据不具有可采性，不能作为证据使用。这就是意见证据排除规则。

但是，意见证据不具有可采性，不得作为证据使用，并非绝对性原则，在某些情形下，意见证据亦具有可采性或证据能力。这种例外，一般包括两种：一是专家证人或鉴定人就某个专门性问题所提供的意见；二是普通证人，如非专家证人、被害人等基于亲身感受到的案件事实而做出的推论，在某些情况下也具有可采性或证据能力。但问题是：哪些证据属于意见证据范围？哪些意见证据具有可采性或证据能力？这些例外应当根据什么标准来判断，以及如何进行判断？

对于上述问题，我国刑事诉讼法几乎没有规定，只有一些司法解释，如最高人民法院、最高人民检察院、公安部、国家安全部、司法部《关于办理死刑案件审查判断证据若干问题的规定》(以下简称《死刑案件证据规定》)、最高人民法院《关于适用〈中华人民共和国刑事诉讼法〉的解释》(以下简称高法《解释》)才有所规定，且不完善、不合理的地方甚多，迫切需要研究与完善。

从目前来看，其实上述问题的重点不在于意见证据该不该排除，而在于其例外的界定与运用，即哪些意见证据可以使用，应当如何审查与运用这些可用的意见证据。而且，专家证人意见证据或鉴定意见与普通证人意见证据的形成过程有很大差别，立法与司法实践因而对两者的处理是不同的。另外，虽然意见证据的采纳问题是各国刑事司法均面临的问题。但是，由于不同国家的刑事诉讼法对证人，尤其是对专家证人的诉讼地位的定位不同，英美法系国家是将其定位为诉讼双方的辅助人，而大陆法系国家一般是将其定位为法官的辅助人，以及英美法系国家实行对抗制诉讼、陪审团审判，而大陆法系国家实行非对抗制诉讼、职业法官主导审判等因素，英美法系国家向来重视意见证据可采性的规范，自初步确立意见证据可采性规则的1782年的福柯斯案(Folkes v. Chadd)以来，其立法与司法实践已有二百余年的历史，目前仍处于不断发展之中；而大陆法系国家有关此问题的立法与理论则相对比较少。另外，目前国内有关英美法系国家意见证据规则的论述，基于原始资料的限制，大多论述不全面，无法让人对这些证据规则有一个全面的了解。出于此因，本部分将意见证据分为专家证人意见或鉴定意见与普通证人意见或普通人意见，从英美法系国家，尤其是美国意见证据规则的起源与发展的评述入手，对我国意见证据规则的构建所面临的问题进行分析，并提出一些构建我国意见证据规则的想法。

第二节　英美法系国家意见证据规则的起源与发展

一、专家证人意见证据规则的起源与发展

对于专家证人意见证据规则，虽然目前英美法系国家均有明确规定，但从历史发展脉络来看，只有美国的发展过程很明确。基于此因，以下以美国作为主线进行论述，最后再简要介绍其他英美法系国家的现有规定。

(一)规则的起源

证人只能就亲身感知的案件事实作证，这是一条源自中世纪的古老规则。如英国著名大法官柯克在1622年的一个判决中指出："证人不应该用他'认为'或者'自己相信'这样的字眼。"[①]但对于专家证人，却是一个例外。在那些需要特殊技术或技能的领域，那些通过学习或实践获得该领域专业知识的证人，他们提供的意见证据具有可采性。如英国法官桑德

① 约翰·W.斯特龙：《麦考密克论证据》，汤维建等译，中国政法大学出版社2004年版，第26页。

斯(Saunders)在1554年巴克利案(Buckley v. Rice Thomas)中曾言:"如果在我们的法律中出现有关其他科学或专业领域的问题,我们一般都求助于有关科学或专业领域的帮助。"[①]但据英国1975年特纳案(R v. Turner)所称,专家证人意见证据规则是由曼斯菲尔德勋爵(Lord Mansfied)在1782年的福克斯案(Folkes v. Chadd)所确立的:科学人员在其科学领域内,可以根据已被证明的事实提供意见;[②]"凡是有关科学的问题,不能传唤其他证人"。[③] 由于历史渊源的原因,美国在专家证人意见证据态度上,在很长时间内采取了类似于英国普通法的做法,只要涉及超出法官或陪审团知识能力范围的事项,一般都需要取得专家证人的意见。

(二)弗赖标准

专家证人意见证据进入法庭,在有助于陪审团准确认定案件事实的同时,也带来一种错误采信专家证人意见证据,进而错误认定案件事实的风险:一些专家证人意见证据在陪审团面前呈现一种绝对确定的光环,而外行的陪审团成员却缺乏刺破此光环的方法。[④] 尤其是面对新科学领域的专家证人意见证据时,这种风险更大。另外,由于专家证人往往是由诉讼双方所聘请,"既然是一方当事人挑选和准备,而且又是由该当事人支付费用的,其为该方当事人作证也就在所难免了",[⑤]缺乏科学依据的专家证人意见证据也因此防不胜防。如美国学者彼得·哈伯就曾认为:那些被法庭常规性认可具有可采性的专家意见,坦率地讲,实际是一些极其缺乏可信性的假话。[⑥] 可以说,司法实践迫切需要一种合理过滤专家证人意见证据的机制,但长期以来却缺乏一个恰当的判例来解决此问题。正是在这种情况下,弗赖标准应运而生。

该标准并非美国联邦最高法院的杰作,而是华盛顿哥伦比亚特区上诉法院在1923年弗赖案(Frye v. United States)所确立。该案认为,无数案例表明,专家或有熟练技能的证人所提供的意见,只有在所调查事项属于未有经验之人无法根据其形成正确判断时,才具有可采性。因为调查事项带有一种需要具备先前习性、经验或研究才能掌握的科学、艺术或商业特点。如果案件所涉及问题未处于普通经验或常识范围,而是需要特别经验或特别知识,则精于特定科学、艺术或商业领域的证人所提供的意见具有可采性。只是一个科学原理或发现何时越过试验性阶段与可论证性阶段之间的那条线,却难以确定。在此灰色地带中,那些可作为证据使用的原理应当得到认可,在法庭主动认可那些源于公认科学原理或发现的意见证据的可采性时,这些作为意见证据基础的科学原理或发现应当在所属领域充分确立,并得

---

① 转引自齐树洁:《英国证据法》,厦门大学出版社2002年版,第596页。

② R v. Turner [1975] QB 834.

③ 转引自理查德·梅:《刑事证据》,王丽、李贵方等译,法律出版社2007年版,第196页。

④ John D. Borders, Fit to be Fryed: Frye v. United States and the Admissibility of Novel Scientific Evidence, 77 Ky. L. J. 849(1989).

⑤ 米尔健· R.达马斯卡:《漂移的证据法》,李学军等译,中国政法大学出版社2003年版,第106页。

⑥ Henry F. Fradella, Lauren O'Neill, Adam Fogarty, The Impact of Daubert on Forensic Science, 31 Pepp. L. Rev. 323(2004).

到普遍的接受(general acceptance)。[①]

根据该标准,专家证人意见证据要获得可采性,除了要求具有相关性与有助于陪审团认定争议事实外,还要求该意见证据所依据的科学原理与技术必须获得所在特定领域的普遍接受性。[②] 为了确定某个专家证人意见证据是否具有可采性,法庭必须解决两个问题:一是确定该专家证人意见所属科学领域;二是确定该专家证人意见所依据的科学原理是否获得该领域的普遍接受性。但解决这两个问题并非易事。首先,很多科学技术并不能划入某单一学科或专业领域,选择恰当的评价领域本身就很成问题,而且也直接影响到其可接受性的评价。其次,普遍接受性是一个模糊概念,它面临一个如何进行准确判断的问题:多少相关专家同意了才算具有普遍接受性?在实践中,对于后一问题,一般是通过检查科学出版物、司法裁决与实际应用,或者通过其他科学家出庭作证来证明。[③] 另外,该标准要求所涉及科学原理或技术必须在相关领域具有普遍接受性,这也就意味着那些具有可信性,却基于新科学技术的专家意见证据难以具备可采性。这是很不合理的,在一些涉及新科学技术领域的案件中,很有可能导致剥夺被告人的辩护权。对此,著名证据法专家麦考密克教授就曾评论:普遍接受性是一个很高的标准,将其作为司法认知(taking judicial notice of)的条件是恰当的,但作为证据可采性标准却不恰当。[④]

也正是因为这些问题,虽然该标准出来以后,就被很多联邦与州法院所采纳,但也有不少联邦与州法院并不采用弗赖标准,而是采取其他标准。如有的采用相关性标准(relevancy standard),即将以新科学技术为依据的专家证人意见证据作为其他证据看待,如果具有相关性,且不会导致损害公正、误导陪审团与造成诉讼迟延,该专家证人意见证据就具有可采性。[⑤] 另外还有人提出,应当通过建立专家特别法庭来决定新科学专家证人意见证据的有效性与可信性。[⑥]

(三)道伯特标准

1975 年美国联邦国会制定《联邦证据规则》,该规则第 702 条规定:"如果科学、技术或其他专业知识有助于事实裁判者理解证据或决定争议事实,一个因知识、技能、经验、训练或教育而具备专家资格的证人,就可以意见形式作证,否则就不能够。"根据该规定,专家证人意见证据只要具备以下三个条件,就具有可采性:一是据以做出意见证据的依据必须是科学、

---

① 在该案,被告人弗赖(Frye)的律师请求提出专家证人对被告人进行心脏收缩压测谎,以此证明被告人无罪,理由是血压会受到受测试对象情绪变化的影响,有意识地欺骗或说谎、隐匿事实或有罪,伴随着受测试对象对被发现的恐惧,将导致收缩压呈曲线形式升高。但控诉方提出异议,法院也支持了该异议。被告人以审判法院错误拒绝专家证人对被告人进行测试为由提出上诉。Frye V. United States,293 F. 1013(D. C. . Cir 1923).

② John D. Borders,Fit to be Fryed:Frye v. United States and the Admissibility of Novel Scientific Evidence,77 Ky. L. J. 849(1989).

③ Lisa Gonzalez,The Admissibility of Scientific Evidence:The History and Demise of Frye v. United States,48 U. Miami L. Rev. 370(1993).

④ John D. Borders,Fit to be Fryed:Frye v. United States and the Admissibility of Novel Scientific Evidence,77 Ky. L. J. 849(1989).

⑤ Giannelli,The Admissibility of Novel Scientific Evidence:Frye v. United States,a Half－Century Later,80 Colum. L. REV. 1022(1980).

⑥ John D. Borders,Fit to be Fryed:Frye v. United States and the Admissibility of Novel Scientific Evidence,77 Ky. L. J. 849(1989).

技术与专业知识；二是该意见证据有助于事实裁判者理解证据或决定争议事实；三是专家证人必须具有这些知识而属于合格的专家。① 该规则对专家证人意见证据的可采性要求显然不同于弗赖标准，它似乎支持的是一种相关性标准。② 通过此标准的专家证人意见证据虽然还有可能因为证明价值被其可能导致的不公正、误导或迷惑陪审团的危险所超过，因而不符合该规则第403条的要求而被排除，但其可采性要求明显低于弗赖标准。根据美国联邦最高法院咨询委员会(the advisory committee)对该条规定的解释，这种低标准的目的在于扩大陪审团的信息来源。③

由于《联邦证据规则》所确定的可采性标准不同于弗赖标准，不可避免地产生此类问题：《联邦证据规则》标准与弗赖标准是何种关系？是取代了弗赖标准，还是融合了弗赖标准？这个问题对各州法院也许没有太大影响，由于不受《联邦证据规则》之拘束，它们完全可自由选择一种可采性标准，但对联邦法院系统来说，由于受《联邦证据规则》的拘束，它们不得不在其中选择一个立场。为此，有些联邦法院以《联邦证据规则》并非所有普通法证据规则的法典化，因而未在其中明确规定的应当继续有效为由，主张弗赖标准未被《联邦证据规则》新标准所取代；有些则以《联邦证据规则》未明确要求专家证人意见证据具有普遍接受性为由，认为弗赖标准已被《联邦证据规则》新标准所取代。④ 这种争议导致各联邦法院与各州法院在决定专家证人意见证据是否具有可采性时，标准不一。如联邦第三巡回上诉法院在1985年的道因案(United States v. Downing)中就拒绝采用弗赖标准，而坚持采用一种可信性进路分析专家证人意见证据的可采性，并宣称这是一种介于广泛自由与保守之间的意见证据分析模式。按此进路，在决定专家证人意见证据是否具有可采性时，应当考虑三个因素：一是所采用流程或技术的稳固性与可靠性；二是采用该证据所具有的僭越、混淆与误导陪审团的可能性；三是所提供科学技术或检验结果与案件争议事实之间的联系。⑤

为解决上述争议问题，并明确一个专家证人意见证据的可采性标准，美国联邦最高法院在1993年道伯特案(Daubert v. Merrell Dow Pharmaceuticals, Inc.)⑥对普通法专家证人意见证据可采性标准进行了梳理，并提出一个新的专家证人意见证据可采性标准，即所谓的道

① Jason Lee Holly, Why the Daubert Standard Should Apply To Both Expert Opinions Based Upon "Technical" Or "Other Specialized Knowledge" And To Expert Opinions Based Upon "Science" Or A "Scientific Method", 30 Cumb. L. Rev. 247(1999/2000).

② Lisa Gonzalez, The Admissibility of Scientific Evidence: The History and Demise of Frye v. United States, 48 U. Miami L. Rev. 371 (1993).

③ Jason Lee Holly, Why the Daubert Standard Should Apply To Both Expert Opinions Based Upon "Technical" Or "Other Specialized Knowledge" And To Expert Opinions Based Upon "Science" Or A "Scientific Method", 30 Cumb. L. Rev. 247(1999/2000).

④ John D. Borders, Fit to be Fryed: Frye v. United States and the Admissibility of Novel Scientific Evidence, 77 Ky. L. J. 849(1989).

⑤ United States v. Downing, 753 F. 2d 1224 (3d Cir, 1985).

⑥ 该案的基本情形是，原告道伯特(Jason Daubert)与舒勒(Eric Schuller)是具有先天性缺陷的幼儿，他们与其父母起诉梅尔·道医药公司(Merrell Dow Pharmaceuticals, Inc.)，诉称他们的先天缺陷是由于他们母亲在怀孕期间服用了被告销售的抗呕吐处方药盐酸双环胺造成的。在审判过程中，被告提出简易裁判动议，因为原告缺乏任何可采的证据，并提交了医师和流行病学家做出的认为该处方药未具有造成人类先天缺陷的风险的证言。原告针对被告提出的专家证据，提出8位专家证人的证言，这些证言的结论是该处方药能够导致先天缺陷。地区法院以原告提出的专家证人证言未具有弗赖标准要求的普遍接受性为由，裁定其不具有可采性。原告上诉后，联邦第九巡回上诉法院维持了原判。

伯特标准。在该案，联邦最高法院全体法官一致认为，弗赖标准已被《联邦证据规则》的新标准所取代，理由有三：一是《联邦证据规则》第 702 条已经明确了科学证据的要求，但并未将普遍接受性作为可采性条件；二是从《联邦证据规则》的立法过程来看，并未提及弗赖标准；三是弗赖标准的普遍接受性要求与《联邦证据规则》所体现的自由要旨不相符合，因为后者的总体目标是允许更多意见证据进入法庭。该案在否定弗赖标准后，提出了一种专家证人意见证据可采性的新标准，即相关性与可信性标准。为确保这种相关性与可信性，该案要求事实审法官应当承担一种守门人的职责，即在该证据被提交陪审团之前，事实审法官应当对该专家证人意见证据的论证与方法是否具有科学的正确性、该论证与方法能否正确适用于争议事实进行一个初步评估。法官在进行这些评估时，首先要决定该专家证人是否具有足够的专家证人资格；其次是决定专家证人意见证据所依据的科学原理与研究是否具有可信性。该案要求地区法院在决定此可信性时，应当综合考虑以下因素，但不能将其任一因素予以绝对化：一是该科学知识能否被检验或已经被检验；二是该理论或技术是否已经受同行审查与发表；三是该技术是否具有已知或潜在的可错率，该可错率是否在可接受范围内；四是该科学技术是否具有普遍接受性。

将道伯特标准与《联邦证据规则》第 702 条相比较，可发现该标准实际只解决了以科学知识为基础的专家证人意见证据的可采性问题，而对于第 702 条规定的以技术或其他专门知识为基础的专家证人意见证据的可采性问题，并未提供明确答案。大法官伦奎斯特(William H. Rehnquist)在道伯特案的不同意见中也认为，道伯特标准是否适用于以技术或其他专门知识为基础的意见证据，是存在疑问的。[①] 这也导致下级法院在是否将此标准适用于其他专家证人意见证据时存在困惑。另外，道伯特标准要求地区法院承担起专家证人意见证据可采性的守门人职责，但地区法院在此问题上到底有多大自由裁量权，却未见明确规范，因而也影响上诉法院对地区法院有关专家证人意见证据裁判的审查尺度。

为解决以上问题，美国联邦最高法院又接连在两个案件中就道伯特标准进行一定的阐述，可视为道伯特标准的组成部分。第一个案件是 1997 年的通用电气公司案(General Electric Company v. Joiner)。在该案，由于考虑到道伯特标准赋予了地区法院专家证人意见证据可采性的守门人职责，联邦最高法院认为上诉法院应当采取一种宽松的审查标准，而非严格的审查标准，以尊重地区法院的自由裁量权。[②] 第二个案件是 1999 年的库姆欧案(Kumho Tire Company, Ltd. v. Carmichael，也有人译为“锦湖轮胎”案)。在该案，联邦最高法院认为，道伯特标准也适用于以技术或其他专门知识为依据的专家证人意见证据，一个重要理由是，《联邦证据规则》第 702 条不仅仅适用于科学知识，也适用于技术或其他专门知识，而在科学知识与技术以及其他专门知识之间进行区分几乎是不可能的。另外，该案认为道伯特案所列举的审查科学原理或研究是否具有可信性的因素也适用于技术或其他专门知识的可信性审查。[③]

① Daubert v. Merrell Dow Pharmaceuticals, Inc. 509 U. S. 579 (1993).

② Gen. Elec. Co. v. Joiner, 522 U. S. 136 (1997).

③ Kumho Tire Co., Ltd. v. Carmichael, 526 U. S. 137 (1999).

(四)修正后的《联邦证据规则》标准

正如一些美国学者所说的,弗赖标准与道伯特标准之争,实际就是一个应当由谁来决定专家证人意见证据可采性的问题:是由不懂科学的法官呢,还是由不懂法律的专家?[①] 弗赖标准要求所依据的科学原理或技术在特定领域具有普遍接受性,实际就是将专家证人意见证据是否具有可信性的最终决定权赋予了特定领域最有资格胜任此职责的专家。从弗赖标准转向道伯特标准,实际也就是将专家证人意见证据可采性的决定权从专家之手转移到法官之手。根据道伯特标准,专家证人意见证据所依据的科学、技术与其他专门知识具有普遍接受性,仅仅是判断该意见证据是否具有可信性的一个选择因素。如果这些意见证据的基础符合其他可信性因素,即使不具有普遍接受性,该意见证据也具有可采性。这明显扩大了具有可采性专家证人意见证据的范围。同时,法官并不精通专家证人意见证据所涉及的科学知识,道伯特标准赋予法官相当的自由裁量权,势必会造成一些不具有可信性的专家证人意见证据进入法庭。如美国联邦最高法院咨询委员会在第 702 条的法条注释中指出,在道伯特案后,采纳专家证人意见证据成为一种原则,而拒绝专家证人意见证据则成为一种例外。

由于道伯特标准实际是以《联邦证据规则》第 702 条为基础的,为避免上述问题严重化,美国联邦立法机关在 2000 年对《联邦证据规则》第 702 条进行了修改,对专家证人意见证据的可采性作了一些较为严格的限制。修改后的第 702 条规定:"如果科学、技术或其他专业知识将有助于事实审判者理解证据或确定争议事实,凭其知识、技能、经验、训练或者教育具备专家资格的证人,可以通过意见或其他方式作证,如果:(1)证言基于充分的事实或数据;(2)证言是可靠原理与方法的结果;(3)证人忠实地将该原理与方法运用于案件事实。"2011 年,美国联邦立法机关又对此条款进行了修改,但实质性内容未有改变。

比较 2000 年修改前后的《联邦证据规则》第 702 条可发现,修改前的第 702 条实际只关注两点:一是有关科学、技术或其他专业知识本身是否有助于事实裁判者;二是提供意见证据的专家证人是否属于具备这些知识的合格专家。至于专家证人意见证据所依据的事实是否充分,专家证人是否恰当地将专业知识运用于案件事实,则未给予应有的规范。这实际是建立在此假设基础上的:合格的专家证人会忠实地运用有效的专业知识分析案件事实。这是一种人性善的人性假设。但现实情况却非如此,而是"专家证人是一些被雇佣的枪手",[②] 所提供意见证据极具偏向性。为避免这种道德风险,修正后的第 702 条从意见证据所依据的事实与专家证人运用专业知识分析案件事实的过程等两个方面强化了意见证据的可信性保障。目前,根据第 702 条及其他相关条文,刑事案件的专家证人意见证据只有具备以下条件时,才具有可采性:一是作证对象方面,根据修正后第 704 条规定,专家证人意见证据不能针对被告人是否符合被指控犯罪构成要件要素的精神状态或条件提出意见,这些事项只能由事实裁判者认定;二是相关性方面,专家证人的科学、技术或其他专业知识有助于事实裁判者理解证据或确定争议事实,且根据第 403 条,该专家证人意见证据的证明价值未被其可

---

① Pamela J. Jensen, Frye Versus Daubert: Practically the Same? 87 Minn. L. Rev. 1579(2003).

② George Vallas, A Survey of Federal and State Standards for the Admission of Expert Testimony on the Reliability of Eyewitnesses, 39 Am. J. Crim. L. 97(2011).

能造成的公正损害、混淆争点、误导陪审团、不当拖延等所严重超越；三是可信性方面，除需该专家证人所依据的原理和方法具有可靠性，且该专家证人因知识、技能、经验、训练或教育而具备相关领域的专家资格外，还需该意见证据基于充分的事实或数据，且是该专家证人将科学原理和方法可靠地运用于这些事实或数据的结果。

正如某些评论家所说的，专家证人意见证据的采纳，有可能成为传闻证据渗入法庭的“后门”，因而有可能影响联邦宪法所保障的被告人对质权。① 但是，专家证人意见证据的可采性问题，毕竟不是美国联邦宪法所直接关注的问题。为此，虽然美国联邦最高法院已通过道伯特案、库姆欧案等对此问题做了明确规定，但这些规范与《联邦证据规则》一样，它只能约束联邦法院系统，而对各州法院不具有约束力。正因为如此，直到目前，虽然已有很多州参照《联邦证据规则》第705条，通过立法对专家证人意见证据的可采性问题进行了明确规定，也有很多州法院采纳了道伯特标准，但是仍然有不少州拒绝采用道伯特标准，而是继续使用弗赖标准或其他标准。据统计，到2011年为止，在某种程度上采用道伯特标准的有31个州，在某种程度上继续使用弗赖标准的则有哥伦比亚特区与14个州，佐治亚、犹他、威斯康星与弗吉尼亚4个州则使用其他标准。②

（五）其他英美法系国家的现有规定

专家证人意见证据的可采性规则虽然源于英国普通法，但从目前来看，英国似乎直到现在也没有形成一个类似于美国弗赖标准或道伯特标准的统一标准。根据2002年英国上诉法院裁决的达拉案（R v. Dallagher），英国关于专家证人意见证据可采性的裁决，不仅要参考1994年的斯特拉德威克与梅里案（R. v Strudwick and Merry），还应当参照其他案件，特别是1995年的克拉克案（R. v Clarke）。按达拉案的说法，前一案件的做法类似于美国的弗赖标准；后一案件的做法类似于美国《联邦证据规则》第702条的规定。在克拉克案中，上诉法院认为，刑事司法应当充分考虑现代犯罪侦查技术，如果陪审团没有专家证人的帮助就无力判断某些事实的，就应当允许专家证人向其提供意见，以帮助其理解该证据；哪些证据可提交陪审团审查，并没有固定种类；在证据法上排斥科学新技术与新发展带来的好处，是完全错误的。③ 从此可看出，英国并无统一标准，却倾向于比较宽松的可采性标准，只要相关问题涉及专业技术，法官或陪审团需要取得专家证人的帮助，该专家证人意见证据就具有可采性。④

在加拿大，关于专家证人意见证据的可采性，也没有一个统一审查标准。一般来说，对于这种意见证据，法庭首先是运用传统的排除规则与专家证人意见证据规则，然后根据特定的政策原因决定其是否具有可采性。在司法实践中，专家证人意见证据只要具备以下条件，就具有可采性：一是与争议事实具有相关性；二是该专家证人具有相应的资格；三是采纳专家证人意见证据具有必要性，即相关信息似乎超出了法官或陪审员的经验与知识范围；四是

---

① Julie A. Seaman, Triangular Testimonial Hearsay: The Constitutional Boundaries of Expert Opinion Testimony, 96 Geo. L. J. 827(2008).

② George Vallas, A Survey of Federal and State Standards for the Admission of Expert Testimony on the Reliability of Eyewitnesses, 39 Am. J. Crim. L. 97(2011).

③ R v. Dallagher, [2002] All ER (D) 383 (Jul).

④ 理查德·梅：《刑事证据》，王丽、李贵方等译，法律出版社2007年版，第196页。

不存在排除规则适用的情形。美国弗赖标准所要求的普遍接受性，虽然可作为评估某个专家证人意见证据的科学依据是否具有可信性时的一个因素，但并非专家证人意见证据具有可采性的前提条件。[①]

二、普通证人意见证据规则的起源与发展

（一）规则的起源

在美国，19 世纪就已有普通证人意见证据的诸多例外。在 1825 年的姆基案（M'kee v. Nelson），纽约最高法院就认为，虽然普通证人不允许向陪审团发表意见是一般规则，但也有例外，因为世界上有很多无以名状的事情，尤其是感情，证人可以通过很多事件与亲身观察体会得到，却难以通过语言向陪审团作具体描述。[②] 但纽约上诉法院在 1858 年的德·维特案（De Witt v. Barly and Schoonmaker）就已提到，当时已有一些科学证据以外的证据因为基于议题本身的特殊性，难以通过语言描述而被一些法院允许以意见形式提出，如克拉克案（Clark v. Baird）。[③] 加州最高法院在 1894 年的澳古斯塔·霍兰德案（Augusta Holland v. Alfred Zollner et al）中更是明确提出，一般规则是普通证人的意见不具有证据可采性，他们只能陈述事实，而不能根据事实进行推论，推论的事情属于陪审团的职责范围；但该规则也有例外，在有关事实的本身特点决定其不能通过语言描述事实使其他人形成一个准确判断时，普通证人也可基于自己的感受而提供意见。这些例外主要涉及笔迹、数量、价值、重量、尺寸、时间、距离、速度、形状、年龄、力度、冷热、虚弱、健康，以及性格、脾气、愤怒、害怕、兴奋等。[④]

（二）规则的法典化

虽然源于英国普通法的普通证人意见证据规则自 19 世纪后，就在美国扎下了根，但是各个法院对于普通证人的哪些意见证据具有可采性，却有不同做法。为了在联邦法院系统统一普通证人意见证据的使用，美国联邦国会在 1975 年《联邦证据规则》第 701 条中参照 1953 年公布的《统一证据规则》（*Uniform Rule of Evidence*）规定，如果证人不属于专家证人，他以意见或推论形式做出的证言只有符合以下条件才具有可采性：一是合理建立在证人的感觉基础上；二是有助于清楚理解该证人证言或裁决争议事实。按美国联邦最高法院咨询委员会的解释，该规定旨在使事实裁判者准确理解再现的案件事实。根据一些案例的解释，该条规定所要求的普通证人意见证据应当"合理建立在证人的感知基础上"，不仅仅是要求证人亲自感知案件事实，还要求证人的感知为其意见证据提供了合理基础；而意见证据"有助于清楚理解该证人证言或裁决争议事实"，不仅要求该意见与争议事实有关系，为了"有帮助"，该意见还必须具有相当可靠性，即第 701 条要求普通证人对他所表达的意见应当在其经验或专业知识方面具有可靠的基础。[⑤]

---

① R. v. Blanchard, 456 A. P. R. 316, 146 Nfld. & P. E. I. R. 316(1994).

② M'kee v. Nelson, 4 Cow. 355; 1825 N. Y.

③ De Witt v. Barly and Schoonmaker, 17 N. Y. 340; 1858 N. Y.

④ Augusta Holland v. Alfred Zollner et al. 102 Cal. 633; 36 P. 930; 1894 Cal.

⑤ Asplundh Mfg. Div. v. Benton Harbor Eng'g, 57 F. 3d. (3d Cir. 1995).

（三）规则的现状

在美国《联邦证据规则》第701条通过时，主要考虑的是那些有关人或事物形状、身份特征、行为方式、个人能力、皮肤深浅、声音、尺寸、体重、距离，以及其他离开推论就不能用语言准确描述事项的普通证人意见证据，采纳这些意见证据主要基于便利原则。[①] 但是，由于第701条实际只规定了两个限制条件：一是证人亲自感受了案件事实，二是该意见对陪审团具有帮助，一个证人既可是专家证人，也可是普通证人。根据第701条，如果专家证人自身感知了案件事实，也可就专门性问题提出普通证人意见证据。为此就面临以下风险：专家证人以普通证人的方式提出意见证据，以规避《联邦证据规则》第702条提出的可靠性要求，以及《联邦刑事诉讼规则》第16条规定的专家证人披露要求。而实际情况也是如此，一些本来只能由专家证人提供意见证据的事项，如产品设计缺陷，事故原因认定等，也采纳了一些普通证人意见证据。如联邦第五巡回上诉法院在1983年的一个案件中就采纳了一个有关汽车产品设计存在危险与缺陷的普通证人意见证据。[②] 为解决此问题，2000年修正的《联邦证据规则》第701条在以前的基础上增加一个要求，以作为普通证人意见证据具有可采性的第三个要求，即普通证人的意见证据不是基于第702条规定的科学、技术或其他专门知识。2011年，《联邦证据规则》第701条又作了一些非实质性的调整。

根据现行《联邦证据规则》第701条规定，普通证人的意见证据要获得可采性，必须越过四道障碍：首先是该证人必须亲身感受了案件事实。这是普通证人意见证据与专家证人意见证据的一个重要区别。其次是意见证据体现的推论必须合理建立在所感知到的案件事实基础上。这也就是说，该意见证据应当可以通过日常推理从其所感知的案件事实中得出。再次是该意见必须有助于陪审团裁决案件。这主要包括以下情形：一是普通证人所感知的案件信息难以通过单纯的事实描述传递给陪审团；二是虽然案件信息可通过事实描述传递给陪审团，但该意见可加深陪审团对信息的理解。最后是该意见不是建立在科学、技术或其他专门知识的基础上。该要求主要是为了在普通证人意见证据与专家证人意见证据之间进行区分。其最终目的，按美国联邦最高法院咨询委员会的注解：一是避免以普通证人意见证据的形式提供专家证人意见证据而架空第702条规定的专家证人意见证据的可信性要求；二是防止提供证据一方规避提供专家证人意见证据所需要承担的信息披露义务。法官在决定该意见证据是否具有可采性时，必须确保该意见建立在证人个人感知事实与经验基础上，并且是通过日常推理获得该推论。[③]

目前普通证人意见证据与专家证人意见证据的区别，据美国学者概括，主要有以下几点。[④]

一是法官评估意见证据的方式不同。由于普通证人意见证据建立在日常推理基础上，法官更有能力审查其可采性。对于普通证人意见证据，法官主要审查证人能否通过日常推理合理地从其所感知的案件事实与生活经验推论出该意见。相反，对专家证人意见证据，除了要审查是否有助于陪审团外，法官主要是通过评估方法的科学性、基础事实的充足性以及

①② Asplundh Mfg. Div. v. Benton Harbor Eng'g, 57 F. 3d. (3d Cir. 1995).

③④ Anne Bowen Poulin, Experience-Based Opinion Testimony: Strengthening the Lay Opinion Rule, 39 Pepp. L. Rev. 551(2012).

该科学方法的使用来审查该意见证据的可靠性。

二是意见证据的基础事实不同。普通证人意见证据的事实基础必须是本人所感知到的，而专家证人则不同，可以不是自己所感知的，甚至可以是未在法庭展示的事实。

三是基础事实披露义务不同。专家证人意见证据需要提供具体的事实基础与论证过程，以便决定该专家证人是否具有专家资格，科学方法是否恰当，认证过程是否合理。而普通证人意见证据则需要向法官披露该证人所感知的事实与生活经验。

四是审前披露不同。专家证人意见证据审前披露的内容要比普通证人意见证据多。对于专家证人意见证据，提出证据一方需要在审前指定专家证人，并提供有关该意见证据的报告，而普通证人意见证据则未有此要求。正因为如此，如果提出意见证据一方在审前未披露指定内容，只能作为普通证人意见证据处理。

但据美国联邦最高法院咨询委员会有关《联邦证据规则》第701条的注解解释，普通证人意见证据与专家证人意见证据的区别，关键在于得出意见的推论过程不同：普通证人意见证据来源于一种日常生活所熟悉的推理过程；而专家证人意见证据来源于只有特定领域专家才能掌握的推理过程。[①]

第三节　我国意见证据规则的现状与问题

一、鉴定意见证据规则的现状与问题

（一）相关规范现状

我国《刑事诉讼法》不同于英美法系国家，鉴定人并非证人的一种，而是独立于证人的诉讼参与人，因而并无专家证人之说，而只有鉴定人之称谓。为此，类似于英美法系国家专家证人意见证据的是鉴定人所提供之意见。这种鉴定人提供的意见，一直是我国《刑事诉讼法》的重要证据种类。只是此前一直称之为鉴定结论，直到2005年全国人民代表大会常务委员会《关于司法鉴定管理问题的决定》才将其称为“鉴定意见”。此后，2010年《关于办理死刑案件审查判断证据若干问题的规定》（以下简称《死刑案件证据规定》）以及2012年修改的《刑事诉讼法》也将“鉴定结论”改称“鉴定意见”。对于这一修改，很多学者认为其意义重大。如陈瑞华教授认为，从“鉴定结论”到“鉴定意见”，具有深刻法律意义：它表明鉴定人所提供的意见仅仅是一种证据材料，而不是作为定案根据的“结论”；这种意见不是唯一的，法庭有权对其进行否定性判断。[②]

将鉴定结论改为鉴定意见，并赋予法庭审查与判断权，虽然符合刑事诉讼规律，但也为刑事司法带来一个难题：如何决定鉴定意见的取舍？如果没有一套合理的规范，将鉴定结论改为鉴定意见的立法目的就难以达到，只不过是将原来存在的问题从鉴定程序转移到法庭审判程序而已。对此问题，《关于司法鉴定管理问题的决定》与《刑事诉讼法》并未作具体规

① Anne Bowen Poulin, Experience-Based Opinion Testimony: Strengthening the Lay Opinion Rule, 39 Pepp. L. Rev. 551(2012).

② 陈瑞华：《鉴定意见的审查判断问题》，《中国司法鉴定》2011年第5期。

定,《死刑案件证据规定》对死刑案件鉴定意见的法院审查内容进行了明确规定,并规定了不得作为定案根据的鉴定意见情形。2012 年 12 月出台的最高人民法院《关于适用〈中华人民共和国刑事诉讼法〉的解释》(以下简称“最高人民法院《解释》”)以《死刑案件证据规定》为基础,也对鉴定意见的审查与运用进行相应规定。但比较两者具体内容,基本上大同小异。目前已有规定内容大致如下。

首先是关于鉴定人的资格。根据目前已有规定,出具鉴定意见的鉴定人应当具备以下条件:一是具有与所申请从事的司法鉴定业务相关的高级专业技术职称;二是具有与所申请从事的司法鉴定业务相关的专业执业资格或者高等院校相关专业本科以上学历,从事相关工作 5 年以上;三是具有与所申请从事的司法鉴定业务相关的 10 年以上的工作经历,具有较强的专业技能。但是,虽具备以上条件,但因故意犯罪或者职务过失犯罪受过刑事处罚的,受过开除公职处分的,以及被撤销鉴定人登记的人员,不得从事司法鉴定业务。鉴定人从事鉴定业务,一般应当从属一个鉴定机构。但对案件中的专门性问题需要鉴定,却没有法定司法鉴定机构,或者法律、司法解释规定可以进行检验的,也可以指派、聘请有专门知识的人进行检验,检验报告可以作为定罪量刑的参考。

其次是法院对鉴定意见的审查内容。根据最高人民法院《解释》,应当重点审查以下内容:一是鉴定机构和鉴定人是否具有法定资质;二是鉴定人是否存在应当回避的情形;三是检材的来源、取得、保管、送检是否符合法律、有关规定,与相关提取笔录、扣押物品清单等记载的内容是否相符,检材是否充足、可靠;四是鉴定意见的形式要件是否完备,是否注明提起鉴定的事由、鉴定委托人、鉴定机构、鉴定要求、鉴定过程、鉴定方法、鉴定日期等相关内容,是否由鉴定机构加盖司法鉴定专用章并由鉴定人签名、盖章;五是鉴定程序是否符合法律、有关规定;六是鉴定的过程和方法是否符合相关专业的规范要求;七是鉴定意见是否明确;八是鉴定意见与案件待证事实有无关联;九是鉴定意见与勘验、检查笔录及相关照片等其他证据是否矛盾;十是鉴定意见是否依法及时告知相关人员,当事人对鉴定意见有无异议。

再次是明确规定了不得作为定案根据的鉴定意见。根据最高人民法院《解释》,鉴定意见具有下列情形之一的,不得作为定案根据:一是鉴定机构不具备法定资质,或者鉴定事项超出该鉴定机构业务范围、技术条件的;二是鉴定人不具备法定资质,不具有相关专业技术或者职称,或者违反回避规定的;三是送检材料、样本来源不明,或者因污染不具备鉴定条件的;四是鉴定对象与送检材料、样本不一致的;五是鉴定程序违反规定的;六是鉴定过程和方法不符合相关专业的规范要求的;七是鉴定文书缺少签名、盖章的;八是鉴定意见与案件待证事实没有关联的;九是违反有关规定的其他情形。

最后是规定了鉴定人出庭作证的要求。根据《刑事诉讼法》及最高人民法院《解释》规定,公诉人、当事人或者辩护人、诉讼代理人对鉴定意见有异议,法院认为鉴定人有必要出庭的,鉴定人应当出庭作证。经法院通知,鉴定人拒不出庭作证的,鉴定意见不得作为定案根据。对没有正当理由拒不出庭作证的鉴定人,法院应当通报司法行政机关或者有关部门。为保障鉴定人出庭作证的效果,《刑事诉讼法》第 192 条还规定,公诉人、当事人和辩护人、诉讼代理人可以申请法庭通知有专门知识的人出庭,就鉴定意见提出意见。

从以上规定的审查内容与不得作为定案根据的鉴定意见种类来看,我国有关鉴定意见的立法与司法解释重点关注的是以下几个方面：一是鉴定人的资质问题；二是检材的问题；三是鉴定是否符合规定程序与方法问题；四是鉴定意见文书问题；五是鉴定意见与案件事实的关联性问题。从这些关注点可看出，与目前英美法系国家专家证人意见证据规则相比，相同点在于都重视意见主体的合格性与意见证据的相关性，不同点在于英美法系国家除关注前述两个内容外，特别重视意见证据的可信性，而我国更多的是重视形式要件是否齐备。因为不管是对检材的要求，鉴定意见文书的要求，还是对鉴定程序、鉴定过程与方法的要求，实际都只是要求其符合相关的鉴定技术规范。虽然我国已经制定了很多不同行业或不同技术问题的鉴定技术规范，但这些规范内容未必就是科学合理的。完全遵守这些技术规范，并不当然地就能得出具有可信性的鉴定意见。司法实践中之所以出现就同一个争议存在不同鉴定意见的问题，与此不无关系。但目前已有的立法与司法解释却未关注此问题，尤其是对鉴定意见所依据的科学、技术原理或方法是否具有可信性未给予应有关注。另外，这些审查要求是建立在有关鉴定意见存在相关技术规范的基础之上的，对于那些还未制定相关技术规范，但又不得不依靠鉴定意见的问题，很难适用。

鉴定意见作为一种法定证据种类，与其他证据种类一样，相关性与客观性是其基本要求，我国刑事诉讼立法与司法解释未对决定鉴定意见是否具有客观性的基本因素即鉴定意见所依据的科学、技术原理或方法给予应有关注，反映出两个问题：一是虽然已将鉴定结论改为鉴定意见，但将鉴定人所出具的意见视为结论的习惯或观念并未得到相应改变。因为只关注鉴定人的资质、鉴定过程是否符合规定程序以及鉴定意见文书是否符合形式要件，实际防范的只是不具备资质的人出具的鉴定意见、诉讼一方或鉴定人故意弄虚作假等情形，对于那些不存在鉴定人资质、鉴定意见文书形式要件齐备，但鉴定所依据的科学原理、方法还存在问题或者虽然鉴定过程符合规定流程，但该流程未必合理而导致鉴定意见不可信的情形，却难以有效防范。这实际是盲目崇拜科学，对人性之恶未有充分认识的一种表现。司法实践中出现多头鉴定、重复鉴定的问题，其根源主要在于此方面。二是鉴定意见的审查模式还是停留于鉴定人不出庭的职权主义审判模式。从最高人民法院《解释》对鉴定意见的审查内容来看，有相当部分在于鉴定意见的文书形式要件是否齐备，其目的在于确定鉴定意见文书是否存在造假的问题。很明显，只有在鉴定人不到庭作证的情形下，才会存在这种问题。而这种情形实际是以前刑事诉讼法不重视证人、鉴定人出庭的职权主义审判模式的一个重要结果，与我国刑事诉讼法发展方向不相符合。

正是因为我国刑事诉讼立法与司法实践长期以来对鉴定意见形式要件的重视程度要远远高于鉴定意见的可信性因素，鉴定意见虽冠以鉴定结论的名称，公信力却严重不足，多头鉴定、重复鉴定现象严重，有些案件还因此成为社会公众聚焦的对象。如 2005 年湖南黄静案，湘潭市公安局和湖南省公安厅的法医检验认为，黄静是因心脏疾病导致急性心肺功能衰竭而死，属于正常死亡；而被害人家属聘请南京医科大学所做的鉴定意见认为，心肺功能衰竭的说法证据不足，黄静是非正常死亡，中山大学法医鉴定中心的鉴定意见也认为不足以确定自然死亡，最后法院指定最高人民法院鉴定中心做出的鉴定结论是："被鉴定人黄静在潜在病理改变的基础下，因姜俊武采用较特殊方式进行的性活动促发死亡。"[①]2009 年胡斌案

① 吴革：《黄静案拷问下的程序正义》，《法制日报》2007 年 7 月 13 日。

亦存在类似问题，公安机关交警部门先是认定当时的车速为“70 码”，后因网民强烈异议，公安机关重新聘请社会鉴定机构做出事故时行车时速在 84.1 公里与 101.2 公里之间的鉴定，但仍不被众多网民所信任。2010 年《死刑案件证据规定》与最高人民法院《解释》有关鉴定意见的审查判断规范虽然因实施时间不长，现在还很难对其效果做出准确评价，但因前述缺陷，对于以上多头鉴定、重复鉴定，鉴定意见公信力低的问题，这些规范措施显然也无能为力。因为在这些鉴定意见中，鉴定人的资质与鉴定意见的形式要件皆不存在问题，如果仅仅以上述规定作为审查判断标准，这些鉴定意见皆可作为定案根据。

（二）相关理论研究现状

我国鉴定意见方面存在诸多问题，这是理论界的共识。从目前有关论述来看，理论研究重点主要集中于以下几个方面：

一是鉴定人与鉴定机构的规范问题。据有些学者统计，目前各地司法鉴定机关和鉴定人仍然存在良莠不齐的现象：2010 年法医类、物证类、声像资料类执业司法鉴定人中，博士、硕士、大学本科、大学专科、中专以下学历的人员分别占总人数的 3.5％、9％、68.5％、16.2％和 2.8％；执业司法鉴定人中具有正高、副高、中级、初级职称的人员分别占总人数的 24.8％、41％、29.3％、3.8％。2010 年在司法鉴定执业监督管理中，省级司法行政机关接到的对本行政区内法医类、物证类、声像资料类司法鉴定机构和司法鉴定人投诉举报共计 1322 件。① 为解决此类问题，学界提出了不少完善建议。就鉴定机构而言，有人认为，应当建立司法行政部门统一管理，司法行政部门直属的鉴定机构、侦查机关所属的鉴定机构、社会鉴定机构三类并存的司法鉴定机构制度框架；②另有人认为，在中国，将公安机关、检察机关内设的鉴定机构全部转变为社会中介机构，这是非常危险的，也是不切实际的，应当将侦查机关内设鉴定机构变成独立的司法鉴定机构，使其摆脱侦查机构的直接控制，而改由司法行政机关实施行业化的管理。③ 对于鉴定人的资质问题，大多数人主张加强对鉴定人的管理，设立鉴定人名册，实行鉴定职业资格准入制度。④

二是鉴定意见的质证问题。对此问题，比较统一的主张是，鉴定人应当出庭作证，以接受诉讼对方的质证，通过庭审判断鉴定意见的正确与否，鉴定人无正当理由拒不出庭的，其所做的鉴定意见不能作为认定案件事实的证据。为保证鉴定人出庭作证的有效性，有人提出应当建立与完善专家辅助人制度，诉讼双方可聘请有关专家作为专家辅助人，协助审判人员判断鉴定意见。⑤

三是鉴定程序的启动问题。对此问题，有人主张进行以下改革：一是取消检、警的鉴定启动决定权，明确法官是享有鉴定决定权的唯一主体。二是赋予控辩双方鉴定启动申请权，并以申请作为启动鉴定程序的必经步骤，未经申请，法官只能就双方的证明责任行使释明

---

① 李禹、陈璐：《2010 年度全国法医类、物证类、声像资料类司法鉴定情况统计分析》，《中国司法鉴定》2011 年第 4 期。

② 陈俊生、包建明、吴何坚：《论司法鉴定机构及其设置》，《中国司法鉴定》2010 年第 4 期。

③ 陈瑞华：《鉴定意见的审查判断问题》，《中国司法鉴定》2011 年第 5 期。

④ 齐树洁、洪秀娟：《英国专家证人制度改革的借鉴与启示》，《中国司法》2006 年第 5 期。

⑤ 胡铭：《公案、鉴定意见与刑事诉讼法修改》，《江苏行政学院学报》2012 年第 4 期；杜春鹏、李尧：《英国专家证人制度对完善我国司法鉴定人制度之借鉴》，《证据科学》2012 年第 6 期。

权，并不能主动启动鉴定程序。三是完善有关救济程序的规定，申请人对法院决定不服的，有权向上一级法院请求司法救济。[①] 但也有人主张，除司法机关有权启动鉴定程序外，当事人也有权启动鉴定程序。[②]

四是英美法系国家科学证据可采性标准介绍与借鉴问题。目前国内学界对英美法系国家科学证据，即专家证人意见证据的可采性规则，实际已有不少介绍，只是对该规则的深层问题进行深入分析的并不多，即使有所分析，也大多止于分析该规则与陪审团审判、对抗制诉讼的基本联系。[③] 有些学者在介绍这些规则之后，虽然也对该规则的可借鉴性进行了讨论，但真正结合我国刑事诉讼框架提出建设性对策的并不多。如有人认为，我国应当建立科学证据可靠性审查规则，将科学证据原理和方法的科学可靠性确立为科学证据采纳标准。[④] 该观点所主张的标准实际只是美国专家意见证据可采性的标准之一，对于我国适用该标准可能面临的问题以及如何在我国适用该标准，该观点却缺乏深入分析。[⑤]

不可否认，鉴定人与鉴定机构的资质问题是影响鉴定意见是否具有可信性的一个重要因素，鉴定人出庭作证也是保障鉴定意见具有可信性的重要措施，而鉴定程序的启动问题，虽然与鉴定意见的可信性并无直接联系，但也应当是司法鉴定的一个重要问题。因为它直接关系到当事人的举证权问题，对犯罪嫌疑人、被告人来说，还关系到其辩护权的行使问题。但很明显，在将鉴定结论改为鉴定意见后，最需要研究的是如何控制法官有关鉴定意见是否具有可信性的自由裁量权问题，因为将鉴定结论改为鉴定意见，从另一个角度来看，也就意味着赋予了法官是否采纳鉴定意见的权力。而这种自由裁量权，显然非规范鉴定人与鉴定机构，以及要求鉴定人出庭作证就能解决问题的。黄静案就充分地说明了这个问题。2006年的邱兴华案也从侧面说明了这个问题，因为是否启动鉴定程序，实际涉及的也是一个如何控制法官对待鉴定意见态度的问题。要想控制法官在此问题上的自由裁量权，关键是确定一些衡量鉴定意见是否具有可信性的标准，或者确定一些考虑鉴定意见是否具有可信性时应当考虑的因素。这个问题是英美法系国家专家证人意见证据规则长期以来研究的问题，而如前所述，我国学界虽然对此问题也有一些论述，但大多只是一些介绍性论述，对于如何结合我国刑事诉讼制度，吸取英美法系国家专家证人意见证据规则的合理因素，以完善我国鉴定意见的审查与运用规则，却缺乏深入研究。因此，就我国目前来说，如何解决司法实践中鉴定意见的审查与运用问题，最重要的是如何借鉴英美法系国家专家证人意见证据规则，确定一个审查判断鉴定意见是否具有可信性的标准。

---

① 齐树洁、洪秀娟:《英国专家证人制度改革的借鉴与启示》,《中国司法》2006 年第 5 期。

② 胡铭:《公案、鉴定意见与刑事诉讼法修改》,《江苏行政学院学报》2012 年第 4 期;杜春鹏、李尧:《英国专家证人制度对完善我国司法鉴定人制度之借鉴》,《证据科学》2012 年第 6 期。

③ 王继福:《美国科学证据可采性标准的变迁及对我国的启示》,《山东社会科学》2010 年第 2 期,;张君周:《论法官对科学证据的审查——以美国法官的看守职责为视角》,《法律科学》(西北政法大学学报)2008 年第 6 期;刘晓丹:《科学证据可采性规则研究》,《证据科学》2012 年第 1 期。

④ 刘晓丹:《科学证据可采性规则研究》,《证据科学》2012 年第 1 期。

⑤ 这种介绍英美法系国家科学证据可采性规则或审查标准后，未就我国如何借鉴这些标准进行深入分析的论述比较多。另参见王继福:《美国科学证据可采性标准的变迁及对我国的启示》,《山东社会科学》2010 年第 2 期。

二、普通人意见证据规则的现状与问题

(一)相关规范现状

我国《刑事诉讼法》的证人概念不同于英美法系国家的证人概念,英美法系国家的证人概念不仅包括类似于我国的鉴定人以外,还包括类似于我国的被害人,而我国的证人实际只包括英美法系国家所说的普通证人中与案件没有利害关系的证人,被害人非我国刑事诉讼法所规定的证人的一种。而被害人的陈述中,实际也存在一个意见内容的规范问题。因此,在我国,需要加以规范的鉴定意见以外的意见证据,实际应当包括证人意见证据与被害人意见证据两种,考虑到这种情形,使用普通人意见证据概念,而非普通证人意见证据[①]或证人意见证据,更为恰当。

能否采纳普通人的意见,虽然三大诉讼法并无明确规定,但在民事诉讼法与行政诉讼法的相关司法解释中皆有相应规定,均否定了普通人意见的证据能力。如 2001 年最高人民法院《关于民事诉讼证据的若干规定》第 57 条规定:出庭作证的证人应当客观陈述其亲身感知的事实;证人作证时,不得使用猜测、推断或者评论性的语言。2002 年最高人民法院《关于行政诉讼证据若干问题的规定》第 46 条也有类似规定:证人应当陈述其亲历的具体事实;证人根据其经历所做的判断、推测或者评论,不能作为定案的依据。

在刑事诉讼中,对于普通人意见的证据能力问题,长期以来,不仅刑事诉讼法未有明确规定,相关司法解释也缺乏明确规定。但是,由于事实与意见在很多情况下难以区分,而且如果完全不允许使用意见形式,有些事实往往很难完整、有效地再次陈述出来。由于这种不可能完全排除陈述人的意见的状况,司法实践中各个地方的法院对于普通人意见的态度并不完全一致。如江苏省高级人民法院于 2003 年发布的《江苏省关于刑事审判证据和定案的若干意见(试行)》第 28 条规定:证人对案件事实情节的分析、判断、猜测和发表的其他意见,不能作为定案的证据,但证人基于其所经历的事实而发表的意见,可以作为法官推定某一事实证据是否可采的参考。根据这一规定,虽然证人的意见不能直接作为定案根据,但也并不是完全否定其证据能力,而是规定其可作为是否采纳该证人所陈述的其他事实的参考。而湖北省高级人民法院、湖北省人民检察院、湖北省公安厅、湖北省国家安全厅与湖北省司法厅于 2005 年发布的《湖北省关于刑事证据若干问题的规定(试行)》第 33 条第 11 款规定:被害人、证人根据其所了解的情况对案件事实做出的判断、推测和意见,不能作为定案证据。根据这一规定,包括证人与被害人的普通人意见,不能作为定案根据。但是否具有参考作用,则未见相应规定。

正是考虑到刑事司法实践中,不可能将事实与意见进行绝对的区分,在某些情况下也应当认可普通人意见具有证据能力,《死刑案件证据规定》第 12 条第 3 款规定:"证人的猜测性、评论性、推断性的证言,不能作为证据使用,但根据一般生活经验判断符合事实的除外。"最高人民法院《解释》第 75 条第 2 款也做了类似规定:"证人的猜测性、评论性、推断性的证

---

① 如有人在论及我国证人意见证据的规范时,就使用了"普通证人意见证据"的概念。我们认为,在我国这种并无专家证人与普通证人之区分的语境中使用这个概念是不恰当的。参见何挺:《普通证人意见证据:可采性与运用规则》,《中国刑事法杂志》2010 年第 10 期。

言,不得作为证据使用,但根据一般生活经验判断符合事实的除外。”同时,该《解释》第 79 条规定,对被害人陈述的审查与认定,参照适用有关证人的规定。

根据上述规定,在刑事诉讼中,普通人的意见一般情况下不能作为证据使用,但是,如果根据一般生活经验判断,该意见符合事实的,也可作为证据使用。应当说,上述司法解释符合一般认知规律,具有合理性,因而对准确认定案件事实具有积极作用。但是,从上述规定来看,存在两个问题:首先,是否所提到的三种普通人意见皆有可能作为证据使用?根据该规定,普通人意见包括三种:猜测性的、评论性的与推断性的。其中,猜测性的意见并不是建立在所感知事实的基础上的,也不是根据一般生活经验判断的结果,因而不存在一个符合事实的问题,无作为证据使用的可能性。而所谓推断,也就是根据一定事实或前提进行推理判断,这在逻辑上就包含了一种事实前提与推理方法。因此,推断性意见有可能根据一般生活经验判断而符合事实,应当有可能作为证据使用。有问题的是,评论性的意见是否有可能作为证据使用?所谓评论,大多数情况是指根据一定价值标准或评价标准,对某个事实进行批评议论。对于评论性的意见,实际重点不在于针对的事实,而在于所依据的标准;不是一个是否符合事实的问题,而是一个是否合理的问题。为此,这种评论性意见,应当无作为证据使用的可能性。其次,普通人推断性意见是否符合事实,应当从哪些方面进行审查与判断?普通人意见应当符合哪些标准才算是符合事实?规定中的“一般生活经验判断”是法官的,还是提出意见的证人或被害人的?对鉴定意见应当从哪些方面进行审查的问题,虽然如前所述,并不完全合理,但《死刑案件证据规定》与最高人民法院《解释》毕竟均作了具体规定,而对于普通人意见,这两个规定均未作具体规定。再次,普通人意见的证明对象是否应当有所限制?是否只能限制于与定罪无直接关系的事实?上述两个规定并未有明确规定,但司法实践中却无相应限制,也将其适用于直接影响定罪的构成要件。如有的案件使用普通人意见证明被告人在购买并出售盗版光盘时存在明知。

未就如何审查普通人意见进行规定,实际也就是未对普通人意见采纳与否的标准进行明确规定。未有具体标准,一方面可导致诉讼双方不知应当从哪个角度对此意见的证据能力提出质疑;另一方面导致法官是否采纳普通人意见自由裁量权过大,缺乏必要限制。最终结果,无疑是有可能导致普通人意见证据的滥用。

(二)相关理论研究现状

虽然司法实践运用普通人意见证据证明案件事实的现象早已存在,但有关立法与司法解释一直缺乏应有规范,且学界对此问题也缺乏应有的关注,有关这方面问题的论述少之又少。

有人认为,应当从以下几个方面来规范我国普通人意见证据的运用:首先,明确普通人意见证据可采的基本条件,即:一是基于证人亲身感知的事实;二是有助于审判人员认定案件事实;三是不能为审判人员的推理判断所取代,证人的推理判断基于一些审判者所无法具备的特殊条件。其次,明确规定在符合上述可采基本条件的前提下,由审判人员根据具体情况裁量决定是否采纳普通人意见证据。再次,明确不得采纳普通人意见证据的特殊情形,主要包括以下两种情形:一是关于证人的可信度不允许普通证人提出意见证据;二是关于法律上的定性不允许普通人提出意见证据。最后,明确采纳普通人意见证据的程序保障:一方面,当提出普通人意见证据的相对方提出异议时,应当要求证人详细阐述意见的事实基础及如何得出推断意见，并由相对方进行询问和质证，尤其是当控方提出普通证人意见证据以证明被告人有罪时，必须保障被告方充分的质证权；另一方面，审判人员对普通人意见证据有疑问时，可以在主动调查的基础上再行使其自由裁量权。[①] 另外有人认为，应当将程序保障作为普通人意见证据规则的一部分，即：一是增加预审程序，在意见证据进入法庭之前应先由非庭审法官进行庭前审查，将不可采的普通人意见在审前即予以排除，以免对庭审法官产生不良影响；二是完善判决书的书写及内容，公开证人证言采信的原因或未采信的理由及其审查判断的过程；三是完善证人出庭作证制度。[②]

正如某美国学者所说的，普通人意见证据与专家证人意见证据在意见的形成过程方面，具有很大相同性，不同的地方主要在于所依据的事实来源、推论所使用的方法：专家证人意见证据所依据的事实可以是自己感受到的，也可以是其他人所提供的，而普通人意见证据所依据的事实只能是自己亲身感受到的；专家证人意见证据所使用的推理方法是只有具有专业知识的人才掌握的科学原理或方法，而普通证人意见证据所使用的推理方法是普通人均掌握的日常生活的经验常识。[③] 除此之外，不管是普通人意见证据，还是专家证人意见证据，均是证人将所掌握的事物之间的因果关系应用于某种事实，通过推理获得一种个人意见。普通人意见证据能否作为证据使用，关键在于其是否具有可信性保障。影响这种个人意见是否符合事实而具有可信性的因素基本上是一样的，主要取决于以下因素：一是作为意见的基础事实是否充分可靠；二是证人是否掌握与做出某种推论所需要的事物因果关系相关的知识；三是证人是否忠实地将这种知识运用于基础事实。

从普通人意见证据的形成过程及影响其可信性的主要因素来看，具备前述观点所要求条件的普通人意见证据未必就具有可信性而当然地具有证据能力。换言之，前述观点虽然对普通人意见证据的审查问题做了有益探索，但仍然存在不足。这是因为，前述观点的核心是其提出的基本条件，而此基本条件实际只解决了以下三个问题：一是普通人意见证据的基础事实的来源问题，即只能是证人亲身感受的事实；二是普通人意见证据与案件的相关性问题，即该意见的内容与案件争议事实具有关联性，因而有助于审判人员认定案件事实；三是普通人意见证据的必要性问题，即有关案件事实无法通过事实描述完整地传递给审判人员，审判人员无法通过一般推理得出恰当结论，因而需要证人以意见形式提供证言。对于前面所提到的决定普通人意见证据是否具有可信性的关键性问题，前述观点并未涉及。因为证人虽然亲身感受了案件事实，但其所感知到的案件事实有可能并不足以形成一个合理意见；证人虽然感知到足够的案件事实，但他也可能并无从此事实推论出合理意见的生活经验；证人虽然感知了案件事实，也掌握了应有的生活经验，但该意见也可能不是合理建立在这些事实与生活经验基础上的。

至于上述观点提出的其他程序性内容，虽然确实是普通人意见证据规则不可缺少的内容，对保障此类证据具有可信性具有重要作用。但是，这种保障作用实际只是保障普通

---

① 何挺：普通证人意见证据：可采性与运用规则》，《中国刑事法杂志》2010 年第 10 期。

② 王媛：《普通证人意见证据规则之初探》，《法制与社会》2011 年第 6(下)期。

③ Anne Bowen Poulin，Experience-Based Opinion Testimony：Strengthening the Lay Opinion Rule，39 Pepp. L. Rev. 551(2012).

人意见证据符合可信性标准，它需要通过这种可信性标准才能起到应有作用。如果这种可信性标准不合理，这种保障作用也就难以存在。从某种角度来看，它们只是一种外部性规则。

第四节 我国鉴定意见证据规则的完善

一、域外意见证据规则的可借鉴性问题

有人认为，英美专家证人制度是建立在当事人主义诉讼模式、传闻证据与交叉询问规则基础上的，具有诉讼不经济、诉讼迟延与诉讼不公正的缺陷，而我国缺乏专家证人制度生存的制度基础，缺乏专家证人制度运作的诉讼机制，专家证人制度的固有缺陷无法克服，为此，主张我国司法鉴定体制改革更多的应当参考和借鉴大陆法系鉴定人制度的做法，只有在某些方面确有必要才可吸收英美法系专家证人制度中的合理因素。[①] 专家证人制度虽然不等同于专家意见证据规则，但两者之间具有密切联系：因为专家证人属于诉讼双方的辅助人，专家证人意见具有很大的虚假可能性，因而才需要专家证人出庭接受质证。拒绝专家证人制度，实际也就意味着拒绝意见证据规则。大陆法系国家之所以意见证据规则不发达，与此不无关系。

任何制度都只是所属制度体系的一部分内容，其有效运作离不开该制度体系的其他内容，或者其存在就是其他制度运作的必要条件。确实，正如达马斯卡教授论及英美法系国家证据法的制度背景时所认为的："审判法庭的构成、诉讼程序的集中化以及当事人对诉讼活动的强有力影响……侵蚀这三大支柱中的一个，英美证据法上最具有特色之可采性规则的理论基础都会被严重削弱。"[②]英美法系国家有关证人意见证据的规则，也是一种可采性规则，它是英美法系国家陪审团审判、对抗制诉讼以及庭审中心化的产物。由于陪审团审判，有关案件事实的裁决并不需要说明理由，陪审团是否采信了不该采信的意见证据，往往无从监督；由于对抗制诉讼，聘请何人作为证人，往往由诉讼双方决定。如专家证人，"当事人往往出于自身诉讼利益的考虑，往往不是为了澄清争执事项去找最佳的鉴定人，而是为他的案件找最佳的证人"，[③]"美国的专家证人就像律师手中的萨克斯管，律师想吹出什么调就能吹出什么调"，[④]这种专家证人的意见证据往往具有偏向性，需要在提交陪审团裁决之前加以过滤；由于庭审中心化，排除传闻证据，证人需要亲自出庭作证，而不能提交一纸书面的意见了事。而我国的刑事审判中，合议庭既负责事实认定，也负责法律适用，刑事裁判需要说明判决理由；庭审模式实行的是一种职权主义模式，是否启动鉴定程序的决定权在于公安司法机关，是否需要某个证人或被害人出庭作证，也是由法院决定，而公安司法机关负有客观公正

① 邓晓霞：《论英美法系专家证人制度的基础与缺陷——兼论我国引入专家证人制度的障碍》，《中国刑事法杂志》2009年第11期。

② 米尔健·R.达马斯卡：《漂移的证据法》，李学军、刘晓丹译，中国政法大学出版社2003年版，第176页。

③ 汪建成、吴江：《司法鉴定基本理论之再检讨》，《法学论坛》2002年第5期。

④ 转引自徐静村、颜飞：《通过程序弥合程序的鸿沟——论科学证据对刑事审判的挑战与应对》，《中国司法鉴定》2009年第2期。

履行职责的义务，在理论上不存在英美法系国家那种证人尤其是专家证人各自为诉讼一方出具专家证人意见证据的情形。庭审中心化、传闻证据规则并未确立鉴定人、证人可基于合理理由不出庭。从这些方面来看，完全按英美法系国家意见证据规则改造我国意见证据的审查与运用规范，确实没必要性，而且也难以操作。

但是，从前述英美法系国家意见证据规则的起源与发展过程可以看出，它虽然属于一种可采性规则，却与英美法系国家证据法的其他很多可采性规则不同，它的最终目的在于保证意见证据的相关性与可信性，而非基于程序正当要求保障被告人的程序性权利。从这点来讲，英美法系国家意见规则是实体性保障规则，而非类似于非法证据排除规则之类的程序性保障规则。该规则实际包含两部分内容：一是有关意见证据本身的内容，如意见证据是否具有相关性以及意见证据所依据的科学原理、方法或生活经验是否具有可靠性，意见证据是否有充分事实依据，意见证据是否为证人将科学原理、方法或生活经验正确适用于充分事实依据的结果等方面；二是有关审查判断意见证据途径的内容，如专家证人意见证据应当何时提出、通过何种具体方式进行判断等方面。前者涉及意见证据的审查角度问题，后者涉及意见证据的审查方式问题。很明显，只有后者才是英美法系国家陪审团审判、对抗制诉讼等刑事诉讼基本框架所决定的，才存在一个不同法律制度的契合性问题，而前者属于意见本身的问题，只要将意见作为一种证据使用，都会面临该问题，同时也应当从以上所论及的方方面面进行审查判断。我国刑事司法鉴定制度改革的目标，以及规范普通人意见证据使用的目的也在于保障意见证据具有可信性与相关性，从而保障刑事司法的公正性。因此，虽然囿于刑事诉讼基本框架，英美法系国家审查判断意见证据的途径也许不完全适合我国刑事诉讼，但该证据规则有关意见证据的审查角度却很值得我国借鉴，我国也应当从这些审查角度来规范意见证据的审查与运用。本部分以下先借鉴英美法系国家意见证据规则的审查角度，简述我国意见证据应当审查的内容，然后再结合我国刑事诉讼模式，简述审查判断意见证据的途径。参照某学者的说法，前者可称为意见证据的内部性规则，后者可称为意见证据的外部性规则。①

二、鉴定意见的内部性规则

在此所说的鉴定意见的内部性规则，也就是指审查判断鉴定意见时所应当审查的内容与遵循的标准，其目的是为鉴定意见的审查判断提供一个分析框架与判断标准。从鉴定意见的内部结构来看，鉴定意见是鉴定人利用自己所掌握的科学原理或方法，借助一定设备或仪器，按规定的流程或方式，对有争议的事实或物品进行分析，然后提出分析判断意见，以帮助事实裁判者裁决纠纷。从此内部结构来看，鉴定意见能否作为定案根据，决定性因素有以下几点：一是鉴定意见与争议事实是否具有相关性，可称为鉴定内容相关性规则；二是鉴定意见所分析的问题是否超出了法官的知识范围，可称为鉴定启动必要性规则；三是鉴定人所利用的科学原理或方法是否可靠，可称为鉴定依据可靠性规则；四是鉴定人是否严格按规定

① 有学者认为，科学证据可采性标准可分为内部性标准与外部性标准两部分，内部性标准是指科学证据的科学有效性(科学原理与方法)、可靠性、相关性，而外部性标准是指科学专家的可信性。从其内容来看，其实讨论的也主要是鉴定意见的审查与判断问题。参见张南宁：《科学证据可采性的认识论反思与重构》，《法学研究》2010年第1期。

的或应有的流程或方式分析争议事实或物品，可称为鉴定程序合规性规则；五是鉴定人用以分析判断的事实或物品是否符合要求，可称为鉴定材料充分性规则；六是鉴定人是否掌握了鉴定所要求的科学原理、方法与操作规程，可称为鉴定人适格性规则。

(一)鉴定内容相关性规则

该规则要求的是鉴定意见必须与争议案件的解决具有内在联系。在英美法系国家，专家证人意见证据的相关性受一般证据相关性的约束。如美国，根据《联邦证据规则》第 401 条，所谓证据相关性，也就是具备以下条件：一是该证据具有与没有该证据相比，使得某事实更可能存在或者更不可能存在的任何倾向；二是该事实对于确定诉讼具有重要意义。同时，该《规则》第 403 条规定，如果相关证据的证明价值被以下一个或多个危险所严重超过时，则法院可以排除该证据：造成不公正损害、混淆争点或误导陪审团、不当拖延、浪费时间或者不必要地出示重复证据。为此，专家证人意见证据即使符合该《规则》第 702 条规定，有助于事实审判者理解证据或确定争议事实的，也可能因为第 403 条规定而不具有可采性。这也就是说，就专家证人意见证据而言，具有能够帮助事实审判者理解证据或确定争议的属性，并非相关性规则的全部，它还存在一个证明价值与其他价值的权衡问题。在我国，根据《刑事诉讼法》第 48 条："可以用于证明案件事实的材料，都是证据"，以及最高人民法院《解释》，鉴定意见与案件待证事实存在关联性，也应当是鉴定意见的基本要求。但是否鉴定意见具有关联性就一定具有证据能力，却值得进一步探讨。本书认为，我国可借鉴美国《联邦证据规则》做法，在鉴定意见的证明价值相对于其他所可能造成的诉讼迟延时，也可否定其证据能力，或不批准启动鉴定程序。

(二)鉴定启动必要性规则

该规则要求在刑事审判中，只有争议问题确需鉴定意见时，该鉴定意见才可作为定案根据。该规则一方面在于限制鉴定程序的启动，避免诉讼一方通过鉴定程序拖延诉讼；另一方面在于限制法官随意采信鉴定意见。具体而言，这包括两个方面的要求。

一是只有在争议问题已经超出作为法官应当掌握的知识范围时，才可使用鉴定意见；如果争议的问题在法官常识和经验的范围内，则属于法官判断分析的范畴，该鉴定意见未具有必要性。对于这一点，美国《联邦证据规则》第 704 条有最终争议(ultimate issuer)之限制，即在刑事案件中，专家证人不得就被告人是否存在构成被指控犯罪要素的精神状态或条件提供意见，这些事项只能由事实审判者认定。该规定的目的在于防止专家证人篡夺事实审判者的裁决权。但是，完全禁止专家证人就最终争议发表意见，在很多刑事案件中是不切实际的。为此，这种限制在英国早已被打破，专家证人可就最终争议提供专家意见。[①] 在我国，被告人是否具有责任能力，直接关系到被告人的危害行为是否构成犯罪，按以上标准，可谓最终争议。但是，我国司法实践中鉴定人就此问题提供鉴定意见的并非少数事例，对鉴定人所能提供鉴定意见的范围进行如此规定，并无必要。

二是争议问题超出法官应当掌握的知识范围的，应当根据鉴定意见进行裁决，而不能由法官自称专家直接进行裁决。对于这一点，英国普通法有明确规定。如英国上诉法院在 1991 年的一个案件中就明确批评了一位法官将自己视为辨认笔迹方面的专家来对比被告

① 理查德·梅：《刑事证据》，王丽、李贵方等译，法律出版社 2007 年版，第 193 页。

手写笔迹样本的做法。[①] 在我国,这种做法似乎并未引起足够的重视与质疑。如2006年邱兴华案,该做精神病鉴定而未做鉴定,实际就属于此类问题。为保障被告人的辩护权,保障当事人的举证权,应当明确规定,对于超出法官知识范围的争议问题,应当通过鉴定予以解决。按此要求,对于通过将有关专家作为陪审员,从而排斥鉴定意见的做法,也应当加以禁止。因为实际是将鉴定人与法官合二为一,在篡夺合议庭其他法官裁决权的同时,也侵害了当事人的举证权。

(三)鉴定依据可靠性规则

可靠性,在此是指鉴定意见所依据的科学原理、方法具有真实性属性,每次把同一科学原理或方法应用到相同事物时得到同样结果。对此要求,应当已经达成共识。从前述英美法系国家专家证人意见证据规则的发展过程来看,问题在于如何判断该科学原理或方法具有可靠性,美国弗赖标准与道伯特标准之争,在很大程度上就是可靠性判断标准之争。对此问题,我国学界有人提出,应当从科学的不确定性、可再生性、因果关系和错误率四个方面来判断是否具有可靠性。[②] 另外有人认为,审查是否具备科学可靠性的标准应当包括:一是鉴定意见依赖的原理、技术和假设是否已被充分、正确地检验;二是该原理、方法和技术是否取得同行审查和出版,如果存在同行审查,该原理、方法和技术在科学团体中被认为正确的程度;三是该原理、方法和技术适用的错误率。[③] 将第二种观点与美国道伯特标准比较,其实就是该标准所要求考虑的可靠性因素。而第一种观点的不确定性、可再生性等概念,比较抽象,操作性不强。美国弗赖标准有点过严,而道伯特标准则有点过宽,完全移植显然已经不恰当。如何制定一个具体而具有可操作性的标准,美国法学家迈克·考米克提出的分析科技证据可采性的几种应考虑的因素颇值得参考:一是使用该技术的潜在错误率;二是控制该技术应用的标准;三是该技术特征的防护措施;四是该技术被该领域科学家接受的程度;五是提出推理的性质和范围;六是该技术及其结果可以被清楚和简洁地描述和解释;七是法庭和陪审团可核实基础资料的程度;八是其他专家检验和评估该技术的有效性;九是该证据在该案全部证据中的证明价值;十是该案中使用该技术的注意事项。[④]

(四)鉴定程序合规性规则

这是对鉴定过程的要求。按此要求,鉴定人进行鉴定时,必须按已有技术规范所规定的流程与方式,将科学原理、方法应用于争议问题。这一问题,除涉及鉴定人是否按规定流程进行鉴定外,应当还包括有关检材的收集与保存等是否符合规定程序的问题。对于这一问题,最高人民法院《解释》已有明确规定:法院审查鉴定意见时,必须审查鉴定程序是否符合法律、有关规定,审查鉴定的过程和方法是否符合相关专业的规范要求。问题是,对于有关技术规范规定的流程与方式的合理性,如果诉讼一方提出异议,法院能否有权对其加以审查?我国目前有关鉴定的技术规范大多由有关行业制定或起草,这些行业在制定或起草此类技术规范时,难免出于部门利益而做出一些不合理的规范。因此,在诉讼一方对此提出异

---

① 理查德·梅:《刑事证据》,王丽、李贵方等译,法律出版社2007年版,第197页。

② 张南宁:《科学证据可采性的认识论反思与重构》,《法学研究》2010年第1期。

③ 刘晓丹:《科学证据可采性规则研究》,《证据科学》2012年第1期。

④ 王继福:《美国科学证据可采性标准的变迁及对我国的启示》,《山东社会科学》2010年第2期。

议时，应当允许法院审查这些规定流程或方式的合理性，并以此决定是否将鉴定意见作为定案根据。

（五）鉴定材料充分性规则

这是对鉴定意见所依据的事实或检材提出的要求。鉴定意见是科学原理或方法应用于有关事实或检材的结果，事实不充分或检材不符合规定要求，鉴定意见就可能与客观事实不相符合。为此，2000 年修正后的美国《联邦证据规则》第 702 条特别增加了这一要求。最高人民法院《解释》也规定了此要求：鉴定意见应当审查检材的来源、取得、保管、送检是否符合法律、有关规定，与相关提取笔录、扣押物品清单等记载的内容是否相符，检材是否充足、可靠；对于送检材料、样本来源不明，或者因污染不具备鉴定条件的鉴定意见，以及鉴定对象与送检材料、样本不一致的鉴定意见，不得将其作为定案根据。这种检材充分性要求，除了数量与质量的要求外，还有合法性要求，即检材或事实的取得符合法律规定，其本身具有可采性。美国《联邦证据规则》与道伯特案并未涉及此类证据的可采性问题，因而有可能导致未具有可采性的证据也被作为专家证人意见证据的事实基础，从而使专家证人意见证据成为非法证据进入法庭的“后门”。正因为如此，专家证人意见证据目前已引起美国有关学者的宪法性关注。[①] 对此问题，虽然最高人民法院《解释》也明确规定应当审查检材的取得是否合法的问题，但对于建立在非法取得检材基础上的鉴定意见，能否作为定案根据，却未做明确规定。对此类鉴定意见一律加以排除，显然不现实。就目前而言，根据此类证据属于实物证据还是言词证据，分别根据《刑事诉讼法》第 54 条规定进行处理，是比较恰当的做法，即：对于以非法言词证据作为鉴定意见基础的，该鉴定意见不能作为定案根据；对于以非法收集物证、书证作为鉴定意见基础的，在不能补正或者做出合理解释时，该鉴定意见也不得作为定案根据。

（六）鉴定人适格性规则

这是要求鉴定人必须具备相关鉴定所要求的资质。鉴定意见归根结底还是鉴定人的一种主观分析意见，该意见是否符合客观事实，鉴定人是否确实掌握相关鉴定所需要的科学原理、方法与操作规程，对鉴定意见能否作为定案根据具有决定性的意义。正因如此，我国学界与实务界历来强调鉴定人的资质问题，学界已有相当论述。基于此，本书不再赘述，在此仅强调我国学界与实务界对此问题的两种不当倾向：一是不当强调鉴定人的学历。如很多学者在讨论我国的鉴定人问题时，常常有意无意地以鉴定人的学历作为评价标准。其实，鉴定人是否具备资质，重点不在于其学历高低，而在于其是否确实掌握了相关科学原理、方法与操作规程。正是出于此因，英美法系国家在专家证人的资质问题上，学历，即教育，并不是唯一的。根据《联邦证据规则》第 702 条，除了教育以外，通过其他方式掌握知识、技能、经验的，也可作为专家证人。为此在审查鉴定意见时，应当避免以鉴定人学历确定其鉴定意见的可信性程度。二是不当强调鉴定人所属鉴定机构的级别或权威性。在司法实践中，很多人均认为，鉴定机构级别或权威性越高，其鉴定人所做的鉴定意见越具有可信性。其实，鉴定机构的权威性并不完全等同于鉴定人的可靠性。为此在审查鉴定人资质时，重点审查其是

---

① See Julie A. Seaman, Triangular Testimonial Hearsay: The Constitutional Boundaries of Expert Opinion Testimony, 96 Geo. L. J. 827(2008).

否具备相应的资质，而无必要审查其所属鉴定机构的级别与权威性，更不能想当然地认为鉴定机构级别越高，其可信性越强。

三、鉴定意见的外部性规则

鉴定意见的外部性规则，主要是指应当通过何种程序来审查鉴定意见是否符合前述内部性规则。这种规则与各国刑事诉讼基本框架密切相关，不同国家应当有所不同，具有很强的本土性。结合我国情况，至少应当建立以下外部性规则，以保障鉴定意见的相关性与可靠性。

(一)鉴定人出庭作证规则

在我国，由于合议庭将事实认定与法律适用合二为一，鉴定意见的审查目的在于确定其能否作为定案根据。这种审查目的不同于英美法系国家专家证人意见的可采性审查目的，它实际既包含证据能力审查目的，也包含了证明力或证明价值的审查目的。为此，没有必要像英美法系国家那样在庭前决定鉴定意见的采纳问题，完全可安排在法庭调查与法庭辩论阶段决定该问题。但是，以书面方式审查鉴定意见是否具有相关性与可靠性，显然难以达到目的，应当通过鉴定人出庭作证的方式，由诉讼双方通过质证方式进行审查。对此，《刑事诉讼法》第 187 条也有所规定："公诉人、当事人或者辩护人、诉讼代理人对鉴定意见有异议，人民法院认为鉴定人有必要出庭的，鉴定人应当出庭作证。经人民法院通知，鉴定人拒不出庭作证的，鉴定意见不得作为定案的根据。"根据这一规定，鉴定人出庭作证并非原则，只有在诉讼双方对鉴定意见有异议，且法院认为鉴定人有出庭必要的，才存在鉴定人出庭问题。而对鉴定人在哪些情况下可以不出庭作证，法律却没有规定，最高人民法院《解释》也未见相关规定，这无疑给法官不恰当使用自由裁量权留下了空间。只要诉讼双方均有异议就要求鉴定人出庭作证，完全排斥法官对鉴定人是否出庭的决定权，显然也不合理。可行的做法应当是赋予法官一定的决定权，但应当尽量明确鉴定人可以不出庭的情形。

(二)专家辅助规则

鉴定意见涉及专门性问题，该意见涉及何种科学原理、方法，该意见又是如何从这些原理、方法中推演出来的，这不仅超越了法官的知识范围，也超越了绝大部分当事人与辩护人、诉讼代理人的知识范围，由当事人及其辩护人、诉讼代理人对鉴定人进行质证，其困难性可想而知。我国长期以来存在的鉴定人不出庭问题，与此不无关系。《刑事诉讼法》第 192 条借鉴域外专家辅助人制度，规定公诉人、当事人和辩护人、诉讼代理人可以申请法庭通知有专门知识的人出庭，就鉴定人做出的鉴定意见提出意见，法庭对于上述申请，应当做出是否同意的决定。该规定对于帮助法官审查判断鉴定意见无疑具有积极作用。但其在提高诉讼双方针对鉴定人的质证能力方面到底有何效果，恐怕不能抱过多期望。这是因为，虽然该条规定，有专门知识的人的出庭问题，适用鉴定人的规定，但有专门知识的人显然不同于鉴定人，它实际只是法官的辅助人，而非诉讼双方的帮助人，为此其能否从不同角度针对鉴定人进行质证，不无怀疑。为达到提高质证能力的目的，将这种有专门知识的人定位为诉讼双方的帮助人，也许更为恰当。

(三)采信理由公开规则

我国不同于英美法系国家陪审团审判，合议庭对事实的裁决应当说明理由。为提高法院采信鉴定意见的透明度，应当要求法院判决公开其将某个鉴定意见是否作为定案根据的理由。这一方面有利于促使法官谨慎采信有关鉴定意见，另一方面也有利于加强对鉴定意见运用的监督，保证法院所采信的鉴定意见具有相关性与可靠性。

(四)庭前证据开示规则

该规则指诉讼一方申请将鉴定意见作为证据使用的，应当将此鉴定意见告知诉讼另一方，以便其提出异议，并做好庭审质证工作。这是因为，鉴定意见涉及专门问题，诉讼双方均未具有此方面的知识，如果未在开庭前向对方出示，容易造成证据突袭，造成诉讼不必要的中断。对此问题，我国刑事诉讼法已有相应规定。如《刑事诉讼法》第146条规定，侦查机关应当将用作证据的鉴定意见告知犯罪嫌疑人、被害人。如果犯罪嫌疑人、被害人提出申请，可以补充鉴定或者重新鉴定。有问题的是，法律对开示的程度未作具体规定，仅仅开示鉴定意见的结论部分，还是鉴定意见所依据的科学原理、方法以及所依据的基础事实也应当开示？如前所述，鉴定意见是否具有可信性，取决于多种因素，鉴定意见的开示目的是为庭审质证做好准备，而质证的目的在于揭露鉴定意见的不可信性。出于此目的，应当规定鉴定意见开示的内容不仅仅包括鉴定意见的结论部分，还应当包括鉴定意见所依据的基础事实，鉴定意见所使用的科学原理、方法等。

第五节　我国普通人意见证据规则的构建

普通人意见证据虽然在形成过程方面类似于鉴定意见，但从审查与运用规则的构建来看，也有不少差异：一是意见提出主体的要求不同。鉴定意见由于涉及专门知识，鉴定人需要有法定资格，而普通人意见并不涉及专门知识，并不需要法定资格。当然，由于普通人意见是基于亲身感受的案件事实而提出的，主体具有不可替换性；而鉴定意见所依据的事实并非鉴定人所亲身感受，鉴定人具有可替代性。二是作为推论工具的知识要求不同。鉴定意见是鉴定人将专门知识应用于基础事实的结果，这种专门知识需要通过专业教育或训练才可形成，因而这种专门知识不仅对诉讼双方来说是陌生的，对于法官来说也是陌生的，进而在审查鉴定意见是否具有可信性之前，首先得确定这种专门知识是否具有可靠性。而普通人意见是证人、被害人等将所掌握的生活常识应用于所感知案件事实的结果，这种生活常识不仅对诉讼双方来说是熟悉的，对法官来说也是熟悉的，这种意见本来应当由法官做出，只是因为证人、被害人等所感知的案件事实无法通过事实描述完整传递给法官，法官无法将生活常识应用于这种案件事实，才允许证人、被害人等以意见形式提出自己所感知的案件事实。为此，对于普通人意见来说，并不需要就作为推论工具的生活常识的有效性进行审查。由于这一原因，普通人意见证据审查中，一般不会发生鉴定意见审查的那种“科技论战”现象，因而也不存在基于科学原理、方法有效性审查的各种标准。三是作为意见证据依据的基础事实的来源不同。鉴定意见的基础事实或检材并非鉴定人所亲身感知或收集的，因而存在一个证据收集的合法与否问题。而普通人意见的基础事实是证人、被害人亲身感受的，不存在合法与否的问题，而存在一个证人、被害人是否有感知案件事实的能力问题。基于这些不同，鉴定意见的审查与运用规则有些可适用于普通人意见证据，如内部性规则中的鉴定内容相关性规则与鉴定材料充分性规则，外部性规则中的采信理由公开规则；有些规则对于普通人意见证据则无存在必要，如内部性规则中的鉴定依据可靠性规则，外部性规则中的专家辅助规则；其他规则则适用于普通人意见证据，只是有些规则的要求略有不同。以下仅就普通人意见证据所要求的特别规则与那些适用于普通人意见证据，但要求略有不同的规则进行简要论述。

一、普通人意见证据的内部性规则

（一）意见提出必要性规则

普通人意见之所以成为裁判者的需要，其原因实际不同于鉴定意见。裁判者之所以需要鉴定意见，是因为其缺乏专门知识，无法理解某个事实或事物所传达的信息，需要通过鉴定人的解读方可理解；而裁判者之所以需要普通人意见，是因为证人、被害人所感知的案件事实无法通过语言、文字描述完整地传达给裁判者，这些信息需要证人、被害人通过生活常识归纳、整理后方可比较完整地传达给裁判者。为此，两者的必要性要求是不同的。对于鉴定意见来说，只要涉及超出裁判者知识范围的且属于裁决案件所不能缺少的问题，就有必要性；对于普通人意见来说，只要该案件事实是裁决案件不可缺少的，且亲身感受案件事实者无法通过事实描述完整地将信息传达给裁判者的，就有必要性。

对此，英美法系国家普通法虽然对需要普通人意见证据的情形有所归纳，但实际并不限制于这些情形，这也就是说，需要普通人意见证据的情形是开放性的，并没有严格限制于某些情形。如美国，根据 1995 年美国联邦第三巡回上诉法院在 Asplundh Mfg. Div. v. Benton Harbor Eng'g 案的概括，主要适用于人或事物的外形、身份特征、行为方式、个人能力、皮肤颜色深浅、声音、尺寸、体重、距离，以及汽车速度、个人精神状态、身体健康状况、财产价值等方面。[①]《联邦证据规则》第 701 条也体现了这一点。根据该条规定，只要不是基于第 702 条规定的科学、技术或其他专门知识，且该意见是合理建立在普通证人的亲身感知基础上，对陪审团清楚理解该证人证言或确定争议事实具有帮助性，就可以意见形式提供证言。司法实践也允许在其他情形以普通证人意见证据作证。如会计师可针对自己经手的账本所反映的事实以普通证人意见证据形式作证。[②]

对于我国应当如何建构普通人意见证据的必要性规则，有人认为，只要普通人意见符合以下三个条件，就可由法官自由裁量：一是基于证人亲身感知的事实；二是有助于审判人员认定案件事实；三是不能为审判人员的推理判断所取代。但关于证人的可信度与关于法律上的定性，不允许普通人提出意见证据。[③] 对于这个问题，笔者认为，该规则的目的在于一方面防止出现法官不该采纳而采纳普通人意见证据的情形；另一方面在于防止出现法官应当采纳而不采纳普通人意见证据的情形。为达到此目的，可以一方面借鉴英美法系国家的实践经验，明确规定一些可采纳普通人意见证据的情形，如有关人或事物的外形、身份特征、行为方式、个人能力、皮肤颜色深浅、声音、尺寸、体重、距离，以及汽车速度、个人精神状态、身体健康状况的情形，防止出现法官应当采纳而不采纳普通人意见证据的情形；另一方面通过

① Asplundh Mfg. Div. v. Benton Harbor Eng'g, 57 F. 3d. (3d Cir. 1995).

② Teen-Ed, Inc. v. Kimball International, Inc., 620 F. 2d (3d Cir. 1980).

③ 何挺：《普通证人意见证据：可采性与运用规则》，《中国刑事法杂志》2010 年第 10 期。

设置一些限制性条件防止法官不应当采纳而采纳普通人意见证据，如只能就事实问题发表意见，而不能就法律问题发表意见；必须是证人、被害人所感知的案件事实过于零散，无法通过事实描述完整传递，才能以普通人意见形式提供证据等。

（二）意见主体适格性规则

普通人意见证据并不涉及专门知识，其之所以成为必要，在于裁判者不能获得证人、被害人等所感知到的案件事实，而不是因为证人、被害人掌握了从事实到意见的特殊推理方法，这种推理方法其实就是一般生活经验与常识，裁判者也掌握有这种经验与常识。为此，这里的适格性，并不是指证人、被害人等普通人必须掌握专门知识，而是指证人、被害人一方面必须亲身感受案件事实，第一手获得形成意见所必需的足够的案件事实；另一方面是指证人、被害人必须掌握形成特定意见所必需的生活经验或常识。

对于第一方面，实际包含两个要求：第一个要求是亲历性，即证人、被害人等普通人据以形成意见的事实是自己亲自感受到的案件事实，而不能是听他人所说的，或者有部分事实是他人所说的。这是普通人意见证据之所以可作为证据使用的关键。如果证人、被害人缺乏感知特定案件事实的能力，或因为案发时的特定客观环境，这些人不可能感知到形成意见所必需的案件事实的，他们的意见不能作为证据使用。第二个要求是充分性，即证人、被害人等普通人所感受到的案件事实必须具有充分性，一般人依据这些事实，利用生活常识或经验进行日常推理均能得出相同的意见。如果证人、被害人所感知到的案件事实仅仅是形成意见所需要的部分事实，他们据此形成的意见不能作为证据使用。

对于第二方面，主要是指证人、被害人必须具有将所感知到的案件事实进行归纳、推理，从而形成特定意见的能力。这种能力虽然不属专业知识能力，可能不需要通过专门的学习与训练才能获得，但它也必须是证人、被害人通过一定时间的生活或实践才可能掌握的能力。比如对车速的判断能力，如果不是经常接触这方面的事情，就不会掌握这种能力，其所做出的意见就不能作为证据使用。证人、被害人是否具有特定能力，必须视其意见所涉及的内容进行具体判断，有些需要有类似于鉴定人的学习或训练；有些则不需要，只要其心智健全，达到一定年龄即可。

（三）意见内容合理性规则

此处的合理性是指证人、被害人所提出的意见必须是他们将自身所具有的生活经验或常识，合理应用于自己所感知到的案件事实，通过日常推理所形成的意见，即普通人意见应当是合理源于证人、被害人所感知案件事实的结果，是证人、被害人所感知案件事实与生活经验或常识相结合的合理结果。这是因为有可能存在以下情形：证人或被害人虽然亲身感受到足够的案件事实，他们也掌握了形成意见所需要的基本生活经验或常识，但他们也有可能出于某种利益而故意做出与事实不相符合的意见。虽然这种可能比较少，但法律制度是人性恶假设的结果，如果人性皆善，根本就不需要什么法律制度。既然要规范普通人意见证据的审查与运用，就必须要考虑这种情形有存在的可能性。

二、普通人意见证据的外部性规则

（一）出庭作证规则

该规则是对提供普通人意见证据的证人、被害人所提出的出庭作证要求。在英美国家，由于陪审团的裁决不需要说明理由，认可普通证人意见证据的可采性，存在很大风险。为了避免这种风险转化为现实结果，英美法系国家很重视法官的“守门人”职责，要求法官尽责审查，以将不具有可信性的普通证人意见证据排除在法庭之外。但是，从目前的规定来看，法官对专家证人意见证据的审查要严于普通证人意见证据的审查，一个重要表现就是普通证人意见证据的审前开示要求要比专家证人意见证据的审前开示要求宽松得多。[①] 其原因主要在于普通证人不具有专家证人那种“专家”的光环，陪审团成员对普通证人意见证据所涉及的内容均具有相应的判断能力，通过普通证人出庭接受质证，可充分揭露普通证人意见证据不可信的那一面，陪审团因此也可以做出准确的判断。这也就是说，英美法系国家那种要求证人出庭接受交叉询问的机制，很大程度上弥补了陪审团裁决不说明理由所造成的缺陷。

在我国，虽然法院判决按规定应当对是否采纳某个有争议的证据说明理由，但司法实践中，法院判决就某个证人证言或被害人陈述是否包含意见成分，对此意见成分能否作为证据使用的问题，予以充分说明理由的情形极其少见。这一方面在于证人、被害人出庭作证的情形比较少，诉讼对方不知其包含意见证据成分，另一方面在于法院判决说理历来不充分。为了避免法院采纳不具有可信性的普通人意见，除了要加强法院判决说理的充分性外，更重要的是强化证人、被害人出庭作证的要求。对此，可在证人、被害人出庭作证例外中明确规定，证人、被害人所提供证人证言或被害人陈述中包含意见成分且诉讼对方提出异议的，证人、被害人应当出庭作证，而不能以提出书面证言或书面陈述代替。

（二）庭前证据开示规则

该规则要求诉讼一方发现证人证言或被害人陈述中含有意见成分，且拟将其作为证据使用的，应当将此意见在开庭之前告知诉讼另一方，以便其提出异议，并做好庭审质证工作。由于普通人意见所依据的生活经验与常识，诉讼双方及法官均具有，普通人意见证据在开庭之前应当向对方开示的除了完整的证人证言或被害人陈述外，提出此证据的一方，尤其是控诉方还应当向被告人方，具体说明证人或被害人的其他有关案件事实感知能力的事实，说明证人或被害人具有形成意见所需要的日常生活推理能力。这是因为，虽然我国《刑事诉讼法》规定辩护律师有一定的取证权，但根据《刑事诉讼法》第 41 条第 2 款规定，辩护律师只有经人民检察院或者人民法院许可，并且经被害人或者其近亲属、被害人提供的证人同意，才可以向他们收集与本案有关的材料。因为这一条，司法实践中辩护律师向控诉方证人或被害人调查核实有关证据，不仅面临很多困难，也往往面临很大风险：一旦控诉方证人或被害人改变陈述内容，辩护律师就面临威胁、引诱证人或被害人改变证言的刑事责任风险。

---

① Anne Bowen Poulin, Experience-Based Opinion Testimony: Strengthening the Lay Opinion Rule, 39 Pepp. L. Rev. 551(2012).

第七章　检察机关撤回起诉制度研究

检察机关撤回起诉，是指在刑事诉讼中检察机关撤回已经向人民法院提起的公诉案件的诉讼活动。撤回公诉一直是我国刑事司法实践中存在的处理公诉案件的方式之一。但由于立法缺失，司法解释简约，导致撤诉实践各行其是，侵犯当事人合法权益的现象大量存在，直接影响刑事司法的权威性、公正性。本章试就我国刑事公诉撤回制度的现状进行分析，指出存在的缺陷，并在此基础上，借鉴国外立法，对如何完善刑事公诉撤诉制度进行理性思考和制度设计，以供立法机关修改《刑事诉讼法》和两高制定司法解释时参考。

第一节　我国刑事公诉撤诉制度的现状

一、我国现行刑事公诉撤诉制度的沿革

1979 年颁布的《刑事诉讼法》第 108 条曾规定："人民法院对提起公诉的案件进行审查后，对于犯罪事实清楚，证据充分的应当决定开庭审判；对于犯罪事实不清、证据不足的，可以退回人民检察院补充侦查；对于不需要判刑的，可以要求人民检察院撤回起诉。"这一立法规定表明：(1)法院享有要求人民检察院撤诉的权利。(2)撤诉的理由宽泛。凡是"不需要判刑的"，人民法院都有权要求人民检察院撤诉。"不需要判刑的"既可以是不构成犯罪，也可以是构成犯罪，但情节轻微，可以免予刑事处罚的案件。但根据该立法规定的精神，人民法院对于犯罪事实不清、证据不足的，可以退回人民检察院补充侦查，不能要求撤诉。(3)撤诉的时间限定在"人民法院对提起公诉的案件进行审查后"。1979 年《刑事诉讼法》对法院庭前审查规定的是实质性审查，对于犯罪事实清楚，证据充分的才决定开庭审判。所以对撤诉的案件，只能在法院受案审查之后开庭审理之前这一阶段进行。

1996 年修改后的《刑事诉讼法》，废除了 1979 年《刑事诉讼法》第 108 条的规定，其中包括撤回起诉制度。之所以废除撤诉制度，主要是修改《刑事诉讼法》后，我国的刑事诉讼结构发生了较大变化，比较多地吸收了当事人主义诉讼模式的一些做法，法院的庭前审查程序由原来的实质性审查改为程序性审查，体现强职权主义诉讼特征的法院有权要求人民检察院撤诉的权利随之被取消。但修改后的《刑事诉讼法》在废除法院享有要求人民检察院撤诉权利的同时，未对检察机关撤诉问题做出任何规定。但不规定并不等于问题的解决。《刑事诉讼法》实施后，如何解决检察机关的撤诉问题成为检法两家不能回避的问题。最高人民法院 1996 年 12 月 20 日下发的《关于执行〈中华人民共和国刑事诉讼法〉若干问题的解释(试行)》第 169 条规定："在开庭审理过程中，人民检察院要求撤回起诉的，人民法院可以准许。"最高人民检察院 1997 年 1 月 15 日颁布的《人民检察院实施〈中华人民共和国刑事诉讼法〉规则(试行)》第 305 条规定："在人民法院作出判决前，人民检察院……发现不存在犯罪事实，犯

罪事实并非被告人所为或者不应当追究被告人刑事责任的，可以要求撤回起诉。”上述解释试行后，两家又分别对之作了修改。最高人民法院1998年6月29日颁布的《关于执行〈中华人民共和国刑事诉讼法〉若干问题的解释》（以下简称《解释》）第177条规定：“在宣告判决前，人民检察院要求撤回起诉的，人民法院应当审查人民检察院撤回起诉的理由，并作出是否准许的裁定。”最高人民检察院1999年1月18日颁布实施的《人民检察院刑事诉讼规则》（以下简称《规则》）第351条规定：“在人民法院宣告判决前，人民检察院……发现不存在犯罪事实，犯罪事实并非被告人所为，或者不应当追究被告人刑事责任的，可以要求撤回起诉。”2007年2月2日，最高人民检察院印发《关于公诉案件撤回起诉若干问题的指导意见》（以下简称《指导意见》）并强调：“各级检察机关公诉部门要高度重视撤回起诉工作，进一步规范工作程序，加强监督检查，确保依法行使撤诉权。”

2012年刑诉法修改后，两高司法解释又对撤诉问题作了规定。最高人民检察院2012年11月22日颁布的《人民检察院刑事诉讼规则（试行）》（以下简称《检察规则》）第459条规定：“在人民法院宣告判决前，人民检察院发现具有下列情形之一的，可以撤回起诉：(1)不存在犯罪事实的；(2)犯罪事实并非被告人所为的；(2)情节显著轻微、危害不大，不认为是犯罪的；(4)证据不足或证据发生变化，不符合起诉条件的；(5)被告人因未达到刑事责任年龄，不负刑事责任的；(6)法律、司法解释发生变化导致不应当追究被告人刑事责任的；(7)其他不应当追究被告人刑事责任的。对于撤回起诉的案件，人民检察院应当在撤回起诉后三十日以内作出不起诉决定。需要重新侦查的，应当在作出不起诉决定后将案卷材料退回公安机关，建议公安机关重新侦查并书面说明理由。对于撤回起诉的案件，没有新的事实或者新的证据，人民检察院不得再行起诉。新的事实是指原起诉书中未指控的犯罪事实。该犯罪事实触犯的罪名既可以是原指控罪名的同一罪名，也可以是其他罪名。新的证据是指撤回起诉后收集、调取的足以证明原指控犯罪事实的证据。”

最高人民法院2012年12月20日颁布的《关于适用〈中华人民共和国刑事诉讼法〉的解释》（以下简称《高法解释》）第242条规定：“宣告判决前，人民检察院要求撤回起诉的，人民法院应当审查撤回起诉的理由，作出是否准许的裁定。”第181条第5项规定：“依照本解释第242条规定裁定准许撤诉的案件，没有新的事实、证据，重新起诉的，应当退回人民检察院。”第223条规定：“审判期间，公诉人发现案件需要补充侦查，建议延期审理的，合议庭应当同意，但建议延期审理不得超过两次。人民检察院将补充收集的证据移送人民法院的，人民法院应当通知辩护人、诉讼代理人查阅、摘抄、复制。补充侦查期限届满后，经法庭通知，人民检察院未将案件移送人民法院，且未说明原因的，人民法院可以决定按人民检察院撤诉处理。”

二、我国现行刑事公诉撤诉制度的缺陷

考察我国现行刑事公诉撤诉制度，就可以发现当前刑事公诉撤诉制度的缺陷表现在以下几个方面：

1.立法规定缺失。现行的撤诉制度是由两高司法解释加以规定的，刑事诉讼法未就撤诉制度做出任何规定。在国家基本法未对撤诉问题做出规定的情况下，两高通过司法解释对此做出授权性规定，有违程序法定原则。程序法定原则是指国家刑事司法机关的职权及

其追究犯罪的程序，都只能由立法机关所制定的法律加以规定，司法机关进行刑事诉讼活动必须严格依照法律规定的职权和程序进行。在大陆法系国家，程序法定原则与罪刑法定原则，共同构成了刑事司法领域的法定原则的完整内容。在英美法系国家，程序法定原则具体表现为"正当程序"原则。程序法定原则不仅为多数国家所规定，而且得到了国际社会的认可，成为国际刑事司法程序的一条重要内容。正由于立法对撤诉制度缺乏规定，不少学者对我国撤诉制度的合法性持否定态度。① 而撤诉实践中各种问题的存在，都源于立法无规定。

2. 撤诉的法律效力不明确。关于撤诉的法律效力，目前无任何司法解释加以规定。学界主要有两种观点：一种观点认为，撤诉从法律性质上应该是诉讼终止的一种法律形式，是对案件做出程序终止的重要形态。撤诉即产生终止诉讼程序的效力。公诉一旦撤回，诉讼程序即归于结束，检察机关不再对被告人进行刑事追诉。"撤回起诉也具有与不起诉一样的终结案件诉讼程序的效力，撤回起诉意味着被告人在法律上是无罪的，并且案件就此结束，人民检察院撤回起诉的法律文书与人民法院就撤回起诉做出准予撤诉的裁定书，共同发挥终结诉讼程序的作用。"②这种观点得到大多数学者的肯定。另一种观点认为，撤回起诉的法律后果是中止正在进行的审判程序，但并非终止。笔者认为，根据现行司法解释的规定，检察机关撤回起诉既不属诉讼终止，也不是诉讼中止，而是效力未定的诉讼行为。撤诉后，检察机关要根据不同的案件情况，从实体上和程序上对案件做出最终的处理，撤诉的法律效力是从撤诉后的处理结果来体现的。但从程序正义的角度看，将撤诉视为效力未定的诉讼行为显然也不利于保护被告人的合法权益。

3. 撤诉的事由不明确。撤诉必须具备一定的理由和条件，撤诉的法定理由体现了对检察机关撤诉权的限制。1998 年《规则》将撤诉的理由限定为三种情形：(1)不存在犯罪事实；(2)犯罪事实并非被告人所为；(3)不应当追究被告人刑事责任的。而最高人民检察院在规定撤诉理由的同时，却又在其颁布的法律文书样本《撤回起诉决定书》(填充式)中，将撤诉的理由固定为"本案事实、证据有变化"。"本案事实、证据有变化"似乎成了撤诉的第四种理由。实证研究表明，撤诉案件绝大部分是证据不足的案件。③ 这说明 1998 年《规则》规定缺乏合理性、针对性和现实性。《指导意见》第 3 条规定："对于提起公诉的案件，发现下列情形之一的，人民检察院可以撤回起诉：(1)不存在犯罪事实的；(2)犯罪事实并非被告人所为的；(3)情节显著轻微、危害不大，不认为是犯罪的；(4)证据不足或证据发生变化，不符合起诉条件的；(5)被告人因未达到刑事责任年龄，不负刑事责任的；(6)被告人是精神病人，在不能辨认或者不能控制自己行为的时候造成危害结果，经法定程序鉴定确认，不负刑事责任的；(7)法律、司法解释发生变化导致不应当追究被告人刑事责任的；(8)其他不应当追究被告人刑事责任的。"2012 年《检察规则》第 459 条基本沿袭《指导意见》的事由规定。"在实践中，检察机关撤回公诉的事由相当广泛，往往超出了《高检规则》规定的范围。"④

---

① 谢佑平、万毅：《刑事诉讼法原则：程序正义的基石》，法律出版社 2002 年版，第 116—117 页。

② 张建伟：《论公诉之撤回及其效力》，《国家检察官学院学报》2012 年第 4 期。

③ 广州市各检察院 2000 年至 2002 年 11 月，全市撤诉案件共 302 件，无罪案件 24 件。在接受调查的 125 个案件中(其中撤诉案件 117 件，无罪案件 8 件)，属于证据不足的案件有 72 件，占 57.6%。参见广州市人民检察院课题组：《关于撤诉案件和无罪判决案件的调查报告》，《中国刑事法杂志》2003 年第 5 期。

④ 周长军：《撤回公诉的理论阐释与制度重构》，《法学》2016 年第 3 期。

4. 撤诉的时间规定不合理。撤诉只能在一定的、合理的期限内行使。《检察规则》和《高法解释》都明确规定，在人民法院宣告判决前，可以要求撤回起诉。但笔者认为，在法院判决宣告之前一概允许检察机关撤诉，弊多利少。

5. 撤诉后如何处理、处理的条件及处理的期限不明确。1979 年《刑事诉讼法》实施期间，最高人民检察院的司法解释对撤诉后的处理作了明确规定。但 1996 年《刑事诉讼法》实施后的司法解释却未对此加以规定，导致撤诉的案件，出现各种不同的处理结果。有的撤诉后，长期把案件“挂”起来；有的认为，撤诉后案件又进入审查起诉阶段，进而重新计算审查起诉期限。从实践看，撤诉后常见的处理结果大体上有以下几种：(1)撤案。(2)补充侦查。(3)不起诉。(4)其他处理。如因管辖权问题撤诉后，应移送有管辖权的司法机关处理。但由于对各种处理结果的条件没有规定，导致处理结果非常混乱。[①] 此外，对于撤诉后的处理没有特定的时限要求，一些案件撤诉后往往久拖不决。鉴此，2012 年《刑事诉讼法》实施后，《检察规则》强调：“对于撤回起诉的案件，人民检察院应当在撤回起诉后三十日以内作出不起诉决定。需要重新侦查的，应当在作出不起诉决定后将案卷材料退回公安机关，建议公安机关重新侦查并书面说明理由。”从实践看，这一新的规定执行得并不理想。

6. 对撤诉的制约不力。(1)审判机关对撤诉的制约不力。要求撤诉是公诉机关的一项请求权而非决定权，请求撤诉并不意味着必然撤诉。《解释》第 177 条规定：“在宣告判决前，人民检察院要求撤回起诉的，人民法院应当审查人民检察院撤回起诉的理由，并作出是否准许的裁定。”也就是说，撤诉必须经法院审查，只有符合法定撤诉条件的，才准许其撤诉。但由于《解释》未规定撤诉条件，加之实践中不少法院为了追求结案率，同时考虑检、法两家的关系，对公诉机关的撤诉请求往往不认真审查，一律准许其撤诉，鲜见不准撤诉的情形。此外，准许撤诉的程序不规范。有的是法院经办人或审判长的意见，有的是经合议庭合议，有的是经审判委员会讨论决定。形式上有的是书面通知，有的是口头通知，没有统一的做法。(2)检察机关内部对撤诉缺乏有力制约。《规则》第 353 条规定：“变更、追加或者撤回起诉应当报经检察长或者检察委员会决定，并以书面方式在人民法院宣告判决前向人民法院提出。”但与起诉相比，撤诉随意性大，程序不规范。如广州市检察院曾对 2000 年至 2002 年 11 月做撤诉和无罪判决的 125 个案件（其中撤诉案件 117 件，无罪案件 8 件）进行调查发现：这些案件经起诉部门集体讨论的 42 件，未经集体讨论（包括小组范围讨论）的 83 件；经检察委员会讨论的 30 件，未经检察委员会讨论的 95 件。这反映出这些案件中多数是经办人个人决定的。[②] 公诉案件审结后，审查机关要将起诉书、不起诉书等法律文书报上级检察院备案审查。但对撤诉没有这一要求，对撤诉案件上级检察院无法进行监督。此外，在考评办案质量时，大部分检察机关仅仅以起诉率、无罪率来衡量办案质量，而忽视撤诉率。

7. 被告人、被害人的诉讼权利得不到有效保护。从撤诉的价值分析，撤诉制度是起诉便

---

① 据浙江省金华市检察院统计，2001—2002 年，全市提起公诉后撤回起诉的案件共有 77 件 129 人。撤回起诉后全部由公安机关撤回。参见郑布英、卢岩修：《完善我国刑事公诉撤诉制度的一些思考》，《浙江社会科学》2004 年第 6 期。笔者认为，这种处理方法值得商榷。检察机关撤诉后，又将所有案件退回公安机关处理，不仅延长诉讼期限，增加诉讼成本，而且不利于保护被告人的合法权益。

② 广州市人民检察院课题组：《关于撤诉案件和无罪判决案件的调查报告》，《中国刑事法杂志》2003 年第 5 期。

宜主义的体现，不仅有助于公诉权的行使，提高诉讼效益，而且更有利于保护被告人的合法权益。但实际情况是，撤诉成了检察机关单方的诉讼行为，在撤诉过程中被告人、被害人没有任何“话语权”。由于法律没有规定，撤诉后对被告人应否释放、何时释放，致使被告人被持续关押，辩护人和近亲属要求解除或者变更强制措施的权利得不到法律保障。撤诉后，检察机关即便变更强制措施，取保候审后，案件也不了了之。如果被告人确属无辜，在经过逮捕、起诉、审判之后，简单地裁定准许撤诉，使被告人无法获得一个权威有罪或无罪的法律裁决，甚至还可能使被告人丧失提起国家刑事赔偿的依据，从而严重侵犯被告人的人权。在理论上，对准许公诉机关撤诉的刑事裁定，被告人是否享有上诉权仍有分歧。有的认为，对人民法院准许公诉机关撤诉的裁定，被告人一律不享有上诉权。这种观点被最高人民法院研究室 2001 年给黑龙江省高级人民法院的个案请示的答复所肯定。这样在撤诉问题上，被告人连最后的救济途径都被剥夺了。此外，在撤诉过程中，被害人的诉讼权利如何保护没有任何规定。

8. 撤诉后重新起诉条件不严格，导致再行起诉普遍。(1)重起诉条件不严格。《检察规则》规定：“撤回起诉后，没有新的事实或者新的证据不得再行起诉。”《高法解释》规定：“人民法院准许人民检察院撤诉的案件，没有新的事实、证据，人民检察院重新起诉不予受理。”但对如何理解“新的证据”，当前认识不一，大多作了比较宽泛的理解。即“新的证据”既包括撤诉后经补充侦查新发现的证明原起诉认定事实的证据，也包括新发现的事实的证据。这样的“新的证据”较易获取，所以再行起诉比较普遍。(2)再起诉的次数没有限制。同一案件撤诉的次数没有限制，导致有的案件多次撤诉又多次起诉，使被告人长期处于刑事追究中。在实践中，有些案件仅仅是由于被撤诉的被告人有申诉或者信访行为，给检察机关或者办案人员造成了不利影响，就被基于同一事实再次起诉。

9. 延期审理后法院决定撤诉有违立法精神。《高法解释》第 223 条规定：“审判期间，公诉人发现案件需要补充侦查，建议延期审理的，合议庭应当同意，但建议延期审理不得超过两次。人民检察院将补充收集的证据移送人民法院的，人民法院应当通知辩护人、诉讼代理人查阅、摘抄、复制。补充侦查期限届满后，经法庭通知，人民检察院未将案件移送人民法院，且未说明原因的，人民法院可以决定按人民检察院撤诉处理。”在立法已彻底废除人民法院“对于不需要判刑的，可以要求人民检察院撤回起诉”规定的情况下，最高人民法院仍做出决定，对于人民检察院在延期审理后未提出撤诉要求的案件有权决定按撤诉处理，属于越权的司法解释。

10. 对有效判决未撤销的案件撤诉，损害判决的权威性。近年已发生多起错误的生效判决，在判决未撤销之前，检察机关将案件撤回，法院同意撤诉，从而终止诉讼的情形。如 2005 年 4 月，贵州省六盘水市人王元松因故意杀人罪，被六盘水市中级人民法院判处无期徒刑，剥夺政治权利终身。入狱服刑的王元松不断申诉，要求重审。2010 年，贵州省高级人民法院再审此案后仍维持原判。2011 年 10 月，在逃七年的真凶徐丙权落网。2014 年 7 月，贵州省高级人民法院以原判认定王元松犯故意杀人罪的事实不清，证据不足为由，撤销了此前的终审和再审裁定，将此案发回六盘水中级人民法院重审。2014 年 10 月，六盘水市中级人民法院重审。在重审期间，六盘水市人民检察院以“王元松故意杀人的事实不清，证据不确实、不充分”为由向六盘水中级人民法院申请撤诉，六盘水中级人民法院准许撤诉，之后检察院对王元松一案做出不起诉决定。[1] 河南的“胥敬祥冤案”“天价过路费案”,也都存在法院重审期间检察机关撤诉的做法。这种做法损害法院判决的权威性。

第二节　域外刑事公诉撤诉制度之比较

当今任何一个国家的刑事程序法的制定和修改,都不能不吸收其他国家和地区的有益经验和做法。检察机关的撤回起诉权,为许多国家和地区的刑事诉讼法所规定。但由于不同国家和地区立法传统和立法技术的不同,关于刑事公诉撤诉程序的制度设计也有不同的做法。这些规定和做法有不少值得我国学习和借鉴的地方。这主要表现在以下几个方面。

一、撤诉的立法模式

撤回公诉是以起诉裁量主义为理论基础的。英美法系实行当事人主义原则,在诉讼中尊重当事人的程序处分权,赋予检察机关较大的撤回起诉权。在英国,“总检察长作为政府在刑事诉讼领域中的首席法律代表,他所行使的特权中突出的一条是有撤回起诉的权力,从而有效地终止诉讼程序”。[2] 根据英国《1985 年犯罪起诉法》规定:“总检察长如果认为某项追诉不当,可以签发终止追诉令,停止诉讼的进行。”“在治安法院被皇家检控署终止的案件数目相当大:在 1998 至 1999 年度占所有结案数的百分之十二。”[3]在美国,《美国联邦刑事诉讼规则》第 48 条 a 项规定:“总检察长或联邦检察官经法庭许可可以撤销大陪审团起诉书、检察官起诉书或控告书,终止起诉。”在州级司法区域,一些州保留了普通法中撤诉的权力,允许检察官在审判前的任何时候撤诉。

大陆法系国家的刑事诉讼普遍实行起诉法定主义原则,检察官一旦起诉一般不允许变更。但对某些特殊案件也允许变更,对撤诉并不完全禁止。《法国刑事诉讼法典》没有对撤诉问题做出规定。所以,一般认为,在法国公诉之后,检察机关不得撤回起诉,也不能剥夺法院的管辖权;如果检察机关认为提起追诉是错误的并且放弃其提出的控告,法院仍不会因此停止管辖。[4]《葡萄牙宪法》第 32 条规定:“不得从既有法律确认其管辖权的法院撤回诉讼。”《德国刑事诉讼法典》第 156 条明确规定:“审判程序开始后,对公诉不能撤回。”这表明在德国检察机关起诉后至审判程序正式开始之前是可以撤回起诉的。此外,《德国刑事诉讼法典》在第 153 条 D 第 2 项对出于政治原因不追诉规定为“业已起诉时,在前款规定所述条件下,联邦检察官可以在程序的任何一个阶段撤回起诉,停止程序”。《俄罗斯联邦刑事诉讼法典》第 246 条第 7 款规定:“如果在法庭审理过程中国家公诉人确信,已经提交的证据不支持对受审人提出的指控,则他应该放弃指控并向法庭叙述放弃的理由。”日本实行以当事人主义为主,职权主义为辅的混合式诉讼模式,其公诉制度是以起诉便宜主义为原则的,检察官享有较充分的撤诉权。《日本刑事诉讼法》第 257 条规定:“公诉,可以在第一审判决前撤

---

① 刘洋:《一纸证词定“杀人犯”,十年牢狱后检方撤诉》,《南方都市报》2014 年 12 月 10 日第 A18 版。

② 李约翰·丁·爱德华兹:《英国总检察长:政治与公共权利的代表》,中国检察出版社 1991 年版,第 523 页。

③ 约翰·斯普莱克:《英国诉讼程序》,中国人民大学出版社 2006 年版,第 82—83 页。

④ 卡斯东·斯特法尼等:《法国刑事诉讼法精义》,罗结珍译,中国政法大学出版社 1999 年版,第 132 页。

回。"《韩国刑事诉讼法》第 255 条第 1 项规定:"第一审判决之前,可以撤销公诉。"

二、撤诉的理由

在美国,撤回起诉可分危险附着前的撤回起诉和危险附着后的撤回起诉。① 在危险附着之前,检察官撤回起诉一般情况下并不会对被告人的利益造成损害,所以撤回起诉的条件较为宽松。但美国的成文法和判例仍然规定,检察官在危险附着前撤回起诉受到以下限制:(1)检察官撤回起诉须经法院同意。(2)检察官撤回起诉必须基于善意。法院审查撤回起诉动议的理由是否基于善意。检察官在提出撤回起诉动议时,必须说明理由,并且需要展示支持其动议的基本事实,而非简单的结论性的意见,否则法院不会同意检察官的动议。法院对检察官撤回起诉意图是善意还是恶意的一个重要的考量,是检察官撤回起诉不得明显违反公共利益。在检察官撤回起诉的动议违反公共利益时,法院不仅有权否决撤回起诉,甚至有权指派律师代替检察官进行诉讼。

在日本,撤诉的理由比较宽泛。"在起诉后,如果判明存在不起诉事由时,可以撤回公诉,这种做法符合起诉裁量主义。"②"撤销公诉不问理由如何,从理论上看,即使公诉中证据不充分时,也可以撤销公诉。"③此外,"起诉书对被告人记载有误的时候,以及被告人行踪不明难以发现的时候,有时撤销起诉是适当的"。④

在德国,根据《德国刑事诉讼法典》第 203 条规定,其中间程序中起诉审查的证明标准为是否被告人"有足够的犯罪行为嫌疑"。因此,德国中间程序审查的核心是案件中被告人是否有足够的实施犯罪行为的嫌疑。如果达到这一标准,则应当裁定开始审判程序;反之,则应当拒绝开始审判程序。所谓"有足够的犯罪行为嫌疑","亦即其极有可能会被判有罪时,则法院有义务开启审判程序"。⑤ 这表明在中间程序中,如果阅卷法官认为被告人没有足够的犯罪行为嫌疑,则法院会裁定拒绝开始审判,这实质上意味着公诉被要求撤回。

在俄罗斯,根据《俄罗斯联邦刑事诉讼法典》规定,"在任何情况下,犯罪嫌疑人或刑事被告人和犯罪有牵连、有罪过,参加实施犯罪没有证据或没有得到证明,以及有证据证明他和犯罪无牵连、无罪,没有参加实施犯罪——由于无罪推定原则,这表示企图追究该具体人(犯罪嫌疑人或刑事被告人)的刑事责任是非法的和没有根据的"。⑥ 所以,《俄罗斯联邦刑事诉讼法典》第 246 条第 7 项规定:"如果在法庭审理过程中国家公诉人确信,已经提交的证据不

---

① 陈瑞华教授认为,在美国法中,"撤销起诉"是法院基于控辩双方的动议,针对某一指控所做的终止审理的裁定。在美国,有以下违法情形的可以撤销起诉:(1)检控方的起诉违反了联邦宪法第五修正案有关"禁止双重危险"的规定的;(2)警察讯问过程中剥夺了嫌疑人获得律师帮助的权利,且给被告人造成了或可能会造成不利影响的;(3)警察如果在逮捕嫌疑人过程中使用了严重违反法律程序的方法的;(4)被告人最初没有实施犯罪行为的主观意图,但在执法官员的引诱下产生了犯罪的意图并实施了犯罪行为的;(5)如果被告人因长时间的审前羁押而使其辩护活动可能受到严重影响的(参见陈瑞华:《问题与主义之间》,中国人民大学出版社 2003 年版,第 60-63 页)。但有的学者把美国的"撤销起诉"视作"撤回起诉"(参见余经林:《论撤回公诉》,《法学评论》2007 年第 1 期),这是对美国"撤回起诉"制度的一种误解。

② 田口守一:《刑事诉讼法》,张凌、于秀峰译,中国政法大学出版社 2010 年第 5 版,第 125 页。

③ 裘索:《日本国检察制度》,商务印书馆 2003 年版,第 194 页。

④ 松尾浩也:《日本刑事诉讼法》(上卷),中国人民大学出版社 2005 年版,第 287 页。

⑤ 克劳思・罗科信:《刑事诉讼法》,吴丽琪译,法律出版社 2003 年版,第 379 页。

⑥ K. Φ. 古岑科:《俄罗斯刑事诉讼法教程》,中国人民公安大学出版社 2007 年版,第 370 页。

支持对受审人提出的指控,则他应该放弃指控并向法庭叙述放弃的理由。”

三、撤诉的时间

在普通法上,检察官在陪审团组成之前,有不被限制随时撤回起诉的权力。在美国,对撤诉时间并没有严格限制,但由于被告人受宪法规定的“禁止双重危险”的保护,检察官撤回起诉后重新起诉受到宪法原则的制约。危险何时产生成为被告人何时受到该原则保护的关键时点,也成为检察官撤回起诉需要重点考虑的因素。美国联邦最高法院通过判例指出,应以“事实裁判者是否已审判被告”为基准。在法官充当事实裁判者的情况下,第一位证人已宣誓即等于审判的开始,危险即已附着,被告人开始受“禁止双重危险”的保护;在陪审团充当事实裁判者的情况下,在陪审团已组成且宣誓之后,危险即已附着,被告开始受“禁止双重危险”的保护。[①]《德国刑事诉讼法典》第 156 条明确规定:“审判程序开始后,对公诉不能撤回。”所以,“检察机关在法院尚未为审判程序开启之裁定前,依《刑诉法》第 156 条尚得将该起诉撤回”。[②]《日本刑事诉讼法》第 257 条规定:“公诉,可以在第一审判决前撤回。”这就意味着在一审判决前检察机关都可以撤诉。根据《俄罗斯联邦刑事诉讼法典》第 246 条第 7 项规定,结合第 8 项关于“国家公诉人直到法庭退入评议室做出判决之前均可用以下方式减轻指控……”的规定,在法庭做出判决之前,公诉人也可以撤销指控。《韩国刑事诉讼法》第 255 条第 1 项规定:“第一审判决之前,可以撤销公诉。”南京国民政府 1928 年《刑事诉讼法》第 264 条第一款曾规定:“起诉于第一审审判开始前,得撤回之。”对此,应当如何理解,陈瑾昆先生指出:“至审判开始之时期,究应如何解决,第二百七十条虽定明系在书记官朗读案由之时,余意此时以解为狭义为宜,只须在检察官陈述案件要旨之前,尚得为之(参照二七七)。”[③]1935 年南京国民政府《刑事诉讼法》第 248 条将该条修改为:“检察官于第一审辩论终结前,……得撤回起诉。”

四、撤诉的效力

《美国联邦刑事诉讼规则》第 48 条规定:“总检察长或联邦检察官经法庭许可可以撤销大陪审团起诉书、检察官起诉书或者控告书,终止起诉。”检察官撤销起诉书,即终止诉讼。在日本,所谓诉讼条件,就是诉讼程序有效成立并持续下去的条件。从开始提起公诉经实体审理,再到实体判决这一诉讼程序的所有阶段,都必须具备诉讼条件。欠缺诉讼条件时,可以通过形式裁判结束诉讼程序。[④] 根据《日本刑事诉讼法》第 339 条第 1 款第 3 项规定,撤回公诉的即属于缺乏诉讼条件,法院应当以裁定宣告公诉不受理。这种裁定,“虽然是形式判决,但也具有既判力。因此,这种判决确定后不能再起诉”。[⑤] 在俄罗斯,“国家公诉人根据现行《俄罗斯联邦刑事诉讼法典》(第 246 条第 7 款)完全或部分放弃指控,法院据以无条件地

---

① 吴常青:《美国刑事诉讼中撤回起诉及其借鉴意义》,《中国刑事法杂志》2010 年第 4 期。

② 克劳思·罗科信:《刑事诉讼法》,吴丽琪译,法律出版社 2003 年版,第 365 页。

③ 陈瑾昆:《刑事诉讼法通义》,法律出版社 2007 年版,第 251 页。

④ 田口守一:《刑事诉讼法》,张凌、于秀峰译,中国政法大学出版社 2010 年第 5 版,第 140 页。

⑤ 裘索:《日本国检察制度》,商务印书馆 2003 年版,第 198 页。

终止刑事案件，或者完全或对相应部分终止刑事追究”。[①] 南京国民政府1928年《刑事诉讼法》只是在第264条第二款中规定“起诉经撤回后，不得再行起诉”，并未明确规定撤诉的效力。1931年司法院院字第523号解释指出：“起诉经撤回后，毋庸再为不起诉处分。上级首席检察官因声请再议，命令起诉为违法，下级法院检察官依之起诉，法院应为不受理之判决。”同年院字第528号判解又强调：“检察官撤回公诉，毋庸制作不起诉处分书再行送达。”1935年南京国民政府《刑事诉讼法》第249条则明确规定：“撤回起诉与不起诉处分有同一之效力，以其撤回书视为不起诉处分书。”而之所以增设这一规定，理由是：“修正案要旨谓，依旧刑诉法检察官提起之公诉，得任意撤回，流弊滋多。本法规定为撤回起诉，准用关于不起诉处分之规定”。[②]

五、撤诉后重新起诉的条件

在美国，根据“禁止双重危险”条款，禁止任何撤回起诉之后的重新审判。如果检察官基于同一行为以同样的罪名重新起诉，则该起诉应被告人动议或法院主动，以侵犯被告人“禁止双重危险”的权利而予以驳回。但这一原则存在诸多的例外。如经被告人同意的撤回起诉，等同于被告人放弃“禁止双重危险”保护，检察官重新起诉不受“禁止双重危险”限制。又如检察官的重新起诉属于判例法创设的“禁止双重危险”例外情形，则不被认为违反“禁止双重危险”规定。一般认为，“禁止双重危险”的例外包括：(1)犯罪未完成的例外。在检察官第一次起诉时，较重的犯罪尚未完成，检察官可以在严重犯罪完成时，再就较严重的犯罪起诉，或者称之为新事实的发生。(2)谨慎调查的例外。检察机关已尽谨慎调查的义务，但仍不能发现较严重的犯罪事实时，可以就较严重的犯罪再次起诉。(3)诈骗的例外。如果被告人在原审过程中有贿赂、恐吓等不当行为，致使法官违法判决、检察官不尽全力进行追诉或证人作伪证，那么再次起诉不受“禁止双重危险”的限制。[③] 英国《皇家检察官起诉规则》第10条第2款C项规定：“由于缺乏证据而对案件停止起诉，而后来又发现了更重要的证据的”，可以重新起诉。《日本刑事诉讼法》第340条规定：“因撤回公诉而做出的公诉不受理的裁定已经确定时，以在撤回公诉后对犯罪事实重新发现重要证据时为限，可以就同一案件再提起公诉。”《韩国刑事诉讼法》第329条规定：“根据公诉的撤销确定了驳回公诉决定时，限于撤销公诉后，对其犯罪事实发现其他重要证据的情况，可以再提起公诉。”南京国民政府1928年《刑事诉讼法》第264条第二款曾规定：“起诉经撤回后，不得再行起诉。”陈瑾昆先生认为：“起诉一经撤回，其结果即丧失起诉权。故《刑事诉讼法》第264条第二项定明不得再行起诉。故撤回起诉与不起诉，效力不同。后者告诉人尚得声请再议，检察官亦得继续侦查，如发现新事实、新证据者，仍得起诉；前者则于诉讼上别无不服方法，起诉权即间接因以消灭，以后就同一案件，不得再行侦查或起诉。”[④]上述规定过于绝对化，“起诉经撤回，因前《刑事诉讼法》第264条第二项定明不得再行起诉，即别无救济方法，不无流弊”。[⑤] 所以，南京国民政

① K.Φ.古岑科：《俄罗斯刑事诉讼法教程》，中国人民公安大学出版社2007年版，第437页。

② 陈朴生：《刑事诉讼法实务》，海天印刷厂有限公司1981年第4版，第362页。

③ 吴常青：《美国刑事诉讼中撤回起诉及其借鉴意义》，《中国刑事法杂志》2010年第4期。

④ 陈瑾昆：《刑事诉讼法通义》，法律出版社2007年版，第251页。

⑤ 陈朴生：《刑事诉讼法实务》，海天印刷厂有限公司1981年第4版，第363页。

府 1935 年的《刑事诉讼法》对此做出重大修改。根据该法第 239 条、第 242 条、第 249 条及第 413 条之规定，对于撤诉的参照不起诉处分规定，有如下情形之一，对于同一案件可以再行起诉：(1)发现新事实或新证据者。(2)具有如下再审事由者：原决定所凭之证物已证明其为伪造或变造者；原决定所凭之证言、鉴定或通译已证明其为虚伪者；原决定所凭之法院裁判已经确定裁判变更者；参与侦查或起诉之检察官，因该案件犯职务上之罪已经证明者。

六、撤诉程序中权力制约和权利保护

1. 撤诉程序中的权力制约

在诉讼程序中对检察官撤诉权力的制约主要来自于法院。根据《美国联邦刑事诉讼规则》规定，总检察长或联邦检察官撤销检察官的起诉书须经法庭许可。《韩国刑事诉讼法》第 298 条第 1 项规定："检事经法院许可，对起诉书记载的诉因及适用法条，可以追加、撤回或变更。"

2. 撤诉程序中的权利保护

从域外撤诉程序规定看，都非常重视对当事人的权利保护。在美国，根据《美国联邦刑事诉讼规则》第 48 条规定："总检察长或联邦检察官经法庭许可可以撤销大陪审团起诉书、检察官起诉书或者控告书，终止起诉。在审判期间，未经被告人同意，不可以撤销。""在一些州，如果检察官拒绝提起指控，被害人可以上诉法院要求对这个决定进行审查。"①在英国，根据《1985 年犯罪起诉法》第 23 条规定，在皇家检控署对犯罪进行诉讼时，他们可以给治安法院的助理发出他们不想继续控诉的通知(第 23 条第 3 项)。皇家检控署必须在通知中写明终止的原因(第 23 条第 5 项)。但是，必须向被指控人送达一份终止通知的副本，并且他可以坚持控方继续诉讼(第 23 条第 7 项)。绝大多数被指控者接到终止通知时都会喜不自胜，但极偶尔地也有人想要出庭，以向公众宣称对他的指控是完全无端的，或者通过获得一份正式判决来排除任何新的起诉可能性(一旦某人被宣告无罪，他就不能因同一罪名而再次被起诉)。② 此外，"当王室检察院在正在进行的诉讼中考虑撤回或明显降低指控，应当征求被害人的意见"。③《日本刑事诉讼法》第 260 条规定："检察官对经告诉、告发或者请求的案件，在做出提起公诉或者不提起公诉的处分时，应当迅速将其意旨通知告诉人、告发人或者请求人。在撤回公诉或者将案件移送其他检察厅的检察官时，亦同。"根据《日本刑事诉讼法》第 339 条、422 条、425 条、426 条规定，对于撤回公诉的裁定，可以提起即时抗告，即时抗告的提起期间为 3 日。在即时抗告的提起期间及已有即时抗告的申请时，停止裁判的执行。抗告有理由时，应当以裁定撤销原裁定，在必要时，应当重新做出裁判。《韩国刑事诉讼法》第 258 条第 1 项规定："检事对于告诉或告发的案件，在做出提起或不提起公诉的处分、撤销公诉或进行第 256 条移送时，应当从其处分之日起 7 日以内，将情况通知告诉人或告发人。"《韩国刑事诉讼规则》第 142 条第 2 项规定："第 1 项的变更起诉书许可申请书，应当附加相应于被

---

① 爱伦·豪切斯泰勒·斯黛丽、南希·弗兰克：《美国刑事法院诉讼程序》，中国人民大学出版社 2002 年版，第 202 页。

② 约翰·斯普莱克：《英国诉讼程序》，中国人民大学出版社 2006 年版，第 82—83 页。

③ 麦高伟、杰弗里·威尔逊：《英国刑事司法程序》，姚永吉等译，法律出版社 2003 年版，第 150 页。

告人人数的副本。"第 3 项规定："法院应当立即将第 2 项的副本送达给被告人或辩护人。"《俄罗斯联邦刑事诉讼法典》第 239 条第 1 款规定："……在检察长依照本法典第 246 条第 7 款规定的程序放弃指控时，法官应做出终止刑事案件的裁决。"第 4 款规定："终止刑事案件的裁决副本应在做出之后的 5 日内送交检察长，并发给被终止刑事追究的人和被害人。"

第三节　我国刑事公诉撤诉制度之完善

为了消除当前撤诉制度中的混乱现象，保障程序公正，维护当事人的合法权益，最大限度地实现诉讼价值，应当尽快对撤诉制度加以修改完善。完善我国的刑事公诉撤诉制度，要以制约权力、保障人权为基点，以实现撤诉价值为目标，认真总结多年来的撤诉实践经验，充分吸收借鉴国外关于撤诉的共通性规定，重构我国的刑事公诉撤诉制度。具体思路如下。

一、立法应当明确赋予检察机关撤诉权

由于修改后的刑事诉讼法取消了检察机关撤诉权的规定，不少学者认为，修改后的刑事诉讼法取消了检察机关的撤诉权，表明立法机关不打算赋予检察机关撤诉权。撤诉权不是公诉权的权能，而是滥用的诉权。《高法解释》和《检察规则》在法无明文规定的情况下赋予检察机关撤诉权是违宪的。根据我国目前的检察体制，也不应赋予检察机关撤诉权。[①] 这一观点笔者难以苟同。1979 年《刑事诉讼法》规定的撤诉制度是法院强职权主义的体现。因为，它并没有直接规定检察机关的撤诉权，而是规定法院有权要求检察机关撤诉，这显然有违控、审分离原则。所以，《刑事诉讼法》修改时将其废除是正确的，但这并不表明检察机关不应该拥有撤诉权(当然在废除的同时，没有规定检察机关拥有主动的撤诉权是一个缺陷)。

笔者认为，在现代刑事司法中，绝大多数国家确立了撤诉制度，刑事诉讼法赋予检察机关撤诉权具有正当性、合理性。(1)这是控、审分离原则的体现，有助于防范司法专横。控、审分离原则是国际通行的刑事诉讼原则，这一原则要求检察机关行使起诉权，法院行使审判权，二者不得合而为一，其具体表现为不告不理和诉审同一。不告不理是指检察机关的起诉是法院审判的发动机，没有起诉，便不能启动审判程序；诉审同一是指法院的审判必须在检察机关起诉的范围内进行，法院不得随意变更诉因和被诉对象。控、审分离原则对于保证司法的中立性和被动性，防止司法专横具有重要意义。完整意义上的公诉权，包括提起公诉、支持公诉和变更公诉等诸项权力。撤回公诉属于变更公诉的重要内容之一，既然检察官有权提起公诉，那么，在提起公诉后，法院做出判决前，如果发现被告人不应或不必追究刑事责任的，有权撤回公诉。检察官一旦撤回公诉，案件审理就失去了控诉基础，审判活动即行终止。(2)这是起诉便宜主义的体现，有助于体现公诉权的主动性。传统的诉讼理论曾否定公诉权的裁量性，主张实行起诉法定主义，认为检察机关作为国家的公诉机关，只要案件有足够的犯罪事实，检察院一律应当提起公诉，而不能自行斟酌处理。起诉法定主义是有罪必罚的绝对刑罚报应论思想在刑事诉讼中的体现。刑事司法实践表明，对犯罪一概起诉并不能达到预防犯罪的目的。21 世纪以来，随着目的刑论和教育刑论的兴起，各国陆续开始承认

① 王友明、杨新京：《公诉案件撤回起诉质疑》，《国家检察官学院学报》2003 年第 3 期。

公诉权的裁量性而实行起诉便宜主义。检察官即便在具备所有提起公诉条件的场合，也不一定必须提起公诉。法律规定“根据犯人的性格、年龄以及境遇、犯罪的轻重以及情节和犯罪后的情况，没有必要追诉的时候，可以不提起公诉”(《日本刑事诉讼法》第248条)，这就是起诉便宜主义。[①] 现代公诉理论认为，公诉作为一种追诉权，天生具有主动性的特征，它不但主动纠举犯罪，提起控诉启动审判程序，而且在发现指控有错漏的情况下，可以主动予以补正。[②] (3)这是检察机关“客观义务”的体现，有助于维护检察机关的公信力。“客观义务是指检察官为了发现真实情况，不应站在当事人的立场上，而应站在客观的立场上进行活动”。[③] 检察官的客观义务有三方面的含义：检察官应当追求实质真实；在追诉犯罪的同时要兼顾维护被追诉人的诉讼权利；通过客观公正地评价案件事实追求法律公正地实施。[④] 为了实现检察官的客观义务，立法机关设置了严格的审查起诉程序，要求检察机关对准备提起的控诉谨慎审查，以保证追诉的公正性。但是由于各种主客观因素的影响，检察机关经审查后提起公诉案件仍然会存在错漏。在这种情况下，基于客观义务，检察机关必须对指控中的错漏加以改正，以纠正自己的错误，从而维护自身公信力权威。(4)这是依法保障人权的体现，有利于维护被告人的合法权益。刑事诉讼的目的是惩罚犯罪与保障人权。惩罚犯罪与保障人权的关系是对立统一的，两者应当并重。司法机关在迅速公正地惩罚犯罪，实现国家刑罚权的同时，要严格遵守正当法律程序，确保公民的人权不受非法侵犯。在刑事诉讼中，一旦案件经提起公诉进入审判阶段后，被告人作为被指控的对象面临种种不利因素。不仅在时间、精力、身心、经济等方面承受诸多压力，而且将面临可能被定罪处罚的风险。如果检察机关在审判过程中认为被告人不应或不必追究刑事责任的，及时撤诉，停止追诉，就可以使被告人尽快摆脱不利境地，尽可能地减少在审判过程中给被告人带来的损害。(5)这是诉讼效益原则的体现，有利于节约司法资源。诉讼效益原则是指国家专门机关进行刑事诉讼，要在确保诉讼公正的前提下，尽可能采用较少的人力、财力和物力耗费来完成刑事诉讼的任务。检察机关通过撤诉，对错误的起诉及时补救，确保不应当进行的诉讼程序及时归于终结，减少因审判工作的继续开展所必需的人力、财力和物力的投入，从而节约司法资源，使司法机关有更多的司法资源办理其他刑事案件。

总之，笔者认为，赋予检察机关撤诉权具有正当性、合理性。当前撤诉中存在的问题，主要是由于立法不完善造成的。我们完全可以通过严密的制度设计以及严格地执行相关制度来积极发挥撤诉的制度价值。

二、明确规定撤诉的理由和方式

对撤诉理由的认识和把握，目前相当混乱。学界中对撤诉的理由有以下不同看法。第一种观点认为，撤诉的理由就是不起诉的理由。凡是可以作绝对不起诉、相对不起诉和存疑不起诉的均可以作撤诉处理。[⑤] 第二种观点认为，检察机关撤回起诉的理由是具有绝对不起

---

① 松尾浩也：《日本刑事诉讼法》(上卷)，中国人民大学出版社2005年版，第176页。

② 谢佑平、万毅：《刑事公诉变更制度论纲》，《国家检察官学院学报》2002年第1期。

③ 松本一朗：《检察官的客观义务》，《法学译丛》1980年第2期。

④ 程雷：《检察官的客观义务比较研究》，《国家检察官学院学报》2005年第4期。

⑤ 林劲松：《论撤回公诉》，《国家检察官学院学报》2003年第1期。

诉或者证据不足不起诉情形。如果被告人的行为已构成犯罪,但是依法不需要判处刑罚或者可以免除刑罚,虽然本可以决定不起诉,但既然已经提起公诉就没有必要再撤回,应当由人民法院依法审判。即如果属于相对不起诉,则不适用撤回起诉。[①] 第三种观点认为,对符合绝对不起诉的情形,应当准许检察官撤回起诉;对属于相对不起诉和证据不足不起诉的情形,则都不能采用撤回起诉。[②] 将证据不足或者证据发生变化的情形作为撤回公诉的事由,是我国实践中常见但也是争议最大的现象。反对者认为检察机关会以此作为避免不利裁判的工具,损害被告人的合法权益。[③]

笔者认为,撤诉理由的界定,直接影响撤诉范围的大小。所以在撤诉理由的划定上,主要应从起诉便宜主义原则出发,确保公诉权的充分行使,体现撤诉的立法价值取向。对符合绝对不起诉条件的,被告人原本不应追究刑事责任,起诉本身就是错误,理当可以撤诉。符合相对不起诉条件的,撤诉后作相对不起诉处理,与让法院作定罪免刑相比,一个是有罪认定,一个是无罪认定,撤诉更有利于保护被告人的合法权益。从实践看,对事实不清、证据不足的案件,撤诉后,检察机关及时作存疑不起诉,尽快结束诉讼程序,有助于保障人权。对撤诉理由的规定,应反映客观实际,避免立法、司法解释与实践脱节。基于此,笔者认为,凡具有以下情形之一的,检察机关都可以撤诉:(1)具有《刑事诉讼法》第 15 条规定的情形之一的:情节显著轻微、危害不大,不认为是犯罪的;犯罪已过追诉时效期限的;经特赦令免除刑罚的;依照刑法告诉才处理的犯罪,没有告诉或者撤回告诉的;犯罪嫌疑人、被告人死亡的;其他法律规定免予追究刑事责任的。(2)不存在犯罪事实或犯罪事实并非被告人所为的。这两种情形不能被《刑事诉讼法》第 15 条所包含,也是现行司法解释所肯定的。(3)因犯罪事实不清、证据不足,难以认定被告人有罪的。(4)被告人因未达到刑事责任年龄或不具有刑事责任能力,不负刑事责任的。(5)法律、司法解释发生变化导致不应当追究被告人刑事责任的。(6)被告人的行为已构成犯罪,但是依法不需要判处刑罚或者可以免除刑罚的。(7)其他不应当追究被告人刑事责任的。

关于撤诉方式,笔者认为,撤诉必须以记载理由的书面方式进行。不管是检察院的撤回起诉决定书,还是法院的准许检察机关撤诉的裁定书,都应当以书面方式进行。以口头形式进行撤诉活动,既不严肃,也不利于保护当事人的合法权益。

三、明确规定撤诉的时间

检察机关在什么时间、在哪个阶段享有撤诉权,目前分歧较大。第一种观点认为,检察机关在法院判决宣告之前均可撤诉。这种观点因具有司法解释依据,是目前适用最多的一种做法。因为从诉讼理论上看,在判决宣告以前撤诉,这时法院虽然已对案件进行审理,甚至进行了合议,但毕竟未对案件的整体情况进行裁判,此时撤诉,检察机关行使撤诉权尚未侵犯到法院的审判权。第二种观点认为,检察机关只能在法院开庭审理前提出,开庭审理之

---

① 龙宗智:《刑事庭审制度研究》,中国政法大学出版社 2001 年版,第 339 页。

② 肖良平:《论我国公诉案件撤诉制度的完善》,《求索》2005 年第 9 期。

③ 张小玲:《论我国撤回公诉的功能定位》,《中国刑事法杂志》2015 年第 1 期。

后无权撤诉。[①] 第三种观点认为，撤诉的时间应限定在一审法庭辩论结束之前。[②] 第四种观点认为，撤回公诉的时间应限定在"被告人最后陈述以前"。[③] 第五种观点认为，应当将检察机关撤回起诉的时间限定在一审合议庭合议以前。[④]

笔者认为，撤诉的时间宜限定在合议庭或审判委员会做出一审判决（决定）之前。理由如下。

首先，有利于加强审判权对公诉权的制约。在刑事诉讼中，检、法两家分工负责、互相配合、互相制约。但长期以来，检、法两家配合有余，制约不足，过高的撤诉率和过低的无罪率形成鲜明的对比。如果规定检察机关在法院判决宣告之前均可撤诉，那意味着在合议庭或审判委员会做出无罪判决之后，检察院仍可撤诉。"做出判决"与"宣告判决"是两个不同的概念和时间段。在我国的审判实践中，绝大部分案件不是当庭宣判而是定期宣判的。合议庭评议后做出判决或审判委员会做出决定到法庭宣告判决要经过一定的期间。尤其是对事实不清、证据不足或涉及罪与非罪的案件，法院极少能当庭宣判。如果在这期间允许检察院撤诉，必将使此前进行的程序归于无效，导致诉讼资源浪费，而且损害法院判决的确定力、权威性，破坏法的安定性。反之，一旦法院已做出判决，不管判决是否宣布，均不许撤诉，从而体现审判权对公诉权的有效制约，防止撤诉权的滥用，避免撤诉成为某些办案单位"下台阶"的路径。

其次，有助于兼顾诉讼诸价值目标的实现。现代诉讼的价值包括实体公正、程序公正和诉讼效益。司法机关应当坚持三种价值的统一。当三者有矛盾和冲突时，应坚持价值衡平原则，兼顾三者的关系。我国刑事诉讼法规定，审判程序分为庭前审查程序和开庭审理程序。开庭审理程序大致又可分为开庭、法庭调查、法庭辩论、被告人最后陈述、评议和宣判五个阶段。在被告人最后陈述后，审判长宣布休庭，庭审活动宣告结束。经过一系列的庭审活动，被告人的犯罪事实是否清楚，证据是否确实、充分，控辩审三方均已做到心中有数。进入评议时，合议庭应当根据已经查明的事实、证据和有关法律规定，并在充分考虑控辩双方意见的基础上进行评议，从而确定被告人是否有罪，应否追究刑事责任，有无从重、从轻、减轻或者免除处罚的情节。此时作为公诉方也应当对庭审活动进行总结，对案件的结局加以预测、判断。一旦出现撤诉事由的，应当及时向合议庭提出撤诉申请。只要合议庭或审判委员会尚未对案件做出决定，没有对被告人的实体问题做出裁判，检察机关撤诉就谈不上公诉权干涉审判权。如果将撤诉时间限制在开庭审理前，虽说有助于提高诉讼效益，减少司法资源的浪费，但由于案件尚未进入庭审，从实践看，是否存在撤诉条件往往难以判定，如此限定将使撤诉制度的价值大打折扣。至于将撤诉时间限制在法庭辩论结束之前，还是被告人最后陈述以前，并没有实质性意义。而一旦合议庭或审判委员会做出判决之后，还允许检察院撤诉，则必然侵犯审判权，有悖程序公正。再说，从诉讼经济角度看，既然法院已做出判决，只需定期宣判一下，案件即告审结，何须再让检察院撤诉呢？

---

① 陈卫东：《模范刑事诉讼法典》，中国人民大学出版社2005年版，第429页。

② 周长军：《撤回公诉的理论阐释与制度重构》，《法学》2016年第3期。

③ 林劲松：《论撤回公诉》，《国家检察官学院学报》2003年第1期。

④ 顾静薇：《论撤回起诉的规范化》，《中国刑事法杂志》2010年第11期。

再次,有利于保护被告人的合法权益。撤诉的意义之一在于更好地保护被告人的合法权益。如果撤诉恶化被告人的诉讼地位,损害被告人的利益,这种撤诉应予否定。在合议庭或审判委员会做出无罪判决之后,仍允许检察院撤诉,不仅使被告人无法获得一个权威的法律裁决,早日从被追诉状态中解脱出来,而且有可能导致被告人得不到刑事赔偿。

四、明确规定撤诉的效力及重新起诉的条件

1. 规定撤诉的效力

根据我国现行的撤诉制度,撤诉既不属诉讼终止,也不是诉讼中止,而是效力未定的诉讼行为。撤诉后,检察机关对案件的处理结果大体上有以下几种:撤案、补充侦查、不起诉。还有作其他处理的,如因管辖权问题撤诉后,移送有管辖权的司法机关处理。但必须看到,这种将撤诉视为效力未定的诉讼行为,容易为一些办案单位将撤诉作为"下台阶""挂案"甚至变相超期羁押提供了方便,不利于保障被告人的合法权益。鉴此,有的学者建议,对撤诉后案件的处理程序及时限做出立法规定。笔者认为,与其在立法中规定撤诉后案件的处理程序及时限,还不如直接规定撤诉效力。从撤诉的结果看,作撤案处理与作不起诉处理,法律效力并无不同。如果作补充侦查处理,又使被告人陷于新一轮的被追诉状态,不利于维护被告人的合法权益。少数案件确实需要收集新的证据或发现新的犯罪事实的,完全可以通过规定重新起诉的条件来解决,而无须规定补充侦查制度。为了更有效地保护被告人的合法权益,防止撤诉权的滥用,我国立法应当明确规定:撤诉与不起诉具有同等法律效力。即撤诉与不起诉的法律效力相同。检察机关提请撤回起诉,法院做出准予撤诉的裁定后,对于在押的被告人应当立即释放;对于被告人采取强制措施的,应当立即解除;对于扣押、冻结被告人的财物的,应当解除扣押、冻结。撤诉后,检察机关不需再制作不起诉决定书。

2. 提高重新起诉的条件

现行司法解释规定,撤诉后如果有新的事实或者新的证据可以再行起诉。对此,不少学者持否定观点,理由是:这一规定有违禁止重复追究原则,属于重复追诉。①

禁止重复追究原则,是指对被追究者的行为,一旦做出有罪或无罪的确定判决,便不得再次对同一行为予以刑事追究。大陆法系国家将这一原则称为"一事不再理",侧重于强调生效判决的"既判力",以维持法的安定性,维护司法程序的权威性;英美法系国家则称之为"禁止双重危险",侧重于强调任何人不得因同一行为而遭受两次不利的处境,以防止官方滥用追究犯罪的权力,保障公民个人的基本人权。但是必须看到,禁止重复追究原则不是绝对的。在实体真实和程序正义的价值平衡中,许多国家选择了折中主义的方式。如德国就允许"一事不再理"原则存在例外,即允许在一定情况下作不利于被告人的重新追究和审判;英国最初实行的是绝对的"一事不再理"原则,但在2003年的刑事司法改革中允许有例外。"禁止双重危险"原则在美国经过了二百多年的历史,已被美国法院通过判例修改得"面目全非"。随着犯罪的猖獗和社会治安状况的恶化,越来越多的美国人认为应当寻求个人利益与社会利益的平衡,对"双重危险"条款的适用范围进行限制。日本《宪法》第39条规定:"对于

① 陈瑞华:《问题与主义之间——刑事诉讼基本问题研究》,中国人民大学出版社2003年版,第176页。

同一犯罪，不得重复追究刑事责任。”但日本《刑事诉讼法》第 340 条规定：“在撤回公诉后对犯罪事实重新发现重要证据时，可以就同一案件再提起公诉。”在现代刑事诉讼中，鉴于利益的多元化，为确保刑事诉讼的整体合理性，实现系统价值的最大化，刑事诉讼不能只关注或过分关注被告人的利益保护，它还必须要对社会公共利益和被害人的利益负责。这就决定了刑事诉讼必须要在各种利益之间实现一种适当的平衡。一方面，要看到“禁止双重危险”规则总体上的合理性；另一方面，又要注意这一规则的相对性，在坚持这一一般规则的同时，又要注意允许存在适当的例外。[①]

笔者认为，《检察规则》第 459 条关于撤回起诉后，有新的事实或者新的证据可以再行起诉的规定有一定合理性。但《检察规则》将“新的事实或者新的证据”作为再行起诉的条件，显然限制条件过低，导致撤诉实践中再行起诉比较普遍，不利于保护被告人的权益。鉴此，立法中应当提高再行起诉的条件，将“发现新的重要事实或重要证据”作为再行起诉的条件，从而保证再行起诉的慎重行使。“新的重要事实”是指足以影响定罪的新的案件事实。如原来因为没有查清被告人的刑事责任年龄而撤诉，在查清被告人的刑事责任年龄后，可以重新起诉。有了新的重要事实，就一定要求有新的重要证据；有了新的重要证据，不一定要求有新的重要事实。撤诉后发现“新的重要事实”，当然可以重新起诉。“新的重要证据”既包括撤诉后经补充侦查新发现的重要证据，也包括新发现的事实的重要证据。如果撤诉后仅仅取得新的次要证据，不足以消除原来据以撤诉的情形的，就不应当重新起诉。这样就可以防止司法实践中因“新证据”较易获取，而普遍再行起诉的做法。

五、强化撤诉的监督制约机制

根据现代权力制衡理论，为了防止权力滥用必须以权力制约权力。为了防止撤诉权的滥用，必须对撤诉权进行制约。制约的方式可以有两种：内部制约和外部制约。

1. 内部制约即强化检察机关内部监督。《检察规则》第 461 条规定，“变更、追加、补充或者撤回起诉应当报经检察长或者检察委员会决定”。可见撤回起诉应当报经检察长或检察委员会决定。

2. 外部制约即强化审判机关的制约。最高人民法院 2017 年 2 月 17 日颁布的《关于全面推进以审判为中心的刑事诉讼制度改革的实施意见》第 8 条已强调规定：“人民法院在庭前会议中听取控辩双方对案件事实证据的意见后，对明显事实不清、证据不足的案件，可以建议人民检察院补充侦查或者撤回起诉。对人民法院在庭前会议中建议撤回起诉的案件，人民检察院不同意的，人民法院开庭审理后，没有新的事实和理由，一般不准许撤回起诉。”这一规定有利于对检察院的撤回起诉加以限制，但限制的范围过窄，制约力度仍然不足。根据《高法解释》第 242 条规定：“人民检察院要求撤回起诉的，人民法院应当审查人民检察院撤回起诉的理由，并做出是否准许的裁定。”但现在的实际情况是：凡是检察院提出撤诉的，法院没有不同意的，甚至最高人民法院颁布的《法院刑事诉讼文书样式（试行）》也只有“准许撤诉裁定书”，而没有“不准许撤诉裁定书”。笔者认为，法院应加强对检察机关撤诉的审查，不能一味准许，而应视案件具体情况裁定。对于尚未进入开庭审理程序的案件，检察机关撤

---

① 张毅：《刑事诉讼中的禁止双重危险规则论》，中国人民公安大学出版社 2004 年版，第 314—315 页。

诉的，应当裁定准许。对于已经进入庭审程序的案件，法院在收到公诉机关的撤诉决定书后，应从撤诉的原因、时间以及被告人、被害人对撤诉的意见等方面进行审查，如认为符合撤诉条件的，应当在规定的时间内做出准许撤诉的裁定；如认为不符合撤诉条件的，应在规定的时间内做出不准许撤诉的裁定。

六、废除延期审理后法院有权决定撤诉的规定

《高法解释》第 223 条规定："审判期间，公诉人发现案件需要补充侦查，建议延期审理的，合议庭应当同意，但建议延期审理不得超过两次。人民检察院将补充收集的证据移送人民法院的，人民法院应当通知辩护人、诉讼代理人查阅、摘抄、复制。补充侦查期限届满后，经法庭通知，人民检察院未将案件移送人民法院，且未说明原因的，人民法院可以决定按人民检察院撤诉处理。"但该规定有违立法精神，应当取消。理由是：(1)不符合公诉权的性质。公诉权在本质上是一种诉讼请求权。这就决定了它必须用诉讼的形式予以规范，它必须与应诉权相互作用、相互依存。公诉权的行使必须受到司法审查。同时公诉权是一项具有专属性的法定职权，即公诉权既是权力又是职责，它的职能在于维护国家和社会公共利益，"公权力的不可放弃性"决定了公诉权必须积极行使、严格依法行使。这是公诉权与其他诉权(民事诉权)的不同之处。公诉机关业已起诉的案件，在没有撤诉的情况下，法院主动决定其撤诉，是与公诉权的性质不相容的。(2)有悖立法精神。1996 年、2012 年修改后的《刑事诉讼法》，废除了 1979 年《刑事诉讼法》第 108 条所规定的撤回起诉制度。之所以废除这一规定，主要是因为修改后的《刑事诉讼法》，比较多地吸收了当事人主义诉讼模式的一些做法，而法院有权要求人民检察院撤诉的规定体现的是强职权主义诉讼特征，背离控审分离原则。在立法已废除该做法的情况下，最高人民法院还做出"应当决定按人民检察院撤诉处理"的规定，是不符合立法主旨的。刑事公诉案件一旦进入审判阶段后，法院就应当履行审判职责，主持诉讼进程，居中裁判。法院有权对检察机关的撤诉活动进行监督制约，检察机关没有主动提出撤诉的，延期审理期间届满，法院应当主动恢复法庭审理，而无权决定对公诉案件按撤诉处理。(3)不利于保护被告人的合法权益。根据《高法解释》规定，在庭审过程中，公诉人发现案件需要补充侦查，提出延期审理建议的，合议庭应当同意，建议延期审理的次数最多可以有两次。补充侦查完毕移送人民法院后，人民法院重新计算审理期限。在这期间，如果被告人被羁押的，羁押期限又可以延长。既然检察院没有提出恢复法庭审理，显见案件仍然事实不清、证据不足。这种情况法院应当主动恢复法庭审理，宣告被告人无罪，给被告人一个权威的法律裁决。此外，如果人民法院裁定按撤诉处理，由于不是检察机关主动撤诉的，撤诉后检察机关对案件如何处理，往往影响撤诉后的处理，徒增纠错的难度，不利于保护被告人的正当权益。

七、明确规定已判决的案件禁止撤回起诉

目前司法实践中，有的案件二审法院发回重审后，在重审宣告判决(一般是无罪判决)前，检察机关撤回起诉，甚至通过审判监督程序重审的案件，在重审期间，检察机关撤回起诉。根据现行司法解释的规定，这种做法并无不当。但笔者认为，这种做法不妥。因为"违

反程序规范，违背诉讼法理，同时带来已启动的再审程序难以推进并难以做出裁判的实践难题”。[①] 为了维护法律的严肃性和被告人的合法权益，笔者建议，撤诉的时间只能限定在一审判决之前。案件已由人民法院做出一审判决或生效判决，这意味着人民法院对案件已经做出了实质性裁判，因而应当继续审理，并做出最终裁判。如果允许撤诉，不仅浪费司法资源，损害审判的权威性，而且不利于维护被告人的合法权益。党的十八届四中全会通过的《中共中央关于全面推进依法治国若干重大问题的决定》提出，推进以审判为中心的诉讼制度改革，确保侦查、审查起诉的案件事实证据经得起法律的检验。坚持以审判为中心，有利于加强司法领域的人权保障，有利于提高刑事诉讼的整体水平，有利于各司法机关既相互配合又相互制约、共同维护刑事司法公正。

八、加强对当事人的权利保护

1. 赋予当事人知情权。检察院申请撤诉的，法院在审查撤诉理由时，应当征求被告人、被害人对撤诉的意见，对被告人、被害人不同意撤诉的，应审慎做出同意撤诉的裁定。裁定准许检察机关撤诉的，人民法院应当及时将裁定书送达被告人、被害人。人民检察院撤诉后，应当及时将撤诉决定书送达被告人、被害人，并告知相关诉讼权利。

2. 赋予被告人对撤诉裁定的上诉权，对撤诉决定的申诉权。检察机关撤诉可以使被告人避免被法院定罪处罚的风险，所以一般来说，撤诉符合被告人的利益，被告人不会对撤诉有异议。但是，对于确属无辜、没有任何违法犯罪行为而被错误起诉的被告人来说，有时他希望通过公开、公正的审判，通过法院的最终无罪判决来证明自身的清白，而不愿撤诉。对此，应当赋予被告人对撤诉裁定的上诉权。为了保障被告人对撤诉裁定的上诉权，对检察机关撤回起诉的请求，法院应当一律做出是否准许的书面裁定。同时，检察机关撤诉后，被告人对撤诉决定不服的，可以自收到撤诉书后向人民检察院申诉，人民检察院应当做出复查决定，通知被告人。

3. 赋予被害人对撤诉决定的申诉权。检察机关撤诉往往与被害人的诉讼利益产生冲突。被害人作为当事人有权参加诉讼、支持公诉，在指控犯罪方面，被害人与公诉人的利益是一致的，但一旦检察机关要求撤诉，双方就可能出现矛盾。这时法官作为中立的第三者，应在衡量、协调各方利益的基础上，充分考虑被害人的意见而做出裁定。撤诉后，被害人对撤诉决定不服的，可以自收到撤诉书后向人民检察院申诉，人民检察院应当将复查决定告知被害人。

---

① 龙宗智：《生效判决犹在，公诉焉能撤回——评“天价过路费案”之公诉撤回》，《法学》2011年第3期。

第八章　刑事审判对象研究

第一节　我国现行法关于刑事审判对象问题的规定及评析

要研究我国的刑事审判对象，首先必须确定我国刑事诉讼法是否确立了控审分离原则，因为只有在该原则下，才会出现审判对象问题，研究审判对象才有实质意义。从我国现行刑事诉讼法来看，其并未直接确立控审分离原则，不过该原则的内容充分体现在现行刑事诉讼法的有关规定中。比如，我国刑事诉讼法关于检、法两机关的机构设置以及控、审两职能关系的规定就已经体现了控审分离原则的确立。我国现行《刑事诉讼法》第 3 条、第 5 条分别规定："对刑事案件的侦查、拘留、执行逮捕、预审，由公安机关负责。检察、批准逮捕、检察机关直接受理的案件的侦查、提起公诉，由人民检察院负责。审判由人民法院负责。除法律特别规定的以外，其他任何机关、团体和个人都无权行使这些权力。""人民法院依照法律规定独立行使审判权，人民检察院依照法律规定独立行使检察权，不受行政机关、社会团体和个人的干涉。"因此，虽然我国刑事诉讼法并未明确确定控审分离原则，在我国刑事诉讼法上还存在明显背离该原则的规定（主要是二审的全面审查以及法院自行提出再审的规定），但我国刑事诉讼法在整体上已经体现了控审分离原则这一事实却是不容置疑的。在确立这一前提以后，刑事审判对象问题在我国也就无从回避了。

我国现行刑事诉讼法并未对刑事审判对象问题做出专门性的规定，对于起诉书的记载、起诉的效力、检察官变更起诉、法院变更罪名、合并起诉和合并审判等刑事审判对象的基本问题，该法均未有明确规定，虽然该法中的有些条文零星性地涉及了其中的部分问题，但内容含混不清，不能起到指导实践的作用。为了规范实践，最高人民法院和最高人民检察院对这些问题作了详细规定，尽管如此，这些规定无论在形式还是内容上都存在明显问题。

一、我国现行法关于刑事审判对象设定的规定

（一）关于不告不理的规定

根据控审分离原则的不告不理要求，审判对象应该由承担控诉职责的检察机关行使，原则上不能由法院行使，该要求不仅适用于一审程序，而且适用于二审、再审程序，我国现行刑事诉讼法有关起诉、上诉、抗诉以及再审的提起等规定，就体现了该要求。不过，我国法律对该要求的贯彻不够彻底，在部分内容上还存在明显违反该要求的地方，对于有些审判，它的对象不是由检察院设定，而是由法院自行设定的。比如对于再审程序的启动，我国刑事诉讼法就允许法院自行提起，根据《刑事诉讼法》第 205 条的规定，各级人民法院院长对本院已经发生法律效力的判决和裁定，如果发现在认定事实上或者在适用法律上确有错误，必须提交

审判委员会处理。审判委员会讨论后，如果认为原判决、裁定确有错误，应当做出另行组成合议庭再审的决定。最高人民法院对各级人民法院已经发生法律效力的判决和裁定，上级人民法院对下级人民法院已经发生法律效力的判决和裁定，如果发现确有错误，有权提审或指令下级人民法院再审。从控审分离原则不告不理的角度来说，不论是由做出判决、裁定的原审法院院长和审委会决定再审，还是由最高人民法院以及上级人民法院提起的再审，实际上都是由法院自身启动再审程序，这都与控审分离原则下审判对象由控方设定的精神相违背。

（二）关于起诉书记载的规定

我国现行刑事诉讼法并未明确规定公诉应该以书面的方式进行，但有关条文却体现了该要求。比如现行《刑事诉讼法》第 172 条规定："人民检察院认为犯罪嫌疑人的犯罪事实已经查清，证据确实、充分，依法应当追究刑事责任的，应当作出起诉决定，按照审判管辖的规定，向人民法院提起公诉，并将案卷材料、证据移送人民法院。"但是，该条并未进一步规定应该以何种方式提起公诉，是以书面，还是以口头，或是其他，都未明确，不过，在有关法院对公诉审查的规定中涉及了该问题，《刑事诉讼法》第 181 条规定："人民法院对提起公诉的案件进行审查后，对于起诉书中有明确的指控犯罪事实的，应当决定开庭审判。"因此，从该条可以看出，我国刑事诉讼法要求公诉应该以书面也就是提交起诉书的方式进行。

与大多数国家在刑事诉讼法上对起诉书的记载问题做出明确规定的做法不同，我国现行刑事诉讼法并未对该问题做出专门性规定，起诉书上应该记载哪些事实、如何记载这些事实、应否记载罪名、违反记载规定的法律后果如何等问题，我国现行刑事诉讼法均未明确规定。但是在其他的条款中，还是零星地涉及了这些问题，如《刑事诉讼法》第 181 条规定："人民法院对提起公诉的案件进行审查后，对于起诉书中有明确的指控犯罪事实的，应当决定开庭审判。"虽然该条并非专门针对起诉书的记载问题，但从其表述还是可以看出法律要求在起诉书上记载明确的指控犯罪，这种要求符合起诉的法理，也是绝大多数国家对于起诉书记载的原则性要求。但是，该要求过于原则，难以避免混乱，为此，最高人民检察院对起诉书的记载问题做了专门性的详细规定。《人民检察院刑事诉讼规则》第 393 条规定："人民检察院决定起诉后，应当制作起诉书。起诉书的主要内容包括：(1)被告人的基本情况，包括姓名、性别、出生年月日、出生地、身份证号码、民族、文化程度、职业、工作单位及职务、住址，是否受过刑事处罚，采取强制措施的情况及在押被告人的关押住所等；如果是单位犯罪，应写明犯罪单位的名称，所在地址，法定代表人或代表的姓名、职务；如果还有应当负刑事责任的'直接负责的主管人员或其他直接责任人员'应当按上述被告人基本情况内容叙写。(2)案由和案件来源。(3)案件事实，包括犯罪的时间、地点、经过、手段、动机、目的、危害后果等与定罪量刑有关的事实要素。起诉书叙述的指控犯罪事实的必备要素应当明晰、准确。被告人被控有多项犯罪事实的，应当逐一列举。对于犯罪手段相同的同一犯罪可以概括叙写。(4)起诉的根据和理由，包括被告人触犯的刑法条款，犯罪的性质，法定从轻、减轻或者从重处罚的条件，共同犯罪各被告人应负的罪责等。被告人真实姓名、住址无法查清的，应当按其绰号或者自报的姓名、自报的年龄制作起诉书，并在起诉书中注明。被告人自报的姓名可能造成损害他人名誉、败坏道德风俗等不良影响的，可以对被告人编号并按编号制作起诉书，并在起诉书中附具被告人的照片。"从这些内容来看，我国对于起诉书的记载原则及具体的记载要求的规定同多数国家尤其是大陆法系国家非常相似，对于记载原则，应该指控明晰、准确；对于具体的记载要求，应该尽量以行为时间、地点、方法等特定犯罪事实，该事实也应该以某一特定的犯罪构成要件的形式表现出来。但是，如果没有遵守这些原则或要求，如何处理，是否允许补充，补充以后仍不符合要求时又该如何处理等后果问题，该规则并未涉及，不过，最高人民法院在《最高人民法院关于执行〈中华人民共和国刑事诉讼法〉若干问题的解释》中部分涉及了这些问题，根据其第196、197条规定，人民法院对人民检察院提起的公诉案件，应当审查起诉书指控的被告人的身份，实施犯罪的时间、地点、手段，犯罪事实，危害后果和罪名以及其他可能影响定罪量刑的情节等是否明确，如果不明确的，需要补送材料的，应当通知人民检察院在3日内补送，但如果没有材料补送的，或者补送材料后仍不明确的，此时法院应该如何处理该起诉书，该解释并未做出进一步规定。

（三）关于公诉变更的规定

我国现行《刑事诉讼法》未对是否允许对公诉进行变更，变更的法定事由以及变更的时机、方式、所应履行的程序等问题做出明确规定，但实际上，在我国刑事诉讼实践中，长期以来公诉机关依据相关司法解释一直在行使公诉变更权。为了满足司法实践的需要，解决公诉变更问题，最高人民法院和最高人民检察院从不同角度对上述问题做了详细规定。最高人民法院《关于执行〈中华人民共和国刑事诉讼法〉若干问题的解释》第177条、第178条规定，“在宣告判决前，人民检察院要求撤回起诉的，人民法院应当审查人民检察院撤回起诉的理由，并做出是否准许的裁定”，“人民法院在审理中发现新的事实，可能影响定罪的，应当建议人民检察院补充或者变更起诉；人民检察院不同意的，人民法院应当就起诉指控的犯罪事实，依照本解释第一百七十六条的有关规定依法作出裁判”。最高人民检察院在《人民检察院刑事诉讼规则》中对于公诉变更的事由、公诉变更的方式、时机以及程序作了比较具体的规定，对于变更的事由，其第351条规定，“在人民法院宣告判决前，人民检察院发现被告人的真实身份或者犯罪事实与起诉书中叙述的身份或者指控犯罪事实不符的，可以要求变更起诉；发现遗漏的同案犯罪嫌疑人或者罪行可以一并起诉和审理的，可以要求追加起诉；发现不存在犯罪事实、犯罪事实并非被告人所为或者不应当追究被告人刑事责任的，可以要求撤回起诉”。关于变更的方式、变更的时机以及变更的程序，其第353条规定，“变更、追加或者撤回起诉应当报经检察长或者检察委员会决定，并以书面方式在人民法院宣告判决前向人民法院提出。在法庭审理过程中，公诉人认为需要变更、追加或者撤回起诉的，应当要求休庭，并记明笔录。变更、追加起诉需要给予被告人、辩护人必要时间进行辩护准备的，公诉人可以建议合议庭延期审理”。从两院的规定来看，我国的公诉变更在形式上是多样的，既包括变更（狭义）、追加又包括撤回，在范围上是广泛的，不限于与公诉事实具有同一性的事实范围之内，而是可以追加其他的犯罪人以及其他的犯罪事实。因此，我国的公诉变更与大陆法系的公诉变更相似，但与大陆法系的公诉变更明显不同的是，我国的公诉变更没有为被告人的利益预留一定的空间，大陆法系所规定的被告人有权获得告知以及申请延期审理的权利，在两院的规定中都未有体现。

二、我国现行法关于审判对象内容的规定

(一)我国现行法关于诉审同一的规定

根据控审分离原则诉审同一的要求，法院只能对指控的被告人和犯罪进行审判，而不能对没有指控的被告人和犯罪事实进行审判，这不仅对一审适用，对二审、再审同样适用，应该说，我国现行刑事诉讼法关于一审判决的规定以及两院关于追加起诉的解释就体现了诉审同一要求在我国的确立。但是，我国法律对该要求贯彻得也不彻底，有些规定明显与该要求相冲突。比如我国现行《刑事诉讼法》关于二审范围的规定，就明显违背了诉审同一的要求。《刑事诉讼法》第 186 条规定："第二审人民法院应当就第一审判决认定的事实和适用法律进行全面审查，不受上诉或者抗诉范围的限制。共同犯罪的案件只有部分被告人上诉的，应当对全案进行审查，一并处理。"

(二)我国现行法对于诉审同一的理解

审判对象也就是起诉效力所及的对象，从我国现行刑事诉讼法的内容来看，其并未对起诉的效力做出明确规定，对于起诉事实的法律评价是否属于审判对象的构成部分，并未如大陆法系国家那样在刑事诉讼法上做出专门性的规定。但是，从刑事诉讼法的有关条文、最高人民法院所做出的解释以及司法实践来看，还是可以看出我国对该问题的态度的。《刑事诉讼法》第 195 条第 1 项规定："案件事实清楚，证据确实、充分，依据法律认定被告人有罪的，应当做出有罪判决。"至于该有罪判决是以原罪名做出，还是另以新罪名做出，其语焉不详，但考虑到我国刑事诉讼法实行的是"实事求是""有罪必纠"的刑事政策，对于法院来说，如果事实构成犯罪而仅因为罪名有变化就否认有罪判决是不可想象的。最高人民法院《关于执行〈中华人民共和国刑事诉讼法〉若干问题的解释》对此做了比较明确的规定。该解释第 176 条规定："人民法院应当根据案件的具体情形，分别作出裁判：(1)起诉指控的事实清楚，证据确实、充分，依据法律认定被告人的罪名成立的，应当作出有罪判决；(2)起诉指控的事实清楚，证据确实、充分，指控的罪名与人民法院审理认定的罪名不一致的，应当作出有罪判决……"在指控的罪名与法院审理认定的罪名不一致时，仍应当做出有罪判决，这就进一步确立了法院有权变更罪名的做法。而在司法实践中，各级法院仍在实际行使罪名纠错权。"可以说，法院对检察机关起诉的罪名做出变更，这已经属于中国刑事司法的惯例，甚至被视为法院审判权的应有之义。"[①]从法律规定以及司法实践来看，我国刑事审判对象采用的是与大陆法系相似的公诉事实观，审判对象不包括控诉方的法律评价主要是罪名，法官有权改变罪名。但与大陆法系明显不同的是，大陆法系对于法官变更罪名甚至变更某些不影响公诉事实同一性但有可能影响到被告人防御权的事实细节的做法做了严格限制，规定法官在变更时，必须履行严格的程序，主要是要告知被告罪名变更以及给予其充分的防御机会，如果法院没有履行这些程序，则其所做出的判决属于违法，被告人有权提出上诉；而在我国，无论是刑事诉讼法还是最高人民法院做出的解释，均未对变更罪名应该履行的程序做出规定，对于应否告知被告人罪名变更、应否给予其充分的防御机会，都未提及。从司法实践来看，法院变更罪名往往是在不告知公诉机关、不通知辩护方的情况下，以单方面、秘密、主动的方式进

① 陈瑞华：《问题与主义之间——刑事诉讼基本问题研究》，中国人民大学出版社 2003 年版，第 261 页。

行的。

（三）我国现行法关于上诉审变更罪名的规定

另外，不仅一审法院有权变更指控罪名，而且二审法院也可以变更罪名，对此，我国现行《刑事诉讼法》以及相关的司法解释作了明确规定。《刑事诉讼法》第225条规定："第二审人民法院对不服第一审判决的上诉、抗诉案件，经过审理后，应当按照下列情形分别处理：(1)原判决认定事实和适用法律正确、量刑适当的，应当裁定驳回上诉或者抗诉，维持原判；(2)原判决认定事实没有错误，但适用法律有错误，或者量刑不当的，应当改判；(3)原判决事实不清楚或者证据不足的，可以在查清事实后改判；也可以裁定撤销原判，发回原审人民法院重新审判……"罪名错误属于适用法律错误，因此从该条规定来看，我国上诉法院有权直接变更罪名。并且从该条以及刑事诉讼法、相关司法解释的其他规定来看，我国上诉法院不仅有权直接变更罪名，而且这种权力是非常大的，几乎不受限制。这具体体现在以下几个方面：一是上诉法院变更罪名的对象不受限制，它不仅可以在一审判决单纯适用罪名有误时变更罪名，而且可以在一审判决事实不清、证据不足时在查清事实的基础上变更罪名。对于前一种情况，法律规定必须由二审法院直接变更，不得发回重审；对于后一种情况，法律规定既可以由二审法院直接变更，也可以发回重审。二是上诉法院变更罪名的类型不受限制，它既可以将重罪名变更为轻罪名（如故意杀人变更为过失杀人），也可以将轻罪名变更为重罪名（如过失杀人变更为故意杀人），还可以将一罪名变更为性质完全不同的其他罪名（如抢夺变更为盗窃）。虽然《刑事诉讼法》第226条规定："第二审人民法院审判被告人或者他的法定代理人、辩护人、近亲属上诉的案件，不得加重被告人的刑罚……"但该规定只对被告单方面提起的上诉适用，而不对检察院同时提起了抗诉的情形适用；另外，该规定只是禁止加重刑罚的变更，而非禁止加重罪名的变更，如果变更不会加重刑罚，则任何形式的罪名变更都是允许的，对此，最高人民法院《关于执行〈中华人民共和国刑事诉讼法〉若干问题的解释》257条第2款作了明确规定："对原判认定事实清楚、证据充分，只是认定的罪名不当的，在不加重原判刑罚的情况下，可以改变罪名。"三是上诉法院变更罪名的范围不受限制，它既可以对一审判决中被上诉或抗诉的部分变更罪名，也可以对一审判决中未被上诉或抗诉的部分变更罪名。《刑事诉讼法》第222条规定："第二审人民法院应当就第一审判决认定的事实和适用法律进行全面审查，不受上诉或者抗诉范围的限制。共同犯罪的案件只有部分被告人上诉的，应当对全案进行审查，一并处理。"四是上诉法院变更罪名的审理方式不受限制，它既可以以开庭审理的方式变更罪名，也可以以不开庭审理的方式变更罪名。《刑事诉讼法》第223条规定了二审的审理方式，根据该规定，对于属于该规定列举的四种情形之一的，二审应当开庭审理，但由于该规定不是很明确，是否开庭仍然由法院决定，实践中仍有许多应当开庭审理的案件而未开庭。"虽然从立法精神来看，二审实行开庭审是原则，不开庭审是例外，但从实践来看，绝大多数上诉案件是以不开庭形式审理的。五是上诉法院变更罪名的程序不受限制。虽然《刑事诉讼法》以及相关司法解释对上诉法院的审理程序做了比较具体的规定，根据这些规定，上诉法院在审理过程中除了要遵守第二审的特别规定外，主要要参照第一审的规定，但是对于上诉法院在变更罪名时应该履行怎样的程序，是否应该履行告知以及其他保障被告人防御权的措施，立法和司法解释均未规定。从立法和司法解释的态度来看，是不需要的，并且从实践来看，上诉法院变更罪名时普遍也不需要履行这些程序。六是上诉法院变更后的新罪名不受上诉审查。我国实行的是两审终审的审级制度，案件经过两级法院审判即告生效，不得再次提起上诉，因此上诉法院的审判是终局的审判，上诉法院变更后的罪名是终局的罪名，无权再次上诉。

从以上分析可知，我国上诉法院直接变更罪名的权力是非常大的，在讨论我国一审法院直接变更指控罪名问题时，也有很多学者指出我国在该问题上存在的主要问题也是法院的权力过大。但从这里看来，与上诉法院相比，一审法院变更罪名的权力简直是小巫见大巫了，一审法院变更罪名尚需限制在指控的范围之内，尚需以开庭审理的形式进行，尚需受到上诉法院的审查，而上诉法院变更罪名，则既可不受上诉范围的限制，又可不受审理方式的限制，还不用受上诉审查。我国赋予上诉法院如此大的罪名变更权，有助于发挥上诉法院直接纠错的功能，有助于提高诉讼效率，促进诉讼的及时性。试想，如果在上诉法院发现一审判决适用罪名有误时，自己不能直接变更而是必须发回原审法院或移交其他法院重审的话，则显然会因为多增加了一道程序而影响诉讼的效率，如果再考虑到发回或移交重审的案件经审判后仍有权上诉并仍可能发回或移交重审的话，则这种做法对诉讼效率的影响就更为明显了。从这点看，上诉法院变更罪名的权力越大，就越有助于提高诉讼效率。但是，效率毕竟不是刑事诉讼所要追求的唯一价值，也不是最重要价值，给予上诉法院过大的罪名变更权虽有助于提高诉讼效率，却同时可能会带来许多其他问题，这一点在我国就已有明显体现。具体而言，我国上诉法院罪名变更权过大带来的问题主要包括以下几方面：(1)侵犯审级利益。所谓审级利益，简单讲就是因为多一级审判而多得到的利益。对于被告人来说，多一级审判，就多获得一次法院对其不利指控进行审查的机会，就多获得一次为自己辩护的机会。在我国两审终审的审级制度下，对于检察机关的指控，被告人可以就指控的事实和罪名获得两级法院的两次审查，并可以就指控的事实和罪名获得在两级法院进行两次辩护的机会。但是，由于我国上诉法院变更罪名的类型不受限制，不管是由重罪名变更为轻罪名，还是由轻罪名变更为重罪名，也不管变更后的罪名是否曾经一审审判过，只要发现罪名有错误，都允许变更，这就导致上诉法院完全可能以变更的形式将一个未经一审审判因而也未经被告人一审辩护过的新罪名加于被告人身上，该新罪名实际上只经历了一次审判、一次辩护便成为终局罪名，对于被告人来说，他所应享有的两次审判、两次辩护的机会便被剥夺了一次。(2)侵犯被告人的防御权。对被告人防御权的侵犯，除了表现在变更的时候侵犯审级利益因而剥夺被告人的一次辩护机会外，更直接地表现在两个方面：一方面是绝大多数上诉案件不开庭审理，而采用由法官在对案卷进行书面调查的基础上，进行少量讯问的方式处理，不仅不听取控辩双方的意见，也不传唤证人、鉴定人等出庭作证，完全是一种单方、书面、间接、秘密的审理方式。这种方式严重损害了被告人的防御权。另一方面是上诉法院在变更罪名时不履行告知等程序，使得被告人不能采取有针对性的准备来保障防御权的实现。在针对罪名的上诉审过程中，被告人通常都是围绕一审判决适用的罪名展开辩护的，如果上诉法院在没有预先告知并给予被告人足够防御准备的情况下就突然变更罪名，对被告人而言，该变更后的罪名实际上是一个未经防御的突袭性罪名。这两个方面导致被告人不仅未享有两次防御的机会，连一次防御的机会也被剥夺了。另外，法院在变更罪名时侵犯被告人的防御权不仅是上诉审存在的问题，同时也是一审存在的问题。但是，与一审相比，这种问题在上诉审中更为明显。一方面一审只能实行开庭审而不能实行书面审，另一方面虽然一审法院在变更罪名前也不事先告知被告人变更罪名的事实，但在开庭审过程中，被告人有时仍然可能透过法院裁定证据时的裁量方法及对证人补充讯问的内容等在一定程度上推测法院心证形成的状况，预测法官可能变更罪名的事实，并因此而调整防御的方向。但在法院不开庭审判时，被告人这一唯一有可能获取法院变更罪名信息的渠道也被堵死了。(3)损害诉审同一原则。在近现代诉讼中，诉审分离是处理诉审关系的一项基本原则，其基本要求是不告不理和诉审同一，没有起诉，法院便不能审判，起诉后，法院只能在起诉的效力范围内审判，对没有起诉的事实不能进行审判。作为处理诉审关系的一条基本原则，它贯穿于刑事诉讼的始终，适用于刑事诉讼的整个过程，既适用于一审程序，也适用于二审、再审程序。“控诉原则之下，任何法院皆受制于不告不理，犹如第一审审判之范围，取决于起诉之范围，上诉审审判之范围，亦取决于上诉之范围。”①而我国却在法律上明确规定上诉法院对于未上诉部分适用的罪名也有权变更，显然违反了该原则。

三、我国现行法关于合并审判的规定

我国现行刑事诉讼法并未有关于合并起诉与合并审判的明确规定，不过，从有关的法律条文来看，实际上也蕴涵着与合并审判有关的内容。如《刑事诉讼法》第222条关于上诉审查的范围规定：“共同犯罪的案件只有部分被告人上诉的，应当对全案进行审查，一并处理。”从这一规定来看，至少对于共同犯罪的案件，法律是允许合并审判的，如果说该条规定得还不够明确、范围也十分有限的话，最高人民法院《关于执行〈中华人民共和国刑事诉讼法〉若干问题的解释》却比较明确地涉及了合并审判问题，其第5条规定，“一人犯数罪、共同犯罪和其他需要并案审理的案件，只要其中一人或者一罪属于上级人民法院管辖的，全案由上级人民法院管辖”。从该条的内容看，我国允许合并审判的案件的范围与多数国家尤其是大陆法系国家的合并审判案件的范围是一致的，但是合并审判有时会损害诉讼的利益，不但常常会损害被告人的防御权，而且有时非但不会提高诉讼效率，反而会降低诉讼效率，如果此时不允许法院分开审理，不允许控辩双方申请法院分开审理的话，则不利于实现诉讼的利益，而我国的法律中只涉及了合并审理的问题，并未涉及分开审理的问题，对于法院是否有权将合并审理的案件分开审判、控辩双方是否有权申请法院将合并审理的案件分开审判、法院在什么情况下可能或者应该进行分开审判等问题，现行法律都未做出规定。

另外，对于合并审判的案件，如何进行裁判，是以一个判决概括认定还是针对各案件分别做出决定并分别阐述理由，我国的法律并未涉及。不过，在最高人民法院办公厅于2001年6月15日对最高人民法院审判委员会第1051次会议讨论通过的《法院刑事诉讼文书样式》的解答中，却涉及了该问题。解答的第20条认为，检察机关指控被告人犯数罪，经审理确认其中一罪因证据不足、指控犯罪不能成立的，只需在判决理由部分就证据不足、指控的犯罪不能成立予以充分论证即可，在判决结果中不再表述。按照《法院刑事诉讼文书样式》的要求，刑事判决书的结构应该包括以下十个部分：标题和编号；公诉人身份；被告人身份及基本情况；辩护人栏；案由；事实；证据和理由；判决正文；交代上诉权和上诉办法；结尾。其中判决正文也就是判决结果部分，主要写确定被告人犯了什么罪，是否需要判处刑罚，判处

① 林钰雄：《刑事诉讼法》(下册)，中国人民大学出版社2006年版，第245页。

什么刑罚，及赃款、赃物的处理，刑期的起止日期。因此，解答的第20条实际上是允许法院对于证据不足而指控不成立的犯罪无须在判决正文而只需在证据和理由部分表示。如果细加分析，这种规定是有问题的。从判决正文的记载内容来看，其实际上是审判的结论部分，而结论是诉讼主体实施诉讼行为的动因和目标指向，也是诉讼行为得以完成的主要标志，对于一个案件的审判而言，结论主要体现为有罪与无罪两种，如果有罪或无罪的结论尚未形成或尚未给出，则意味着对该案的审判尚未完成。因此，结论对于一个案件的审判不可或缺，而作为有罪与无罪结论专有载体的判决正文，它是判决书的最重要部分，它是案件发生法律效力的基础，也是刑罚执行的基础。对于一个案件而言，其是否有罪以及如何执行，其唯一的依据就是记载在判决书判决正文部分的内容，尽管在判决书的其他部分比如理由部分也可能会部分涉及案件是否有罪的判断，但这些部分的最终目的只是论证或正当化判决正文中的判决结论，与判决正文相比，它们是手段、形式而非目的本身，不能以它们来确定是否有罪的直接依据，也不能以它们作为执行判决的直接依据。因此，判决书的判决正文部分是判决书的不可或缺部分，对于一个案件的裁判而言，如果少了判决正文，就等于少了结论，也就如同未对该案做出裁判。因此，最高人民法院对于被告人被指控数罪而其中一罪因为证据不足不能成立时如何表述的解答，实际上意味着允许法院对某些案件“诉而不判”。

从以上我国现行法关于刑事审判对象问题的规定的介绍来看，我国对于该问题的态度主要表现在两个方面：一是形式上，我国的刑事审判对象问题主要规定在两院的解释中，而现行刑事诉讼法很少涉及该问题，无论是审判对象的设定问题，还是审判对象的效力问题，现行刑事诉讼法均未做出明确规定，而是由两院的解释对这些问题做了比较详细的规定；二是内容上，我国的刑事审判对象问题与大陆法系的公诉事实观相似，在审判对象的设定问题上，并不需要记载诉因，只要求记载明确的指控犯罪事实，允许检察院在提出起诉后有广泛的公诉变更权，允许检察院将原设定的审判的范围扩展到其他被告人以及其他犯罪事实之上；三是审判对象的范围上，采用与大陆法系的公诉事实观相似的做法，主张指控事实的法律评价不属于起诉效力所及的范围，允许法院自行变更罪名。虽然两院的解释在一定程度上弥补了现行刑事诉讼法关于审判对象问题的缺陷，但仔细分析这些规定，仍存在许多明显的重大缺陷。首先在形式上，虽然起诉书的记载、公诉的变更、公诉的效力、罪名的变更等有关审判对象的问题，均是些看似技术性的问题，但这些问题都涉及控、辩、审三方的利益，起诉书的记载、公诉的变更，涉及法院审判范围的大小以及被告人防御权的大小，因此虽然这两种行为都只能由检察院行使，但绝非其一家之事务，因此，如何记载起诉书、如何变更公诉等，就不能仅从便于其指控考虑；而公诉的效力、罪名的变更也同时涉及控、辩、审三方的利益，也不是法院一家的事务，也不能仅从便宜其审判考虑。对于这些问题，如果仅由检法两家自己予以规定的话，则有违现代刑事诉讼法“程序法定”原则的基本要求。根据程序法定原则，基于保障人权的需要，凡是涉及国家司法机关的职权配置和犯罪嫌疑人、被告人重大权益保障的事项，都应当由立法机关通过法律的形式加以明确规定，而不能由其他机关、团体或个人以其他任何形式做出规定，更不能由有利益之涉的主体进行规定。因此，我国主要以检法两院对审判对象进行规定的规范模式是违法的，应该由效力层次更高、中立性更强的基本法即刑事诉讼法对此问题做出详细规定。再从内容上看，抛开我国以公诉事实作为审判对象是否合理这一问题不谈，现行法对于审判对象内容的规定也存在明显的重大缺陷，这其中在审判对象问题上没有为被告人积极有效地行使防御权留下任何实质性空间，对于如何在公诉变更、罪名变更等问题上保障被告人的防御权，我国现行法均未涉及，这也是我国审判对象形式上与大陆法系的公诉事实相似，实质上相差甚远的最主要的体现。

四、我国对于审判对象问题态度的原因分析

在我国，对于审判对象问题的忽视，不仅仅体现在立法上未对该问题予以重视，在理论上，同样未对该问题予以重视，或许是考虑到审判对象多是些貌似技术性的问题，因此，其不但难以入立法者的"法眼"，甚至也同样难以进入理论研究的"高雅之堂"。在我国，之所以如此忽视该问题，究其原因，是与我国长期以来所奉行的"重实体轻程序"的工具主义程序观念以及"以事实为依据、以法律为准绳""不枉不纵，有错必纠"等刑事政策一脉相承的，根据这些观念和政策，实体真实(包括事实真实和法律真实)在刑事诉讼上具有至上地位，它是评判程序是否具有正当性与合理性的最重要标准，程序存在的终极目标就在于实现实体真实，任何一项制度，任何一项原则，如果有碍于该目标的实现，那么其存在的价值就会削弱或者丧失。而控审分离原则下的审判对象问题，正构成了对该目标实现的阻碍，从审判对象的有关内容来看，该问题实质上处理的是如何从程序上对于检察院和法院实现实体真实这一目标限制的问题，它妨碍了检察院和法院发现实体真实。因而也就不难理解在其他国家的立法以及理论上具有重要地位的审判对象问题在我国遭受如此冷遇的原因了。

尽管我国现行的刑事诉讼法未对审判对象做出规定，但两院却仍以解释的形式将我国的审判对象设定为公诉事实，这也是由上述观念和刑事政策决定的。虽然我国已经确立了控审分离原则，但对于该原则的理解和适用，允许有一定的弹性和张力。因此，虽然控审分离原则本质上是一项控制权力和保障权利的原则，一项总体上不利于实体真实实现的原则，但该原则仍留有一定的空间，以供不同需要的国家进行选择。我国刑事诉讼追求的是实体真实，追求的是不枉不纵、有错必纠，因此我国对控审分离原则的理解和适用也必然选择的是最有利于实现这些目标的方式。在审判对象上，采用的是公诉事实观的做法，因为在公诉事实观下，法院可以对检察院提交的事实进行重新认定，并在此基础上适用法律，正因为法院可以进行广泛的事实认定，其适用法律的事实面比较宽，因而有利于实体法的实现。而采用其他的理解，却可能束缚法院认定事实和适用法律的手脚，一方面它可能不能对检察院起诉的事实进行重新认定，从而影响其事实真相的发现，另一方面它也可能不能对起诉事实的法律评价进行重新评断，从而影响其正确适用实体法，妨碍实体法的实现。两院将审判对象规定为公诉事实，除了观念和刑事政策方面的原因外，还有制度上的原因。我国现行《刑事诉讼法》将"分工负责、互相配合、互相制约"规定为处理和协调公、检、法三机关之间关系的原则，并同时规定三机关在进行刑事诉讼时应该"以事实为根据，以法律为准绳"，因此，整个诉讼在构造上呈现出"流水线"的形式，公、检、法三机关在各自负责的诉讼阶段，大体都可以相对独立地开展事实活动，做出有关的诉讼决定，因此法院不只是对指控事实和罪名的确认，而是可以在指控事实的基础上，重新认定事实和适用法律。

第二节 我国刑事审判对象模式的选择及具体设想

一、我国刑事审判对象模式的选择

我国刑事诉讼法已经确立了控审分离原则，因此，我们面临的不是应不应该在刑事诉讼法上规定刑事审判对象的问题，而是应该如何规定的问题。那么，在我国的刑事诉讼法上应该如何对审判对象问题进行规定呢，在此，必须首先确立两个原则：(1)多种利益兼顾原则。刑事审判对象问题与追究犯罪、保障被告人的权利以及诉讼效率等多种利益密切相关，人们对这些利益所持的态度不同，对于审判对象问题的规定也会不同。但在现代法治国家，没有哪一个国家会极端地偏重某一利益而极端地忽视另一利益，而是尽量兼顾这些不同的利益，因此在审判对象问题的规定上，不同国家又会呈现一定的相似性。比如英美法系虽然重视对被告人权利的保护，但也并不是完全不考虑追究犯罪和提高诉讼效率的需要，因此虽然实行严格的诉因制度，但同时也允许检察官和法官在一定的范围内变更诉因，从而实现追究犯罪和提高诉讼效率的目标；而大陆法系虽然重视追究犯罪，重视诉讼的效率，但也不是不考虑对被告人权利的保护，一方面采用宽泛的公诉事实作为审判对象，另一方面又对公诉变更和审判变更行为规定了严格的程序性限制，从而实现保护被告人权利的目标。因此，在对我国的刑事审判对象问题进行规定时，这些规定应该既能够保护被告人的权利，又不会过于妨碍追究犯罪和提高诉讼效率的目标的实现。(2)注重本国实际。“当代的许多实证研究都表明，不考虑社会背景，不关注人们的物质生活方式，而仅仅从需要或抽象的正义出发的法律移植都失败了。”[①]“从长远来看，法律的适用取决于法律制度中的传统要素，立法创设的规则由此得以解释、发展。创设的规则如果被吸收、融合，才能成功地成为法律。”[②]当今主要存在三种刑事审判对象模式，分别是大陆法系的公诉事实模式、英美法系的诉因模式、日本法的公诉事实同一性下的诉因模式。三者在审判对象问题上之所以存在如此差异，也是与这些国家的实际情况不同有关。美国路易斯安那州立大学皮尤教授在比较法国与美国刑事司法制度时指出：“人们认为，目前在法国，经授权的政府干预个人生活的情况，比在美国广泛而深刻。这是因为在法国由于历史和经验的缘故而更担心犯罪，因而为了获得更多的保护，他们宁愿给予政府当局以较大的权力。美国人，至少到目前为止，一直都不愿而且仍然不愿赋予政府官员以控制个人生活的广泛权力。美国的制度反映了它的社会价值观念，它反映了美国对中央政权深深的恐惧，对滥用权力的疑惧，或者说反映了对公众参加所有各种决策的信赖和对个人尊严和私生活秘密的极大尊重。”正是两国在社会价值观念上的不同，导致两国对于审判对象的规定也不同。而日本之所以在吸收了诉因概念以后仍保留了公诉事实概念，也是与日本在诉讼理念上仍保留了实体真实有关。因此，在对我国的审判对象问题进行规定时，也必须考虑到我国的实际情况。

从我国有关刑事审判对象的法律规定以及司法解释的介绍和分析来看，我国实行的是

---

① 苏力：《政治及其土资源》，中国政法大学出版社 1996 年版，第 34 页。

② 罗斯科·庞德：《普通法的精神》，唐前宏等译，法律出版社 2001 年版，第 9 页。

类似于大陆法系的做法，即以公诉事实作为我国的刑事审判对象，法院有权变更指控的法律评价即罪名，采用公诉事实作为审判对象，有助于在一次诉讼中实现追究犯罪的目标，有利于诉讼效率的提高。不过与大陆法系的做法相比，又存在明显不同，那就是大陆法系对于法官变更指控罪名乃至个别事实都规定了严格的程序限制，反观我国，却无此类规定，法官变更罪名的行为非常自由，并没有告知并给予被告人防御机会的义务。立法以及司法在审判对象问题上对被告人防御权保障的缺失，构成了我国刑事审判对象问题的重大缺陷。那么，意识到这一缺陷，是否意味着我国可以在保留以公诉事实作为审判对象的基础上，吸收和借鉴大陆法系国家尤其是德国的经验，赋予法官告知并保障被告人防御权的义务，以解决我国在审判对象问题上忽视被告人防御权的问题呢？如果仅从解决保障被告人防御权问题这一点上看，我国采用公诉事实作为审判对象是成立的，因为虽然大陆法系的审判对象是公诉事实，但对被告人防御权的保护一点也不比实行诉因的国家逊色，甚至有过之而无不及。比如在实行诉因的国家，对于包含诉因，无须履行变更程序，而可以直接认定，如以既遂起诉而以未遂判决，但在德国，认为即便是由重罪变为轻罪，对于被告人防御权仍有影响，因此必须履行变更程序，确保被告人辩明其未违反轻罪的防御权利，防止其遭受突袭。但是，公诉事实是职权主义审判方式的概念，而从我国刑事审判制度的发展变化看，以 1996 年新《刑事诉讼法》的出台为标志，我国刑事诉讼模式已由原来的强职权主义诉讼模式向带有当事人主义特征的控辩式诉讼模式转变，新的控辩式诉讼模式的一个突出特征就是审判结构趋于“当事人化”，控诉与审判的职能进一步分离，庭审中的对抗制因素明显增强，法官的职权因素则相应地减少。因此，如果继续以体现职权主体特征的“公诉事实”为审判对象，则与我国审判制度的发展方向不符。

既然我国不能选择大陆法系的“公诉事实”作为审判对象，那么可否选择英美法系的“诉因”作为审判对象呢？诉因是当事人主义诉讼模式的概念，以诉因为审判对象，体现的是程序至上的理念，虽然允许在一定范围内变更诉因的做法也体现了对实体的追求，但这种追求仍是以不损害程序的公正性为前提的，而英美法系原则上禁止变更诉因的做法更明显地体现了程序正义与实体正义孰轻孰重。但是，在我国现在乃至将来相当长的一段时间内，程序正义的观念很难达到这种程度，相反，实体至上这面红旗却在可以预见的相当长时期内不倒，明显的例证是我国现行刑事诉讼法尽管吸收了很多当事人主义诉讼模式的因素，但仍规定刑事诉讼法的任务是“保证正确、及时地查明犯罪事实，正确应用法律，惩罚犯罪分子，保障无罪的人不受刑事追究”。虽然我国目前的刑事诉讼片面追求“客观事实”，在真实发现的问题上采取“绝对主义”的立场是错误的，但是我国在刑事诉讼中把实体正义作为主要的价值目标，却有广泛的社会基础，也与普通同宗的法律意识是相吻合的。因此，在刑事诉讼中，积极采取合法手段发现实体真实，仍然具有无可置疑的正当性。那么只要在观念上仍然坚持实体正义，在审判对象的选择和设计上就必须考虑实现实体正义的需要，而英美法系在审判对象上不允许变更诉因的做法不利于该需要的实现，因此我国就不可能完全向英美法系的诉因制度靠拢。

由于我国刑事审判方式实现了向带有当事人主义特征的控辩式诉讼模式转变，因此我国不能以大陆法系的公诉事实为审判对象；而由于实体真实的观念仍在我国的刑事诉讼中占据重要地位，因此我国也不能采用英美法系不允许变更诉因的做法。在选择和确立我国的审判对象问题时，既要考虑到我国审判方式上已经转变的现实，又要考虑到我国诉讼观念未变的事实，那么如何选择我国的刑事审判对象才能符合这两个现实呢？近现代日本刑事诉讼的变革引起的审判对象的变化以及有关审判对象的争论为我国提供了借鉴，本书的第二章说到，日本现行刑事诉讼法是在大面积吸收英美法系当事人主义诉讼模式的因素的基础上制定的，它在技术上已经实现了诉讼模式的当事人主义化，但在诉讼理念上，仍然保留了传统的"实体真实"的观念，因此在审判对象问题上，它既没有采取职权主义不实行诉因的做法，而是将现实的审判对象规定为诉因，保障其诉讼模式在技术上具有当事人主义的外观，也没有采取当事人主义不允许变更诉因的做法，而是允许在公诉事实同一性的范围内变更诉因，以保障"实体真实"观念的实现。虽然我国对于当事人主义模式的吸收和借鉴远未达到日本那样全面的程度，但同样面临着当年日本在诉讼模式的转变过程中所面临的难题，那就是如何处理传统的诉讼观念与诉讼模式的发展趋势不一致的问题。综合以上分析，本书认为，在我国实体真实至上的诉讼观念不变的前提下，我国所能实行的当事人主义只能是技术性的当事人主义，"刑事诉讼法可以采用的当事人主义是指辩论主义，即提出诉讼资料尤其是证据，首先是当事人的责任。这是出于维护人权的同时查明事实真相这一政策性考虑而设计出来的，也就是说，是技术性的当事人主义。其另一个方面是，在当事人主义有碍于实现实体真实的时候，补充性的职权主义是不可避免的"。有鉴于此，在我国的刑事诉讼法上，应该确立以诉因为审判对象的同时又允许检察院在公诉事实范围内有权变更诉因的规定。

二、我国刑事审判对象模式的具体设想

解决了我国以何作为审判对象的问题之后，接下来的问题便是如何在程序中贯彻和落实该问题。对此，可以从以下几个方面考虑。

1. 起诉书的记载

在我国实行诉因后，与现在相比，起诉书的功能将发生重大转变，它不再仅起着将案件移交给法院审判的作用，而同时起着限定法院审判范围、明确被告人防御对象的作用。因此，起诉书记载的基本要求是指控明确，在我国采用诉因为审判对象后，起诉书应该记载明确的被告人、犯罪事实、罪名和罚条等法律评价性要素。对于被告人的记载，基本要求是记载的事项能够充分确定被告人，通常，被告人的姓名是起诉书最基本的记载事项，但是姓名记载错误而其他的事项能够确定被告人的，不导致起诉书无效。对于被告人的确定，有表示说（以起诉书记载的被告人为被告人）、行为说（以实际实施被告人行为的人为被告人）、意思说（以检察官实际准备起诉的那个人为被告人）三种判断标准，这三种标准各有利弊。表示说的优点在于较为明确、肯定，并且严格遵循了不告不理的要求，但其缺点在于在起诉书记载的被告人与其实际想要指控的被告人不一致时，往往必须启动另一诉讼，才能达到更换目的，这不符合诉讼的经济性。比如甲捡到乙的身份证，贴上自己的照片冒用，后因为盗窃被捕，在侦查过程中甲持该变造后的身份证用乙的名字应讯，使检察机关误用乙的名字起诉，在审判中法官发现甲是冒用乙的名字受审，那么按照表示说，法院就无权直接将乙名改为甲名。行为说可以避免在适用表示说时所碰到的难题，如前面案件，由于司法机关实际上是以甲为对象而实施诉讼行为的，所以法院只需直接将乙名改为甲名就可以了。意思说完全以

检察官的主观意思为准，比较不客观，因此不可采用。因此，在确定被告人时，我国应该兼采表示说和行为说两种标准。

对于犯罪事实的记载，在实行诉因后，检察官将可能在如何记载犯罪事实问题上常常面临技术性难题。因为，一方面，诉因的明确性要求通常意味着诉因应该记载得越详细越好，另一方面起诉书一本主义以及检察官所要承担的证明责任又意味着诉因应该记载得越简明越好。虽然起诉书一本主义以及检察官所承担的证明责任问题在我国现行法上尚未确立，但这两个制度却都是实行当事人主义审判方式不可或缺的，在我国诉讼模式向当事人主义模式迈进的过程中，也应该确立这两个制度，而这两个制度的确立，必将加重检察官在记载犯罪事实问题上的困难。起诉书一本主义要求检察官在起诉书上不得移送有可能使审判人员对案件产生预断的其他文书和控诉证据，也不得引用这些文书和证据的内容，因此，要求详细记载犯罪事实，可能形成法官的先入观念，这与起诉书一本主义的精神不符；而检察官所承担的证明责任意味着检察官有义务证明起诉书上记载的犯罪事实，因此犯罪事实记载得过于详细，反而可能会增加检察官无尽的证明负担。因此，对于犯罪事实的记载，一方面要求指控明确，另一方面要求简洁，具体来说，在记载犯罪事实时，应该以日期、场所、方法等构成犯罪的特定事实，该事实围绕后面的罪名的构成要件来记载，而日期、场所、方法等是用来特定该犯罪事实的，只要能够达到特定的目标，允许以一定的幅度记载。

对于罪名、罚条等法律评价因素，在起诉书上必须记载，虽然通常从犯罪事实的记载本身就可以判断出构成了何种犯罪，但是因为犯罪事实的记载着重于对事实的描述，因此，记载罪名等因素以明示对该事实做出的评价，对于揭示检察官提起公诉行为的整体状况具有重要意义。

我国刑事诉讼法除了应该对如何记载起诉书做出规定外，还应该对违反这些规定的后果做出规定，起诉书记载的基本要求是指控明确，对于指控不明确的起诉书，法律应该规定，除了可以补正的情形外，应该做出不受理的裁定。

2.诉因的变更

允许对诉因进行变更，必须处理以下问题：一是在什么情况下需要变更诉因；二是变更诉因的界限在哪里；三是变更诉因应该履行什么样的程序。就第一个问题而言，如果只要事实稍有不同就进行变更的话，则诉讼程序将显得过于烦琐而有损其效率，而且也无必要。那么在什么时候需要变更诉因，什么时候不需要变更呢？由于诉因是一项用来保障被告人防御权的制度，因此是否需要变更诉因应该从被告人的防御权的角度考虑，如果事实的变更将影响到被告人的防御权，那么就需对诉因进行变更，而如果事实的变更不会影响到被告人的防御权，则无须对诉因进行变更，而可以由法官直接予以认定。无须变更诉因的情形主要有两种：一是当犯罪的时间、地点，犯罪的行为方式或被害的内容等发生的变化，与犯罪成立或被告人的防御没有直接关系的，可以由法官直接认定，而无须等待检察官进行变更。比如盗窃的场所发生了变化，如果该变化不会影响到被告人的防御权，法官可以直接变更认定。但有时犯罪的时间、地点、场所等变化，也会影响到被告人的防御权，比如因为这些事实的变化影响到被告人的不在犯罪现场的辩护，此时就不能允许法官对此直接变更认定，而应该由检察官变更诉因。二是对于具有包含关系轻罪进行认定，也无须变更诉因。比如将故意杀人罪变更为过失杀人罪，因为这种包含于起诉罪之中的新罪实际上已经随起诉罪一起受到指控,并给予被告人以防御的准备和防御的机会,法庭在审理起诉罪的同时,也就等于对新的罪名进行过审理,所以被告人的防御权不会被损害。

对于诉因变更的界限问题,可以有两种做法:一是不对可以变更诉因的范围进行限定,因为允许对诉因变更并不意味着一定要对诉因变更的范围进行限定;二是对可以变更诉因的范围进行限定,检察官只能在该范围内对诉因进行变更。那么我们国家应该采用对诉因变更的范围进行限定还是不限定的方法呢?这两种方法都有利弊,不对变更诉因的范围进行限定,有利于相关案件一并解决,有助于提高诉讼的效率,但范围过宽,不利于被告人展开防御;对诉因变更的范围进行限定,有助于被告人展开防御,但在效率方面稍逊一筹。从我们国家来看,为了保障被告人的防御权,应该对变更诉因的范围进行限定,对此,可以借鉴日本的做法,将该界限限定在与公诉事实具有同一性的范围上,而对于不在该范围之内的事实,则检察官不能通过变更的方式将其纳入本次审判范围之列,而只能由检察官另行起诉。将变更的范围限定在公诉事实同一的范围内,又将产生一个无法回避的问题,那就是如何理解"公诉事实的同一性"。从不同的诉讼实践和诉讼理论来看,关于"公诉事实同一性"的判断标准有两个,一是"历史事实不可分",一是"法律事实不可分"。"历史事实不可分"是指从常识和经验判断事实是一个不可分割的整体,这一整体便是同一个公诉事实,该判断与实体法上的罪数无关;"法律事实不可分"是指只要在实体法上构成一个罪,就是一个公诉事实。那么我国应该采用何种标准呢?这两种标准也各有利弊,"历史事实不可分"的标准有利于法官依据自身的裁量权确定案件的审判范围,从而实现特定的政策目的,其明显的弊端在于事实本身是具有无限延展性的,以"历史事实不可分"为标准就面临着如何找到一个合适的点,从而将这些具有无限延展性的事实割裂开来,以使其在外形上构成一个区别于其他事实的单独事实的问题。而要找到这样一个能让众人认同的点,却很困难,不同的人会有不同的看法,因此该标准客观性不够。而"法律事实不可分"的标准,依据实体法上的罪数予以判断,相对来说比较客观,因为虽然实体法上的罪数也是个非常复杂的问题,但还是有一定的规定可循。另外,采用"法律事实不可分"的标准,还可以与实体法的规定相一致,因为"一罪一罚"不仅是诉讼法上的原则,而且是实体法上的原则,如果不允许对实体法上仅构成一罪的数个行为进行追加,而是通过另行起诉的话,则可能会破坏实体法上的"一罪一罚"原则。因此,在我国,应该采用"法律事实不可分"的标准作为判断"公诉事实同一"的标准。具体而言,结合我国的刑法规定,在实体法上属于单纯一罪的行为事实,即行为人以一个罪过、实施一个行为、侵犯一种社会关系的犯罪,属于一个公诉事实。在实体法上属于实质一罪的行为事实,包括继续犯(也称持续犯),即行为从着手实行到由于某种原因终止之前,一直处于持续状态的犯罪;想象竞合犯(也称想象的数罪、观念的竞合、一行为数法),即一个行为触犯数个罪名的犯罪;结果加重犯(也称加重结果犯),即法律规定的一个犯罪行为(基本犯罪),由于发生了更为严重的结果而加重其法定刑的犯罪,在诉讼法上属于一个公诉事实。在实体法上属于法定的一罪的行为事实,包括结合犯,即原本独立的数个犯罪行为,根据刑法分则的明确规定,结合成为另一独立的新罪的犯罪;惯犯,即以某种犯罪为常业,在较长时间内反复多次实施某种犯罪的犯罪,在诉讼法上属于一个公诉事实。在实体法上处于处断的一罪,包括连续犯,即基于同一的或概括的犯罪故意,连续实施性质相同的数个行为,触犯同一罪名的犯罪;吸收犯,即事实上存在数个不同的行为,其一行为吸收其他行为,仅成立吸收行为一个罪名的犯罪;牵连犯,即犯罪的手段或结果行为,与目的行为或原因行为分别触犯不同罪名的犯罪,在诉讼法上也是同一个公诉事实。

关于诉因变更的程序问题,在符合公诉事实同一的范围内,检察官有权申请法院对诉因进行变更,那么这种变更应该遵循什么样的程序呢?借鉴国外的经验以及结合我国司法解释已有的规定,本书认为我国应该在刑事诉讼法中对诉因变更的时间、方式以及对于被告人防御权的保障等问题做出明确规定。具体而言,对于诉因变更的时间问题,一方面由于变更的时间是确定被告人防御权是否受到损害的一个重要因素,另一方面也是本着对于众多诉讼参与人经过在诉讼上的不断努力所形成的程序及实体表示尊重的精神,应该在刑事诉讼法上对诉因变更的时间问题做出明确规定。那么我国应该将诉因变更的时间限定在何时呢?我国检察院的规则将其限定为第一审判决宣告前,但在我国,判决宣告与做出判决是两个不同的阶段,在做出判决后,并不意味着法院就会立即宣告,而是在做出判决后经过一定的时间才会宣告判决,那么我国允许在判决做出后到判决宣告前这段时间内进行变更,将会使以前进行的程序无效,导致诉讼资源的浪费。有鉴于此,我国应该将允许诉因变更的时间适当提前,规定在一审判决做出之前允许对诉因进行变更;对于变更的方式问题,主要是指在申请变更时,应该采用书面形式还是允许采用口头形式,国外多数国家尤其是大陆法系国家,允许以口头形式提出公诉变更,而我国检察院规则却规定应该以书面方式提出,应该说,检察院规则的要求考虑到了我国的实际,因而要求以书面方式提出变更是合理的。因为与国外检察官在职务活动中有一定的独立性不同,我国法律仅确立了检察机关独立依法行使职权,检察官尚未取得法律上的独立地位。检察官在法律上是否具有独立地位,将对其活动的效果产生影响。当检察官具有独立地位时,他在活动中就可以以自己的名义并由自己来负责处理诉讼中的事情,如前检察总长伊藤荣树称:每个检察官是作为独立的官厅来行使有关检察事务的权限的,因此检察官即使违背上级指令进行侦查或起诉,虽然可能承受身份上的惩戒,但其侦查和起诉不能认为是违法和无效的。在起诉书上没有批准印章和官厅印章也不影响起诉等诉讼行为的效力。而在我国,由于检察官在法律上尚未获得独立地位,因此其职务行为只有作为检察院的行为时才具有法律效力。因此,对于诉因变更的方式,我国应该采用书面形式。对于变更诉因时保障被告人防御权的问题,我国刑事诉讼法至少应该规定法院两项义务:一是及时通知义务,法院在做出变更时,应该及时将变更的情况通知被告人。对于这一义务,应该注意两点,一是通知的主体应该是法院,之所以应该由法院告知,是因为由法院告知更为正式,能让被告人明白法院将要对变更后的诉因进行审判;二是法官告知的时间应该是越早越好,因为告知越早,被告人越能够及时地展开充分的防御。二是提供辩护准备和辩护条件的义务。告知被告人诉因变更只是履行变更程序的第一步,告知诉因变更后,为了使被告人能够有效地针对变更后的诉因进行防御,应当就新的诉因给予被告方必要的准备时间,以便被告方进行证据、法律和辩论的准备,准备时间的给予由法院根据辩护方的申请以及案件的实际情况和辩护的实际需要确定。

另外,在诉因的变更问题上,虽然诉因的变更应该由检察院进行,但这并不意味着法院在诉因变更问题上无所作为,他至少可以在以下两个方面发挥作用:一是当发现符合变更诉因的情形时,法院有权利建议检察院对诉因进行变更,虽然该建议对检察院并无法律约束力,但该建议代表了法院对案件事实和法律问题的认识,如果检察院不考虑该建议的话,则其可能要遭受不利的后果;二是法院有权对检察院的变更诉因的申请进行审查,如果发现变更的范围不在公诉事实同一的范围内,或者虽在该范围内但变更将对被告人的防御产生重大损害并且该损害也没办法通过其他程序措施补救的,则法院有权拒绝检察院的变更请求。

三、上诉审法院变更罪名

对于我国在上诉法院直接变更罪名上存在的问题,我们可以从以下两个方面进行考虑:一是我国是否应该允许上诉法院直接变更罪名;二是如果允许的话,我国应该如何对上诉法院直接变更罪名的行为进行限制,以防止这些问题的发生。首先是应否允许上诉法院直接变更罪名的问题。上诉法院的一个主要功能是纠错,即纠正一审法院认定事实和适用法律的偏差和错误,从世界范围来看,上诉法院的纠错功能主要可以通过两种途径实现:一是自行改判;二是交由其他法院重审(包括发回原法院重审和移交其他法院重审)。这两种纠错方式明显各有利弊,自行改判是一种直接纠错方式,它的明显优势是有助于提高诉讼效率,促进诉讼的及时性,但它的明显弊端是有可能会侵犯审级利益,剥夺被告人的一次防御机会;而采用交由其他法院重审的方式却不会出现这个问题,但交由其他法院重审的方式是一种间接纠错的方式,因此自行改判的优势正是它的劣势,采用它必然会降低诉讼效率,导致诉讼的迟缓。从形式上看,这两种纠错方式体现了两种不同的价值追求,因此在两种纠错方式之间做出选择也反映了我们在价值权衡下对价值取舍的态度,但如果仔细分析,事实并非如此。我们应该注意的是,当一审判决有误时,采用交由其他法院重审的方式纠错虽不会侵犯审级利益但必定会降低诉讼的效率,而采用自行改判的方式纠错必定会提高诉讼效率但可能会侵犯审级利益,换句话说,自行改判必定会提高诉讼效率,但并非必定会侵犯审级利益和剥夺被告人的防御机会,在有的案件中,自行改判能实现既提高诉讼效率而又不侵犯审级利益和被告人防御机会的目的。这一点,国外的共同做法也给了我们同样的启示,即允许上诉法院直接变更罪名,有助于提高诉讼效率,但并非必定会侵犯审级利益和被告人的防御权等,只要对上诉法院的变更行为做出一定限制,这些问题就都可以避免。从以上分析和国外的启示来看,我国在上诉法院变更罪名上存在的那些问题,并非是因为允许上诉法院变更罪名而必然出现的问题,而是因为上诉法院变更罪名的权力过大、不受限制而导致的问题。因此,我国面临的不是应不应该允许上诉法院直接变更罪名的问题,而是应该如何对其进行适当限制的问题。

那么我们应该如何对上诉法院直接变更罪名的行为进行适当限制以防止出现那些问题呢?国外的共同做法同样给了我们解决这一问题的启示。

首先是如何防止侵犯审级利益的问题。国外的普遍做法是将上诉法院有权直接变更罪名的范围限制在变更后的新罪名必须是在一审已经审判过的罪名,那么我们是否也应做如此限制呢?答案是否定的。在国外,上诉法院有权调查证据的范围普遍比一审法院要小,因此当上诉法院发现一审法院适用罪名有误而直接对该罪名变更时,被告人虽然可以对新罪名进行辩护,但由于他的证据调查权受到限制,因此他对新罪名的辩护权是建立在一种不完整证据调查基础上的不充分辩护权,而如果发回原法院重审的话,则由于一审法院的证据调查权不受限制,被告人就可以对新罪名在完整的证据调查的基础上行使充分的辩护权。因此,如果上诉法院直接变更后的罪名之前未曾在一审法院审判过的话,那么该罪名实际上是被剥夺了一审的罪名。可见,在国外,当发现一审判决适用罪名时,上诉法院原则上将案件发回原审法院重审对于维护审级利益是有实际价值的，将上诉法院有权直接变更罪名的范围做如此限制也是有实际意义的。但是我国的情况与国外明显不同，国外上诉法院调查证据的范围普遍比一审法院要小，但是在我国，上诉法院有权调查证据的范围不受任何限制，它可以调查一切可以由一审法院调查的证据，不仅可以对一审已经调查过的证据进行调查，也可以对有助于查清事实真相的任何其他证据进行调查，可见我国的上诉审采用的不是国外的事后审，而是复审，我国的上诉审实质上是第二个一审。因此在这种上诉审中，上诉法院直接变更罪名时，被告人也可进行与一审完全相同的证据调查活动，也可对变更的新罪名行使在与一审完全相同的完整证据调查基础上的充分辩护权；再加上上诉法院在发回重审案件上的法律意见对原审法院具有约束力，在这种情况下，发回重审并无实际意义，反而会损害诉讼的效率。因此，在我国当前的这种上诉审方式下，上诉法院采用发回重审的方式纠错对于维护审级利益并无实际意义，换句话说，将我国上诉法院有权直接变更罪名的范围限制在已被一审审判过的罪名上，并无实际价值。当然，这只是就目前我国的这种上诉审方式而言的，如果以后我们实行三审终审制，在一审与上诉审之间做出明确区分的话，那么为了维护审级利益，我们就应该借鉴国外的做法，将上诉法院有权直接变更罪名的范围限制在已经经过一审审判过的罪名上。

其次是如何防止侵犯被告人防御权的问题。根据国外的经验和我国的实际情况，可以有针对性地解决这一问题。国外为了保障被告人的防御权，通常对上诉法院直接变更罪名的程序做两方面限制：一是采取开庭审理的形式；二是必须履行事先告知等其他保障被告人防御权的义务。而这两方面，却正是我国侵犯被告人防御权的两个表现。因此，为了保障被告人的防御权，一方面我国应该规定上诉审原则上应该采用开庭的形式，而不论上诉是由检察机关提出的，还是由被告人提出的；另一方面我国应该规定上诉法院在变更罪名前，应该将变更罪名的事实通知被告人及其辩护人，并且为了保障被告人对变更后的罪名能够进行充分的防御，应该规定被告人有申请法院延期审理的权利，而法院为了保障被告人充分防御的需要，有依职权或申请做出延期审理的义务。

再就是违反刑事诉讼其他原则的问题。国外的经验告诉我们，上诉法院在直接变更罪名时，不得违反刑事诉讼的其他原则，这主要包括“诉审同一”原则和“上诉不加刑”原则。对于“诉审同一”原则，我国现行法是明确违反了的，因此应该对该立法进行改革，规定上诉法院只能对被上诉部分适用的罪名进行变更，而不得对未被上诉部分适用的罪名进行变更；对于“上诉不加刑”原则，虽然该原则在我国立法中有明确规定，但与其他国家相比，其适用面过窄，最明显的体现是我国从形式上即主体归属而非实质上即利益归属来规定该原则的适用范围，这样就造成即使检察机关为了被告人的利益提出抗诉，也可能被上诉法院加重刑罚这一不合理现象。我们应该借鉴国外的做法，主要从实质上考虑该原则的适用，即是否适用该原则主要看上诉或抗诉是为谁的利益而提出，如果是为被告人的利益提出的，不管是由被告人一方提出的，还是由检察机关提出的，均适用该原则，不得加重被告人的刑罚。

四、诉因的合并起诉和合并审判

出于诉讼效率以及诉讼便利的考虑，在一个审判中，往往不止处理一个案件，而是可以同时处理几个案件，但一个审判可以同时处理几个案件的问题不只关系到检察院的指控以及法院的审判是否便利，还与被告人的防御范围以及受审次数密切相关，因此，必须在刑事诉讼法中对合并起诉与合并审判的问题做出明确规定，这些规定至少应该包括这两个内容：一是允许合并起诉和合并审判各案件之间的关系；二是当出现不适宜合并审判时所能够采取的措施。关于允许合并起诉和合并审判各案件之间的关系，我国最高人民法院解释中的有关条款涉及了该问题，那就是一人犯数罪、共同犯罪和其他需要并案审理的案件，可以合并起诉和合并审判，所谓需要并案审理的案件，如数人同时在同一处所各别犯罪以及犯与本罪有关系的藏匿人犯、湮灭证据、伪证、赃物各罪等情形，解释中的这些内容应该规定到我国的刑事诉讼法中去；对于不适宜合并审判的情形，我国刑事诉讼法应该明确控辩双方有权申请法院将合并的案件分开审理，在控辩双方没有申请时，如果法院认为应该分开审判的，在听取控辩双方的意见后，有权依职权将合并的案件分开审判。

另外，对于合并审判的案件，应该根据一诉一裁判多诉多裁判的原则，分别做出判决，法院应当在判决理由部分分别进行论证并应当在判决书的正文部分分别将判决结果表示出来。

五、关于一事不再理原则

从我国现行刑事诉讼法以及相关的司法解释来看，一事不再理原则在我国尚未确立，一事不再理原则所体现的禁止重复追诉、禁止重复审判、禁止重复处罚的精神在我国都没有得到贯彻，立法和司法解释允许对无罪判决后的重复追诉、允许不受限制地发回重审、允许判决生效后的重复追诉以及允许判决生效后的重复审判和重复处罚等做法都是对一事不再理原则的严重背离。虽然我国背离一事不再理原则的做法有着观念、制度、政策等多种因素的影响，但由于排斥一事不再理原则所造成的危害以及基于中国政府已经签署了《公民权利和政治权利国际公约》而有履行国际法需要的义务等方面的原因，我国最终也必将承认该公约所规定的一事不再理原则。而一事不再理原则的适用关键在于对“一事”的理解，那么在确立我国的一事不再理原则时，应该如何界定“一事”的范围呢？通过前面的分析（主要是第六章），我们知道，“一事”的范围与审判的范围也就是审判对象有密切关系，通常，审判的范围有多大，则“一事”的范围就有多宽。而在我国以诉因为审判对象时，是否“一事”的范围也就限于诉因的范围呢？是否意味着检察院仍可以在原有事实的基础上通过变更罪名再次提起控诉呢？如果这样狭隘地理解“一事”的含义，则对于被告人来说是非常不利的，从国外来看，也很少有国家采用这种方法来解释“一事”的含义。虽然本书主张法院的审判对象是诉因，但同时又主张检察院在公诉事实同一的范围内有变更诉因的权利，因此对于“一事”的范围，不能局限于诉因进行理解，而应该波及公诉事实上，因为在公诉事实同一的范围内，被告人面临着被检察院以变更的方式将与公诉事实具有同一性的其他犯罪纳入审判的危险，因此“一事”的范围也应该波及与公诉事实具有同一性的其他犯罪之上。由于“一事”的范围可以波及与公诉事实具有同一性的其他犯罪之上，因此检察院在起诉时应该将同一公诉事实内的所有犯罪事实合并起诉，或者应该在审判过程中及时将没有指控的公诉事实的其他犯罪事实追加起来，以避免判决确定后丧失对这些事实的追诉权。

第九章　刑事程序性上诉研究

近年来，随着对程序的日益重视，程序性辩护成为一种新的、重要的辩护形式，这种辩护通过质疑侦查机关、检察机关、审判机关等的程序违法，以达到影响诉讼进程及结局的最终目的。与传统的实体性辩护不同，这种辩护针对的是程序问题，通过质疑程序来影响诉讼结局，因此它的出现，不但丰富了辩护的手段和内容，而且也有助于维护程序的独立性与公正性。但是从司法实践来看，这种辩护很难为法院所接受，面对着诸多的程序性辩护，法院要么简单粗暴地直接予以拒绝，要么完全置之不理，而由于缺乏独立的程序性上诉机制，对于法院的这种态度，被告人和辩护人很难获得有效的救济。当被告人和辩护人一方面面对着诸多的程序违法，另一方面却又找不到有效的救济渠道的时候，他们要么只能束手无策、选择忍气吞声，要么只能奋力抗争、选择和法院“死磕”以维护自身的权利。在有些案件中，通过“死磕”，被告人和辩护人逼使法院客观、公正地正视和处理了程序违法，维护了程序的合法性与公正性。但是这种“死磕”严重扭曲了审判的结构，它将“控辩平等对抗、法官居中裁判”的理性结构变成了“审辩对抗、控方旁观”的畸形结构，本是中立裁判者的法官被卷进了与辩护方的冲突中，严重损害了司法的公信力与威信，从长远来说它是对司法的一种伤害。因此，“死磕”不是维护程序合法与公正的长久之策，它只是一种在程序内无法对程序违法获得救济时的一种无奈之举、权宜之计，治本的长远方法还是需要回归程序，在程序内设立有效的程序性上诉救济机制，通过上诉来纠正违法的程序和救济不服的当事人。但程序性上诉能否发挥这种作用以及效果如何，则取决于其设置是否科学合理，本书拟对该问题进行专门研究。

第一节　单列与并行：程序性上诉的两种模式

在以实体尤其是以事实认定为中心的诉讼中，上诉机制与其他诉讼机制一样，很容易受“重实体轻程序”这一惯性思维的影响，从而导致程序性上诉沦落为实体性上诉的附庸，因此如何处理与实体性上诉尤其是事实性上诉的关系，是设置程序性上诉无法回避的问题，这一问题属于程序性上诉的模式问题。

对于程序性上诉与事实性上诉，是设置在不同的审级中，各自单独处理，还是设置在同一个审级中，一并处理，这一问题的不同回答，形成了程序性上诉的两种模式：一种是单列模式，另一种是并行模式。单列模式是指设立一个专门的审级，单独处理程序性上诉问题，在这个审级中，不能涉及下级法院的事实认定问题，而只能在下级法院认定的事实基础上，审查下级法院的裁判是否违反程序。这一模式为大多数国家和地区所采用，但是程序性上诉具体设立在哪一审级，则存在差异，根据这些差异，这一模式又可以细分为分立型单列模式和独占型单列模式两种类型。在分立型单列模式中，既允许提出事实性上诉，又允许提出程序性上诉,事实性上诉与程序性上诉分别设立于不同的审级,事实性上诉设立在二审,程序性上诉设立在三审。事实性上诉与程序性上诉实行不同的审查方式,在事实性上诉中,实行复审,二审对案件进行重新审理,它不受一审认定的事实和出示的证据的限制,可以重新调查事实,出示新的证据;在程序性上诉中,实行事后审,三审只能以一审的审判记录和上诉理由书为基础,审查一审裁判是否违反程序,而不能调查事实,出示新的证据。而在独占型单列模式中,由于原则上只允许对程序问题提出上诉,不允许对事实问题提出上诉,因此设立的所有上诉审,不管有几级,都是为了处理程序性上诉问题,整个上诉被程序性上诉问题所独占。分立型的单列模式主要存在于上诉制度比较发达的大陆法系国家和地区,如在法国,对轻罪、违警罪等案件实行三审终审制,不服一审法院的裁判,可以根据事实上的理由向上诉法院提出事实性上诉,不服上诉法院的二审裁判,可以根据程序上的理由向最高法院提出程序性上诉,也可以不经上诉法院,而直接向最高法院提出程序性上诉。在德国,对区法院管辖的案件实行三审终审制,不服区法院的裁判,可以就事实问题向地区法院提出事实性上诉,不服地区法院的二审裁判,可以就程序问题向州高等法院提出程序性上诉,也可以不经地区法院而越级直接向最高法院提出程序性上诉;我国台湾地区,也是类似规定。独占型的单列模式主要存在于上诉制度不发达的英美法系国家,比如在英国,对刑事案件,基本实行两级上诉制度,对于刑事法院的一审裁判可以就程序问题依次向上诉法院和上议院上诉;在美国,联邦和州司法系统实行两级上诉制度,不服联邦和州地区法院的裁判,可以就程序问题向联邦和州上诉法院上诉,不服联邦和州上诉法院的裁判,可以以其违反宪法、成文法或判例为由向联邦和州最高法院上诉。在上诉制度发达的大陆法系国家和地区,有些案件也采用的是这种类型,比如在德国,不是所有的案件都实行三审终审制,可以分别提出事实性上诉和程序性上诉,而是有部分案件,只能提出程序性上诉,不能提出事实性上诉,这部分案件主要是由地区法院和州高等法院管辖的案件,这些案件实行二审终审制,不服它们的一审裁判就只能根据程序问题分别向州高等法院和联邦法院提出上诉,不能针对事实问题提出上诉。

并行模式是指在同一个审级中,既处理程序性上诉问题,又处理事实性上诉问题。在这种模式中,没有设立专门针对程序性上诉的审级,程序性上诉不是在单独的审级中处理的,而是与事实性上诉一道,在同一个审级中处理。对于一审裁判不服,既可以向二审提出事实性上诉,也可以向二审提出程序性上诉,提出事实性上诉,二审原则上只能审查事实认定问题,提出程序性上诉,原则上只能审查程序问题,并且无论是事实性上诉,还是程序性上诉,均实行同样的审查方式,二审原则上都只能以一审认定的事实和出示的证据为基础,事后审查一审认定的事实是否准确、适用的程序是否合法,都不得调查新的事实和出示新的证据。就目前来看,采用这种模式的国家较少,其中以日本为代表。在日本,“二战”以前,实行的是类似于大陆法系的三审终审制的审级制度,因此程序性上诉采取的是分立型的单列模式,事实性上诉和程序性上诉分别由二审和三审处理,对事实问题,可以向二审提出控诉,对程序问题,可以向三审提出上告。但是在战后,日本对审级制度进行了改革,因而程序性上诉的模式也发生了改变。它将向三审提出上告的上告理由进行了限制,限定为违反宪法及判例等重大违法的事由,不再允许对一般的违法提出上告,对一般的违法,只能向二审提出控诉,而二审,不只是法律审,还可以对一审认定的事实进行审查,因此它也是事实审,但是这种事实审不同于以前的事实审，以前的事实审实行的是复审，对案件进行重新审理，可以重新调查事实和出示新的证据，而这种事实审是事后审，只能在原审调查过的事实和出示过的证据的基础上，审查事实认定是否准确，不能重新调查事实和出示新的证据。由此可见，它将事实性上诉与程序性上诉合并在同一个审级中处理，控诉审成为并行处理事实性上诉与程序性上诉的一个审级。虽然改革后的审级制度仍然实行的是三审终审制，但是由于对向三审提出上告进行了严格的限制，导致大多数案件实际上实行的是两审终审制，无论是事实性上诉，还是程序性上诉，最终都是在二审控诉审中处理的。因此日本改革后的程序性上诉模式属于并行模式。

设立程序性上诉的目的是实现和维护程序的独立价值，但是，如果程序性上诉没有独立性，而是受到事实性上诉的影响，甚至依附于事实性上诉，那么其目的也就无法实现。因此，如何保证程序性上诉的独立性，就成为设立程序性上诉的关键。虽然单列模式和并行模式在是否设立专门的程序性上诉审级问题上存在差异，但是两种模式在程序性上诉的独立性上是相同的，即都确保了程序性上诉的独立性。就单列模式而言，它通过设立一个专门的程序性上诉审级，在空间上将程序性上诉与事实性上诉隔离开来，从而阻止了事实性上诉影响程序性上诉的可能性，保证了程序性上诉的独立性。而就并行模式而言，虽然它将程序性上诉与事实性上诉置于同一审级、同一空间，但是它通过程序设置在两者之间设立了防火墙，防止事实性问题越界而对程序性上诉产生影响，保证了程序性上诉的独立性。这些程序装置主要包括：一是设置了较为严格的上诉理由制度，要求提起上诉，必须提出明确的上诉理由，必须明确是对事实问题上诉，还是对程序问题上诉，否则上诉会因为理由不明确而被拒绝，并且该上诉理由就是上诉审的审判对象，对事实问题上诉，上诉审只能涉及事实问题，对程序问题上诉，则上诉审只能涉及程序问题。二是设置了相同的上诉审审查方式。上诉审的审查方式包括复审、续审、事后审三种，复审即对案件的重复审理，是指上诉法院的审理不受一审裁判的限制，而是将自己作为第一审对案件进行重新审理，它可以广泛地调查事实和证据，它既需要重新调查一审已经调查过的事实和证据，又需要调查新的事实和证据，它的功能不在于审查一审裁判是否正确，而在于重新审查事实，因此它实际上属于第二个一审。续审即对案件的继续审理，是指上诉法院在一审裁判的基础上，接着一审对案件继续审判，一审所进行的诉讼行为对上诉审仍然有效，一审调查过的事实和证据上诉审无须再次调查，上诉审只调查一审未调查过的新的事实和证据。事后审即事后审查一审裁判，是指上诉法院完全以一审裁判调查的事实和证据为基础，审查一审裁判是否正确，它不得再次调查一审的事实和证据，也不得接受新的事实和证据。根据审查的内容不同，事后审又可以分为事实与法律审之事后审、法律审之事后审两种类型，前一种类型既审查原判认定的事实又审查原判适用的法律和程序，而后一种类型只能审查原判适用的法律和程序，不再审查事实。在并行模式中，无论是对于事实性上诉，还是对于程序性上诉，都实行事后审，只不过对事实性上诉，实行的是事实审之事后审，对程序性上诉，实行的是法律审之事后审，但均是以一审调查过的事实和出示过的证据为基础，事后审查认定的事实和程序是否有错误。通过这两个程序设置，使得在同一审级、同一空间中，程序性上诉实现了与事实性上诉的同等地位，程序性上诉相对于事实性上诉是独立的。

第二节　一审事实认定的地位：程序性上诉模式选择的决定因素

设置程序性上诉的关键在于确保程序性上诉的独立性，而单列模式和并行模式，都能够实现这一目标，既然如此，那么为什么有些国家采用单列模式，而有些国家采用并行模式，导致这两种模式之间差异的决定性因素是什么呢？程序性上诉模式处理的是程序性上诉与事实性上诉的关系问题，既然两种模式在程序性上诉的独立性这一端上并无差异，那么决定两种模式之间差异的就只能是在另一端即事实性上诉一端了。对于事实性上诉，无非有禁止、限制、鼓励三种态度，上述程序性上诉的两种模式、三种类型就是这三种态度的体现。从逻辑和经验看，采用何种态度，主要与一审事实认定的地位有关，一审事实认定越可靠，正当性越高，对其信任度就越高，其就越会获得尊重，因而提出事实性上诉的空间也就越小；反之，就越需要借助上诉，既完成一审未竟的事实调查职责，又充实程序的正当性。“事实审理上二审救济的基本原理，是考虑一审程序的正当性程度，一审程序的正当性程度越高，二审的事实审救济范围就越小。”[①]在英美法系国家，之所以不允许提出事实性上诉，是因为它们通过设立发达的庭前准备程序、完善的交叉询问制度、严格的传闻证据规则、有效的辩护制度等，保证了一审事实认定的准确性和程序的正当性，因而无须再提出事实性上诉。而在大陆法系国家，之所以会出现对轻罪案件允许提出事实性上诉对重罪案件反而不允许提出事实性上诉这一看起来反常的现象，也主要是因为轻罪案件的一审事实认定存在形式化，因而对其准确性和正当性不放心，而重罪案件的一审事实认定程序比较严格、规范，因而对其准确性和正当性不担心。“（对重罪案件之所以不允许提出事实性上诉——此为笔者所加）主要原因是较高审级的法院拥有较多的审判成员，此将使得判决之完成较为仔细，而无须重复。另外也是由于诉讼数据早在准备程序中的侦查时已被详尽地加以澄清之故。”[②]

既然一审事实认定的地位决定了对于事实性上诉的态度并最终决定了程序性上诉的模式，那么应该赋予一审事实认定什么地位，对于事实认定，是更应该倚重一审，以一审为中心，还是更应该倚重上诉审呢？对于这一问题，涉及一审与上诉审谁更适合承担事实认定职能的问题。虽然上诉审法官的素质、经验、视野等有助于事实认定，但总体来说，一审比上诉审在事实认定上更有优势，更适合承担事实认定职能：一审是必经程序，上诉审是非必经程序，对于没有提出上诉的案件，上诉审没有办法进行事实认定；一审距离案发时间更近，证据更容易取得，而上诉审距离案发时间更长，随着时间的流逝，证人记忆力的衰退以及证据的灭失等，会导致查清事实的信息越来越少；上诉审事实认定职能的存在，可能会对一审法官的心理产生影响，使审判变得漫不经心；由一审和上诉审反复进行事实认定，会影响诉讼效率等。因此，事实认定问题应该主要依赖于一审，放在一审解决，应该建立以一审为中心的事实认定机制。[③] 上诉审的优势不在于调查认定事实，它的优势在于，根据一审调查过的事实和出示过的证据，事后审查一审裁判是否存在问题，主要是法律适用、程序上是否存在问

---

① 龙宗智：《建立一审为中心的事实认定机制》，《中国法学》2010 年第 2 期。

② 克劳思·罗科信：《刑事诉讼法》，吴丽琪译，法律出版社 2003 年版，第 520 页。

③ 龙宗智：《建立一审为中心的事实认定机制》，《中国法学》2010 年第 2 期，第 146 页。

题，也包括事实认定上是否存在问题。但是，上诉审对于事实认定的这种审查，不是要取代一审，重新调查认定事实，而只是在一审调查过的事实和出示过的证据基础上，审查一审的事实认定是否存在明显错误。这种审查，与对法律适用、程序的审查相似，都有一个较为客观的判断标准，法律适用、程序的审查，标准主要来源于法律的明确规定，而事实的审查，标准主要来源于科学规律、定理以及一些人类认识过程中形成的共识如经验法则、逻辑法则等。由此可见，对于事实性上诉，既不能鼓励，也不能禁止，而应该允许但予以限制，应该将其与程序性上诉同等对待，实行事后审而非复审，这也就意味着，理想的程序性上诉模式应该是并行模式。

事实上，这一模式已经成为或正在成为许多国家和地区的共同选择。在美国，表面上实行的是独占型的单列模式，禁止提出事实性上诉，但实际上也允许针对事实问题提出上诉，只不过它是将明显属于事实的问题当作法律问题予以处理的。根据美国的判例，正当程序条款要求构成犯罪的要件必须有充分的证据予以证明，否则可以以违反正当程序条款为由提出上诉，证明构成犯罪要件的证据不充分，这本来是个事实问题，但在美国却将其转换为违反正当程序这一法律问题，从而使得一审的事实认定能够获得上诉审查。并且为了扩大对一审事实认定的审查范围，美国变更了审查标准，从最初的些许证据标准变更为法律充分标准，甚至曾经变更为事实充分标准。但是无论是采取哪种标准，上诉审都只能在一审认定的事实和出示的证据的基础上予以审查。可见，美国的程序性上诉实际上实行的是并行模式。在德国，对于实行三审终审的案件，二审处理事实性上诉，三审处理法律性上诉，但是实际上三审也并非单纯处理法律问题，随着联邦上诉法院功能的转向，它原本是作为保证法律的统一解释的机制而设立的，但它近几年来更愿意将法律错误上诉的制度改造成达到个别正义的工具，因此它持续地扩展了基于对法律错误的上诉而进行的对一审事实认定的审查范围。正是因为三审的审查范围已经扩展到事实认定问题，再加上二审实行复审存在的弊端，因此德国在 20 世纪 70 年代，就已经提出过将事实性上诉和法律性上诉合并成一种上诉，该上诉允许对一些事实认定问题进行审查的建议，这也就意味着，该建议主张将程序性上诉模式由分立型的单列模式转向并行模式，不过该建议最终没有被采纳。在我国台湾地区，对于三审终审制度存在的问题，再加上借鉴当事人主义诉讼模式的因素，庭审中引入交叉询问后实行复审制，结果造成二审也要实行复审，导致资源浪费且没有必要，有学者认为应该改革审级制度，以事后审作为审级制度的基石，改第二审复审为事后审，对事实认定和法律适用进行审查，在学者的推动下，该建议开始进入修法议题，在 1999 年的司法年会中，有关第二审采事后审查审、第三审采严格法律审的主张被列入司法改革会议的议题中，虽然该建议最终未被列入司法改革议程，但与会代表对于一审成为坚实的事实审、二审采事后审查审、三审采严格法律审的方向并无重大分歧。台湾地区司法院刑事诉讼研究修正委员会于 2001 年 8 月亦通过修改二审上诉制度，未来二审由现行的复审制改为事后审制，上诉的法定事由限定为原审判决违背法令、原审判决认定事实错误显然影响判决、因不得已的是由，不能于原审辩论终结前申请调查证据，或在第一审辩论终结后发生新事实，致有认定事实错误显然影响判决结果、有申请再审理由等。根据该方案，程序性上诉模式将转为并行模式。

第三节　并行模式:我国程序性上诉模式的最终选择

我国实行的是二审终审的审级制度,对一审裁判不服,可以向二审法院提起上诉,二审法院的裁判是最终的裁判,不能再提起上诉。不实行上诉理由制度,上诉人在提起上诉时,不用具体指明是对事实认定不服,还是对法律适用不服,或是对程序不服,只需要简单地表明"我不服"就可以了,二审法院就必须接受并启动二审,即使上诉人已经明确指明了上诉理由,根据全面审查原则,二审法院也可以而且应该不受该理由的限制,而是可以对事实认定、法律适用、程序方面进行审查。① 由此可见,我国现行的程序性上诉实行的是与事实性上诉在同一个审级中处理的模式,二审既处理程序性上诉,也同时处理事实性上诉。但是,我国的这种模式,并不是并行模式,这种模式与并行模式有着本质的不同:在并行模式中,虽然在同一个审级中处理程序性上诉与事实性上诉,但由于实行严格的上诉理由制度以及对事实性上诉和程序性上诉实行相同的审查方式,因此在这种模式中,事实性上诉与程序性上诉处于平等关系,不会出现以谁为主、谁依附于谁的问题;而在我国的现行模式中,不实行上诉理由制度,而是实行全面审查原则,并且二审实行的是复审,对案件不受一审的限制而进行重新审理,在重新审理过程中,虽然可以对程序性问题进行审查,但由于实体问题尤其是事实问题是诉讼的核心问题,因此这种审查很容易导致程序性问题沦落为事实性问题的附庸,程序性上诉与事实性上诉不可能处于平等关系,而只能是程序性上诉依附于事实性上诉。因此,我国的这种模式可以称为依附模式。这种模式使得程序降格为实体的工具,程序是否能够获得上诉救济,不是取决于程序本身是否违法,而是取决于程序违法是否影响了实体认定的准确性,只要实体是正确的,单纯的程序违法很难导致上诉的不利后果,这种模式根本无法维护程序的独立价值。虽然我国也规定了有些程序性上诉的独立价值,如《刑事诉讼法》第 227 条规定,对于 5 种程序违法,直接发回重审,而不用判断其是否会影响实体认定的准确性。但是对于除此之外的其他的程序违法,则完全依附于事实性上诉。

由上可知,我国依附模式的程序性上诉存在的主要问题是缺乏独立性,而并行模式和分立模式,是实现程序性上诉独立的两种途径,那么我国应该选择哪种模式呢? 大部分学者主张在我国建立三审终审制,二审处理事实认定问题,实行复审,对案件进行二次审理,三审处理法律适用和程序问题,实行事后审,在原审认定事实和出示证据的基础上,事后审查原审适用法律和程序是否正确。② 根据这一主张,我国程序性上诉应该选择的是分立型的单列模式。但笔者不同意这种观点,虽然笔者也认为我国应该建立三审终审制,但笔者所主张的三审终审制不同于大部分学者所主张的三审终审制。大部分学者所主张的是二审实行复审,三审实行事后审的三审终审制,而笔者所主张的是二审、三审原则上都实行事后审的三审终审制。在这种三审终审制中,二审既处理事实性上诉,又处理法律性上诉,三审仅处理重大

① 中国刑事二审程序改革与完善课题组:《关于我国刑事二审程序运行情况的调研报告》,《刑事司法论坛》第 3 辑,中国人民公安大学出版社 2010 年,第 160 页。

② 孙长永:《探索正当程序:比较刑事诉讼专论》,中国法制出版社 2005 年版,第 620 页。

的和涉及宪法的法律性上诉，按照这种审级设计，对于绝大多数案件来说，实际上实行的是两审终审制。因此，在我国程序性上诉模式的选择上，笔者所主张的是并行模式，在二审这一审级中，一并解决事实性上诉和程序性上诉问题，其主要理由如下：一是由一审事实认定的地位决定的。根据第九章第二部分的分析，程序性上诉模式的选择，取决于一审事实认定的地位，主张实行三审终审制的学者，之所以选择分立型的单列模式，其主要理由是认为一审存在事实审形式化、一审无法胜任查清事实真相的任务的问题，因此对一审认定的事实不放心，而必须借助二审，补充甚至完全替代一审重新认定事实。但从一审、二审认定事实的优势比较来看，由于二审主要是参照一审的程序进行的，再加上二审在证据信息的质和量上通常都不如一审，因此二审最多只能是对一审的低水平重复，这种低水平的重复，要么无法提高事实认定的准确性，要么没有必要，反而影响诉讼效率。因此，与其进行这种低水平重复，还不如将事实认定的职能主要赋予一审，通过改革一审，使一审成为事实认定的中心环节，尽量压缩二审事实认定的空间。这一点在我国已经进行的刑事诉讼法修改、审判方式改革、司法改革中，都已有明显体现，尤其是在党的十八届四中全会上，提出的关于“完善审级制度，一审重在解决事实认定和法律适用，二审重在解决事实法律争议、实现两审终审”“推进以审判为中心的诉讼制度改革”等方案中，更是体现明显。二是从现状来看，我国二审并非以复审为主，而是以事后审为主。虽然我国二审实行全面审查原则，实行复审，对案件进行重新审理，但在现实中，对于大多数案件，二审也只是在原审认定事实和出示证据的基础上，进行有重点的事后审查而已，通常不会对案件进行重新审理。三是从发展趋势来看，并行模式已为越来越多的国家和地区所采用。认定事实主要依赖一审，限制二审认定事实，在二审程序中一并处理程序性上诉和事实性上诉，是绝大多数国家和地区的共同趋势，这一点已在第九章的第二部分有专门考察，在此不赘述。

我国要选择并行模式，为了实现实体公正和程序公正，在设置这一模式时，应该注意以下问题：一是应该强化一审的事实认定机能，使一审成为真正的事实审，这是选择该模式的前提和基础，一审事实认定的形式化问题不解决，二审就不可能放弃或者压缩事实认定职能，因为即使二审并非事实认定的理想场所，但二审的存在可以强化不服的当事人感觉上的正当性。“过于简易的决策过程往往使当事人对判决结果产生怀疑，不满于一次判决的当事人如果有一次倾泻的机会，获得上一级法院的复审，那么程序的复杂性、法官人数的增加、审判者司法等级上的权威性，都可能令人感觉案件已经经过慎重处理。”①二是应该设立严格的上诉理由制度，通过该制度来实现在同一空间隔离事实性上诉和程序性上诉，防止事实性上诉对程序性上诉的可能影响，实现程序性上诉的独立性。三是应该实行统一的审查方式，无论是事实性上诉还是程序性上诉，审查方式应该是同样的，都只能在原审认定事实和出示证据的基础上，进行事后审，只是两者之间审查的侧重点不一样，一个侧重于审查事实认定，一个侧重于审查程序运用。四是考虑到案件有时候会出现新的情况，而这些新的情况有时候会影响事实的认定，如果不允许以这些新的情况为由提出上诉并予以纠正，那么就违反了“实事求是”“有错必纠”“以事实为根据，以法律为准绳”等理念和原则，因此应该在不允许调查新的事实和证据这一规定之外设立例外，对于因不得已的事由，不能于原审辩论终结前申

① 傅郁林：《审级制度建构的原理》，《中国社会科学》2002年第4期，第93页。

请调查证据，或在第一审辩论终结后发生新事实，致有认定事实错误显然影响判决结果等情况，允许提出事实性上诉。但考虑到二审实行事后审，不能调查事实和出示新的证据，因此二审只能审查一审没有调查的证据或出现的新的事实是否会显然影响判决结果，经过审查，如果认为不会的话，就驳回上诉，如果认为会的话，就撤销原判，发回重审，而不能替代一审调查该事实和出示该证据。

第四节　刑事程序性上诉的提起

一、提起程序性上诉应该明确上诉理由

明确上诉范围和审判对象，是上诉理由的最主要功能，而提起程序性上诉之所以要明确上诉理由，正是与这一功能密切相关：我国选择实行并行模式，需要通过上诉理由来明确上诉范围，是对事实问题上诉还是对程序问题上诉；程序性上诉实行事后审，需要通过上诉理由来明确审判对象。上诉审的审理方式不同，则审判对象和提起上诉的要求也不同。在实行复审、续审的上诉审中，上诉审的审判对象是案件，它的目的是审查案件而不是审查上诉理由成立与否，因此它不要求提出上诉理由；而在实行事后审的上诉审中，上诉审的审判对象是上诉理由，它的目的不是审查案件，而是审查上诉理由是否成立，因此它要求提出明确的上诉理由。

针对程序问题提出的上诉和针对实体法律适用提出的上诉统称为法律性上诉，虽然两者都采用事后审的审理方式，都要求提出上诉理由，但是对两者上诉理由的具体要求是不一样的：针对实体性法律适用提出上诉，上诉理由只要指出“适用实体法律错误”就可以了，至于具体哪一实体法律适用错误，则可以在所不问；而针对程序问题提出上诉，则上诉理由不能仅泛泛指出“程序违法”，而必须具体指明是哪一程序违法，如“法官甲是本案被害人的近亲属，违反回避规定”，否则上诉不会被接受。由此可见，对程序性上诉的上诉理由，要比对实体性法律适用的上诉理由要求要高，之所以存在这一差异，主要有两个方面的原因：一是因为实体问题的解决主要是以刑法分则为某一罪名所设定的有限构成要件为指向的，因此对原审实体问题的审理可以在不依赖上诉理由限定的情况下进行；但是程序性问题颇为复杂，甚至原审法院对任何一项证据的调查行为，理论上都可能存在多种程序违法情形，如果没有上诉理由的明确指向，笼统地对原审程序合法性进行事后审查几乎是不可能的。二是对程序性问题的审查和对实体法律适用问题的审查所依据的材料是不同的。对实体法律适用问题，上诉法院主要是基于书面判决审查的，因为书面判决必须完整地解释原审法院如何评估证据和对案件事实适用法律，从而使自己通过内心确信检验和依据了已经确立的法律解释，因此通过判决就可以审查，无须上诉理由的明确指引；相反，对程序问题，上诉法院主要是基于审判笔录审查的，审判笔录只对于审判的必要手续是完整的，是庭审手续的唯一证明，但它不能对发生在审判中的所有事项做出完整的说明（比如有的庭审笔录不反映证人作证的内容），因此，如果上诉法院要确定是否发生了一项程序性错误，它就需要上诉理由的指引，从上诉人处得到准确的信息。

对上诉理由的过高要求，必定会增加被告人提起上诉的负担，甚至会变相剥夺他的上诉

权，这一点在程序性上诉上，尤为明显：在事实性上诉上，事实认定是否错误，被告人尚可以凭借一般人具有的认识能力予以判断，因而也能较容易地明确上诉理由，而在程序性上诉上，程序是否违法属于法律判断，许多被告人并不懂法，难以凭借自身的知识予以判断，因而更难以提出明确的上诉理由。因此，为了降低被告人在提起程序性上诉时的难度、减轻其负担，保障被告人程序性上诉权的实现，借鉴其他国家和地区的做法，应该采取以下措施：一是保障被告人提起上诉时的律师协助权。上诉理由与辩护制度密切相关，对上诉理由的要求越高，就越需要发达的辩护制度予以保障上诉权的实现，否则会对被告人不公平。因此，对于有辩护人的案件，应该将辩护的功能延伸到上诉的准备阶段，即改变目前辩护随着一审结束而终结的做法，规定一审辩护人在一审结束后辩护职能并未结束，如果被告人明确表示上诉，那么一审辩护人有义务为被告人上诉提供协助，协助被告人提出上诉理由。这也是许多国家和地区的共同做法，比如美国许多上诉法院在判决中确认，在一审终结后，如被告欲提起上诉，不论为法院指定之律师或被告自行委托之律师，原则上仍继续成为被告上诉审的律师，除非委任律师向法院提出终止委任的声音，否则委任关系终止前，所有上诉应采取的行为，律师都应进行。也就是说，律师为被告利益所进行之诉讼行为，不因一审判决而告终止，一审律师有为被告人提出上诉理由的义务，判决甚至还确认，律师没有尽责提出上诉理由，那么该辩护有可能构成无效辩护。在英国，上诉人在刑事法院审理过程中如果获得了法律援助，该援助也同时包括对上诉理由的建议。在我国台湾地区，最高法院在许多判决中都明确指出，在强制辩护案件的场合，被告于第一审之辩护人，有义务代为被告人撰写上诉理由。二是对于那些没有辩护人的案件，如果被告人没有提出任何上诉理由，也不应该直接驳回其上诉，而应该给予其补救的机会，只有在法定期间内其仍然没有补正的，才能驳回上诉；而如果被告人提出了上诉理由，那么在判断上诉理由是否明确的时候，二审法院不能仅消极地从表面上判断，而应该发挥其阐明权，从整体上做判断，从而协助被告人明确其上诉理由。这一点也是有经验可供借鉴的，比如我国台湾地区，为了“能在节制滥行上诉之立法意旨与刑事被告有权受实质诉讼救济之保障间，求得平衡”，通过判例规定，“至若被告在第一审未选任或未经指定辩护人者，则第二审法院自仍得行使必要之阐明权，使为万足之陈述，究明其上诉书状之真义为何，然后再就上诉书状之所载与原判决之全貌意旨为综合、整体性之观察，供为判断之准据，上诉理由之叙述，应先合乎具体之要求，始有所叙述可取与否之实体审理与判断之问题。上诉书状所叙述原判决如何足以撤销、如何应予变更之事实上或法律上之具体事项，除其所陈之事由，与诉讼资料所载不相适合者外，倘形式上已足以动摇原判决使之成为不当或违法而得改判之事由者，均应认符合具体之要件”。[①]

二、程序性上诉理由应该原则上限于已经在一审程序中提出过异议的事项

程序性上诉是针对程序违法提出的上诉，但是是否对于所有的程序违法都可以提起上诉呢？程序性上诉是一种重要的程序违法救济机制，但不是唯一的机制，对于一审中的程序

① 王兆鹏：《上诉二审的鸿沟及其填补——在理论与实践之间的研究》，《中山大学法律评论》第9卷第2辑，第349—350页。

违法，法律赋予了被告人向一审法院提出异议、请求救济的权利，在这种情况下，如果允许被告人不向一审法院而直接向二审法院提出的话，那么被告人会因为疏忽大意或故意不向一审法院提出，而是等到一审败诉以后，再以此为由向二审法院提出，二审法院此时必须撤销原判进行重审，而如果被告人在一审中就对该违法提出异议，那么其在一审程序中就可能可以解决，就无须对此再上诉和重审。因此为了促使被告人及时提出异议，保证违法尽量在程序的早期阶段发现并纠正，避免后续程序的浪费，从而提高诉讼效率，确保司法经济，应该确立及时异议规则，规定允许提出上诉的程序性事项原则上限于已经在一审中提出过异议的事项，如果知道程序违法而没有及时提出异议的话，则原则上不能再对该程序违法提起上诉。许多国家和地区也确立了该规则，比如在美国，“如果被告人没有及时地向有管辖权的法院主张权利，那么他就丧失了该权利”，这是一条“没有比这更让人耳熟能详的程序原则了”。在德国，根据《德国刑事诉讼法典》第338条的规定，以法庭组织不合法作为上诉理由，除了符合法庭组织不合法这一要求外，还必须符合“及时并按规定形式提出了法院组成不符合规定的异议，异议被疏忽或者驳回”要求，以回避作为上诉理由，同样要求“因为偏袒之虞法官、陪审员被要求回避时，申请或者被准予或者被错误地驳回后，该法官、陪审员参与了判决”，也就是说，如果对法庭组织和回避没有及时提出异议，那么就不能作为上诉理由，也就不能发回重审了。法国也有类似规定。

但是，及时异议规则本质上要防止的是被告人主观上故意或过失不行使或怠于行使救济权的行为，而不是所有没有及时行使权利的行为，如果被告人没有及时行使权利，不是因为故意或过失，而是因为根本就没有机会或能力，那么剥夺被告人对此提出上诉的权利，这对被告人来说是不公平的。因此，对于程序违法，如果被告人是因为没有机会或能力及时在一审提出异议的话，则不能适用及时异议规则，被告人有权对该程序违法提出上诉。被告人没有机会或能力提出，主要是指由于被告人在一审中没有发现有程序违法，或者没有发现有程序违法的线索或证据，因此无法及时向一审法院提出异议。比如根据非法证据排除规则，被告人在提出非法证据排除申请时，应该提供相关线索或材料，如果被告人没有发现相关线索或材料，那么他也就没有机会和能力向一审法院提出排除申请了，而如果他在一审结束后才发现相关线索或材料，那么出于公平考虑，当然应该允许他对此提出上诉。

三、程序性上诉原则上应该在终局裁判后一并提起

对于程序违法，被告人应该及时向一审法院提出异议、请求救济，一审法院应该做出是否支持的裁决，如果一审法院拒绝做出裁决，或者对一审法院做出的裁决不服，被告人是否可以立即对此提出上诉，还是必须等到一审判决做出后，与终局判决一并提出上诉，这涉及提起程序性上诉的时机问题，而这一问题又涉及终局裁判与中间上诉两种观点的争论。主张终局裁判的观点认为，如果控辩双方对于审理过程中做出的与判决有关的程序性裁决不服，不能立即提出上诉，而只能等到审理结束最终判决做出以后，与终局判决一并提出。这种观点并不是禁止对审理过程中做出的裁决提出上诉救济，而只是不允许提出中间上诉，它只是限制提出上诉救济的时机，将其延迟至终局判决之时。“即使不允许对决定一一提出不服请求，对于那些不当的、非法的决定给本案判决带来的影响，可以通过对该终局判决提出

上诉的方法寻求救济。”[①]主张终局裁判的观点之所以禁止提出中间上诉，其主要原因在于认为审理过程中做出的裁决往往与判决具有内在的关联性，通常只是为了得出判决结果的过程所为的中间决定，因此如果不服，应随同终局判决一并上诉救济。而且如果允许单独提出中间上诉，那么会出现一系列的问题：会使得审判变得支离破碎。法院在审判过程中可能会做出一系列裁决，如果允许对每一裁决立即提出上诉，那么由于此时审判必须暂停，直至对中间上诉的处理结束，这就必然导致审判断断续续，难以不间断地进行。会导致诉讼延迟。如果允许对审理过程中做出的裁决提出中间上诉，那么控辩一方可能会利用这一机制反复提出中间上诉，达到拖延诉讼的目的，不仅影响诉讼效率，而且对那些想要案件得到及时处理的当事人不利。不利于二审法院的裁决，二审法院需要更多的信息从而判断错误对于初审结果的影响，而一审完整的诉讼程序记录可以更好地保证二审法院就裁决做出准确的判断，如果审判尚未结束就提出中间上诉的话，则二审法院能够依据的信息就必定不完整，难以做出准确的判断。不利于节约司法资源，提高诉讼效率。首先，大多数一审法院的裁决是正确的，而且即使是那些不正确的裁决最后也不可能影响终审判决，因此也就没有必要撤销原判；其次，一审法院的主要职责是自我修正，终局裁判规则可以确保一审法院可能依据以后审判的发展重新评价自己的裁决，从而可以根据情况修正之前的错误，避免之前错误对后续审判尤其是审判结果的影响；再次终局裁判规则避免了那些随着案件发展而变得不必要的上诉，因此，当受错误裁决影响而处于不利地位的一方最终得到有利的判决时，那么中间裁判经常变得无实际意义。而主张中间上诉的观点认为，实行终局裁判会使得程序违法不能得到及时处理，可能导致终审判决被推翻，使整个案件重新审判，从而浪费司法资源，降低诉讼效率，而且推迟可能导致一个完全不同的最终裁决，因为推迟可能导致记忆的误差、策略上优势的改变以及对证人的质疑不如先前有效等。

虽然两种观点都涉及诉讼成本、诉讼效率的问题，但是普遍认为中间上诉的成本更大，可能会导致更大的延误，因此终局裁判规则已经成为一条基本的规则，许多国家和地区都确立了该规则。比如我国台湾刑事诉讼相关规定第 404 条规定，对于判决前关于管辖或诉讼程序之裁定，不得抗告。《德国刑事诉讼法典》第 305 条规定，一般而言，对审判法庭于判决宣示之前所为之裁判，不得提起抗告。美国、英国、日本等也实行了该规则。但是，终局裁判规则是有条件的，如果不符合条件，则不能适用该规则，允许提出中间上诉，该规则的适用条件主要包括：一是它适用于审判过程中做出的裁决，通常不适用于审判前做出的裁决。终局裁判规则的主要目的是防止审判被不时中断而变得支离破碎，如果审判尚未开始，那么也就不存在中断的问题了。因此对于审判前做出的裁决，可以立即提出上诉，不用等待审判结束。比如在美国、英国等国家，为了保证在陪审团开始审议之前解决证据可采性和法律问题，以确保一个复杂而可能是漫长的审判不会被证明是失败的，规定审前裁决可以立即被上诉到上诉法院，只有上诉被决定后，才能开始陪审团审判。二是它适用于与审判具有内在关联性的裁决，如果中间裁决事项与审判没有内在关联性，而是可以与审判相分离，那么对它提出上诉就不会影响审判的进行，审判就无须暂停，而是可以继续进行，因此该上诉不会导致审判的中断和延迟。比如审判过程中做出的逮捕、保释、扣押等决定，这些是与审判没有

---

① 松尾浩也：《日本刑事诉讼法》(下卷)，张凌译，中国人民大学出版社 2005 年版，第 229 页。

内在关联性的裁决，它们不会影响审判的进行，因此对于这些裁决立即提出上诉，不需要暂停审判。“然而，若是判决前的裁定本身，具有相当之重要性、独立性，尤其是对于受裁定人独立造成基本权干预之情形，一并审查的理由不存在，诉讼迅速也不再是正当化其限制的理由。”①三是它适用于可以在终局裁判后得到救济的裁决。如果中间裁决不可能在终局裁判的上诉中得到审查的话，那么剥夺中间上诉，意味着剥夺了对其的救济，对该裁决是不公平的，因此此时应该允许提出中间上诉。比如在有的国家，由于不允许控方对无罪判决提出上诉，因此如果有关排除非法证据的裁定对于其指控起着颠覆性影响的话，由于该裁决不可能在终局裁判后得到上诉审查，因此允许控方对此提出中间上诉。

我国没有设立中间上诉制度，对于法院在审判过程中做出的各种裁决，不能提出中间上诉，而是必须等到审判结束、终局判决做出后与判决一并提出上诉，这种做法有助于防止审判变得支离破碎、加速程序进程、节省诉讼成本、提高诉讼效率等。2012 年《刑事诉讼法》新增加了庭前会议程序，有学者认为应该允许对该程序中做出的各种程序性裁决提起中间上诉。在庭前会议阶段，审判尚未开始，其做出的裁决不符合终局裁判规则的条件，不适用不允许提出中间上诉的规定，因此在许多国家，都允许对庭前做出的程序性裁决提起中间上诉。但本书认为，不能对我国庭前会议程序做出的裁决提起中间上诉，主要原因是，可以提出上诉的裁决，必须是在本级程序中已经终结具有法定效力的裁决，如果该裁决的事项可以在本级程序的后续阶段继续提的话，那么该裁决就没有终结就是没有效力的裁决，对该裁决就不能提出上诉。国外之所以允许对庭前裁决提出中间上诉，正是因为庭前裁决具有法定效力，原则上不允许后续程序推翻该裁决，而我国庭前会议，纯粹是一种“了解情况听取意见”的程序，其对程序问题，通常并不会做出裁决，即使做出，该裁决也并不具有法定效力，在审判中仍然可以提出该问题。因此，我国一审程序中的程序性裁决和庭前会议中的裁决，都不允许提出中间上诉。当然，如果我国将来赋予了庭前会议程序性裁决的效力，规定原则上不允许在审判中推翻该裁定的话，那么应该允许对此提出中间上诉。

第五节　刑事程序性上诉的审理程序

程序性上诉实行事后审，它与实行复审、续审的事实性上诉的审理程序不同，也与同样实行事后审的针对实体法律适用上诉的审理程序并不完全一样。这些不同主要体现在审判对象、证据调查范围、审理方式等上。

一、刑事程序性上诉审的审判对象

由于程序性上诉实行事后审，而事后审的典型特征是以上诉理由为其审判对象，因此程序性上诉审的审判对象是上诉理由，它只能就上诉理由是否成立进行审理，如果上诉理由成立，那么就支持上诉，如果上诉理由不成立，那么就驳回上诉，它原则上不能对没有列入上诉理由的程序问题进行审理，这使得它既不同于实行复审、续审的事实性上诉的审理程序，也不同于同样实行事后审的针对实体法律适用上诉的审理程序。在事实性上诉审中，审判对

---

① 王兆鹏：《刑事救济程序之新思维》，元照出版公司 2010 年版，第 279 页。

象是整个案件，而不是上诉理由，上诉法院应该对提出上诉的整个案件的事实认定、法律适用、程序进行审查，而不受上诉理由的限制。而在针对实体法律适用上诉的审理程序中，审判对象是一审的判决，而不是上诉理由，它审查的是一审的判决是否正确，而不是上诉理由是否成立，因此即使上诉理由明确了一审判决适用法律的特定错误所在，上诉法院也不受该理由的限制，而是仍然要审查整个判决，并可以以该理由中没有涉及的错误而予以改判。但是，在程序性上诉中不能对上诉理由之外的程序错误进行审理也不是绝对的，为了防止司法的不正义、照顾被告人的利益、发挥上诉审救济的功能等原因，对于一些上诉理由之外的程序错误，二审法院也不能过于消极、被动而对其置若罔闻、不予干涉，而必须基于公平正义主动依职权适时介入，予以纠正，具体主要包括两种情形：一是程序违法属于明显的重大违法，如果不纠正将使审判不具有基本的公正性，那么即使被告人没有对此提出上诉，二审法院出于维护审判公正的目的，也有权主动审查。比如对于一审法院的管辖错误，虽然被告人没有对此提出上诉，二审法院也有权主动予以审查。这也是许多国家和地区的共同做法，比如在美国，为避免当事人主义的极端和追求公平正义，对于一些明显的错误，即使当事人在上诉时没有指出，上诉法院也可以依职权改正，对此美国《联邦刑事诉讼规则》第五十二(b)条规定，“明显的错误、瑕疵影响显著权利的，即便当事人未为主张，法院得更正之”。所谓明显错误主要是那些使得程序不具备基本公正性的错误，比如完全剥夺辩护权、拒绝陪审团审判权、合理怀疑方面的错误指示、拒绝速审或公开审判权、拒绝选择律师的权利等的错误，对于这些错误，即使上诉理由中没有提到，上诉法院也可以审查。在日本，为了使事后审发挥保险阀的作用，确保对被告人的辅助机能，实现上诉法院纠正违法行为的职责，其《刑事诉讼法》第 392 条规定，控诉法院应当对控诉旨趣书记载的事项进行调查。控诉法院对控诉旨趣书没有记载但与第 377 条至第 382 条及第 383 条规定的事由有关的事项，也可以依职权进行调查。二是程序违法虽然不属于重大违法，但属于明显违法且可能影响判决的，二审法院出于纠错、确保判决正确性的目的，也有权主动予以审查。比如对于非法取证，虽然被告人没有对此提出上诉，但二审法院发现取证属于明显违法且该违法可能影响判决的，二审法院对此也可以主动予以审查。

二、刑事程序性上诉审的证据调查范围

由于程序性上诉审实行事后审，它原则上只能审查上诉理由中指出的程序错误是否存在，因此它原则上不再调查事实与证据，而只依据一审的审判记录以及上诉理由书等进行审查，但这也不是绝对的，如果依据审判记录以及上诉理由书等无法查清程序错误是否存在，上诉法院也可以调查证据，比如以违反公开审理原则为上诉理由，上诉法院除了审查审判记录、上诉理由书外，还可以询问参与一审审理的法庭人员如法官、书记员等，从而有助于厘清争议点，再比如以剥夺被告人的最后陈述权为上诉理由，如果依据审判记录无法查清，上诉法院可以命令被告到庭说明一审法院是否给其最后陈述的机会等。允许上诉法院调查证据，可以减轻上诉法院对于案件卷宗的过度依赖，同时建立上诉法院自行判断程序理由是否存在的基础。但是在程序性上诉审中，上诉法院在调查证据时有两点需要注意：一是上诉法院调查证据的目的是确定程序是否违法，而不在于确定事实认定是否错误，因此它对证据的调查只能涉及原审的程序问题，不能涉及原审的事实认定问题；二是由于上诉审审查的是程

序是否违法，而对于程序法事由，采用的是自由证明方法，而非严格证明方法，因此对于上诉法院的证据调查，既不要求证据必须具备特定的形式，也不要求必须采取严格的直接言辞的证明方法，也不要求必须达到事实清楚、证据确实充分的证明标准等，在这些方面的要求要比事实性上诉审宽松得多。

三、刑事程序性上诉的审理方式

上诉审包括开庭审与书面审两种审理方式。在我国依附型的程序性上诉模式中，上诉审采取何种审理方式，完全取决于事实认定问题，只有事实认定可能影响定罪量刑的，才会采用开庭审理的方式，仅仅是程序违法，并不会采用开庭审理而只会采用书面审理的方式。程序性上诉审的审查内容主要包括两个方面：一是程序是否违法，二是程序违法是否需要撤销原判。程序违法事由繁多，类型各异，要对所有程序性上诉审都采取开庭审理方式，因成本过高、效率过低而不可能，而且有些程序是否违法、是否需要撤销原判是非常明显的，仅需通过审判记录以及上诉理由书等进行书面审查就可以判断，而无须做进一步调查，因而再采用开庭审理方式也无必要。因此，对有些程序性上诉审，采取书面审理的方式，并无不可。但是，对于有些程序性上诉，程序是否违法、是否需要撤销原判，仅通过审判记录、上诉理由书等进行书面审查无法直接判断，而必须让控辩双方针对这两个方面充分地陈述意见和面对面地展开争辩，使法官能够在兼听的基础上做出公正的裁判，因此就必须采取开庭审理的方式。由此可见，对于程序性上诉审，既不能完全采用书面审理的方式，也没有必要完全采用开庭审理的方式，而应该采用书面审理与开庭审理相结合的方式，将程序性上诉审理程序分为两个阶段，一个是庭前审查阶段，一个是正式审理阶段。在庭前审查阶段，实行书面审，对程序性上诉实行形式审查，将那些不符合程序性上诉理由（如以没有在一审程序中提出过及时异议的程序违法事由为上诉理由）以及上诉理由明显不成立的（如程序明显没有违法或者程序违法明显不会对判决产生影响）程序性上诉过滤掉，只有通过了庭前审查的程序性上诉，才能进入到正式的审理阶段；在正式审理阶段，实行开庭审理，允许控辩双方出庭，发表意见，展开争辩。不过由于程序性上诉不调查事实和证据，不用强调“直接”和“亲历”，因此开庭审理不需要采用严格的直接言辞的正式审理程序，而可以在保证意见充分表达的前提下，对审理程序进行一定的简化，比如如果被告人有辩护人的，被告人可以不出庭，而由辩护人出庭。

四、刑事程序性上诉审的裁判

自行改判与发回重审是上诉法院处理案件的两种主要方式。采取何种处理方式，主要取决于上诉审的审查方式。实行复审、续审方式的上诉审法院，如果认为上诉成立，则原则上只能自行改判而不能发回重审；实行事后审方式的上诉审法院，如果认为上诉成立，由于其没有事实和证据的调查权，因此原则上只能发回重审而无权自行改判。由于程序性上诉实行事后审，因此当上诉法院发现程序错误时，它只能发回重审，发回重审也就成为程序性上诉审的最主要裁判方式。

但是，并非对于所有的程序性错误，上诉法院都要发回重审，程序违法发回重审的主要目的是维护程序公正与实体公正，但是，并非所有的程序违法都会影响程序公正与实体公正，有些程序违法既不会影响程序公正，也不会影响实体公正。具体来说，在影响程序公正方面，由于程序规则纷繁复杂，类型多样，有些程序规则事关被告人的重要诉讼权利，违反它们，会影响程序的公正性，而有些程序规则只是一些技术性、操作性规定，无关被告人的诉讼权利，违反它们，并不会影响程序的公正性，即使对于那些事关被告人诉讼权利的规则，也并非被违反就会侵害被告人的权利、影响程序的公正性，有时候虽然形式上违反了规则，但实质上这些规则所要保障的利益并没有因此而受损。在影响实体公正方面，程序违法并不一定都会影响实体公正，比如法官在庭审中允许传闻证人出庭作证，但在判决中并没有以该证据作为裁判的依据，因此程序虽然违法了，但是并没有影响实体公正。在程序违法既不会影响程序公正又不会影响实体公正的时候，发回重审也就没有实际意义，并且由于发回重审对国家来说要耗费更多的诉讼资源，对被告人来说要增加诉讼成本，因此发回重审必定会损害效率价值的实现。"程序不公平并不必定导致错误的结果。因而有人会怀疑，如果并无错误，基于程序理由而撤销判决究竟合不合理。因程序错误而败诉的当事人可能会认为，程序错误影响其获得有利结果的机会。对这类错误提出上诉的机会可能有助于从心理和行动上解决争执。但由于重新审判直接成本不小，所以如果上诉法院认为程序错误不影响结果——是一种无害的错误，则有权维持原判。"[①]由此可见，只有对那些可能严重影响程序公正和实体公正的程序错误，才需要发回重审，否则就视为无害错误而维持原判。这也是许多国家和地区的共同做法。在美国，程序违法是否发回重审需要接受无害错误规则的检验，程序违法属于无害错误的，不需要发回重审，只有程序违法属于有害错误的，才会导致发回重审，因此程序违法达到有害错误的程度就是发回重审的条件。而判断程序违法是否属于有害错误有两个判断标准：一个是严重影响程序公正性标准，一个是影响判决标准。严重影响程序公正性标准，按照美国联邦最高法院的说法就是"这种错误影响审判程序的建构框架，它剥夺了对被告人的基本保护，没有这些保护，刑事审判不可能可靠地履行其作为确定有罪或无罪的工具的职能，而且任何刑罚都不可能被认为是基本公正的"。也就是说，这种错误导致诉讼不具备基本的公正性，正因为这种错误的后果是如此严重，因此它不用接受无害错误的检验，而被直接推定为有害。而影响判决标准是指"如果一个人不能相当确定地说，在考虑了所有情况之后，该错误在陪审团做出裁决时没有产生重大的或者损害性的效果或影响，那么该错误就是有害错误"。根据该标准，只有程序违法对判决有可能产生实质性影响，才属于有害错误，才需要发回重审。该标准主要适用于除宪法错误中结构错误之外的其他程序错误。在德国，程序违法发回重审的条件主要有两个：一个是程序违法属于法律规定的绝对上诉理由，一个是程序违法对判决产生影响。程序违法属于绝对上诉理由的都属于特别重大的程序违法事由，不需要判断其是否会影响判决而直接发回，按照德国学者的解释这是因为这些程序违法显示该诉讼程序的法治国家基础已全然未受维护，也就是说这些程序违法导致程序不具有基本的公正性。对于程序违法对判决产生影响，根绝德国法院的解释，只要法院的程序错误对定罪或量刑有可能有影响，该判决就是基于程序错误做出的，换句话说，一项错误只有当审判法庭犯与不犯这一错误做出的判决在逻辑上都不可能有所不同时，

① 迈克尔·D.贝勒斯：《法律的原则：一个规范的分析》，张文显等译，中国大百科全书出版社1996年版，第78—79页。

才被认为是无害的。在日本和我国台湾地区，也有类似规定。

我国1979年、1996年、2012年《刑事诉讼法》都对程序违法发回重审的条件做了规定，1979年《刑事诉讼法》第138条规定，“第二审人民法院发现第一审人民法院违反法律规定的诉讼程序，可能影响正确判决的时候，应当撤销原判决，发回原审人民法院重新审判。”根据该规定，程序违法发回重审的条件是看其是否影响正确判决，可能影响正确判决的就发回重审，不可能影响正确判决的就不发回重审，该规定体现的是一种典型的重实体轻程序思维，不利于维护程序的独立价值。随着对程序独立价值的重视，1996年《刑事诉讼法》对该规定做了修改，其第191条规定，“第二审人民法院发现第一审人民法院的审理有下列违反法律规定的诉讼程序的情形之一的，应当裁定撤销原判，发回原审人民法院重新审判：(1)违反本法有关公开审判的规定的；(2)违反回避制度的；(3)剥夺或者限制了当事人的法定诉讼权利，可能影响公正审判的；(4)审判组织的组成不合法的；(5)其他违反法律规定的诉讼程序，可能影响公正审判的。”根据该规定，程序违法发回重审的条件是程序违法可能影响公正审判，将程序违法发回重审的条件由可能影响正确判决修改为可能影响公正审判，是1996年《刑事诉讼法》相对于1979年《刑事诉讼法》的进步之处，它使得程序的独立价值得以凸显出来，正因为如此，2012年《刑事诉讼法》未对该条件做出任何修改，而是完全保留了1996年《刑事诉讼法》第191条的规定。将可能影响公正审判规定为程序违法发回重审的条件，那么如何判断程序违法是否可能影响公正审判呢，《刑事诉讼法》规定了两种判断标准：一种是不需要做进一步判断而直接推定为可能影响公正审判的，这主要是指违反有关公开审判规定、违反回避制度、审判组织的组成不合法三种情形；另一种是是否可能影响公正审判需要做进一步判断的，这主要是除前述三种情形之外的其他程序违法。法律之所以将违反公开审判、违反回避制度、审判组织不合法这三种情形直接推定为可能影响公正审判而直接发回重审的事由，是因为这三种情形属于公正审判必不可少的要素，缺少其中的一个，就不可能实现公正审判，因此就没有必要再做进一步判断是否会影响公正审判。但是，构成公正审判的不只是这三个要素，还有其他的要素，这些要素至少还应该包括管辖错误、剥夺或限制当事人辩护权的、剥夺当事人的最后陈述权、该出庭的证人没有出庭、对请求审判的案件没有予以判决，或者对没有请求审判的案件做出判决的、判决没有附具理由，或者理由有矛盾等情形，这些情形也应该直接推定为可能影响公正审判而导致直接发回重审。除了这些可以直接推定为可能影响公正审判的情形外，对于其他的情形，是否可能影响公正审判，则必须做进一步的判断，那么这种判断的标准是什么，法律并没有予以明确规定，从字面来看，它似乎不应该是1979年《刑事诉讼法》规定的可能影响正确判决标准。由于刑事审判的中心任务是按照法定程序围绕被告人是否有罪形成判决，因此程序违法是否影响公正审判就不能脱离与判决的关系进行判断，进一步也就是说，判断是否可能影响公正审判的标准应该是判断程序违法是否对原审判决产生影响，可能产生影响的，就属于可能影响公正审判，就应该发回重审，不可能产生影响的，就属于不可能影响公正审判，就不应该发回重审。从上述对美国、德国、日本和我国台湾地区的介绍可以看出，它们也普遍采用的是这种判断标准。那么如何判断程序违法行为是否对原审判决产生影响呢，这又有两种判断标准：一种是因果关系标准，一种是正确结果标准。因果关系标准是指看程序违法与判决之间是否有这种关系，即因为程序违法，所以就做出了现在的判决，而如果不是因为程序违法，就可能做出与现在判决完全不同的判决，如果两者之间有这种关系，那么程序违法就对原判决产生了影响，反之，就没有对原判决产生影响，美国、德国、日本和我国台湾地区都主要采用这种判断标准；正确结果标准是指看除掉该程序违法产生的证据，其他的证据是否仍然能够支持原审判决，不能够支持原审判决的，那么程序违法就对原判决产生了影响，反之，就没有对原判决产生影响，我国 1979 年《刑事诉讼法》确立的就是这种标准。正确结果标准是一种完全的结果标准，只要结果是正确的，则程序违法就不可能影响公正审判，就是一种无害错误，因此这种标准体现的是程序工具主义的观念。而因果关系标准则并非看结果是否正确，而是看是否对判决产生影响，只要对判决产生了影响，即使抛开该错误仍然会做出同样的判决，那么该错误也是有害错误，也要被发回重审，因此这种标准更有助于实现程序的独立价值，我国应该采用这种标准来判断程序违法是否可能影响判决。

第十章 未定罪没收程序研究

第一节 未定罪没收程序的起源与概况

一、未定罪没收的历史起源

未定罪没收(non-conviction based confiscation),也就是无须以对特定人定罪为基础的一种涉案财物没收。未定罪没收,英美法系国家一般称之为民事没收,另外也有一些国家称之为民事财产没收(civil asset forfeiture)、财产没收(asset forfeiture)、民事追缴(civil recovery)。由于未定罪没收程序的被告是物,而非人,因而英美法系国家也称这种程序为对物诉讼程序(*in rem* Action)。在德国,这种未定罪没收程序则被称为涉案财物没收的客观程序。

一般认为,现代未定罪没收的历史渊源可追溯至古代英国的普通法,甚至可追溯至圣经时代(Biblical Times)。[①] 未定罪没收之所以可将财物作为被告,它是建立在这种法律拟制之上的:无生命的财物本身可实施错误行为而有罪过,不管财物所有人是否值得谴责。[②] 很多人认为,这种法律拟制源于中世纪英国的赎罪奉献制度。据此制度,直接或间接导致国王臣民死亡的财物应当没收归国王,以便安慰死者的灵魂,[③]或者用于施舍穷人,以平息上帝的愤怒。[④] 美国联邦最高法院在过去很长时间内也是这种看法。[⑤] 还有人认为,此种法律拟制思想最早可见于圣经故事:如果一只牛撞死一个人,应当用石头砸死这只牛,它的肉不能食用。[⑥] 当然,也有人认为,这种法律拟制不是源于赎罪奉献制度,而是源于盎格鲁-撒克逊时期的"重罪"制度。[⑦] 从未定罪没收不须以定罪为条件来看,以"重罪"制度作为其源头,确实不如前者更能令人信服。

但是,赎罪奉献制度带有很强的宗教色彩,一旦抛开这一点,未定罪没收就面临着一种合法性危机。为解决此问题,有些人不得不另寻正当性依据。如布莱克斯通就认为,未定罪没收的合理性在于:导致被害人死亡的原因是财物所有人的疏忽,没收财物是对财物所有人

---

① Austin v. United States,509 U. S. 602,at pp. 611—13(1993).

② David Benjamin Ross,Civil Forfeiture:A Fiction That Offends Due Process,13 Regent U. L. Rev. 259(2000),p. 261.

③ Calero-Toledo v. Pearson Yacht Leasing Co. ,416 U. S. 663,681 n. 16 (1974).

④ Parker-Harris Co. v. Tate 188 S. W. 54,56 (Tenn. 1916).

⑤ J. W. Goldsmith-Grant Co. 254 U. S. at 510(1921).

⑥ Calero-Toledo v. Pearson Yacht Leasing Co. 416 U. S. 681 n. 17 (1974).

⑦ A. Mitchhell,S. Taylor & K. Talbot,Confiscation and the Proceeds of Crime(London:Sweet & Maxwell,1997),p. 1.

的一种惩罚，通过这种惩罚有利于预防财物所有人的疏忽行为。[①] 美国联邦法院更倾向于从英国海事法律(English Admiralty law)寻找正当性依据。根据英国海事法律，法院可通过一种将船舶作为被告的民事程序，直接将牵涉海盗犯罪的船舶予以没收。其理由，霍姆斯(Oliver Wendell Holmes)是如此解释的：将财物人格化虽有点怪诞，但也具有合理性，因为在海事案件中，船舶是处理此类案件的唯一有效保障，与其让自己的公民到国外法院寻求救济，不如扣押船舶，在国内解决纠纷，然后让国外船主通过其他途径解决自己的赔偿问题。[②] 现在美国联邦法院在论及此问题时，很多法院也是如此解释的：这种民事没收拟制，主要出于一种便利与需要，因为走私、海盗与奴隶贩卖等案件，往往是船舶与货物在美国，但船舶与货物所有人却在其他国家，只有针对船舶或货物提起民事诉讼，才可能扩大法院管辖能力，防止船舶再次成为犯罪工具，同时可补偿损害。[③]

应当说，以财产有罪论作为未定罪没收的依据是很难让人信服的。没收涉案财物，剥夺的总是某个人的财产权，受到侵害总是财产所有权人。任何人的财产未有正当依据均不得加以剥夺，而且一般情况下，任何人也只能为自己的行为承担责任。因此，未定罪没收的正当依据只能从财产所有人身上寻找。这种正当依据其实在于财产所有人未尽应有谨慎义务，使其财产成为自己犯罪或他人犯罪的工具，或者通过违法行为获得了不应当保留的财产。之所以将财物作为被告，而不是将财产所有人作为被告，无非出于一种既要保持诉讼“两造”形式，又可避免财产所有人不能到场问题的便利需要。

二、域外未定罪没收的立法概况

由于未定罪没收未以定罪为基础，不是针对人，而是针对拟没收的财物，因而这种未定罪没收有利于执法机关从经济上打击犯罪，尤其是打击那些以谋利为目的，但将行为人定罪判刑又很困难的犯罪。正是这种有效性，未定罪没收不仅成为联合国反腐败公约等国际性法律文件提倡的执法手段，而且也成为不少国家应对犯罪的一种重要手段。以下对有关国际性法律文件与若干国家对未定罪没收的规定情况略做简介。

(一)国际公约与法律层面

在国际性法律文件方面，有不少有关未定罪没收的规定，如2005年生效的《联合国反腐败公约》(*The United Nations Convention against Corruption*)、金融行动工作组(Financial Action Task Force)(简称FATF)制订的《金融行动工作组40条建议》(*Financial Action Task Force's Forty Recommendations*)、八国峰会《有关追踪、冻结与没收财产的最佳实践原则》(*G8-Countries' Best Practice Principles on Tracing, Freezing and Confiscation of Assets*)、欧洲议会与欧洲委员会2014年通过的《有关在欧盟国家冻结与没收犯罪工具与犯罪收益的指示》(*Directive of the European Parliament and of the Council on the Freezing and Confiscation of Instrumentalities and Proceeds of Crime in the European Union*)。

---

① Tamara R. Piety, Scorched Earth: How the Expansion of Civil Forfeiture Doctrine Has Laid Waste to Due Process, 45 U. Miami L. Rev. 911, (1991), p. 932.

② Piety, Scorched Earth: How the Expansion of Civil Forfeiture Doctrine Has Laid Waste to Due Process, 45 U. Miami L. Rev. 911 (1991), p. 937.

③ Austin v. United States, 509 U. S. 602(1993).

首先是《联合国反腐败公约》。这是未定罪没收第一次出现在全球性的国际公约中。该公约第54条规定，各缔约国均应当根据本国法律，考虑采取必要的措施，以便在因犯罪行为人死亡、潜逃或者缺席而无法对其起诉的情形或者其他有关情形下，能够不经过刑事定罪而没收有关涉案财产。根据该规定，各缔约国有义务在不违反本国法律的前提下，通过立法制定未定罪没收规定，这种要求具有一定强制性。但是，由于该公约又规定，这种立法以不违反本国法律为前提条件，因而在本国宪法或其他法律有不同规定时，可不制定这种未定罪没收，因而又不具有强制性。

其次是FATF在2012年修订的《金融行动工作组40条建议》第38条规定，"各国应当确保有权应外国请求采取迅速行动，对清洗的资产、洗钱、上游犯罪及恐怖融资收益、实施或计划用于实施犯罪的工具或同等价值的财产予以识别、冻结、扣押和没收。该权力应该包括接受不以刑事判决为基础的收益没收请求，和在其他临时措施基础上做出的请求，除非这与被请求国国内法律基本原则不一致"。这明显是建议各国规定一种未定罪没收制度。[①] 该建议虽然属于一种"软法"(soft law)，但对于缔约国来说，却是一种很明确的强制性义务。因为与一般软法仅仅包括劝告或促进性语言不同，该建议代表的是一种软法中最强硬的规范，使用更明确的语言与相当准确的规则，具有高度可执行性。对于不遵守该建议的国家与地区，存在一种称为NCCT制裁程序(non-cooperative countries and territories sanctions process)的名誉性(reputational)制裁，即通过一种将不遵守标准的国家与地区列入伴随有其他应对措施的黑名单制度来促使有关国家与地区遵守相关标准。[②]

再次是八国峰会《有关追踪、冻结与没收财产的最佳实践原则》也提出了建议各国建立未定罪没收制度的建议，要求成员国应当尽量根据国内法所规定的基本原则，通过以下措施扩大没收：允许在没有定罪的情况下没收财产；要求申请人证明被宣称属于犯罪收益的财产或其他财产的合法来源。[③]

最后是欧洲议会与欧洲委员会《有关在欧盟国家冻结与没收犯罪工具与犯罪收益的指示》。该指示第4条规定，成员国应当采取必要措施以便根据一个最终的有关某个犯罪行为的有罪判决，全部或部分没收犯罪工具与犯罪收益或与这些犯罪工具或收益价值相当的财物，这种有罪判决可根据缺席程序做出；在根据前述程序进行没收不可能，而这种不可能至少是因为嫌疑人或被告人的疾病或逃跑造成时，成员国应当尽可能采取措施，以便在一个针对直接或间接获得经济收益的犯罪行为的刑事追诉程序已经启动，且如果嫌疑人或被告人

---

① Jon Petter Rui, Non-conviction Based Confiscation in the European Union—an Assessment of Art. 5 of the Roposal for a Directive of the European Parliament and of the Council on the Freezing and Confiscation of Proceeds of Crime in the European Union, 13 ERA Forum 349(2012). p. 351.

② Navin Beekarry, The International Anti-Money Laundering and Combating the Financing of Terrorism Regulatory Strategy: A Critical Analysis of Compliance Determinants in International Law, 31 Nw. J. Int'l L. & Bus. 137 (2011), pp. 158—180.

③ Jon Petter Rui, Non-conviction Based Confiscation in the European Union—an Assessment of Art. 5 of the Roposal for a Directive of the European Parliament and of the Council on the Freezing and Confiscation of Proceeds of Crime in the European Union, 13 ERA Forum 349(2012). p. 351.

出庭参加诉讼就会被定罪时,也可无定罪没收犯罪收益。[①] 根据《欧盟功能条约》(*the Treaty on the Functioning of the European Union*)第288条,这种指示在其解决问题的范围内对成员国具有约束力,只是各个成员国有权选择执行指示的具体形式与方法。[②] 为此,按照该指示,欧盟成员国应当采取措施,设置相应的未定罪没收制度。

(二)国内法层面

美国是最会充分利用未定罪没收制度的国家,有关未定罪没收的法律与判例比较多,对其他国家未定罪没收制度的建构具有很大影响。为此,在此主要介绍美国的未定罪没收制度,即民事没收制度,其他国家则只简要概括。

1. 美国

在美国建国之前,受英国普通法的影响,美洲殖民地与一些州就针对一些海关犯罪实施没收处罚,其中大部分是一种民事没收。[③] 1789年美国第一届国会通过法律授权执法机关可通过民事没收程序扣押与没收关税犯罪中的船舶与货物,随后又规定可没收那些用于海盗犯罪与奴隶贩卖犯罪的船舶。[④] 在1827年的Palmyra案中,最高法院认可民事没收"财物本身有罪"的法律拟制,认为这是海商法已确定的原则,自此以后,该法律拟制被联邦最高法院作为一种法律现实所接收。[⑤] 到20世纪中期,虽然美国联邦逐渐通过立法,将民事没收扩及伪造、赌博、海外走私以及毒品交易等犯罪,但没收对象仍然只限于那些用于犯罪的工具。

进入20世纪60年代后,由于犯罪压力越来越大,考虑到已有法律与执法资源不足以有效打击犯罪,美国联邦决定扩大联邦执法机构的没收权力。1970年,美国联邦通过《1970年毒品滥用综合预防与控制法》(*The Comprehensive Drug Abuse Prevention and Control Act of 1970*),规定可没收毒品、毒品制造与储存器具以及运输毒品的物品。1978年,该法将没收对象扩大到毒品犯罪的收益。1984年,该法进一步将没收对象扩大到不动产以及任何便利犯罪行为的财产(property facilitate the commission of crime)。可没收那些便利于犯罪的财产,也就意味着不仅可没收那些直接用于犯罪的工具,如汽车,还可以没收那些使得犯罪更容易得手或犯罪后更容易逃避侦查的财产,如从事毒品交易所在的旅馆。更重要的是,在1984年以前,通过没收获得的财物应当上缴联邦财政,但1984年修正的《毒品滥用综合预防与控制法》规定没收所得不再上缴联邦财政,而是存入司法部与财政部的没收基金,专门用于没收经费与联邦执法经费。由于没收对象的扩大,以及没收财物用途的转变,极大地刺激了联邦执法机关对民事没收的执法热情,民事没收在打击犯罪过程中得到了充分的利用。到20世纪90年代,民事没收程序不仅将没收对象扩大到犯罪收益与便利犯罪的财产,而且

① Federico Alagna, Non-conviction Based Confiscation: Why the EU Directive is a Missed Opportunity, 21 Eur J Crim Policy Res. 447 (2015). p. 459.

② Federico Alagna, Non-conviction Based Confiscation: Why the EU Directive is a Missed Opportunity, 21 Eur J Crim Policy Res. 447 (2015). p. 456.

③ Douglas Kim, Asset Forfeiture: Giving up Your Constitutional Rights, 19 Campbell L. Rev. 527(Spring, 1997). p. 532.

④ United States v. Bajakajian, 524 U. S. 321, at pp. 340—41(1998).

⑤ Todd Barnet, Legal Fiction and Forfeiture: An Historical Analysis of the Civil Asset Forfeiture Reform Act, 40 Duq. L. Rev. 77(Fall, 2001). p. 77.

其适用范围也扩大至绝大部分联邦犯罪。[①]

由于美国联邦民事没收程序自其建立之初，就有诸多不利于财产权保障的缺陷，尤其在证据方面，检察机关只需有合理理由(probable cause)证明涉案财物具有可没收性，而且所使用证据不受美国《联邦证据规则》的限制，财产所有人要想避免财物被没收，就必须以优势证据(a preponderance of the evidence)证明争议财物不具有可没收性。[②] 这些缺陷在1984年以前由于民事没收案件不是很多，还未引起公众太多注意，但在1984年以后，由于民事没收案件直线上增，该制度成为执法机关创收的一种途径。这不仅极大地威胁公民的财产权利，而且也造成执法机关执法方向完全以经济利益为导向，执法人员腐败现象越来越多。更严重的是，1984年《毒品滥用综合预防与控制法》还创造了一种州与联邦执法机构"平等分享"机制，即在州立法严格限制民事没收程序后，州执法机构可将扣押财物移交联邦执法机构，由联邦执法机构通过民事程序没收后，再按一定比例返还州执法机构。[③] 这也导致那些本可以通过州法院保护财产权的涉案财物所有人，最后还是避免不了被没收的命运。由于民事没收制度的这种弊病，到20世纪90年代，它已成为众矢之的。当时美国学者雷纳德·列维(Leonard Levy)著书列举了美国联邦民事没收的四大罪状：缺乏历史正当性，违反美国宪法，践踏无辜第三人权利，造成警察权的滥用，并将该制度喻为一种"盗窃的执照"(A License to Steal)，进而主张取消该制度。[④]

在这种改革压力之下，美国联邦最高法院、美国司法部以及美国国会不得不对民事没收制度进行反省与改革。在美国联邦最高法院方面，在1972年的One Lot Emerald Cut Stones v. United States案，它曾否认民事没收违反联邦宪法的禁止双重危险原则；[⑤]但在1989年的哈普案(United States v. Halper)中，它开始承认该没收具有惩罚性，有可能违反禁止双重危险原则；[⑥]在1993年的奥斯汀案(United States v. Austin)中，它又承认民事没收相当于一种罚金，应当受联邦宪法第八修正案禁止过度惩罚原则的约束。[⑦] 在美国司法部方面，司法部长简内特·雷诺(Janet Reno)要求司法部对民事没收程序与政策进行反省，并提出相应的修改建议。[⑧] 在美国国会方面，国会议员亨利·海德(Henry Hyde)在1993年就提出一个民事没收程序改革方案，提出很多修改建议，如重新分配证明责任，要求检察机关承担一种"清楚的、令人信服的"证明标准；另一国会议员约翰·堪耶斯(John Conyers)也提出

---

① Simon N. M. Young. Civil Forfeiture of Criminal Property: Legal Measures for Targeting the Proceeds of Crime. Edward Elgar Publishing Limited. 2009. p. 28.

② United States v. One Parcel of Property Located at 755 Forest Road, Northford, Connecticut, 985 F. 2d 70, 72 (2nd Cir. 1993).

③ Todd Barnet, Legal Fiction and Forfeiture: An Historical Analysis of the Civil Asset Forfeiture Reform Act, 40 Duq. L. Rev. Rev. 77 (Fall, 2001). p. 100.

④ Leslie A. Hakala, Opposing Forfeiture, 106 Yale L. J. p. 1319.

⑤ One Lot Emerald Cut Stones v. United States, 409 U. S. 232 (1972).

⑥ United States v. Halper, 490 U. S. 435 (1989).

⑦ United States v. Austin, 509 U. S. 602 (1993).

⑧ Todd Barnet, Legal Fiction and Forfeiture: An Historical Analysis of the Civil Asset Forfeiture Reform Act, 40 Duq. L. Rev. Rev. 77 (Fall, 2001). p. 104.

一个修改方案，要求民事没收必须以有罪判决为前提，实际也就相当于取消民事没收程序。[①] 1999 年，美国众议院以 375 票对 48 票的绝对优势通过亨利·海德的修改方案。[②] 2000 年，美国参议院通过经多次修改后的亨利·海德方案，这就是现在美国联邦民事罪没收程序的主要法律依据《2000 年民事没收改革法》(*The Civil Asset Forfeiture Reform Act of 2000*)。该法对美国联邦民事没收程序进行一系列改革，如提高政府民事没收证明标准、加强民事没收法律援助的保障、统一无辜所有者抗辩理由等。"9·11"事件后，美国联邦通过《爱国者法》再次扩大民事没收对象，将恐怖犯罪分子的所有财产均纳入民事没收范围。

2. 其他国家

目前，在欧盟 27 个成员国和地区内，据有关调查与研究，未定罪没收设置情况为：意大利、爱尔兰、罗马尼亚、斯洛文尼亚与保加利亚等国家明确规定了未定罪没收；德国与希腊有类似条款，只是仍然需要有刑事定罪。[③] 欧盟外存在未定罪没收立法的国家，除美国、英国外，还有南非、阿尔巴尼亚、哥伦比亚、列支郭士登、瑞士、泰国、加拿大与一些加勒比地区。[④] 在此只简要介绍英国、加拿大、澳大利亚与南非。

在英国，未定罪没收虽然源于英国，但长期以来有关法律规定甚少。英国第一个规定没收制度的法律是《1986 年毒品交易犯罪法》(*The Drug Trafficking Offences Act 1986*)，它对法院施加了一种没收毒品交易收益的义务，但这是一种以定罪为基础的没收制度。[⑤] 此后《1988 年刑事司法法》(*The Criminal Justice Act 1988*)、《1994 年毒品交易法》(*The Drug Trafficking Act 1994*)均有涉案财物没收规定。根据这些法律，英国存在三种不同的财产没收制度：边境现金没收、财产没收(forfeiture of property)与定罪后没收(confiscation following criminal conviction)。边境现金没收是指海关官员在边境可无须定罪而没收那些代表毒品交易收益或企图用于毒品交易的现金。定罪没收是一种基于定罪裁决(conviction determination)的没收，它是指法庭可没收那些来源于被定罪被告人的犯罪行为的利益以及应当考虑的其他相关行为的利益。财产没收是一种基于犯罪行为过程决定(course of criminal conduct determination)的没收，它是一种带有犯罪收益推定含义的没收，它不仅允许法庭没收来源于被告人已被定罪行为与应当考虑犯罪行为的收益(即定罪没收的范围)，而且也可没收那些来源于未被指控或未被定罪行为的收益。其条件是，被告人在当前程序中被认定至少构成两个特定犯罪行为(qualifying offences，是指 1995 年 11 月 1 日后实施的，法庭认定被告人从中获得利益的相关犯罪行为)，或者被认定构成一个特定犯罪，且被认

① Todd Barnet, Legal Fiction and Forfeiture: An Historical Analysis of the Civil Asset Forfeiture Reform Act, 40 Duq. L. Rev. 77 (Fall, 2001). p. 104.

② Louis S. Rulli, On the Road to Civil Gideon: Five Lessons from the Enactment of a Rright to Counsel for Iindigent Homeowners in Federal Civil Forfeiture Proceedings, 19 J. L. & Pol'y, 683(2011). p. 711.

③ Federico Alagna, Non-conviction Based Confiscation: Why the EU Directive is a Missed Opportunity, 21 Eur J Crim Policy Res. 447 (2015). p. 453.

④ Federico Alagna, Non-conviction Based Confiscation: Why the EU Directive is a Missed Opportunity, 21 Eur J Crim Policy Res. 447 (2015). p. 451.

⑤ Simon N. M. Young. Civil Forfeiture of Criminal Property: Legal Measures for Targeting the Proceeds of Crime, Edward Elgar, 2009, pp. 189—190.

定在此前 6 年内至少构成一个其他特定犯罪。[1] 这三种没收除边境现金没收外，其他两种均是定罪没收，无法应对越来越严重的有组织犯罪，所以英国在 2002 年通过《犯罪收益追缴法》，引入更有力的未定罪没收制度。根据该法，未定罪没收有两种：一是由犯罪收益追缴局长在高等法院提出的犯罪收益追缴；二是警察或海关执法人员在治安法院提出的违法所得现金或企图用于违法现金的追缴。

在加拿大，根据 1867 年宪法，加拿大国会享有刑法与刑事诉讼法立法权，而各省立法机关对财产与民事权利享有排他的立法权。[2] 由于未定罪没收（在加拿大也称为民事没收）在加拿大属于民事立法，有关未定罪没收的立法权在于各省的立法机关。到 2009 年，加拿大已经有 7 个省（*Ontario*、*Alberta*、*Manitoba*、*Saskatchewan*、*British Columbia*、*Québec*、*Nova Scotia*）通过民事没收立法。其中，安大略省是最早通过的省，安大略民事追偿法（正式叫法为 *the Remedies for Organized Crime and Other Unlawful Activities Act* 2001），也是比较有代表性的未定罪没收立法。该法规定了四种形式的未定罪没收程序：一是针对违法行为收益的民事财产没收（civil asset forfeiture）；二是违法行为工具没收；三是与交通安全有关的违法行为工具没收；四是对共谋犯的没收程序（in personam conspiracy proceeding）。该省在 2005 年与 2007 年对此法进行了两次修改。[3]

在澳大利亚，虽然与加拿大一样，它也属于联邦制国家。但与加拿大不同的是，澳大利亚联邦与各州、特区均有未定罪没收立法权。在联邦方面，《1901 年海关法》（*The Customs Act 1901*）就规定了可用于违法进出口或进口违禁品行为的未定罪没收。1977 年，这些规定适用范围扩大到毒品交易的现金或财物。这些没收规定属于一种行政性没收，即如果在扣押财产并且进行通知后，财产所有人无异议的就予以没收。但联邦检察机关很少使用这种未定罪没收，而是更喜欢《1987 年犯罪收益法》（*the Proceeds of Crime Act 1987*）规定的定罪没收。另外，《1991 年渔业管理法》（*Fisheries Management Act 1991*）也规定了一种不需要定罪就可没收外国渔船的没收制度。在各州与特区方面，新南威尔士州在 1990 年有关毒品犯罪的法律中就引入了未定罪没收制度，1997 年，该法规定的没收范围扩大到所有严重犯罪行为，并且此法也改名为《1990 年犯罪财产追缴法》（*the Criminal Assets Recovery Act 1990*）。维多利亚州在 1997 年的没收法也规定了未定罪没收制度。西澳大利亚州在 2000 年引入未定罪没收制度。在 2003 年与 2004 年澳大利亚州首都特区与南澳大利亚州也引入一种未定罪没收。为充分利用未定罪没收制度，澳大利亚联邦法律改革委员会在审查联邦的定罪没收立法与比较南威尔士州犯罪财产追缴法后，建议联邦引入一种未定罪没收，其基本理由是：一个基本原则是任何人不得通过牺牲他人或社会利益的违法行为获得不正当的财富增加。澳大利亚联邦为此通过《2002 年犯罪收益没收法》（*the Criminal Proceeds Confiscation Act 2002*），规定比较完善的未定罪没收制度与定罪没收制度。根据该法，澳大

---

[1] Simon N. M. Young. Civil Forfeiture of Criminal Property: Legal Measures for Targeting the Proceeds of Crime, Edward Elgar, 2009, pp. 188—192.

[2] Simon N. M. Young. Civil Forfeiture of Criminal Property: Legal Measures for Targeting the Proceeds of Crime. Edward Elgar Publishing Limited. 2009, p. 162.

[3] Simon N. M. Young. Civil Forfeiture of Criminal Property: Legal Measures for Targeting the Proceeds of Crime. Edward Elgar Publishing Limited. 2009, p. 166.

利亚联邦的没收制度分为四种：定罪没收(a conviction based stream)、针对人的民事没收(a civil person directed stream)、针对物的民事没收(a civil asset directed stream)与文学收益没收(literary proceeds orders)。从犯罪行为未被排除合理怀疑证明的角度来看，后三种没收均属于未定罪没收。所谓针对人的民事没收，它是指针对被怀疑在采取财产限制令之前6年内实施了一种严重犯罪的人所采取的未定罪没收。在这种没收中，检察机关为了获得限制令，必须向法庭以优势证据证明犯罪行为已经发生；犯罪行为发生的过去6年内，除非这是一种恐怖活动犯罪；这是一种严重犯罪，并且财产已经被采取限制令6个月。所谓对物的民事没收，它是指针对被怀疑属于采取限制令之前6年内实施的可诉罪的收益或国外可诉罪的收益或联邦可诉罪的收益所采取的没收制度。在这种没收中，无须确定财产的所有者，也无须该可诉罪已被判决确定，只要对财产采取限制令已满6个月，检察机关已经采取合理措施确定与通知对此财产存在利益之人，而无人提出排除申请，或申请被撤回的，就可对此财产进行没收。所谓文学收益没收，它是指对犯罪恶名进行商业开发所获得的利益进行没收。其没收条件是法庭根据优势证据认为嫌疑人实施了可诉罪或国外可诉罪，并且从中获得一种文学收益。这种文学收益是指一个人从其犯罪恶名或其他人牵涉相同犯罪行为的恶名进行商业开发而获得的利益。根据该法，定罪没收与未定罪没收之间可进行转换：如果以对人的民事没收程序采取限制令后，此人被判决构成一项与限制令相关的重罪的，就可按定罪没收进行没收；如果一项定罪没收做出后，定罪判决后来被撤销的，检察机关可申请法庭确认没收令，法庭在认为可根据民事没收做出没收令时，就可确认此没收令的效力。①

在南非，有组织犯罪现象相当严重。如有学者曾说：南非的高犯罪率使得南非成为世界上最乱与最危险的国家。为此，在涉案财物没收成为应对犯罪的最新的“好想法”(big idea)的背景下，涉案财物没收自然也成为南非应对高犯罪率的一种措施。② 但是，虽然早在1992年《毒品与毒品交易法》(*the Drugs and Drug Trafficking Act*)就规定了一种民事性质的涉案财物没收，但这种没收属于定罪没收，适用于被定罪被告人的毒品交易犯罪收益。1996年的《犯罪收益法》(*the Proceeds of Crime Act*)将此种没收的适用范围扩大于定罪被告人从所有犯罪行为获得的收益。在1998年的《有组织犯罪法》(*the Prevention of Organised Crime Act*)，南非在保留前两个法律规定的定罪没收的基础上，引入了一种未定罪没收制度，以没收违法行为收益与犯罪工具。③ 此法此后经过多次修正，目前最新的修正是2013年《防止与打击人口贩卖法》(*Prevention and Combating of Trafficking in Persons Act 7 of 2013*)所做的修正。

三、我国未定罪没收程序的出台背景

根据我国《刑法》第64条规定，犯罪分子违法所得的一切财物，应当予以追缴或者责令

---

① Simon N. M. Young. Civil Forfeiture of Criminal Property: Legal Measures for Targeting the Proceeds of Crime. Edward Elgar Publishing Limited. 2009, pp. 126—134.

② Vinesh Basdeo, The legal challenges of criminal and civil asset forfeiture in South Africa: a comparative analysis, 21 African Journal of International and Comparative Law 303(2013), p. 303.

③ Simon N. M. Young. Civil Forfeiture of Criminal Property: Legal Measures for Targeting the Proceeds of Crime. Edward Elgar Publishing Limited. 2009, pp. 93—94.

退赔;供犯罪使用的一人财物应当予以没收。对于刑事涉案财物的没收,我国长期以来采取的是定罪没收方式,只有少数特殊情形才由法院或检察机关单独就涉案财物进行没收或移送其他主管机关没收:一是最高人民法院、最高人民检察院等六部委 1998 年《关于〈中华人民共和国刑事诉讼法〉实施中若干问题的规定》第 19 条规定,犯罪嫌疑人、被告人在侦查、审查起诉中死亡的,已冻结的犯罪嫌疑人、被告人的存款、汇款需要依法没收时,由侦查机关、检察机关申请法院裁定是否没收;二是 1999 年《人民检察院刑事诉讼规则》第 239 条规定,因犯罪嫌疑人死亡以外原因导致撤销案件的,对已被冻结的犯罪嫌疑人存款、汇款需要没收的,由检察机关做出处理决定,通知冻结机关上缴国库;对扣押的犯罪嫌疑人违法所得需要没收的,应当提出检察建议,移送有关主管机关处理。

这种具体规定的缺失与程序的简单化,使我国在面对犯罪嫌疑人、被告人逃匿、死亡案件的违法所得与犯罪工具的追缴、没收问题时,往往捉襟见肘:一是如果犯罪行为人犯罪后潜逃,由于不能缺席判决,无法及时追缴、没收其违法所得与犯罪工具;二是如果犯罪行为人在立案前就死亡,也无合法程序对其违法所得与犯罪工具进行追缴、没收。实践中不时出现的"牺牲一人、富了全家"的现象,就是我国这种程序弊端的直接体现。如何解决这种法律漏洞,有人主张改造已有附带民事诉讼程序,设置一种独立的民事没收制度;有人建议引入刑事缺席审判制度;还有人主张分别针对犯罪嫌疑人、被告人死亡、潜逃的情形设置不同的涉案财物没收程序。

如前所述,与我国不同的是,域外不少国家针对犯罪嫌疑人、被告人逃匿、死亡案件的涉案财物没收问题都有比较完善的未定罪没收程序制度。正是在这种历史背景下,立法机关综合权衡各种方案,在 2012 年第二次修正的《中华人民共和国刑事诉讼法》中特别增加了犯罪嫌疑人、被告人逃匿、死亡案件违法所得的没收程序,即未定罪没收程序。根据该程序规定,对于贪污贿赂犯罪、恐怖活动犯罪等重大犯罪案件,犯罪嫌疑人、被告人逃匿,在通缉一年后不能到案,或者犯罪嫌疑人、被告人死亡,依照刑法规定应当追缴其违法所得及其他涉案财物的,检察机关可向法院提出没收违法所得的申请;公安机关认为需要没收的,移送检察机关,由检察机关向法院提出没收申请,最后由法院裁定是否没收相关涉案财物。在此程序中,犯罪嫌疑人、被告人的近亲属和其他利害关系人有权参与诉讼,以维护自己的合法利益。

第二节　未定罪没收程序的正当性质疑及其回应

一、未定罪没收程序面临的正当性质疑与回应

未定罪没收是一种不以定罪判决作为基础的涉案财物没收,虽然法院最后做出的没收裁决并不会对某个人的行为是否构成犯罪做出正式法律评价,但没收涉案财物却是以涉案财物属于犯罪收益、犯罪工具或拟用于实施犯罪的工具为条件的。这也就是说,将某个涉案财物作为犯罪收益或犯罪工具没收,实际相当于法院认为与这些财物相关的行为属于一种犯罪行为或违法行为。而且,在很多国家,财产所有人如果对没收提出异议,还必须以优势证据证明财物来源合法行为或不属于犯罪工具,否则就难以避免财物被没收的结果。为此,

未定罪没收程序从其产生以来，就在各国面临各种正当性质疑。有人则称其系“对正当程序的一种正面袭击”。[①]

具体来说，未定罪没收主要面临以下正当性质疑：

一是有违无罪推定原则。在未定罪没收中，对涉案财物扣押、没收提出异议的人，往往需要提出相应证据证明财产来源于合法行为，或对财产被用于犯罪行为不知情，或虽然知情，却已经采取合理措施。这种举证责任虽然只需要达到优势证据标准，但要求证明财产来源合法的举证责任倒置可造成这么一种现实：有些人即使没有达到刑事法律的定罪要求，但在民事法律面前却被视为犯罪分子，这就会危及无罪推定原则。[②] 因为这虽然属于未定罪没收程序的认定，但至少在政府与其同类人的眼中看来，一个人因其违法行为被施加财产没收的惩罚，相当于被认定构成犯罪，而这种行为如果按刑事诉讼程序处理，却可能被判处无罪。[③]

二是违反禁止双重危险原则。在犯罪工具的未定罪没收中，如果没收的犯罪工具系犯罪行为人的财产，在进行未定罪没收之后，又对犯罪行为人定罪判刑的，无疑会面临一种是否违反禁止双重危险原则的问题。即使在犯罪收益的未定罪没收中，也有人认为存在违反禁止双重危险原则的问题。如有人认为，犯罪收益没收属于一种带有惩罚性的没收，因而针对同一行为既对行为人定罪判刑，又没收其犯罪收益的，违反禁止双重危险原则。[④] 有些美国联邦法院，如美国联邦第九巡回上诉法院也认为，犯罪收益的未定罪没收可能会违反禁止双重危险原则。[⑤] 但联邦最高法院在1996年优瑟莉案(United States v. Ursery)中认为犯罪收益的未定罪没收不属于禁止双重危险原则中的惩罚措施，因而不构成违反禁止双重危险原则。[⑥]

三是侵害了不得强迫自证其罪特权。根据1886年的博伊德案(Boyd v. United States)，针对犯罪行为人采取的未定罪没收，虽然采取的是一种民事形式，但仍然受不得强迫自证其罪特权的保护。[⑦] 未定罪没收要求权利主张者证明财产来源的合法化或证明财产被用于犯罪行为时不知情，就会导致权利主张者提出证据质疑没收的合法性时，侵害其不得自证其罪的特权，使权利主张者在被定罪与保护财产权之间进行艰难选择。[⑧]

另外还有不少学者认为，未定罪没收实际就是通过规避刑事诉讼的严格程序保障措施，

---

① Colin Kin, Using Civil Processes in Pursuit of Criminal Law Objectives: a Case Study of Non-Coriviction-based Asset forfeiture, 16 The International Journal of Evidence & Proof 337 (2012), p. 342.

② Christopher Croke, Civil Forfeiture: Forfeiting Civil Liberties? A Critical Analysis of the Crimes Legislation Amendment (Serious and Organised Crime) Act 2010 (Cth), 22 Current Issues Crim. Just. 149(2010), p. 152.

③ M. Michelle Gallant, Colin King, The Seizure of Illicit Assets: Patterns of Civil Forfeiture in Canada and Ireland, 42 Common Law World Review 91 (2013). p. 95.

④ Thomas W. Robertson, Two Views of Austin v. United States: Is a Civil Forfeiture Action to Collect "Proceeds," Pursuant to Title 21 U. S. C. 881(A)(6) Still Exempt From the Protections of the Double Jeopardy Clause? 23 Am. J. Crim. L. 431(Winter, 1996). p. 435.

⑤ United States v. $ 405,089. 23 U. S. Currency, 33 F. 3d 1210 (9th Cir. 1994).

⑥ United States v. Ursery, 116 S. Ct. 2135 (1996)。

⑦ Boyd v. United States, 116 U. S. 616 (1886).

⑧ Douglas Kim, Asset Forfeiture: Giving up Your Constitutional Rights, 19 Campbell L. Rev. 527(Spring, 1997), pp. 571—572.

如排除合理怀疑的证明标准、被告人辩护权的保障等，达到刑事惩罚的目标，即控制犯罪与预防犯罪的目标。[①] 为此，有些学者认为，应当将未定罪没收纳入刑事诉讼范围，以刑事诉讼的要求来规范未定罪没收程序。[②]

虽然存在以上质疑，但很多法院均认为未定罪没收不违反宪法要求，也不违反无罪推定原则等程序正当要求。爱尔兰最高法院在 2001 年默菲案(Murphy v. GM,PB,PC Ltd)与简林吉案(Gilligin v. CAB)均否认了上述质疑。凯恩大法官(Keane CJ)在法庭判决中认为，虽然该未定罪没收毫无疑问过于严厉，却与宪法相符合，因为未定罪没收并没有包含刑事犯罪的特征：没有逮捕或羁押任何人的规定，也没有相关的保释规定，没有因为不能履行罚金而监禁的规定，没有因为传唤或起诉而启动的刑事审判规定，没有有关犯罪的记录规定或在任何阶段撤回起诉的规定。[③] 在加拿大 2009 年的查特吉案(Chatterjee v. Ontario)中，被告人针对未定罪没收提出合法性异议，理由是各省有关未定罪没收的权力违反了宪法的分权原则，因为没收法律属于刑事法律范围，因而属于联邦立法范围，而非各省的立法范围。但加拿大最高法院认为，未定罪没收程序未导致任何刑事定罪，被告人更像是财产申请人，而非被指控人；在实质上，立法机关创造了一种以财产为基础的权力，根据优势证据标准，扣押那些被犯罪污染的金钱与其他财产，并将这些收益用于补偿被害人，弥补因为犯罪所造成的社会损害；由于未涉及定罪或被指控之人，而只是赋予有关机构没收受犯罪污染之财产，这种未定罪没收法律并不属于联邦刑事立法范围。[④] 在 1986 年，欧洲人权委员会宣布，未定罪没收与无罪推定原则、公民基本财产权利保障是相一致的。[⑤] 在 2007 年的一个案件中，欧洲人权法院也裁决英国的未定罪没收没有违反欧洲人权公约。[⑥]

在我国学界，也有观点对《刑事诉讼法》规定的未定罪没收程序能否完全经受正当性考验存在疑虑。如有学者认为，该程序"从形式上看它是一种特别程序，没有完全体现普通程序所必须具备的正当程序的全部内容，从实质上看，财产的没收并没有定罪的基础，也就是说，在未对被告人进行定罪的情况下就对涉案财产进行了先行处理，这在一定程度上抛弃了对无罪推定、司法最终裁决原则以及证据裁判原则的信守，从这个意义上讲，这一程序是对正当程序的减损"。[⑦] 还有学者更是明确指出，未定罪没收程序存在诉讼框架严重失衡、违反

---

① M. Michelle Gallant, Colin King, The Seizure of Illicit Assets: Patterns of Civil Forfeiture in Canada and Ireland, 42 Common Law World Review 91 (2013). pp. 94—96.

② Colin King, Using Civil Processes in Pursuit of Criminal Law Objectives: a Case Study of Non-Coriviction-based Asset Forfeiture, 16 The International Journal of Evidence & Proof 337(2012), pp. 358—362.

③ M. Michelle Gallant, Colin King. The Seizure of Illicit Assets: Patterns of Civil Forfeiture in Canada and Ireland, 42 Common Law World Review 91(2013), pp. 99—100.

④ M. Michelle Gallant, Colin King. The Seizure of Illicit Assets: Patterns of Civil Forfeiture in Canada and Ireland, 42 Common Law World Review 91(2013), pp. 100—101.

⑤ Federico Alagna, Non-conviction Based Confiscation: Why the EU Directive is a Missed Opportunity, 21 Eur J Crim Policy Res447 (2015), p. 451.

⑥ Jon Petter Rui, Non-conviction based confiscation in the European Union—an assessment of Art. 5 of the proposal for a directive of the European Parliament and of the Council on the freezing and confiscation of proceeds of crime in the European Union, 13 ERA Forum 349 (2012), p. 355.

⑦ 陈卫东：《构建中国特色刑事特别程序》，《中国法学》2011 年第 6 期。

无罪推定、公开审判、辩护原则与直接言辞等刑事诉讼基本原则。[①] 有些学者则对犯罪工具没收的正当性表示质疑，认为这有悖刑法罪刑相适应原则，有侵犯公民合法财产权之嫌。[②] 但也有学者认为，这种未定罪没收具有目的的正当性，是维护司法权威和社会公平正义的重要途径，能对国家、社会、公民的合法权益给予积极的保护；未定罪没收程序没有将犯罪行为人的刑事责任通过该程序确认下来，其所确认的只是犯罪行为关涉的"物"，因而并没有违反无罪推定原则；未定罪没收并非针对行为人的刑事处罚，并非行为人违反法律而对其实施的罚金或者附加刑，这种没收只是对违法所得和犯罪工具等的剥夺，是对财产关系恢复原状的行为。但该学者也认为，为保障公民财产权，应当强化该程序的比例性、适当性、程序参与性与救济性等，提高未定罪没收程序权利保障的实效性。[③]

二、未定罪没收程序正当性质疑与回应的简要评析

未定罪没收是在未对带来涉案财物没收问题的行为做出是否构成犯罪的有效判决之前就剥夺这些涉案财物。因此，未定罪没收程序是否正当，可从两个方面来分析：一是未对行为是否构成犯罪做出有效判决就没收涉案财物是否恰当？是否侵害了相关人员的财产权？这是一个实体法的问题。二是这种未定罪没收在程序上是否恰当？尤其是以财物作为被告，实行举证责任倒置是否恰当？是否侵害了相关人员的程序权利？这是一个程序法的问题。总体来讲，尤其是相对于我国以前那种缺乏有效制约的涉案财物没收程序来看，我们认为未定罪没收程序具有正当性，我国未定罪没收程序的建立更是具有重要的积极意义，存在的问题只是一些如何使程序更合理、更完善的问题。

首先是在实体法方面。犯罪控制是一个综合的系统工程，涉及民事、刑事、行政等各个方面，通过民事程序追求犯罪控制目标，并不当然地具有非正当性，因而不能说，只要追求的是犯罪控制目标，就只能通过刑事诉讼程序。由于追究刑事责任并非犯罪控制的唯一手段，与其他民事、行政措施可以达到并行不悖，因而在未对行为是否构成犯罪做出有效认定之前，就没收相关涉案财物，也具有正当性。需要考虑的问题是，没收涉案财物对犯罪控制是否具有积极功能。在绝大部分涉财案件中，犯罪行为人的犯罪目的在于获利，如果在追究其刑事责任的同时，又将其通过犯罪行为获得的利益加以剥夺，无疑可从经济上抑制其犯罪动机。为此，没收犯罪收益具有正当性。即使没收的是犯罪工具，亦具有正当性。如果犯罪工具属于犯罪行为人本人的财物，通过没收犯罪工具，可抑制其使用自己财物实施犯罪的动机；如果犯罪工具属于他人的财物，在此人对于自己财物被他人用于犯罪行为具有过错时，通过没收此犯罪工具，可促使公民在经营管理财物过程中履行一种谨慎义务，避免财物成为他人的犯罪工具，从而对犯罪控制起到一种积极作用。相同道理，既然在追究犯罪行为人刑事责任的同时，还应当没收其犯罪收益与犯罪工具，因而即使在未定罪没收之后，还追究犯罪行为人的刑事责任，也不存在违反禁止双重危险原则的问题。因此，从实体法的角度来看，未定罪没收具有正当性。

---

① 邓立军：《违法所得特别没收程序的潜在风险与控制》，《法学评论》2015年第1期。

② 孙煜华：《涉案财产没收程序如何才能经受宪法之拷问》，《法学》2012年第6期。

③ 奚玮、张敬博：《违法所得没收程序的正当性之辨》，《西南民族大学学报》2014年第4期。

其次是在程序法方面。不可否认，我国的未定罪没收程序并非完美无瑕，确实存在一些学者所批评的举证责任与证明标准缺乏合理规定等问题，但总体来看，也并不是完全缺乏正当性。第一，未定罪没收并未违反无罪推定原则。无罪推定原则，一般认为是指任何人未经法院依法审判，不得确定有罪。其中的确定有罪，是指做出有法律效力的有罪认定。未定罪没收对涉案财物的没收，虽然是以原因行为构成犯罪为前提的，但在没收裁判中，并没有针对该行为做出具有法律效力的有罪认定，该没收裁判不能成为认定行为人有罪的依据。为此，即使该程序要求主张财产权的人需要承担证明财产来源合法或不属于犯罪工具的举证责任，也并未违反无罪推定原则。第二，未定罪没收程序总体上体现了一种程序正当的理念。所谓程序正当，就刑事案件而言，则是指未经正当法律程序，不得剥夺任何人的生命、自由、财产。对于何为正当程序，虽然目前还存在争议，但其核心理念实际在于合理平衡相关利益，其最重要的体现在于利害关系人的程序参与、裁判中立、理性裁决等。从各国的未定罪没收程序来看，一般均要求由中立的法官裁决是否没收涉案财物，受涉案财物没收裁决影响的人均可申请参加没收程序维护自己的合法权益。未定罪没收程序基本上体现了程序正当理念。尤其是我国，在未建立未定罪没收程序之前，此类案件的涉案财物没收程序缺乏程序正当的一些基本要素，2012 年《刑事诉讼法》修改时增加该程序，不仅没有违反程序正当理念，而且是程序正当理念的一种体现。可以说，至少就我国来说，未定罪没收程序的建立，并不是反程序正当理念之道而行，而是向程序正当理念迈出了重要一步。如果说还存在什么问题，那也只是离完美的正当程序还有一些差距，在一些具体制度设计方面还未完全体现该程序所追求的程序正当理念。

第三节　未定罪没收程序的性质

一、域外未定罪没收程序的性质定位

程序性质直接影响到相关程序制度的设置，进而会直接影响有关当事人合法权益的保障。从一些国家的未定罪没收程序规定来看，有关未定罪没收程序的性质定位并不完全相同。总体来看，可分为民事诉讼程序与刑事诉讼程序两种不同定位。

采用民事诉讼程序性质定位的国家主要是美国、英国、加拿大、南非与澳大利亚等具有英美法系传统的国家。在加拿大，未定罪没收属于各省的民事立法范围，不属于联邦的刑事立法范围，显然在程序上只能属于民事诉讼性质。在南非，规定未定罪没收程序的是 1998 年《有组织犯罪防止法》第 6 章，该章法条明确规定该程序属于民事性质，而非刑事性质。这种民事诉讼性质定位主要体现在三点：一是适用民事诉讼法规定的程序；二是适用民事诉讼的证明规则，如举证责任分配与证明标准等，如南非 1998 年《有组织犯罪防止法》第 37 条就明确规定未定罪没收程序适用于民事诉讼程序的证据规则，那些只适用于刑事诉讼程序的证据、解释不适用于该程序；三是未定罪没收程序的财产权利主张者不享有刑事诉讼被告人特有的权利。从这三个标准来看，美国联邦民事没收程序在性质上属于民事诉讼程序，而非刑事诉讼程序：一是相关程序主要适用联邦民事诉讼规则，按民事诉讼程序进行起诉与通

知、开示证据与提出动议等。[①] 二是民事没收证明适用民事诉讼规则，根据民事诉讼"谁主张、谁举证"的原则分配举证责任，检察机关与权利主张者都可能承担举证责任；适用民事诉讼的优势证据标准，不仅检察机关有关犯罪事实、涉案财物与犯罪事实的实质联系的证明适用优势证据标准，而非排除合理怀疑标准，权利主张者的抗辩理由也适用优势证据标准。三是作为第三人参加民事没收程序的权利主张者，不能享受刑事被告人的特有权利，如联邦宪法规定的不得强迫自证其罪特权、快速审判权等，其他正当程序的保障也较刑事被告人有所减弱。[②] 而在英国的两种未定罪没收中，犯罪收益追缴只能向审理民事案件的高等法院提出申请，适用民事诉讼的优势证据标准，无疑属于一种民事诉讼程序；现金没收程序也是一种民事诉讼程序，适用优势证据标准。[③]

采用刑事诉讼程序定位的主要是德国有关涉案财物没收的客观程序与欧盟规定的未定罪没收程序。在德国，未定罪没收程序是作为刑事诉讼特别程序加以规定的，在总体上属于一种刑事诉讼程序。而欧盟规定的未定罪没收程序，从其条文规定来看，也属于一种刑事诉讼程序定位。《有关在欧盟国家冻结与没收犯罪工具与犯罪收益的指示》(以下简称《指示》)虽然在 2014 年通过时，与欧洲委员会 2012 年提出的草案有很大差别，草案将未定罪没收作为独立条款加以规定，而最终通过的《指示》只是将未定罪没收作为没收条款的一种情形加以规定，但其基本条件都是一样的，都是：一是刑事程序已经启动；二是这种程序本来可以导致一个定罪判决。[④] 由于这种要求，未定罪没收程序实际仍然处于刑事法律框架之内，与英美国家传统的未定罪没收程序并不相同。换句话说，欧盟规定的这种未定罪没收程序仍然属于一种刑事诉讼程序。

二、我国未定罪没收程序的性质定位

在我国，由于被作为一种刑事诉讼特别程序规定于刑事诉讼法，未定罪没收程序虽然与普通刑事诉讼程序不完全一样，但一般认为其在性质上仍然是一种刑事诉讼程序，而非民事诉讼程序。[⑤] 虽然刑事诉讼法对最能体现该程序性质的内容，如举证责任、证明标准等缺乏规定，但此种程序性质定位，仍可从程序主体关系看出：作为启动未定罪没收程序的检察机关，是承担刑事追诉职能的机关，启动该程序，这是检察机关履行其刑事追诉职能的权能之一，检察机关与权利主张者并非一种平等主体关系。

---

① Simon N. M. Young. Civil Forfeiture of Criminal Property: Legal Measures for Targeting the Proceeds of Crime. Edward Elgar Publishing Limited. 2009. p. 42.

② Nicholas A. Loyal, Bills To Pay And Mouths To Feed: Forfeiture And Due Process Concerns After Alvarez V. Smith, 55 St. Louis L. J. 1143(2011). pp. 1149—1155.

③ Simon N. M. Young. Civil Forfeiture of Criminal Property—Legal Measures for Targeting the Proceeds of Crime, Edward Elgar, 2009, p. 212.

④ Federico Alagna, Non-conviction Based Confiscation: Why the EU Directive is a Missed Opportunity, 21 Eur J Crim Policy Res. 447 (2015). p. 458.

⑤ 对于未定罪没收程序的性质定位，目前有多种观点。参见初殿清：《违法所得没收特别程序的性质与案件范围》，《法学杂志》2013 年第 8 期；朱孝清：《违法所得没收程序的几个问题》，《人民检察》2014 年第 15 期。有的还认为，我国的未定罪没收程序在实然层面上属于一种特别刑事诉讼程序，应然层面应当属于一种民事诉讼程序。参见王君祥：《违法所得没收特别程序性质的实然与应然探析》，《兰州学刊》2015 年第 5 期。

民事诉讼程序定位的优点在于能避开对原因行为即导致涉案财物没收的行为的刑事责任评价，而仅仅就涉案财物的权属进行裁决，从而尽量避免与无罪推定原则相冲突。另外，对于检察机关来说，民事诉讼程序相对较低的证明标准与程序正当要求，可使检察机关更容易达到司法目标。这种优势在美国联邦表现尤为明显。因为在美国联邦，对刑事被告人的权利有诸多宪法保障，如禁止过度惩罚、禁止无根据地搜查、扣押等，而对于刑事领域外的民事诉讼程序，这些宪法保障并不适用，或者有明显减缩。将未定罪没收程序定位为一种民事诉讼程序，就可绕开这种程序障碍，更容易获得法院的有利裁判。这种程序定位的弱点在于对权利主张者的权利保障不充分，容易使没收程序沦为执法机关随意侵害公民合法财产的工具。

刑事诉讼程序定位的优点，从理论上看，在于用一种相当于保障刑事被告人权利的措施来保障权利主张者的权利，因而对公民合法财产的保障比较充分。当然，对于我国来说，由于刑事诉讼法有关未定罪没收程序的规定比较简单，其是否能真正产生这种效果，还有待司法解释的更完善规定。这种程序定位的不足，除有碍于及时有效地没收涉案财物外，更重要的是在理论上容易引起该程序是否具有正当性的质疑。因为从理论上看，将此种没收程序定位为一种刑事诉讼程序，似乎拟没收财物必定与犯罪行为有关，不是犯罪所得，就是犯罪工具。但实际上，在该程序中，并没有实施原因行为之人的参与，没收裁判没有、也不允许对原因行为是否构成犯罪进行裁决。一方面没收裁判不存在针对原因行为性质的有效确定，另一方面没收裁判又似乎是建立在原因行为构成犯罪的基础上，因而不仅有违无罪推定原则，而且也有违程序正当要求。正基于此点，我国有学者认为，该程序在一定程度上抛弃了对无罪推定、司法最终解决原则以及证据裁判原则的信守，是对正当程序的减损。[①]

其实，从诉讼理论分析，刑事诉讼程序与民事诉讼程序的一个最大区别在于前者的结果具有惩罚性，后者的结果一般只具有补偿性。美国联邦民事没收程序之所以在制度设置之初就定位为一种民事诉讼程序，就在于认为民事没收并非惩罚性措施，而仅仅是一种民事补偿措施。[②] 因为当时的没收对象主要是有关关税犯罪的船舶、货物等，没收这些涉案财物具有对犯罪行为所造成的关税流失的补偿作用。但随着没收对象范围的扩大，现在仅仅将其定位为一种民事补偿措施已没有说服力，比如对便利犯罪实施的第三人财物的没收，其实是对第三人未尽应有注意义务所实施的一种惩罚。鉴于此点，美国联邦最高法院从1886年的博伊德案开始，逐渐认可民事没收除具有补偿性质外，还具有惩罚性质，1993年的奥斯丁案(Austin v. United States)更是明确民事没收是一种带有刑事因素的惩罚，而非真正意义的民事补偿措施。由于民事没收性质的双重化，美国联邦民事没收程序的程序正当问题逐渐引起人们的关注与质疑，最终导致加强权利保障的《2000年民事没收程序改革法》的出台。

在我国，没收违法所得，有相当部分可以说具有民事补偿性质，即对犯罪行为给国家造成损失的一种补偿，但对于犯罪工具的没收，就很难说是一种民事补偿，将其作为一种保安

---

① 陈卫东：《构建中国特色刑事特别程序》，《中国法学》2011年第6期。

② Todd Barnet, Legal Fiction and Forfeiture: An Historical Analysis of The Civil Asset Forfeiture Reform Act, 40 Duq. L. Rev. 77(2001). p. 90.

处分措施看待也许更为恰当。[①] 将这种没收程序定位为一种刑事诉讼程序,并无诉讼理论冲突的问题。因此,综合考虑而言,尤其是从权利保障角度来看,刑事诉讼法将未定罪没收程序定位为一种刑事诉讼程序,更为合理。

第四节 未定罪没收程序的适用范围

关于未定罪没收程序的适用范围,刑事诉讼法与司法解释有所不同。按刑事诉讼法第280条,该程序只适用于"对于贪污贿赂犯罪、恐怖活动犯罪等重大犯罪案件,犯罪嫌疑人、被告人逃匿,在通缉一年后不能到案,或者犯罪嫌疑人、被告人死亡,依照刑法规定应当追缴其违法所得及其他涉案财产的"案件。根据该规定,可适用未定罪没收程序的案件必须符合三个条件:一是在案件性质上,只适用于贪污贿赂犯罪、恐怖活动犯罪等重大犯罪案件。其中,所谓重大犯罪案件,根据最高人民法院《关于适用〈中华人民共和国刑事诉讼法〉的解释》(以下简称最高人民法院《解释》)第508条,它是指具有下列情形之一的案件:犯罪嫌疑人、被告人可能被判处无期徒刑以上刑罚的;案件在本省、自治区、直辖市或者全国范围内有较大影响的;其他重大犯罪案件。二是在程序上,必须是犯罪嫌疑人、被告人已经死亡,或者是犯罪嫌疑人、被告人逃匿后,经通缉一年仍然不到案的案件。三是在必要性上,必须是依照刑法规定应当追缴违法所得及其他涉案财物的案件。但根据最高人民法院《解释》第507条与最高人民检察院《人民检察院刑事诉讼规则(试行)》第523条,除了犯罪嫌疑人、被告人逃匿的贪污贿赂犯罪、恐怖活动犯罪等重大犯罪案件可适用该程序外,其他所有犯罪嫌疑人、被告人死亡的案件均可以适用该程序。对此,有人认为不符合法理。[②]

我们认为,《刑事诉讼法》规定的第三个条件显然是必需的,因为没收程序的目的在于追缴、没收违法所得及其他涉案财物,没有这些涉案财物,也就没有启动没收程序的必要性。但第一、二个条件却不无探讨之余地。相比较而言,虽然司法解释的规定也并不完全妥当,而且从历史解释的角度来看,也许不是很恰当,但从目的解释的角度来看,也许更为合理。以下针对刑事诉讼法规定的适用范围略作检讨。

一、关于实体条件的限制

第一个条件实际是从实体法上限制该程序只适用于"贪污贿赂犯罪、恐怖活动犯罪等重大犯罪案件"。对此条件,面临的第一个问题就是如何理解这一限制条件:是仅仅适用于贪污贿赂犯罪与恐怖活动犯罪这两类案件,还是包括所有重大犯罪案件?从一些专家学者在立法过程中的论述来看,都是强调贪污贿赂犯罪、恐怖活动犯罪案件。[③] 有观点针对司法解释扩大该程序适用范围的问题提出,该程序是为了强化打击某些特殊种类的犯罪,特别降低

① 将犯罪工具没收定位为一种保安处分措施也未必就很准确,因为这种措施实际还包含一种惩罚含义,将其作为独立制裁措施更为合理。参见金光旭:《日本刑法中的不法收益之剥夺——以没收、追缴制度为中心》,钱叶六译,《中外法学》2009年第5期;张明楷:《论刑法中的没收》,《法学家》2012年第3期;熊秋红:《从特别没收程序的性质看制度完善》,《法学》2013年第9期。

② 初殿清:《违法所得没收特别程序的性质与案件范围》,《法学杂志》2013年第8期。

③ 朗胜:《中华人民共和国刑事诉讼法释义》,法律出版社2012年版,第614页。

证明标准而设置的特别没收程序，只能适用于《刑事诉讼法》规定的“贪污贿赂犯罪、恐怖活动犯罪”案件，不能扩大到其他种类案件。[①] 但也有人认为，该程序所适用的案件不限于这两类案件，还应当包括其他类型的案件。原因在于，能够形成违法所得或者形成其他涉案财产的犯罪案件并不限于上述两类案件，对其他犯罪案件的非法财产也应当没收；从我国加入的国际公约看，将任何能够形成违法所得的犯罪案件纳入该程序范围是公约对缔约国的要求；目前经济犯罪、黑社会性质组织犯罪、贩卖人口、走私犯罪活动越来越呈现出跨国性、有组织性的态势，有必要将这些犯罪案件纳入该程序适用范围。[②]

从文义解释与立法目的解释来看，应当将该程序的适用范围理解为包括所有重大犯罪案件。从文义解释来看，贪污贿赂犯罪、恐怖活动犯罪虽然在此具有一种列举作用，但其后的“等”字表明其实际只是用以举例说明其后的“重大犯罪案件”范围，该限制条件的重心在“重大犯罪案件”。只要是“重大犯罪案件”都可适用该没收程序。从立法目的来看，虽然贪污贿赂犯罪、恐怖活动犯罪是最容易产生违法所得与犯罪工具等涉案财物的犯罪种类，但是，还有其他大量的犯罪案件也可能会产生巨额的违法所得或犯罪工具，如非法集资犯罪、有组织犯罪、具有黑社会性质犯罪等，这些犯罪的违法所得、犯罪工具也有通过没收程序加以没收的必要性。如果将该程序适用范围限制于贪污贿赂犯罪、恐怖活动犯罪，由于刑事诉讼法规定的其他未定罪没收程序适用范围有限，就会造成一种因为犯罪嫌疑人、被告人逃匿、死亡而导致程序终止的绝大部分案件的违法所得无法进行没收的法律适用漏洞。刑事诉讼法设置该程序的目的在于因为犯罪嫌疑人、被告人逃匿、死亡而无法开启正常刑事审判程序时，也能及时没收违法所得、犯罪工具等涉案财物。如果将该程序适用范围限制于贪污贿赂犯罪、恐怖活动犯罪这两类案件，显然不符合立法目的。另外，从比较法角度来看，对于犯罪收益的未定罪没收，几乎没有哪个国家将其限制于某些种类的案件，只有犯罪工具的未定罪没收有些国家才将其限制于恐怖活动犯罪。我国有学者认为，特别没收制度（即未定罪没收制度）发达的国家对没收适用的案件性质普遍进行了限制，进而认为将该程序的案件适用范围限制于贪污贿赂犯罪、恐怖活动犯罪案件具有合理性。[③] 从前面论述来看，这种论断是不准确的。由于财产的高度流动性，刑事涉案财物的没收往往涉及国与国之间的司法协助，如果将该程序限制于贪污贿赂犯罪、恐怖活动犯罪案件，必然会带来这方面司法协助的难题。从这个角度来看，亦不宜将该程序的适用范围限制于贪污贿赂犯罪、恐怖活动犯罪案件，而应当扩及所有可能存在违法所得与犯罪工具的案件。从这点来看，最高人民法院、最高人民检察院 2017 年出台的《关于适用犯罪嫌疑人、被告人逃匿、死亡案件违法所得没收程序若干问题的规定》（以下简称“《没收程序规定》”）扩大该程序的适用范围，将“危害国家安全、走私、洗钱、金融诈骗、黑社会性质的组织、毒品犯罪案件”与“电信诈骗、网络诈骗犯罪案件”也纳入案件适用范围，虽然具有合理性，但仍然存在缺陷，仍然未将所有可适用该程序的案件涵盖进来。

第一个限制条件面临的第二个问题是，从案件性质的严重性对没收程序适用范围加以

---

① 初殿清：《违法所得没收特别程序的性质与案件范围》，《法学杂志》2013 年第 8 期。

② 时延安：《违法所得没收条款的刑事法解释》，《法学》2015 年第 11 期。

③ 邵劭：《特别没收程序的理论和适用问题探析》，《法商研究》2014 年第 4 期。

限制，有无必要性？我们认为，这种限制是多余的。第一，案件是否属于重大犯罪案件，更多的是从案件复杂性、量刑轻重以及案件影响范围来考虑的，虽然重大犯罪案件一般意味着有更多的需要没收的涉案财物，但并不等于轻微简单案件就只有少量，甚至没有可没收的涉案财物。出于比例性原则要求，对于犯罪工具没收，确实应当与犯罪性质成比例。但对于违法所得，则必须全部没收，而不受犯罪性质轻重的影响。将该程序限制于重大犯罪案件，也就可能导致一些不属于重大案件的违法所得不在该程序之适用范围。第二，从域外立法来看，设置有未定罪没收程序的国家，几乎没有哪个国家将未定罪没收程序限制于重大犯罪案件。即使在澳大利亚，实际也只规定可诉罪以下的案件不适用未定罪没收程序，而此类案件实际属于轻微刑事案件，在刑事案件中所占比重比较小。由于这种立法差异，有可能导致我国在涉案财物没收的国际合作方面处于不利境地。《没收程序规定》虽然对重大案件范围进行了扩大解释，将犯罪嫌疑人、被告人逃匿境外的情形也作为重大案件处理，但仍然不能解决这个问题。

因此，我国对逃匿、死亡案件没收程序从案件性质上作如此限制，其实没有必要性。如果要有所限制，应当是从涉案财物价值方面进行限制，即如果涉案财物价值过低，考虑到司法成本问题，可不启动该没收程序。如在英国，犯罪收益追缴局启动追缴程序的一个基本条件就是可追缴财产必须已经被确认，且其估价在 10000 英镑以上。[①]

二、关于程序条件的限制

第二个限制条件是从程序上对该程序的适用范围进行了限制。从这一条件来看，立法者的用心可谓良苦。法官不是神，法官也可能做出错误裁判，尤其是在未定罪没收程序的证明标准低于定罪证明标准的情况下，往往有可能出现没收裁判与其后的刑事裁判相矛盾的情形。将该程序的启动限制于犯罪嫌疑人、被告人死亡或犯罪嫌疑人、被告人通缉一年未到案的案件，虽然不能完全避免上述问题，但却尽可能将涉案财物没收通过定罪没收程序解决，在保障犯罪嫌疑人、被告人财产权利的同时，尽量避免出现相互矛盾的裁决。但是，如果进行综合考虑与权衡，以犯罪嫌疑人、被告人逃匿后被通缉一年的期限来限制该程序的启动是没有必要的。

第一，这种未定罪没收程序相对于犯罪嫌疑人、被告人来说，是一种缺席裁判。这种缺席裁判之所以成为可能，一方面正如一些学者所说的，是因为该程序涉及的是财物，而财物不同于人身自由，具有可回溯性，即使错判了，还可通过审判监督程序和执行回转程序予以补救。[②] 另一方面在于，从某种程度上看，犯罪嫌疑人、被告人的逃匿行为相当于其放弃了出庭参加审判的权利，缺席审判存在正当性。

第二，涉案财物的价值往往具有一种时间性，尤其是股票、期货等。这种时间性要求对涉案财物的处理要及时进行。如果要求犯罪嫌疑人、被告人被通缉一年后还未到案才能启动没收程序，就有可能使涉案财物的处理错失最佳时间，尤其是在我国目前没有建立健全涉

---

① Simon N. M. Young, ed., Civil Forfeiture of Criminal Property: Legal Measures for Targeting the Proceeds of Crime(Cheltenham: Edward Elgar Publishing Limited. 2009), p. 209.

② 陈卫东：《构建中国特色刑事特别程序》，《中国法学》2011 年第 6 期。

案财物财产保全制度的情况下，更容易出现此类问题。

第三，从域外立法与实践来看，大多数国家未从时间上对该程序的启动进行限制。如美国的民事没收程序，即使被告人没有逃匿，它既可在刑事追诉程序之后进行，也可在刑事追诉程序之前进行；[①]在德国的未定罪没收程序，法律也没有做如此之限制。澳大利亚的对人的民事没收与对物的民事没收虽然存在拟没收财物被采取限制令6个月的要求，但此要求实际是法庭做出没收令的条件，而非启动民事没收程序的条件。这与我国《刑事诉讼法》第280条要求犯罪嫌疑人、被告人逃匿后被通缉一年的要求是不同的，这种要求是程序启动条件。

其实，要尽量使涉案财物的没收通过定罪没收程序进行，避免出现相互矛盾的裁判，关键不在于犯罪嫌疑人、被告人逃匿后通缉多长时间，而是在于侦查机关是否尽力查获犯罪嫌疑人、被告人，避免出现侦查机关、检察机关消极查获犯罪嫌疑人、被告人后，又以犯罪嫌疑人、被告人未到案为由，启动这种没收程序。为此，如果确实需要对该没收程序的启动进行一些限制，应当通过要求侦查机关、检察机关提供其已经采取各种合理措施尽力查获，但依然未能使犯罪嫌疑人、被告人到案的证明来加以限制，而不是单纯从时间上加以限制。

第五节　未定罪没收的利害关系人、申请条件与案件管辖

一、未定罪没收的利害关系人

《刑事诉讼法》第281条第2款规定，犯罪嫌疑人、被告人的近亲属和其他利害关系人有权申请参加诉讼。最高人民法院《关于适用〈中华人民共和国刑事诉讼法〉的解释》第513条第1款规定："对申请没收的财产主张所有权的人，应当认定为《刑事诉讼法》第281条第2款规定的'其他利害关系人'。"根据这两个规定，犯罪嫌疑人、被告人的近亲属与其他对申请没收的财产主张权利的人可作为未定罪没收的利害关系人，这是没有争议的。有问题的是，被害人能否作为未定罪没收的利害关系人？因为在不少情况下，涉案财产属于被害人的合法财产。对此，有人认为，恐怖活动犯罪与其他严重犯罪的被害人可作为未定罪没收的利害关系人参与没收程序。[②] 该观点是否妥当，关键在于如何理解未定罪没收的追缴与没收等概念，如果这些概念已经体现了被害人财产权的保护，被害人没有必要作为利害关系人参与程序。另外考虑到学界对追缴与没收概念分歧较大，本书在此先对追缴与没收等概念进行分析。

在刑事涉案财产处理中，没收与追缴是两个比较常见的概念，只是在不同国家中，这两个概念的含义存在差异。在日本刑法中，没收是指剥夺原所有者对财产的所有权使之归属于国库，属于一种附加刑，而追缴则是让犯罪行为人缴纳相当于没收之对象物价额的金钱，

---

① Simon N. M. Young, ed., Civil Forfeiture of Criminal Property: Legal Measures for Targeting the Proceeds of Crime(Cheltenham: Edward Elgar Publishing Limited. 2009), p. 41.

② 邹鹏：《特别没收程序中的利害关系人简析》，《人民检察》2014年第13期。

是在不能没收时所做的“换刑处分”。[①] 在德国，根据其《刑法典》，追缴是剥夺行为人因其违法行为或从违法行为所获得的财产收益归于国库，而没收则是剥夺行为人用于或准备用于实施犯罪行为之物或者犯罪行为之产物归于国库。[②] 两者均属于独立于刑罚与保安处分的制裁措施，[③]区别在于，追缴的目的是使犯罪行为人不能从犯罪中获益，使犯罪行为人在经济方面回到原有状况；而没收的目的主要在于避免没收对象物再次成为犯罪工具。在我国台湾地区，有学者认为，没收并非国家对没收物权利的原始取得，而是一种权利暂时性代位关系的宣示，即剥夺犯罪行为人对犯罪所用、犯罪所得或所生之物的持有，以置于国家权利的保障之下，从而以作为被害人权利回复或收归国家所有。从法律关系来看，没收仅是一种事实上的管领支配关系，而非物或财产所有权的法律关系。[④]

在我国，未定罪没收的实体法依据是《刑法》第 64 条。该条规定：“犯罪分子违法所得的一切财物，应当予以追缴或者责令退赔；对被害人的合法财产，应当及时返还；违禁品和供犯罪所用的本人财物，应当予以没收。没收的财物和罚金，一律上缴国库，不得挪用和自行处理。”由于刑法对没收、追缴等概念未作明确界定，学界对没收与追缴的具体含义以及两者之间的关系存在很大分歧。目前主要有以下三种观点：第一种观点认为，从字面上看，追缴和责令退赔的对象是犯罪所得，区别在于前者是指相关部门强制取得财产，后者是指犯罪行为人被强制返还犯罪所得，而没收对象限于违禁品、犯罪工具等财产，并认为宜将追缴与没收合二为一。[⑤] 第二种观点认为，追缴适用于现实存在的违法所得，这些财产不能追缴时，就责令退赔，即责令行为人交纳一定的金钱或财产；追缴或责令退赔的违法所得根据具体情形，或予以没收，或返还被害人。而没收则是将财产收归国库，其适用对象包括三种，一是违禁品；二是供犯罪所用的本人财产；三是除应当返还被害人以外的违法所得财产。[⑥] 根据这种观点，没收并不等同于追缴，而是在适用对象上与追缴存在部分重合，没收的违法所得是追缴的一部分，而追缴对象不包括违禁品与供犯罪所用的本人财产。第三种观点认为，追缴与责令退赔仅仅是一种程序上的控制措施，是涉案财产没收与返还被害人的前置程序，即追缴与责令退赔是将包括违禁品、犯罪工具、违法所得等涉案财产的控制权从犯罪分子手中转移到司法机关的程序措施，其中追缴适用于原物，而责令退赔是原物无法追缴时责令犯罪分子按原物价值交纳一定金钱或财产，是追缴的替代措施，而没收则是将追缴或责令退赔的涉案财产收归国库，返还被害人则是将追缴或责令退赔的涉案财产归还被害人，没收与返还被害人均是对涉案财产的实体处分措施。[⑦]

《刑事诉讼法》第 280 条规定：“依照刑法规定应当追缴其违法所得及其他涉案财产的，人民检察院可以向人民法院提出没收违法所得的申请。”按此规定，追缴对象不限于违法所

① 金光旭：《日本刑法中的不法收益之剥夺——以没收、追缴制度为中心》，钱叶六译，《中外法学》2009 年第 5 期。

② 徐久生、庄敬华译：《德国刑法典》，中国方正出版社 2004 年版，第 40 页。

③ ，汉斯·海因里希·耶塞克、托马斯·魏根特：《德国刑法教科书》（总论），徐久生译，中国法制出版社 2009 年版，第 952 页。

④ 柯耀程：《论没收》，《日新司法》2008 年第 7 期。

⑤ 王利荣：《涉黑犯罪财产之没收与追缴》，《中国刑事法杂志》2011 年第 5 期。类似观点参见胡康生、朗胜：《中华人民共和国刑法释义》，法律出版社 2004 年版，第 62 页。

⑥ 张明楷：《论刑法中的没收》，《法学家》2012 年第 3 期。

⑦ 胡成胜：《我国刑法第 64 条“没收”规定的理解与适用》，《河北法学》2012 年第 3 期。

得，还包括违法所得以外的其他涉案财产，第一种观点和第二种观点将追缴对象限于违法所得，显然不符合该规定的逻辑。最高人民法院《关于适用〈中华人民共和国刑事诉讼法〉的解释》第366条规定："查封、扣押、冻结的财产及其孳息，经审查，确属违法所得或者依法应当追缴的其他涉案财物的，应当判决返还被害人，或者没收上缴国库，但法律另有规定的除外。"最高人民检察院《人民检察院刑事诉讼规则（试行）》第387条与第388条分别规定："追缴的财物中，属于被害人的合法财产，不需要在法庭出示的，应当及时返还被害人……""追缴的财物中，属于违禁品或者不宜长期保存的物品，应当依照国家有关规定处理……"根据这两个解释，追缴的涉案财产中，既有应当判决返还给被害人的财产，也有没收上缴国库的财产，还有应当按有关规定没收后处理的违禁品。第一种观点认为追缴对象与没收对象在实际中完全相同，不符合司法解释的规定。第二种观点认为犯罪工具与违禁品不属于追缴对象，也与司法解释规定不相符合。从这点来看，第三种观点更为合理。

但是，第三种观点也有不妥之处。首先是第三种观点仅仅将追缴与责令退赔作为财产保全性扣押即暂时性的程序性处分是不妥当的，追缴与责令退赔应当属于实体性处分。理由是，涉案财产的实体处分实际包括两个阶段：第一阶段是从法律上剥夺犯罪行为人对涉案财产的所有权或占有权；第二阶段是在法律上将涉案财产的所有权或占有权收归国家或返还被害人。追缴与责令退赔属于第一阶段的处分，而没收与返还被害人属于第二阶段的处分。涉案财产的查封、扣押、冻结等财产保全措施仅仅具有程序上限制犯罪行为人或其他人使用或处分涉案财产的效力，并不具有实体上剥夺犯罪行为人所有权或占有权的效力，将追缴与责令退赔等同于财产保全措施，显然不妥当。其次是第三种观点有关适用对象的论断，虽然从刑事诉讼法与司法解释的角度来看具有一定合理性，但从《刑法》第64条来看，如果不对责令退赔的适用对象进行限制，就会存在违反刑法规定之嫌疑。因为第三种观点认为追缴对象是现实存在的原物，原物不存在时，以责令退赔方式要求犯罪行为人以价值相当的金钱或其他财产代替。但《刑法》第64条明确规定只有违法所得才可责令退赔，未规定违禁品与犯罪工具不存在时也可责令退赔。如果认为责令退赔也适用于违禁品与犯罪工具，在这些涉案财产原物不存在时，也可要求犯罪行为人以价值相当的金钱或其他财产代替，虽然具有合理性，[①]但却违反了《刑法》第64条的规定。

综上，本书认为，根据《刑法》第64条与《刑事诉讼法》以及相关司法解释的规定，不管是追缴与责令退赔，还是没收与返还被害人，均属于涉案财产的实体处分。区别在于追缴与责令退赔属于涉案财产实体处分的第一阶段，其中追缴适用于违法所得、犯罪工具、违禁品的原物，而责令退赔则是违法所得原物因犯罪行为人的原因无法追缴或追缴不能时，责令行为人以价值相当的金钱或其他财产作为替代物追缴。没收与返还被害人则属于涉案财产实体处分的第二阶段，其中没收是将涉案财产所有权收归国家，而返还被害人是将涉案财产所有权或占有权归还被害人。从诉讼的角度来看，有关涉案财产的案件均要处理两个问题：一是

① 笔者认为，《刑法》第64条规定犯罪工具与违禁品一律不能责令退赔，不具有合理性。虽然这些涉案财产之没收在于保安处分，但对这些涉案财产，尤其是犯罪工具的没收，实际也存在一种裁制功能。为此宜借鉴美国刑事没收的做法，在因行为人的故意或过失导致犯罪工具不可追缴时，也应当要求行为人以价值相当的金钱或其他财产作为替代物追缴、没收。

能否剥夺被追诉人对涉案财产的所有权或占有权，二是如果应当剥夺被追诉人对涉案财产的所有权或占有权，那该涉案财产应当上缴国库还是返还被害人。换言之，即使被害人未在没收诉讼中提出权利主张，法院也应当依职权将本应属于被害人的财产返还给被害人，未定罪没收的追缴、没收、返还被害人等基本过程已经体现了被害人财产权的保障。而且，即使检察机关或法官由于有限理性错将被害人财产认定为被追诉人的财产，但刑事案件的被害人本来就是当事人之一，有权参与包括未定罪没收程序在内的诉讼，并提出异议，被害人没有必要以利害关系人的身份参与未定罪没收程序。为此，笔者认为，被害人不属于未定罪没收的利害关系人，那种认为被害人也可作为利害关系人参加未定罪没收程序的观点是不妥当的。

二、未定罪没收申请的条件

对于逃匿、死亡案件没收程序的申请条件，《刑事诉讼法》第 280 条作了相应规定：属于"贪污贿赂犯罪、恐怖活动犯罪等重大犯罪案件"、"犯罪嫌疑人、被告人逃匿，在通缉一年后不能到案，或者犯罪嫌疑人、被告人死亡"、"依照刑法规定应当追缴其违法所得及其他涉案财产"。对于这些条件，前面已经讨论过，在此讨论的是，该程序的提出是否必须以相关刑事案件已立案为条件？还未立案的案件能否提出没收申请？这个问题对基于其他程序障碍的未定罪没收程序也存在，因为按照《刑事诉讼法》第 15 条与第 110 条，立案条件是存在犯罪事实且需要追究刑事责任，如果在立案之前就发现存在这种程序障碍事由，就不能立案。

对于这一问题，有人认为，《刑事诉讼法》第 280 条使用了"犯罪嫌疑人"的措辞，表明只有立案后的被追诉人才具有犯罪嫌疑人身份，该没收程序应当以立案为前提条件，否则违反程序法定原则。① 还有人则认为，虽然从《刑事诉讼法》第 280 条来看，该没收程序应以立案作为前提条件，但考虑到在我国现行体制下，纪检监察程序已经成为查处贪污贿赂犯罪的司法前置程序，僵化地执行《刑事诉讼法》第 15 条将对该程序的启动构成重大法律障碍，因而应当解释为《刑事诉讼法》第 15 条不适用于该没收程序，贪污贿赂犯罪行为人在纪检调查期间死亡的，可启动没收程序。②

从立法目的来看，《刑事诉讼法》设置逃匿、死亡案件没收程序的目的在于根据联合国《反腐败公约》，解决现实中因犯罪行为人逃匿或自杀而导致无法通过定罪没收程序没收涉案财物的问题。犯罪行为人犯罪后逃匿、自杀问题，相当多情形发生于立案之前。如果未定罪没收程序的启动必须以立案作为前提条件，就相当于把很多可适用该程序的案件排除在外，显然有违该程序立法目的。从文义解释的角度来看，虽然《刑事诉讼法》第 280 条确实使用了"犯罪嫌疑人、被告人"的措辞，但犯罪嫌疑人并非被追诉人在立案后才有的称呼，只要是被起诉前被怀疑实施犯罪的人均可称为犯罪嫌疑人。另外，从《刑事诉讼法》第 15 条第 6 项"其他法律规定免予追究刑事责任的"来看，《刑事诉讼法》第 15 条针对的是刑事责任追究的立案条件，而未定罪没收并不追究被追诉人的刑事责任，不应当受此规定限制。

因此，主张以刑事立案作为启动未定罪没收程序的条件并不妥当，主张只有贪污贿赂犯罪案件不受立案限制的观点也不妥当，所有未定罪没收程序的提起不需要以刑事立案作为

① 邵劭：《特别没收程序的理论和适用问题探析》，《法商研究》2014 年第 4 期。

② 万毅：《独立没收程序的证据法难题及其破解》，《法学》2012 年第 4 期。

条件。具体而言，对于那些还没进入刑事立案程序，犯罪行为人就逃跑的案件，仍然可按刑事案件进行立案侦查，符合条件的就启动未定罪没收程序；犯罪行为人死亡的案件，可专门启动未定罪没收程序。对于那些已经进入审前程序，但因为各种原因中止或终止刑事责任追究的案件，只中止或终止刑事责任追究，不中止未定罪没收调查，一旦收集足够证据，就可向法院提出没收申请。对于那些已经进入审判程序，但因各种原因中止或终止刑事责任追究的案件，最高人民法院《解释》第520条规定，应当由检察机关向法院提出没收违法所得的申请。根据这个规定，即使检察机关的刑事起诉书已经包含涉案财物没收要求的，也必须按未定罪没收程序重新提出没收申请。最高人民检察院《诉讼规则》第534条也有类似要求。在定罪没收程序中，检察机关刑事起诉书实际包括两部分内容：一是要求对犯罪行为人定罪判刑；二是要求没收相关涉案财物。因而在审判过程中出现被告人逃匿、死亡等情形时，只能中止或终止第一部分内容的审判，不能终止第二部分内容的审判，涉案财物没收部分直接转按未定罪没收程序进行。这既不违反不告不理原则，同时只要在定罪没收程序已按规定履行通知义务，也不会损害有关利害关系人的诉讼权利。为此，对于审判阶段因各种原因中止或终止刑事责任追究的案件，宜分两种情况处理：一是检察机关刑事起诉书已经包含涉案财物没收要求的，在刑事责任追究中止或终止时，直接转按未定罪没收程序审判，无须检察机关重新提出没收申请；二是检察机关刑事起诉书未包含涉案财物没收要求或需要提出补充要求的，则按未定罪没收程序重新提出申请后进行审判。

三、未定罪没收的管辖

根据《刑事诉讼法》第281条，在级别管辖方面，所有逃匿、死亡没收案件均由中级人民法院管辖，基层人民法院无管辖权；在地域管辖方面，所有没收案件均只能由犯罪地或犯罪嫌疑人、被告人居住地法院管辖，其他法院无管辖权。

对于地域管辖问题，有人认为，涉案财物既可能是动产，也可能是不动产，如果这些涉案财物的主要集中地在犯罪地，犯罪嫌疑人、被告人居住地之外，则不利于确定涉案财物的权属状况，从而增加司法成本。因而主张涉案财物主要集中地为犯罪嫌疑人、被告人居住地之外或者涉案财物为不动产时，应考虑可由财产所在地法院管辖。[①] 应当说，这种考虑不无道理。但是，案件地域管辖除需要考虑司法成本外，还需要考虑利害关系人的诉讼便利。有些涉案财物主要集中地未必便于利害关系人参与诉讼。而且，未定罪没收案件一般是已按刑事诉讼管辖立案侦查、起诉，甚至是已进入审判阶段的案件，在按刑事诉讼确定的管辖地与涉案财物主要集中地不重合时，如按上述观点，也就意味着需要将案件进行移送，需要重新安排办案人员，不符合诉讼效率。

对于级别管辖，单纯就《刑事诉讼法》第281条来看，确实不存在问题。因为根据《刑事诉讼法》第20条，恐怖活动案件由中级以上法院管辖，同时根据最高人民法院《解释》第508条，重大贪污贿赂案件是指那些可能判处无期徒刑以上刑罚的案件与在本省、自治区、直辖市或者全国范围内有较大影响的案件，而根据《刑事诉讼法》第20条与第21条，这些案件只能由中级人民法院或高级人民法院管辖。如果将此类案件的没收交由基层人民法院管辖，

① 施鹏鹏、尚晶：《违法所得特别没收程序的构造与完善》，《人民检察》2014年第7期。

由于没收案件不可避免地涉及有关行为是否构成犯罪的判断，就可能会出现本应由上级法院判断的事实却交由下级法院判断的问题。但是，如果将未定罪没收程序适用范围进行扩大，并将因为其他原因中止或终止刑事责任追究案件的涉案财物没收也纳入未定罪没收程序，此时还规定只能由中级人民法院管辖，就会产生相应问题：一是导致中级人民法院不堪案件重负；二是导致不必要的案件移送，如本属基层人民法院终止或中止刑事追究的案件，却因涉案财物没收不得不将案件移送上级法院审理。如果属于被告人逃匿案件，还可能出现将案件移送上级法院审理后，因为被告人的出现又将案件移送基层法院进行审理的情形，或者只能将本应由基层人民法院管辖的刑事案件转由中级人民法院管辖，不恰当地增加中级人民法院的案件压力。

基于以上分析，笔者认为，应当根据不同情形选择管辖法院，而不宜规定只能由犯罪地或犯罪嫌疑人、被告人所在地中级人民法院管辖。就地域管辖而言，可规定，一般应由犯罪地或犯罪嫌疑人、被告人所在地法院管辖，但对于刑事立案前或刚刚立案还未进入侦查阶段就出现中止或终止刑事责任追究事由的案件，如果由涉案财物主要集中地管辖更为合适的，可由该地法院进行管辖。就级别管辖而言，宜以导致涉案财物没收的犯罪行为级别管辖来确定未定罪没收的级别管辖，如果导致涉案财物没收的犯罪行为应由基层人民法院管辖的，则未定罪没收亦由基层人民法院管辖，否则由中级人民法院管辖。

第六节　未定罪没收程序的告知与证明问题

一、未定罪没收程序的告知问题

及时获得告知，这是未定罪没收利害关系人有效主张与维护自己财产权利的前提条件，因而也是未定罪没收程序的规定内容之一。在美国联邦，根据《联邦民事诉讼规则》，检察机关提起民事没收诉讼的，一般情况下应当将起诉书按规定进行公告，除非拟没收财物低于1000美元且已经对所有利害关系人进行书面通知，或者拟没收财物低于公告费用且其他送达方式也可达到相同效果。对于已知利害关系人，还应当按规定书面送达通知与起诉书副本。否则，法院不得裁决民事没收。如果应当按规定送达书面通知而没有送达，那些有权获得通知的人有权以不知道或者不可能知道没收事项为由，请求法院撤销没收裁决。澳大利亚《2002年犯罪收益追缴法》第61条与第62条也规定，如果检察官向法院提出没收申请，应当将此事书面通知有关利害关系人；如果检察机关对没收申请进行了修正，还应当将修正内容进行相应的通知。在英国，根据《2002年犯罪收益追缴法》第243条，高等法院执行机关认为某人持有可追缴财产时，应当先向此人提供催询单，列明拟没收的财物清单，或对拟没收财物作一般说明。这实际相当于在做出民事追缴令前通知有关利害关系人，以便其及时提出异议。在南非，根据《1998年有组织犯罪防止法》第48条，检察机关申请民事没收令，除要在财产限制阶段进行通知外，在提出民事没收申请时还应当根据民事诉讼法规定进行通知，以便利害关系人及时针对没收令申请提出异议，或申请将特定财物排除出没收令。

我国《刑事诉讼法》与最高人民法院《解释》就逃匿、死亡案件没收程序的通知问题进行了相应规定。《刑事诉讼法》第281条规定，法院受理没收违法所得的申请后，应当发出公告，公告期间为6个月。最高人民法院《解释》第512条规定，法院决定受理没收违法所得的申请后，应当进行公告，公告应当写明以下内容：案由；犯罪嫌疑人、被告人通缉在逃或者死亡等基本情况；申请没收财产的种类、数量、所在地；犯罪嫌疑人、被告人的近亲属和其他利害关系人申请参加诉讼的期限、方式；应当公告的其他情况等。法院已经掌握犯罪嫌疑人、被告人的近亲属和其他利害关系人的联系方式的，应当采取电话、传真、邮件等方式直接告知其公告内容，并记录在案。另外，《没收程序规定》为了适应外逃涉案财物的追回，还根据国际惯例对境外利害关系人的通知与公告问题进行了更具体的规定。

从以上规定来看，我国违法所得没收程序的告知规定还是比较完善的。存在的问题是，《刑事诉讼法》对于其他未定罪没收程序的通知问题缺乏规定，《治安管理处罚法》对此问题也缺乏相应规定，《行政处罚法》也只在第31条规定："行政机关在作出行政处罚决定之前，应当告知当事人作出行政处罚决定的事实、理由及依据，并告知当事人依法享有的权利。"至于何时告知，是否应当告知与拟没收财物存在利害关系的人，均缺乏相应规定。因此，在将其他未定罪没收程序纳入刑事诉讼法规范范围后，应当将已有通知规定扩大适用于这些未定罪没收程序。

二、未定罪没收程序的证明问题

我国《刑事诉讼法》对未定罪没收程序的证明问题仅仅规定没收申请人需要提供与犯罪事实、违法所得相关的证据材料，而无其他具体规定。证明问题，尤其证明责任分配问题，直接关系有关实体权利与义务的分配。《刑事诉讼法》有关此程序证明规定的缺失，很不应当。《没收程序规定》为解决此问题，对未定罪没收证明问题做了一些规定，但仍然存在不明确或有待完善之处。

1. 未定罪没收的证明对象

未定罪没收的证明对象，是指在未定罪没收程序中做出是否没收的裁决时需要用证据加以证明的事实。根据美国《2000年民事没收改革法》，一般情况下，民事没收需要证明的事实是拟没收财物具有可没收性（subject to forfeiture）。其中，如果没收理由是涉案财物属于犯罪工具或者便利犯罪实施物，检察机关必须证明涉案财物与犯罪行为具有实质联系（substantial connection）。[①] 即：检察机关不仅需要证明存在犯罪行为，而且还要证明拟没收财物来源于犯罪行为，或者是犯罪工具，或者是便利犯罪实施物。[②] 如果利害关系人提出无辜所有者抗辩，则需要证明抗辩事由成立。在英国，犯罪收益追缴局需要证明犯罪行为已经发生，且拟没收财物是通过犯罪行为获得的。[③] 另外，根据《2002年犯罪收益追缴法》第298条，如果是现金追缴程序，且没收依据是行为人意图将现金用于犯罪行为，则应当证明存在这种犯罪目的。在南非，《1998年有组织犯罪防止法》第50条规定，只有法庭认为财物属于以下财产之一时，才可民事没收：一是属于特定犯罪行为的工具；二是属于违法行为收益；三

① 18 U.S.C. Sec. 983(c).

② Simon N. M. Young, ed., Civil Forfeiture of Criminal Property: Legal Measures for Targeting the Proceeds of Crime (Cheltenham: Edward Elgar Publishing Limited. 2009), p. 44.

③ Simon N. M. Young, ed., Civil Forfeiture of Criminal Property: Legal Measures for Targeting the Proceeds of Crime (Cheltenham: Edward Elgar Publishing Limited. 2009), p. 209.

是属于与恐怖分子及相关行为有关的财产。按此规定，如果是犯罪工具没收，必须证明犯罪行为已经发生，且拟没收财物属于该犯罪行为的工具；如果是犯罪收益没收，则必须证明违法行为已经发生，且该财物属于违法行为收益；如果是恐怖活动财物没收，则必须证明某人属于恐怖分子，且拟没收财物属于该恐怖分子所有或控制的财物，或存在恐怖活动行为，且该财物与恐怖活动行为存在联系。在澳大利亚，根据《2002年犯罪收益追缴法》，在对人的民事没收中，需要证明严重犯罪行为已经发生，且发生在过去6年内，行为人从犯罪行为获得利益。在对物的民事没收中，证明对象分为两种情况：一是如果拟没收财物已被采取限制令6个月，且无人提出异议的，检察机关只需证明已采取合理措施识别与通知那些可能对拟没收财物存在权益的人；二是如果有人申请将拟没收财物排除出没收令，检察机关则需证明某些可诉罪已经发生，拟没收财物来源于这些可诉罪，无须证明特定之人实施了某个犯罪行为。在犯罪名声收益没收中，需要证明财产所有人实施了可诉罪或国外可诉罪，并从中获得名声收益。① 在德国，如因放弃起诉而通过未定罪没收程序申请惩罚性没收，必须证明符合犯罪构成的实质要件；如因犯罪行为人逃跑启动未定罪没收程序，必须证明某些特定未知的人符合犯罪的全部要件。② 另外就是证明拟没收财物属于这些犯罪行为的工具或犯罪收益。在《欧盟指令》的未定罪没收中，对于第4条第2款的未定罪没收，从条文内容来看，应当证明犯罪嫌疑人、被告人已经构成犯罪，且拟没收财物属于犯罪工具或犯罪收益；对于第6条的对第三人的未定罪没收，需要证明第三人是否从犯罪嫌疑人、被告人获得拟没收财物，以及是否存在善意取得。从以上立法与规定来看，未定罪没收需要证明的对象基本包括两个方面：一是存在犯罪行为；二是拟没收财物属于犯罪工具或犯罪收益。如果有利害关系人针对拟没收财物主张合法权益，则还需证明利害关系人的合法权益是否存在。稍有不同的是，《欧盟指令》第4条第2款规定的未定罪没收还要求证明犯罪嫌疑人、被告人确实构成了犯罪。

在我国，逃匿、死亡案件没收程序应当证明哪些事实，《刑事诉讼法》只在第280条第3款规定："没收违法所得的申请应当提供与犯罪事实、违法所得相关的证据材料，并列明财产的种类、数量、所在地及查封、扣押、冻结的情况。"最高人民法院《解释》第515条也只规定，"法庭应当依次就犯罪嫌疑人、被告人是否实施了贪污贿赂犯罪、恐怖活动犯罪等重大犯罪并已经通缉一年不能到案，或者是否已经死亡，以及申请没收的财产是否依法应当追缴进行调查。"何种事实属于证明对象，并不明确。从《没收程序规定》第15条来看，该程序的证明对象应当是拟没收财物是否属于违法所得及其他涉案财产，以及利害关系人主张权利的，拟没收财产是否属于利害关系人的合法财产。该程序的具体证明对象是什么，仍然不明确。对于其他未定罪没收程序，不管是刑事诉讼法，还是司法解释均未有任何规定。由于缺乏明确规定，学界目前就未定罪没收证明对象存在较多分歧。

有观点认为，逃匿、死亡案件没收程序的证明对象包括两个事项：一是犯罪嫌疑人、被告人确有一个或数个在程序上被追诉的犯罪行为事实，且该犯罪嫌疑人、被告人已经死亡或逃

---

① Simon N. M. Young, ed., Civil Forfeiture of Criminal Property: Legal Measures for Targeting the Proceeds of Crime(Cheltenham: Edward Elgar Publishing Limited. 2009), pp. 131—134.

② James R. Maxeiner, Constitutionalizing Forfeiture Law—The German Example, 27 Am. J. Comp. L. 635(1979), p. 658.

匿,在通缉一年后仍不能到案;二是申请没收的财物与该犯罪行为存在实质联系。其中,所谓“在程序上被追诉的犯罪行为事实”不是指在实体上证明犯罪嫌疑人、被告人的行为构成犯罪,而是指在程序上犯罪嫌疑人、被告人确有一个或数个被追诉的犯罪行为事实存在,法院不得针对行为是否构成犯罪进行实质审理。而所谓财物与犯罪行为存在实质联系是指财物属于犯罪行为的犯罪工具或违法所得。[①] 有观点主张区分未定罪没收的性质来确定证明对象:对于惩罚性的犯罪工具没收,需要证明被追诉人的行为符合犯罪的各个构成要件,拟没收财物属于该犯罪行为的工具;对于非惩罚性的违法所得或违禁品没收,需要证明被追诉人存在被追诉的程序事实,拟没收财物属于被追诉行为的收益或违禁品。[②] 对于上述观点,有人提出不同看法,认为行为构成犯罪是财产系违法所得或其他涉案财产的前提,属于证明对象,而且应当是法庭调查的重点事项;只是因被追诉人未出庭、没收案件也不以解决刑事责任为直接目的,故不能在裁判文书中作有罪宣告。[③]

从《刑事诉讼法》及相关司法解释来看,主张有关行为构成犯罪也属于证明对象的观点基本是妥当的。首先,《刑事诉讼法》第 280 条第 3 款规定“没收违法所得的申请应当提供与犯罪事实、违法所得相关的证据材料”,实际就是要求犯罪事实属于该程序的证明对象之一,而所谓的证明犯罪事实,肯定是证明某个行为已经构成犯罪,而不可能仅仅是指犯罪嫌疑人、被告人因为被怀疑实施了犯罪而受到追诉的程序事实。如果是指后者,《刑事诉讼法》应当是规定“应当提供与受到犯罪追诉相关的证据材料”。而且这种理解也不恰当,因为根据这种观点,实际是以立案作为启动该程序条件的,而如前所述,这是不符合立法目的的。其次,最高人民法院《解释》第 515 条明确规定法庭调查应当就犯罪嫌疑人、被告人是否实施了贪污贿赂犯罪、恐怖活动犯罪等重大犯罪进行调查,这种调查明显不可能仅仅针对犯罪嫌疑人、被告人是否受到犯罪追诉的事实。再次,从《没收程序规定》第 9 条来看,犯罪事实的成立属于证明对象之一。因为该条规定,“有证据证明有犯罪事实”是法院受理没收申请的条件之一,不符合该条件就驳回申请,而“有证据证明有犯罪事实”,根据该《解释》第 10 条,它是指:“(一)有证据证明发生了犯罪事实;(二)有证据证明该犯罪事实是犯罪嫌疑人、被告人实施的;(三)证明犯罪嫌疑人、被告人实施犯罪行为的证据真实、合法。”最后,《没收程序规定》允许犯罪嫌疑人、被告人近亲属不以对拟没收财物主张权利为前提申请参加诉讼,也说明犯罪事实属于该程序证明对象,因为这些人参与诉讼目的在于说明不存在犯罪行为,或相关行为不构成犯罪,或拟没收财物不属于犯罪工具或违法所得。

抛开已有规定来分析,犯罪事实的存在也应当是所有未定罪没收的证明对象。首先,从逻辑上看,犯罪工具与违法所得是未定罪没收的主要对象,而某个财物之所以被作为犯罪工具或违法所得没收,那是因为该财物被用于犯罪行为或是来源于犯罪行为,如果仅仅因为行为被怀疑构成犯罪而被追诉,就将某个财物作为犯罪工具或违法所得没收,明显缺乏正当性,未定罪没收也因此极易成为国家侵害公民财产权的手段。其次,从诉讼理论来看,我国的未定罪没收是定罪没收遭遇程序障碍时的补救措施,它与定罪没收的差别在于,在未定罪

① 万毅:《独立没收程序的证据法难题及其破解》,《法学》2012 年第 4 期。

② 孙煜华:《涉案财产没收程序如何才能经受宪法拷问》,《法学》2012 年第 6 期。

③ 邵劭:《特别没收程序的理论和适用问题探析》,《法商研究》2014 年第 4 期。

没收中不能做出有关行为人的行为是否构成犯罪的正式裁判，而在没收的事实依据方面是相同的，均是相关行为在客观上构成了犯罪。因而在定罪没收中需要证明行为构成犯罪，在未定罪没收中也要证明行为构成犯罪。再次，从比较法的角度来看，域外未定罪没收也基本上要求证明犯罪事实的存在，差别只在于证明标准的高低。如《欧盟指令》第 4 条第 2 款规定的未定罪没收与我国未定罪没收具有很大相似性，它要求的没收条件之一就是如果犯罪嫌疑人、被告人到庭，就会被法院判决有罪，这实际是要求这种未定罪没收需要证明犯罪嫌疑人、被告人的行为已经构成了犯罪。但需要注意的是，证明某个行为构成犯罪，并不是要求证明行为人的行为在各方面均符合犯罪构成要件，而只是要求该行为在客观方面违反了《刑法》规定，而不是要求在有责性方面也符合犯罪构成要件。

当然，未定罪没收的证明对象也不是完全一致的，不同的没收对象，需要证明的事实也不完全一样。首先，违禁品没收不需要证明犯罪事实的存在，因为违禁品没收的依据不在于其与犯罪行为的联系，而在于其本身属于违禁品的事实。其次，犯罪工具没收存在比例性要求，而且对于我国目前来说，还只能没收行为人本人所有的犯罪工具，因而还需要证明拟没收财物属于行为人所有的财物，而且没收该财物与犯罪行为的严重性等因素具有相当性。

因此，未定罪没收的证明对象，应当根据未定罪没收对象来确定需要证明的实体事实，同时根据未定罪没收的原因来确定需要证明的程序事实。在实体事实方面，对于犯罪工具没收，证明对象包括：一是拟没收财物所有人实施了犯罪行为；二是拟没收财物属于犯罪工具；三是拟没收财物属于行为人所有的财物；四是没收该财物与犯罪行为的严重性等具有相当性。如果将犯罪工具没收的适用范围扩大至案外第三人所有的财物，则还应当证明案外第三人对财物被用于犯罪行为是否存在知情，是否在当时情况下可采取合理措施避免财物被用于犯罪行为或中止财物被用于犯罪行为。对于违法所得没收，证明对象包括：一是存在犯罪事实；二是拟没收财物属于犯罪行为的收益。对于违禁品没收，则需要证明拟没收财物属于一种违禁品。在程序事实方面，因为犯罪嫌疑人、被告人死亡而引起的未定罪没收，应当证明存在犯罪嫌疑人、被告人死亡的事实；因为犯罪嫌疑人、被告人逃匿而引起的未定罪没收，需要证明犯罪嫌疑人、被告人逃匿，且已经通缉一年而未到案；对于因为其他原因而引起的未定罪没收，则应当证明存在相应的事由。另外，如果利害关系人对拟没收财物主张权利的，则应当证明主张权利所依据的事实是否存在。

2.未定罪没收的证明责任

未定罪没收证明责任的分配，这是影响未定罪没收公正性的一个重要因素。从域外情况来看，未定罪没收的证明责任一般是由申请没收的检察机关或其他机构来承担。在英美国家民事没收中，由于适用民事诉讼证明规则，“谁主张、谁举证”，主要是由没收申请方承担证明责任。如在美国联邦，根据《2000 年民事没收改革法》，检察机关就拟没收财物具有可没收性承担证明责任。在英国民事追缴程序中，犯罪收益追缴局有责任证明构成犯罪行为的事件已经发生，且拟追缴财产是犯罪行为的收益。[①] 在南非，检察机关必须证明被告人实

① Simon N. M. Young, ed., Civil Forfeiture of Criminal Property: Legal Measures for Targeting the Proceeds of Crime (Cheltenham: Edward Elgar Publishing Limited. 2009), p. 209.

施违法行为，拟没收财产直接或间接来源于该行为，同时还应当证明没收合乎比例性。[①] 在德国，不管是惩罚性没收，还是预防性没收，均由检察机关承担符合没收要件的证明责任。[②] 对于《欧盟指令》第4条第2款的未定罪没收程序，虽然未明确证明责任分配，但从条文内容可看出，证明责任主要在于控诉方。因为根据该条规定，适用未定罪没收的条件是如果犯罪嫌疑人、被告人能够出席法庭就会被判决有罪，而根据无罪推定原则，证明犯罪嫌疑人、被告人有罪的责任在于控诉方。

但是，从域外立法来看，未定罪没收的所有证明责任也并非均由控诉方承担，在特定情形下，主张财产权利者也需要承担某些事实的证明责任。这种情形主要是财产权利主张者提出积极抗辩时，一般需要就积极抗辩事由的成立承担证明责任。如在美国联邦，根据《2000年民事没收改革法》，财产权利主张者可针对民事没收提出两种积极抗辩事由：善意所有者抗辩与善意受让者抗辩。善意所有者抗辩是指财产权利主张者在拟没收财物上的财产利益在犯罪行为发生之时就已存在的抗辩，其成立条件是财产权利主张者对导致财物没收的犯罪行为不知情，或者虽然知情，但已经采取了当时所可能采取的合理措施阻止使用该财物实施犯罪行为。善意受让者抗辩是指财产权利主张者在拟没收财物上的财产利益是在犯罪行为发生之后才存在的抗辩，其成立条件是：一是财产权利主张者是善意的等价购买者或出卖者；二是财产权利主张者不知道，同时也无合理理由知道争议财物属于拟没收财物。这两种抗辩事由的证明责任在于财产权利主张者。[③] 在南非民事没收程序中，也存在针对犯罪收益的善意取得抗辩事由与针对犯罪工具、有关恐怖活动财产的不知情抗辩事由，其证明责任由财产权利主张者承担。在加拿大安大略省的犯罪工具没收中，存在一种尽责所有人(responsible owners)的抗辩事由，如果财产所有人对于财物被用于犯罪行为不知情，或虽然已知情，但已经采取合理措施阻止行为或通知恰当机关的，不能没收该财物。这种抗辩事由的证明责任在财产所有人。[④]

在我国，根据《刑事诉讼法》第280条第3款，逃匿、死亡案件没收程序的证明责任应由检察机关来承担。《没收程序规定》第15条第1款规定“出庭的检察人员应当宣读没收违法所得申请书，并在法庭调查阶段就申请没收的财产属于违法所得及其他涉案财产等相关事实出示、宣读证据”；第2款规定利害关系人及其诉讼代理人“对申请没收的财产主张权利的，应当出示相关证据”；第17条规定“巨额财产来源不明犯罪案件中……或者利害关系人对违法所得及其他涉案财产虽然主张权利但提供的相关证据没有达到相应证明标准的，应当视为本规定第十六条规定的‘申请没收的财产属于违法所得及其他涉案财产’”。根据这些规定，似乎检察机关应当就拟没收财物属于违法所得及其他涉案财产承担证明责任，而利

① Vinesh Basdeo, The Legal Challenges of Criminal and Civil Asset Forfeiture in South Africa: A Comparative Analysis, 21 A. J. I. C. L. 303(2013), p. 320.

② James R. Maxeiner, Constitutionalizing Forfeiture Law—The German Example, 27 Am. J. Comp. L. 635(1979), p. 658.

③ Mary Ellen Conner Pool, Civil Forfeitures of Real Property in Alabama: Lack of Knowledge is Power to an Innocent Owner, 10 Jones L. Rev. 65(2006), pp. 72—73.

④ Simon N. M. Young, ed., Civil Forfeiture of Criminal Property: Legal Measures for Targeting the Proceeds of Crime(Cheltenham: Edward Elgar Publishing Limited. 2009), p. 168.

害关系人在某些情况下应当就拟没收财物属于自己合法财产承担证明责任。

在学界，有观点认为，逃匿、死亡案件没收程序的证明责任原则上应当由检察机关来承担，但检察机关举证困难的特殊案件，如毒品犯罪、恐怖主义犯罪等，可借鉴域外违法所得推定制度，将证明财产合法性的责任转移给诉讼对方承担。[①] 另有观点认为，未定罪没收应当分为惩罚性没收与非惩罚性没收，对于惩罚性的犯罪工具没收，应当由检察机关承担证明责任；对于非惩罚性的违法所得没收与违禁品没收，一般由检察机关承担证明责任，但对于跨国实施、组织化程度很高且伴有洗钱行为的犯罪，可申请法院实行证明责任倒置，由被追诉一方承担证明违法所得与被控犯罪行为之间不存在实质联系的责任。[②] 但也有观点认为，为防止财产所有者随意提出主张而增加控方的证明负担，可要求财产所有者提供相关证据，但这种提供证据的行为并非承担证明责任的表现，最多只能是主观证明责任，而绝非客观证明责任或说服责任，客观证明责任或说服责任始终应当由控方承担。[③] 还有观点认为，未定罪没收的证明责任应当由检察机关与财产权利主张者分担：检察机关应当就有关财产与违法犯罪事实之间是否存在联系，或者有关财产来源、用途或持有是否合法承担证明责任；财产权利主张者应当就其不知晓或者根据具体情形不能认为其知晓有关财产来源于违法犯罪活动，并且在接受有关财产的转让时支付了合理对价，或者有关权利是在犯罪嫌疑人、被告人被指控的犯罪发生之前取得或设定的事实承担证明责任。[④]

从域外立法来看，确实存在一种称为扩大没收的犯罪收益推定制度：控诉方无须证明财物属于某个犯罪行为的收益，只需要证明犯罪行为人的合法收入与所占有财物的差额巨大，即可推定差额部分属于犯罪收益而予以没收，除非被告人能提出相反证据证明财物来源合法。[⑤] 如英国《2002 年犯罪收益追缴法》规定的犯罪生活方式的没收，南非《1998 年有组织犯罪防止法》第 22 条规定的犯罪收益推定。其他欧洲大陆国家，如德国、西班牙、比利时、罗马尼亚等均有类似规定。[⑥] 但是，这种扩大没收一般只适用于定罪没收，很少适用于未定罪没收。原因很简单：一是这种没收是推定犯罪行为人的财产来源于某个或某些确定的犯罪行为，而非推定来源于不确定的犯罪行为，它减轻的只是控诉方证明财产与某个犯罪行为的直接联系的责任，而不是解除控诉方证明财产来源于犯罪行为的责任。如果不确定地证明被告人构成某个或某些犯罪，就将其财产推定来源于犯罪行为，是极其危险与不正当的。二是既然扩大没收具有推定效果，那肯定只有被告人能出庭时才适用，如果在被告人不出庭也进行推定，何人能帮助其进行反驳呢？因此，那种逃匿、死亡案件没收在特殊情形下进行违法所得推定的观点是不妥当的，也是不负责任的。但是，在因其他原因所引起的未定罪没收中，有些可以借鉴域外扩大没收制度，对违法所得进行适度推定。如经特赦令免除刑罚，因

---

① 万毅：《独立没收程序的证据法难题及其破解》，《法学》2012 年第 4 期。

② 孙煜华：《涉案财产没收程序如何才能经受宪法拷问》，《法学》2012 年第 6 期。

③ 邵劭：《特别没收程序的理论和适用问题探析》，《法商研究》2014 年第 4 期。

④ 黄风：《特别刑事没收证明规则比较研究》，《比较法研究》2014 年第 3 期。

⑤ Ladislav Hamran, Confiscation of Proceeds from Crime: a Challenge for Criminal Justice? Flora A. N. J. Goudappel and Ernst M. H. Hirsch Ballin, eds., Democracy and Rule of Law in the European Union (Hague: T. M. C. Asser Press, 2016), p. 170.

⑥ Alexandru Boroi, Elements of Comparative Law on Extended Confiscation, European Integration-Realities and Perspectives (2014), pp. 77—83.

为属于未成年人、患有精神病而引起的未定罪没收，在符合特定条件时，可推定有关财物属于违法所得，由行为人或其法定代理人承担财产来源合法的证明责任。

至于那种认为未定罪没收证明责任只能由检察机关承担，利害关系人最多只承担主观证明责任的观点也值得商榷。如果利害关系人认为存在善意取得事实，这种抗辩实际属于一种积极抗辩，利害关系人往往保存有相应的证据，存在举证的便利性，让其承担证明责任更为合理。

因此，对于未定罪没收的证明责任，一般可做如下分配：一是对于引致未定罪没收原因的事实，如犯罪嫌疑人、被告人死亡、逃匿等程序性事实，应当由检察机关承担证明责任；二是对于犯罪嫌疑人、被告人的行为是否在客观方面违反了刑法规定，拟没收财物是否属于犯罪嫌疑人、被告人所有的犯罪工具，是否属于违法所得或违禁品，犯罪工具没收是否符合比例性原则等，应当由检察机关承担证明责任。犯罪嫌疑人、被告人的近亲属、法定代理人可针对行为是否在客观上违反了刑法规定提出相反证据，但不就此承担证明责任。作为财产权利主张者的利害关系人可针对拟没收财物是否为犯罪工具、违法所得或违禁品提出相反证据，但不就此承担证明责任。但在利害关系人提出存在善意取得或拟没收财物属于其合法财产的积极抗辩事由时，应当由利害关系人承担证明责任。在将犯罪工具没收扩及案外第三人所有的财物时，检察机关只需要就该财物是否属于犯罪工具承担证明责任，案外第三人要想避免没收的后果，应当提出不知情或虽然知情，但已采取在当时情况下的合理措施阻止使用该财物或及时报告有关机关的抗辩事由，并对这些抗辩事由是否成立承担证明责任。

3.未定罪没收的证明标准

从域外立法来看，由于被定位为一种民事诉讼程序，英美法系国家的未定罪没收证明标准一般是优势证据标准，不管是没收申请方所承担的证明责任，还是财产权利主张者所承担的证明责任。① 在2000年以前的美国联邦，检察机关在民事没收中的证明标准是可能理由，而权利主张者证明积极抗辩理由成立的证明标准则是优势证据。② 这显然不符合美国联邦宪法的正当程序条款要求，因而该证明标准一直备受指责。为解决此问题，《2000年民事没收改革法》将检察机关对涉案财物具有可没收性的证明标准提高到优势证据标准，使之与权利主张者有关抗辩理由的证明标准相一致。在英国民事追缴程序，没收申请方证明犯罪行为已经发生，且拟追缴财物是通过犯罪行为获得的标准是优势证据标准；③在现金追缴程序，没收申请方证明现金具有可没收性的证明标准也是优势证据标准。④ 在南非，根据《1998年有组织犯罪防止法》第50条与第52条，检察机关证明相关财物具有可没收性的证明标准是

① Jon Petter Rui, Non-conviction Based Confiscation in the European Union—An Assessment of Art. 5 of the Proposal for a Directive of the European Parliament and of the Council on the Freezing and Confiscation of Proceeds of Crime in the European Union, ERA Forum (2012), p. 352.

② United States v. A Single Family Residence and Real Property Located at 900 Rio Vista Blvd., Ft. Lauderdale, 803 F. 2d 625, 629 n. 2 (11th Cir. 1986).

③ Simon N. M. Young, ed., Civil Forfeiture of Criminal Property: Legal Measures for Targeting the Proceeds of Crime(Cheltenham: Edward Elgar Publishing Limited. 2009), p. 209.

④ Simon N. M. Young, ed., Civil Forfeiture of Criminal Property: Legal Measures for Targeting the Proceeds of Crime(Cheltenham: Edward Elgar Publishing Limited. 2009), p. 212.

优势证据标准;财产权利主张者证明积极抗辩事由成立的证明标准也是优势证据标准。[①] 在加拿大安大略省,其《民事追偿法》要求的民事没收证明标准是优势证据标准。[②] 将民事没收证明标准定为优势证据标准,一直备受学界质疑。如有美国学者主张,应当将政府在民事没收的证明标准提高到明晰可信的标准。因为优势证据标准并未提高政府证明负担,仍然有80%的案件未受到质疑;而且提高证明标准可避免政府仅仅使用一些很脆弱的证据就可以没收涉案财物。[③]

《欧盟指令》第 4 条第 2 款规定的未定罪没收采用何种证明标准,不是很明确。从条文内容来看,对于犯罪嫌疑人、被告人构成犯罪这一事实,应是刑事诉讼的定罪标准。因为根据该条规定,只有犯罪嫌疑人、被告人出庭接受审判就会被判决构成犯罪时,才能做出未定罪没收裁决。但对于拟没收财物与犯罪行为的实质联系应当采取何种证明标准,仅仅从该条文的解读很难得出适当结论。从该指令有关扩大没收的适用说明来看,拟没收财物是否属于犯罪工具或犯罪收益的证明标准应当低于定罪标准,属于一种优势证据标准。因为该指令的适用说明第 21 条认为,对于扩大没收,各成员国可通过优势证据证明或合理推定拟没收财物很可能来源于犯罪行为,而该指令第 4 条第 2 款规定的未定罪没收与扩大没收具有类似性,因而也应当适用于该证明标准。

在我国,《刑事诉讼法》对于未定罪没收证明标准未作任何规定,最高人民法院《解释》第516 条也只规定,案件事实清楚,证据确实、充分,申请没收的财产确属违法所得及其他涉案财产的,除依法返还被害人以外,应当裁定没收,至于是否所有未定罪没收的证明对象均需要达到案件事实清楚、证据确实充分程度,还是仅仅要求拟没收财物属于违法所得或其他涉案财物这一事实的证明达到这个证明程度,不是很明确。《没收程序规定》第 17 条似乎打算解决这一问题,但仍然不是很明确。因为根据该条规定,检察机关证明拟没收财物属于违法所得及其他涉案财产的证明标准应当是"具有高度可能",但利害关系人证明财产属于自己合法财产的证明标准是什么却未见规定。检察机关的"具有高度可能"的证明标准是否还包括犯罪嫌疑人、被告人实施了犯罪行为的证明标准,还是仅仅指财产属于违法所得或其他涉案财产?在巨额财产来源不明案件中,利害关系人主张权利的证明标准是什么也未明确。由于《刑事诉讼法》以及司法解释对未定罪没收的证明标准缺乏明确规定,我国学界对此问题分歧较大,观点纷呈。总体来看,存在一元论证明标准与二元论证明标准之分,一元论与二元论中又有不同的观点。

一元论证明标准主张未定罪没收程序适用统一证明标准。这些观点又可分为排除合理怀疑标准论、优势证据标准论与较高盖然性标准论三种不同观点。排除合理怀疑标准论认为,我国未定罪没收程序不同于英美法系国家民事没收程序,是刑事特别程序之一,应受刑事诉讼基本原则的规范与约束,因此该程序的证明标准应当达到排除合理怀疑的程度。[④] 优

① Vinesh Basdeo, The Legal Challenges of Criminal and Civil Asset Forfeiture in South Africa: a Comparative Analysis, 21 A. J. I. C. L. 303 (2013), p. 318.

② Simon N. M. Young, ed., Civil Forfeiture of Criminal Property: Legal Measures for Targeting the Proceeds of Crime(Cheltenham: Edward Elgar Publishing Limited. 2009), p. 169.

③ Eric Moores, Reforming the Civil Asset Forfeiture Reform Act, 51 Ariz. L. Rev. 777(Fall, 2009), pp. 799—801.

④ 陈卫东:《构建中国特色刑事特别程序》,《中国法学》2011 年第 6 期。

势证据标准论认为，未定罪没收程序应当采取优势证据标准，理由是：一是未定罪没收只涉及财产问题，具有一定的民事属性；二是采用排除合理怀疑标准既不符合诉讼经济原则，也不利于实现打击腐败、恐怖主义犯罪，防止国家、集体财产流失的程序设置初衷；三是采用排除合理怀疑标准还会带来理解混乱与适用困境。① 较高盖然性标准论则认为，应当采用介于上述两种标准之间的较高盖然性作为证明标准，理由在于：一方面，未定罪没收程序毕竟规定在刑事诉讼法当中，不能简单地视同于民事诉讼程序，应当采取比民事标准高的证明标准；另一方面，由于犯罪嫌疑人、被告人不出庭，采用排除合理怀疑标准存在很大难度，且未定罪没收涉及的仅仅是财产权问题，不具有惩罚性。②

二元论证明标准主张根据不同情形适用两种不同的证明标准。有观点认为，应当根据未定罪没收是否具有惩罚性规定不同证明标准：对于惩罚性没收，检察机关应当以排除合理怀疑标准证明被追诉人构成犯罪，且拟没收财物属于犯罪工具；对于非惩罚性没收，一般应当由检察机关以优势证据标准证明拟没收财物属于违法所得或违禁品，在特定情形中由财产权利主张者以优势证据标准证明拟没收财物与犯罪行为不存在实质联系。③ 有观点则认为，应当根据证明对象适用不同证明标准：犯罪嫌疑人、被告人的罪责定性适用排除合理怀疑标准，涉案财产的归属适用优势证明标准。④ 还有观点则认为，应当根据证明主体适用不同证明标准：检察机关对涉案财产与犯罪行为联系的证明采高度盖然性标准，而财产权利主张者对相关问题的证明标准要低于检察机关的证明标准。⑤ 与此类似的观点则认为，检察机关的证明标准应当是明显优势标准，而利害关系人的证明标准是优势证据标准。⑥ 另有观点则认为，检察机关证明犯罪嫌疑人、被告人是否有犯罪事实，拟没收财产是否属于违法所得或其他涉案财产，应当适用证据确实充分标准；被告人近亲属与利害关系人对拟没收财产属于合法所得的证明适用优势证据标准。⑦

可以肯定，最高人民法院《解释》第 516 条规定的“案件事实清楚，证据确实、充分”这一证明标准针对的是申请没收财产是否属于违法所得及其他涉案财产的事实。这实际也就是要求：是否存在犯罪行为，拟没收财物是否属于犯罪工具、违法所得或违禁品等事实均需要达到这一证明标准；而且根据《刑事诉讼法》第 53 条有关“确实、充分”规定，这一证明标准属于一种排除合理怀疑标准。另外，这些事实的证明责任在于检察机关，因而这种证明标准是针对检察机关而言的。为此，现在需要解决的问题是：一是该规定有关检察机关证明标准的设置是否合理，合理的证明标准应当是什么？二是财产权利主张者提出积极抗辩时，其证明标准应当如何设置？

如前所述，证明标准设置体现了立法者对事实认定所涉及利益的重视与保障程度，证明标准如何设置，一般应当与所需要证明事实的重要性程度或该事实所涉及利益的重要程度

① 邓晓霞：《未定罪没收程序的法律性质及证明标准》，《政治与法律》2014 年第 6 期。

② 时延安：《违法所得没收条款的刑事法解释》，《法学》2015 年第 11 期。

③ 孙煜华：《涉案财产没收程序如何才能经受宪法拷问》，《法学》2012 年第 6 期。

④ 施鹏鹏、尚晶：《违法所得特别没收程序的构造与完善》，《人民检察》2014 年第 7 期。

⑤ 初殿清：《“未经定罪之没收”的证明标准》，《大连理工大学学报》（社会科学版）2013 年第 2 期。

⑥ 毛兴勤：《构建证明标准的背景与思路：以违法所得没收程序为中心》，《法学论坛》2013 年第 2 期。

⑦ 简乐伟：《违法所得没收程序适用中的问题与应对》，《暨南学报》（哲学社会科学版）2015 年第 1 期。

成正比，所涉及利益越重要，证明标准也就越高。未定罪没收虽然不可避免地牵涉到对犯罪事实的认定，只有涉案财物属于犯罪工具或违法所得时才能没收。但是，未定罪没收最后并未涉及刑事责任的承担问题，不存在正式定罪裁决，也未有相应刑罚后果，因而其证明标准的设置应当低于刑事诉讼的排除合理怀疑标准，以排除合理怀疑标准要求未定罪没收的证明，并不妥当。但是，未定罪没收结果与民事诉讼结果相比较而言，其严重程度要高得多。未定罪没收结果虽然未涉及刑事责任追究，但就我国而言，它实际是定罪没收遭遇程序障碍后的一种替代措施，它与定罪没收的区别仅仅在于不存在一个正式定罪裁决与随后的刑罚后果，其他方面基本上是一致的：会给行为人带来一种污名化效应，与行为相关的财物被没收。如果没收的是犯罪工具，行为人实际还遭受一种惩罚性后果，更应当通过比较高的证明标准保障其合法权益。而民事诉讼败诉给当事人带来的结果最严重的是丧失财产权，并不会带来那种因行为被认定为犯罪行为而产生的污名化效应。为此，未定罪没收证明标准应当高于民事诉讼证明标准，将未定罪没收证明标准等同于民事诉讼优势证据标准，也不合理。

诉讼证明标准是证明责任承担者提出证据证明相关事实所需要达到的程度，因而证明标准的设置不能不考虑证明责任承担者的举证能力。在民事诉讼中，诉讼双方举证能力基本上是平衡的，但在未定罪没收程序中，没收申请方是代表国家的检察机关，诉讼对方是代表个人的私人主体，双方举证能力的差距基本上与刑事诉讼是一样的，具有明显不平衡的特点。尤其是，我国律师取证能力不可与英美国家律师同日而语，法律援助制度还存在受益范围比较窄的问题。由于这些原因，要求未定罪没收双方采用相同的证明标准，显然不妥当，那种主张实行一元化证明标准的观点是不妥当的。由于作为没收申请方的检察机关在举证能力方面明显大于民事诉讼当事人，尤其是公安机关与检察机关在侦查、起诉阶段实际可运用侦查权、刑事检察权调查收集证据，根本不是民事诉讼当事人能够比拟的，如果参照民事诉讼标准设置检察机关的证明标准，显然不具有合理性。从这点来看，检察机关在未定罪没收的证明标准也不能是民事诉讼的优势证据标准。

另外，在未定罪没收程序中，有些待证事实仅仅属于一种程序性事实，如犯罪嫌疑人、被告人死亡的事实等。这些程序事实与实体事实的证明要求是不同的，应当采用低于实体事实的证明标准。因而，未定罪没收的证明标准不能是完全一致的，应当区分实体事实与程序事实，然后设置不同的证明标准。

基于以上分析，笔者认为，应当根据不同的证明主体与不同的证明对象设置不同的证明标准。首先是对于程序性事实，应当采用优势证据标准。其次是对于实体性事实，则应当根据不同的证明主体与不同的证明对象，设置不同的证明标准：一是对于检察机关承担的犯罪嫌疑人、被告人在客观上是否构成犯罪的事实，证明标准应当是排除合理怀疑标准。《没收程序规定》第 9 条“有证据证明有犯罪事实”的要求与第 10 条有关该要求的解释，并不是对检察机关的犯罪事实证明标准做出规定，而是对法院受理违法所得没收申请所做出的要求。二是对于检察机关承担的拟没收财物是否属于犯罪工具、违法所得或违禁品的证明，证明标准应当为明晰可信标准，要高于优势证据标准。对于这一点，《没收程序规定》要求拟没收财物属于违法所得或其他涉案财产具有“高度可能”，这是比较合理的，这是一种高于优势证据的证明标准。三是对于财产权利主张者承担的善意取得抗辩事由的证明，以及在扩大犯罪工具没收范围，将案外第三人所有财物作为犯罪工具没收后，案外第三人承担的不知情或虽然已知情，但已经采取合理措施阻止使用或报告有关机关的抗辩事由的证明，证明标准是优势证据标准。有观点认为，因为被追诉人不出庭，无法提出抗辩，将是否存在犯罪事实的证明标准设置为排除合理怀疑标准，存在适用的难题。笔者认为，这是一种过度依赖口供定案的思维惯性的体现。根据无罪推定原则，被追诉人是否有罪，应当由控诉方收集证据来证明，而不能依赖被追诉人的口供，因而即使被追诉人不出庭，也应当可以做到排除合理怀疑地证明被追诉人是否实施了犯罪行为。而且，即使被追诉人因为逃匿、死亡而无法出庭，其近亲属也可出庭对检察机关提出的证据进行质证，检察机关用于证明是否存在犯罪事实的证据并不是完全没有经受法庭质证。至于有些人所说的对未定罪没收设置过高的证明标准不符合未定罪没收严厉打击贪污贿赂犯罪与恐怖活动犯罪目的的观点，也是站不住脚的。《刑事诉讼法》增设逃匿、死亡案件没收程序的目的在于在遭遇犯罪嫌疑人、被告人逃匿、死亡时，也能通过正当程序没收有关涉案财物，而不是违反正当程序地剥夺公民财产权。

第七节　未定罪没收的救济

根据《刑事诉讼法》规定，对法院是否没收的裁定，犯罪嫌疑人、被告人近亲属，其他利害关系人以及检察机关不服或认为有错误的，可以上诉、抗诉。在此需要讨论的是：一是如果利害关系人有正当理由未能参与未定罪没收审理的，还能否针对未定罪没收裁定提出异议，这种异议应当如何解决？二是犯罪嫌疑人、被告人在法院做出没收裁定之后归案，并对没收裁定提出异议的，应当如何解决？

一、没收裁定做出后利害关系人提出异议的问题

根据最高人民法院《解释》第 513 条第 3 款，利害关系人在公告期满后申请参加诉讼，只要能够合理说明原因，并提供证明拟没收财产系其所有的证据材料的，法院就应当准许其参加诉讼。但是，对于利害关系人在法院做出没收裁定后才知道自己对拟没收财物存在合法权益的，还能否针对没收裁定提出异议，刑事诉讼法与上述司法解释均未有规定。

《最高人民法院关于刑事裁判涉财产部分执行的若干规定》第 15 条规定，在执行过程中，案外人或被害人认为刑事裁判对涉案财物是否属于赃款赃物认定错误或者应予认定而未认定，向执行法院提出书面异议，可以通过裁定补正的，执行机构应当将异议材料移送刑事审判部门处理；无法通过裁定补正的，应当告知异议人通过审判监督程序处理。对后者，最高人民法院《解释》第 371 条也规定，案外人认为已经发生法律效力的判决、裁定侵害其合法权益，提出申诉的，人民法院应当审查处理，符合审判监督程序启动条件的，就按审判监督程序进行处理。很明显，这种救济方式存在两个问题：一是只适用于那些未定罪没收裁定已经生效的案件，对于未定罪没收裁定未生效的案件不适用。二是通过审判监督程序进行救济，会面临一些理论与操作问题。一方面，在未定罪没收中，利害关系人主张权利的，应当承担相应证明责任。在利害关系人因为合理原因未参加未定罪没收审理时，并非原未定罪没收裁定存在错误，实际不符合审判监督程序的启动条件。另一方面，利害关系人未参加未定罪没收审理，不属于原裁定的当事人，因而在审判监督程序中面临一个利害关系人以何种身

份参加诉讼的问题。

对于上述问题，澳大利亚主要通过排除令制度来解决。在澳大利亚，根据《2002 年犯罪收益追缴法》第 73 条至第 75 条，利害关系人如果符合以下条件之一，可申请法院将已被没收令没收的某些财物排除出没收令：一是有合理理由未参加没收审理；二是虽然参加了没收审理，但出现了新的有利证据；三是因为其他非本人原因而未能参加没收程序。利害关系人提出排除令申请时，应当将申请通知检察机关，后者可在审理排除令申请时出庭并提出相反证据。一旦法庭认定申请对象不属于可追缴财产，就应当做出排除令，将特定财物排除出原有没收令。这种排除令制度的优点在于：一是排除令并不是否定原有没收令的正确性，而仅仅是根据新情况在肯定原没收令正确性前提下，对原没收令进行相应的调整，因而可规避通过审判监督程序解决此类问题时出现的理论障碍；二是排除令针对的是已合法做出的没收令，而不限于生效没收令，因而既可解决已生效没收令的调整问题，也可解决未生效没收令的调整问题；三是这种排除令申请在某种程度上相当于利害关系人针对没收令诉讼的标的提出了独立请求，属于利害关系人另行提起诉讼，原没收令诉讼的当事人如有异议，还可作为第三人参加诉讼，因而对于我国来说，还可解决利害关系人通过审判监督程序救济时的诉讼身份问题。

因此，对于有正当理由未能申请参加未定罪没收诉讼的利害关系人，在未定罪没收裁定做出后提出异议的，可借鉴澳大利亚的排除令制度规定，向做出裁定的法院提出一种排除申请，申请将存在合法权益的财物排除出未定罪没收裁定。对于这种排除申请，法院应当将申请进行公告，然后在申请人、检察机关的参与下做出是否排除特定财物的裁定。这种裁定只能修正原未定罪没收裁定，不能完全否定原未定罪没收裁定的法律效力。对于这种排除裁定，申请人、检察机关可以上诉、抗诉。

二、未定罪没收裁定做出后犯罪嫌疑人、被告人归案并提出异议的问题

这可分为两种情形：一是一审法院做出未定罪没收裁定但未生效前，犯罪嫌疑人、被告人归案，并针对没收裁定提出异议；二是未定罪没收裁定生效后，犯罪嫌疑人、被告人归案，并针对没收裁定提出异议。

对于第二种情形，根据最高人民法院《解释》第 522 条，分为两种情况处理：第一种情况是检察机关向原做出裁定的法院提起公诉的，可由同一审判组织审理。法院经审理后，原裁定正确的，予以维持，不再对涉案财产做出判决；原裁定确有错误的，应当撤销原裁定，并在判决中对涉案财产一并做出处理。对于这种情况，如此规定是否妥当，需要认真讨论。因为在检察机关提起公诉后，关于刑事责任追究的审判程序实际是第一次审判，如果在此审判中对未定罪没收裁定进行审查并做出相应的裁决，实际是将一审与再审合二为一，不符合基本诉讼原理。但是，如果先通过刑事诉讼程序对刑事责任进行审理，但不解决涉案财物没收问题，在刑事判决生效后再通过审判监督程序解决未定罪没收裁定的错误问题，不符合诉讼经济原则。因此，相比较而言，还是在刑事责任追究程序中解决未定罪没收裁定的错误问题比较合理。第二种情况是检察机关没有起诉，而法院生效没收裁定确有错误的，应当依照审判监督程序予以纠正。已经没收的财产，应当及时返还；已经上缴国库的，由原没收机关从财政机关申请退库，予以返还；原物已经出卖、拍卖的，应当退还价款；造成犯罪嫌疑人、被告人

财产损失的，应当依法赔偿。对于这种情况，由于未定罪没收对于逃跑的犯罪嫌疑人、被告人来说就是一种缺席裁判，犯罪嫌疑人、被告人本身就是未定罪没收的当事人，对于生效没收裁定拥有申诉权，生效没收裁定确有错误的，应当按审判监督程序进行救济。

对于第一种情形，《刑事诉讼法》与最高人民法院《解释》均未有规定。笔者认为，可参照司法解释有关第二种情形的处理方式来解决：一是检察机关就被告人的刑事责任向法院提起公诉的，可在刑事责任审判过程中再次审理涉案财物没收是否存在错误。如果存在错误的，撤销未定罪没收裁定，在刑事判决中对涉案财物没收问题一并做出解决；如果不存在错误的，维持该未定罪没收裁定。在被告人就刑事判决上诉时，还应当就涉案财物没收问题进行审理并做出处理。二是检察机关未就被告人的刑事责任向法院提起公诉的，犯罪嫌疑人、被告人的异议就视为一种上诉请求，未定罪没收裁定就作为二审案件由上级法院进行审判。因为未定罪没收裁定对于逃跑犯罪嫌疑人、被告人来说，相当于一种缺席裁判的结果，他们本身就是未定罪没收的当事人，有权提出上诉。

后 记

浙江工业大学法学院成立于2000年，2005年获批诉讼法学硕士点，至今已招收诉讼法学研究生168人。诉讼法学科作为校级重点学科，已形成刑事诉讼法、民事诉讼法、行政诉讼法、知识产权诉讼法等研究方向，拥有一支知识与年龄结构合理、学历层次高、研究方向明确、成果丰硕、社会影响广泛的师资队伍，现有教授2名，副教授6名。近5年来，共发表学术论文100余篇，出版专著10余部，承担国家社科基金项目5项、省部级课题10多项。

近年来，我国法学研究生教育快速发展，为我国法制建设培养了一大批优秀法律专业人才。但是在教学过程中，我们深感培养法学研究生存在一些较为突出的问题，主要有：一是理论素养不高，知识面较窄，视野不够开阔，学术功底薄弱；二是理论联系实践不足，运用法学理论分析、解释、解决司法实际问题的能力不强，难以适应时代和社会发展的客观需要。

为了提高研究生培养水平，2015年浙江工业大学启动了研究生核心课程建设项目，刑事诉讼法成为首批核心课程建设项目。我们借课程建设之机，大力推进授课方式改革，变“以教为主”为“以学为主”，强调教学内容的创新价值和启发意义，以专题研究为核心，通过参与式、研究式、辩论式等多种教学方法，强化学生的法律分析能力、学术研究能力及解决疑难复杂案件能力等方面的训练。

研究生培养不同于本科生，研究生教学用书也不同于本科生教材。本教材旨在通过专题研究的形式，注意反映刑事诉讼法学新的学术成果和发展方向，以启发或帮助研究生具备良好的学习方法、养成独立的批判精神和培养学术研究的志趣。

本教材的内容2017年已完成写作并交付出版。在出版过程中，2018年10月26日第十三届全国人民代表大会常务委员会第六次会议通过的《关于修改〈中华人民共和国刑事诉讼法〉的决定》，又对2012年《刑事诉讼法》作了重要修改，并调整了相关条文。所以，教材内容中引用的仍是2012年《刑事诉讼法》的条文，敬请读者注意。

由于我们的研究水平不高，书中难免有不妥之处，敬请广大同学和读者批评指正。

本教材获2017年浙江工业大学专著与研究生教材出版基金全额资助。

主 编

2018年6月于杭州